高等职业教育校企合作双元新形态教材
高等职业教育土木建筑类专业系列特色教材

建筑力学与结构分析

（新形态活页式）

主　编　张巨璟　赵静源

西南交通大学出版社
·成都·

图书在版编目（CIP）数据

建筑力学与结构分析：新形态活页式 / 张巨璟，赵静源主编. -- 成都：西南交通大学出版社，2025.1.
ISBN 978-7-5774-0129-4

Ⅰ. TU311

中国国家版本馆 CIP 数据核字第 2024XS4430 号

Jianzhu Lixue yu Jiegou Fenxi (Xinxingtai Huoyeshi)

建筑力学与结构分析（新形态活页式）

主编　张巨璟　赵静源

策划编辑	陈　斌　余崇波	
责任编辑	陈　斌	
责任校对	蔡　蕾	
封面设计	何东琳设计工作室	

出版发行	西南交通大学出版社 （四川省成都市金牛区二环路北一段 111 号 西南交通大学创新大厦 21 楼）
邮政编码	610031
发行部电话	028-87600564　028-87600533
网址	https://www.xnjdcbs.com
印刷	四川玖艺呈现印刷有限公司

成品尺寸	185 mm×260 mm
印张	19.5
插页	5
字数	464 千
版次	2025 年 1 月第 1 版
印次	2025 年 1 月第 1 次
定价	58.00 元
书号	ISBN 978-7-5774-0129-4

课件咨询电话：028-81435775
图书如有印装质量问题　本社负责退换
版权所有　盗版必究　举报电话：028-87600562

前 言
PREFACE

  随着工程技术的不断进步和建筑行业智能化的快速发展,"建筑力学与结构分析"作为高等职业院校土木建筑大类专业和交通运输大类专业的一门专业基础课,其教学内容和教学方法也在不断更新和完善。本教材适应新时代土建大类职业教育的需求,以实际项目案例为载体,以"力学分析和构造分析"为学习主线,深入挖掘"中国建造、工匠精神、创新意识"等思政元素,达成"知原理、会识图、懂构造、能施工"的培养目标,多维度体现本课程相关的前沿知识与技术。本教材注重实用性,突出学生工程应用能力的培养,内容安排以学生职业岗位所需的专业知识和技能为着眼点,突出实用性和可操作性,精选力学和结构设计中的重要内容,循序渐进、由浅入深,以案例任务单呈现,通俗易懂,逻辑清晰,有效巩固学生所学知识,强化学生的规范意识、安全意识和责任意识。

  通过本课程的学习,学生能够进行结构构件的力学分析和配筋计算,掌握其构造要求,并能够正确识读结构施工图,为后续专业课程的学习和未来职业生涯打下坚实基础。

  本教材主要面向土木建筑大类专业的高等职业院校学生,特别是建筑工程技术、工程造价、建设工程管理、土木工程检测技术等专业的学生。同时,本教材也适用于从事建筑结构设计、施工、监理、检测、造价等相关工作的工程技术人员以及相关中职专业和本科专业学生的参考资料使用。讲授本书全部内容需要80学时左右,教师可根据学校的教学计划以及专业需要酌情调整教学内容。

本教材的编写团队由具有丰富教学经验的陕西职业技术学院张巨璟、赵静源、杨眉、李文凯、苏湘和中高职联办学校（陕西省建筑材料工业学校）郭利萍、陈虹以及校企合作企业——陕西同济土木建筑设计有限公司常鹏飞、中煤科工集团西安研究院有限公司汪启龙、中国水利水电第三工程局有限公司李葆丰等组成。他们不仅具备扎实的理论基础，还熟悉工程实际中的问题和挑战，能够为学生提供全面、实用的教学内容和指导。

由于编者水平有限，书中难免有疏漏和不足之处，恳请读者批评指正。

本书在编写过程中参阅了大量的教材及其他文献资料，编者在此对这些资料的作者表示衷心的感谢！

本教材配套有在线课程资源，欢迎读者扫描以下二维码加入学习。

学银在线

编　者

2024 年 6 月

本书数字资源目录

序号	项目	资源名称	资源类型	资源页码
1	一	初识静力学	MP4	003
2		美国人眼中的中国：中国文化讲究和谐与平衡	网页	003
3		静力学公理1	MP4	010
4		静力学公理2	MP4	010
5		什么是公理、定理？两者一样吗？	网页	010
6		约束及约束反力1	MP4	017
7		约束及约束反力2	MP4	017
8		让干部习惯在受监督和约束的环境中工作生活	网页	017
9		单个物体受力图绘制	MP4	024
10		物体系统受力图的绘制	MP4	024
11		党的纪律的刚性约束力来源	网页	024
12		力的合成与分解	MP4	033
13		中国皮影	网页	033
14		力矩	MP4	041
15		【劳模风采】辽宁省沈阳市田芳：解锁力矩难题 飞机开锁无忧	网页	041
16		力偶	MP4	045
17		"全国五一劳动奖章"获得者张帅坤：做中国人自己的盾构机	网页	045
18		平面汇交力系的平衡计算	MP4	050
19		耐盐碱基因：让盐碱地里"稻谷飘香"	网页	050
20		平面力偶系的平衡	MP4	055
21		潮头观澜|西部大开发 形成新格局	网页	055
22		平面一般力系的平衡	MP4	059
23		力的任意平移原理	MP4	059
24		牢牢把握高质量发展首要任务 积极培育和发展新质生产力	网页	059
25		平面平行力系的平衡	MP4	068

续表

序号	项目	资源名称	资源类型	资源页码
26	二	轴向拉伸或压缩的内力计算（一）	MP4	072
27		轴向拉伸或压缩的内力计算（二）	MP4	072
28		轴向拉伸或压缩的内力图绘制	MP4	072
29		甘肃平凉市体育运动公园项目荣获"中国钢结构金奖"	网页	072
30		轴向拉伸或压缩的应力计算	MP4	079
31		轴向拉伸或压缩构件强度条件的应用（一）	MP4	079
32		轴向拉伸或压缩构件强度条件的应用（二）	MP4	079
33		全国首个钢结构+全幕墙系统"双零"工程进展顺利	网页	079
34		受压构件的分类及一般构造要求	MP4	089
35		钢筋混凝土柱的配筋计算（一）	MP4	089
36		钢筋混凝土柱的配筋计算（二）	MP4	089
37		中国建筑精心打造《伟大征程》文艺演出"鸟巢"大舞台	网页	089
38		钢筋混凝土柱平法施工图识读	MP4	104
39		项目攻坚｜"凤凰"初现！厦门新体育中心凤凰体育馆（比赛馆）实现主体钢筋混凝土结构封顶	网页	104
40	三	弯曲变形构件的内力计算（一）	MP4	113
41		弯曲变形构件的内力计算（二）	MP4	113
42		弯曲变形构件的内力图绘制（一）	MP4	113
43		弯曲变形构件的内力图绘制（二）	MP4	113
44		弯曲变形构件的内力图绘制（三）	MP4	113
45		亮丽名片——中国桥梁	网页	113
46		弯曲变形构件的应力计算（正应力）	MP4	127
47		弯曲变形构件的应力计算（切应力）	MP4	127
48		弯曲变形构件的强度条件（正应力）	MP4	127
49		弯曲变形构件的强度条件（切应力）	MP4	127
50		初心故事｜桂婷：让高铁与北斗"牵手"	网页	127
51		钢筋混凝土受弯构件的一般构造要求（板）	MP4	146
52		钢筋混凝土受弯构件的一般构造要求（梁）	MP4	146

续表

序号	项目	资源名称	资源类型	资源页码
53		全国五一劳动奖章获得者郝利斌：火眼金睛的钢筋混凝土工程检测"医生"	网页	146
54		钢筋混凝土受弯构件正截面破坏形态	MP4	157
55		钢筋混凝土受弯构件斜截面破坏形态	MP4	157
56		贵州桥韵|向云端！"中国桥梁博物馆"的另一种打开方式	网页	157
57		钢筋混凝土受弯构件施工图识读	MP4	170
58	三	奋力实现全年发展目标"百日攻坚战"|始建于1980年，现已出现工程老化、钢筋锈胀、混凝土剥蚀严重等问题——"41岁"长山头大渡槽更新改造	网页	170
59		钢筋混凝土板平法识读	MP4	189
60		钢筋混凝土板的构造要求（一）	MP4	189
61		钢筋混凝土板的构造要求（二）	MP4	189
62		福建二建集团：党建引领 创新转型 智慧赋能	网页	189
63		扭转变形的基本概念	MP4	206
64		扭转的计算与扭矩图的绘制	MP4	206
65	四	《超级工程》第一季 第二集 上海中心大厦	网页	206
66		钢筋混凝土受扭构件的构造要求	MP4	214
67		"长安花"开待君来 西安奥体中心体育场惊艳世界	网页	214
68		剪切与挤压变形内力计算	MP4	226
69		《艺术里的奥林匹克》"冰丝带"国家速滑馆	网页	226
70		钢结构焊缝连接	MP4	234
71	五	钢结构螺栓连接	MP4	234
72		钢结构构造要求（一）	MP4	234
73		钢结构构造要求（二）	MP4	234
74		陕西西安国际会展中心通过竣工验收	网页	234
75		剪力墙抗震构造措施（一）	MP4	265
76		剪力墙抗震构造措施（二）	MP4	265
77	六	像"造汽车"一样"建房子"	网页	265
78		剪力墙结构施工图识读	MP4	272
79		在山的那边、海的那边 有一群"气墩墩"	网页	272

目 录
CONTENTS

项目一　物体的受力与平衡 ··· 001
 任务一　物体的受力 ··· 002
  子任务一　静力学基本概念 ··· 003
  子任务二　静力学公理 ··· 010
  子任务三　约束及约束反力 ··· 017
  子任务四　受力图的绘制 ·· 024
 任务二　平衡计算 ··· 032
  子任务一　力的合成与分解 ··· 033
  子任务二　力矩计算 ·· 041
  子任务三　力偶矩的计算 ·· 045
  子任务四　平面汇交力系的平衡计算 ··· 050
  子任务五　平面力偶系的平衡计算 ·· 055
  子任务六　平面一般力系的平衡计算 ··· 059

项目二　钢筋混凝土受压构件力学分析与构造要求 ··· 070
 任务一　钢筋混凝土柱内力分析 ·· 072
  子任务一　钢筋混凝土受压构件内力分析 ··· 072
  子任务二　钢筋混凝土受压构件应力计算 ··· 079
 任务二　钢筋混凝土受压构件的构造要求 ··· 089
  子任务一　钢筋混凝土柱的构造要求及承载力计算 ·· 089
 任务三　钢筋混凝土柱平法图识读 ·· 104
  子任务一　钢筋混凝土柱平法图识读 ··· 104

项目三　钢筋混凝土受弯构件力学分析与构造要求 ……………………………… 111

任务一　弯曲变形构件的内力分析 …………………………………………… 113
　　子任务一　梁的弯曲内力计算 ………………………………………………… 113
　　子任务二　梁的弯曲应力计算 ………………………………………………… 127

任务二　弯曲变形构件的构造要求 …………………………………………… 146
　　子任务一　钢筋混凝土梁、板的构造要求 …………………………………… 146
　　子任务二　钢筋混凝土梁的承载力计算 ……………………………………… 157

任务三　钢筋混凝土梁、板的平法施工图识读 ……………………………… 170
　　子任务一　钢筋混凝土梁的平法施工图识读 ………………………………… 170
　　子任务二　钢筋混凝土板的平法施工图识读 ………………………………… 189

项目四　钢筋混凝土受扭构件力学分析与构造要求 ……………………………… 204
　　子任务一　扭转变形构件的内力分析 ………………………………………… 206
　　子任务二　钢筋混凝土受扭构件的构造要求 ………………………………… 214

项目五　钢结构力学分析与构造要求 ……………………………………………… 224
　　子任务一　剪切与挤压变形内力分析 ………………………………………… 226
　　子任务二　钢结构的构造要求 ………………………………………………… 234

项目六　剪力墙结构 ………………………………………………………………… 263

任务一　剪力墙抗震构造措施 ………………………………………………… 265
　　子任务一　剪力墙抗震构造措施 ……………………………………………… 265

任务二　剪力墙结构施工图识读 ……………………………………………… 272
　　子任务一　剪力墙平法识图 …………………………………………………… 272
　　子任务二　剪力墙钢筋构造 …………………………………………………… 280

参考文献 ……………………………………………………………………………… 302

附录　结构图纸 ……………………………………………………………………… 303

项目一

物体的受力与平衡

建筑中，由若干构件（如梁、板、柱墙、基础等）连接而构成的承受荷载和其他间接作用（如温度变化、地基不均匀沉降等）的体系，称为建筑结构，建筑结构在建筑中起骨架作用。

不管采用何种结构形式，也不管采用什么建造材料，任何一种建筑结构都是为了满足所需求的功能而设计的。建筑结构在设计使用年限内应满足安全性、适用性和耐久性要求。结构在规定时间内、在规定条件下，完成预定功能的能力即为其可靠性。

要满足结构的可靠性，需要对结构构件进行设计，设计时首先需要对结构构件进行力学分析。如下图所示的起重机，起重重物和平衡配重之间如何达到平衡？在平衡配重一定的基础上，所能起重的重物重量范围为多少？要分析此问题，需要掌握力学基本知识。本项目的主要学习任务是掌握物体的受力与平衡，了解必要的力学知识，能应用力学知识解决基本结构构件的内力分析。

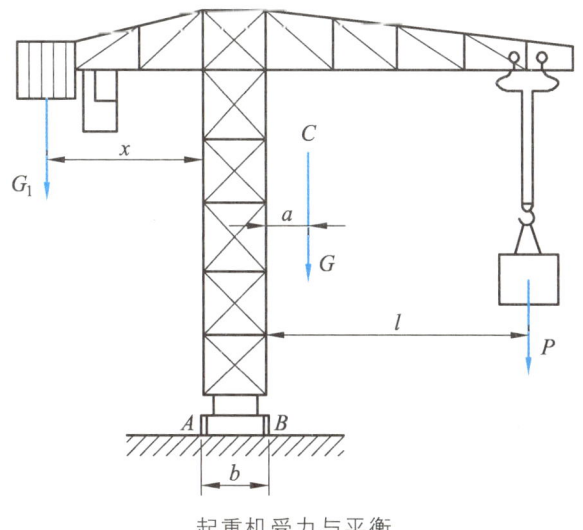

起重机受力与平衡

任务一　物体的受力

建筑施工图中的梁、板、柱等构件和建筑结构整体都受到力的作用,它们在力的作用下岿然不动,为我们的安全使用保驾护航,要分析和回答这个问题,应从构件和建筑结构的受力分析着手。本任务在熟悉力的基本知识的基础上,能分析常见约束的约束性能和约束反力,会正确绘制单个物体和简单物体系统的受力图。

 教学目标

1. 知识目标

（1）了解静力学相关基本概念和公理。
（2）掌握常见约束（支座）的性能和约束（支座）反力的表示方法。
（3）熟悉受力图绘制的思路。

2. 能力目标

（1）能正确区分常见约束（支座）的类型。
（2）会正确绘制单个物体和简单物体系统的受力图。
（3）能根据实际问题对受力图进行简化分析。

3. 素质目标

（1）培养学生深度思考能力。
（2）培养学生知识运用能力。
（3）激发学生的职业责任感。
（4）培养学生善于运用问题导向的方式思考问题。

 学习重点

单个物体及物体系统受力图的绘制。

子任务一　静力学基本概念

子任务一	静力学基本概念		
任务目标	1. 掌握刚体、力、平衡、力系的概念； 2. 掌握力的三要素； 3. 会根据力的作用线之间的关系进行力系的分类； 4. 能熟练应用力的图示法表示力的三要素		
任务描述	仔细观察教学楼中的柱子，看看它们在现有荷载作用下的变形量大吗？思考它们相对地球的运动状态是什么？如果这样的荷载作用在一块同体积的海绵上，变形量一样吗？ 如果在柱子的上端截面的正中间作用有一个竖直向下、大小是 50 kN 的力 F_1，请应用力的图示法表示这个力。在柱子的底端截面施加一个作用在截面正中间竖直向上的力 F_2，在柱子的外侧纵向截面正中间作用一个与水平方向夹角为 30°的推力 F_3。		
任务准备	1. 微课资源： 初识静力学 2. 思政资源： 美国人眼中的中国：中国文化讲究和谐与平衡		
任务实施	柱子在荷载作用下变形量大吗？		
	柱子在荷载的作用下相对地球的运动状态是什么？		
	柱子上端截面作用的力的三要素。		
	柱子上施加的三个力构成哪种类型的平面力系？		
	应用力的图示法绘制柱上力 F_1。		
总结反馈	你是否了解刚体的概念？	是□	否□
	你能够应用力的图示法准确表示力的三要素吗？	是□	否□
	你能正确进行平面力系的分类吗？	是□	否□
	你能理解力的三要素的变化对物体作用效应的改变吗？	是□	否□
	请用文字或者思维导图形式进行相关知识总结：		

📖 知识链接

一、刚 体

静力学中，将在外力作用下其大小和形状都保持原有状态不变的物体称为刚体。刚体的概念是相对的。实际中，绝对的刚体是不存在的。任何物体在力的作用下，其大小和形状的改变是绝对的，不改变只是相对的，问题在于变化量的大小。

在工程中，许多构件在力的作用下的变形量是很微小的，只能用专门仪器才能测量出来，这些变形对物体平衡问题的影响非常有限。在研究静力学问题时，为了不让这些很微小的变形使问题复杂化，经常忽略变形的影响，建立一个理想化的力学模型。在静力学研究中，我们将所有研究对象都看成刚体。

由于变形是构件破坏的前期过程，构件的变形更能引起结构的失效，这时变形就是研究的主要对象，变形上升为主要因素，对物体受力的研究就不能看成刚体，所以在材料力学中要将受力物体当作变形体来研究。

二、力与力系

1. 力

人们在长期的生活和生产实践中逐渐形成并建立了力的概念，当站在松软的地面上时，人们看见身体重量对地面的压力所留下的脚印；当人们在推动小车、抛掷物体、提起重物时，人们感受到身体肌肉紧张，这是人们对力的感性认识。此后，人们逐渐体会到，不但人对物体施加作用能改变物体的原来状态，物体之间也有相互作用，同样可以改变物体的原有状态，如地球对物体的引力使高空中的物体垂直向下运动；空气的流动会使树叶摆动；处于运动的物体会在摩擦力和空气阻力的作用下渐渐地停下来。经过长期地观察、实践和总结，人们对力的认识由感性上升到理性，对力做出了如下的定义：力是物体与物体之间的相互机械作用。

1）力的作用效应

力的作用效应是使物体的运动状态或形状发生改变。力使物体的运动状态发生改变的效应，称为力的外效应或运动效应；而力使物体的形状发生改变的效应，称为力的内效应或变形效应。静力学部分只研究力的外效应，材料力学研究力的内效应。

2）力的三要素

要全面地描述力对物体的效应，必须从不同的角度去解读力的作用。实践证明，力对物体的作用效应取决于三个方面因素，即力的大小、方向和作用点，这三个方面的因素称为力的三要素。

力的大小代表物体之间相互作用的强弱程度，其度量方法包括量值和单位。在国际单位制中，力的单位用牛（N）或千牛（kN）来表示。

力的方向代表力的方位和指向，例如重力，既表示它的作用方位"铅垂"，又表示它的指向"向下"。由于力既有大小又具有方向性，所以，力是"矢量"，通常用大写字母 F 或 $\overline{F}$ 表示。

力的作用点表示力作用在物体上的位置。

3）力的图示法

力是既有大小又有方向的量，所以力是矢量，求合力时应符合矢量运算法则。

工程上经常用一条带箭头的线段表示力，线段的长度表示力的大小，线段的箭头表示力的方向，线段的起点或终点表示力的作用点，用这种方法表示力称为力的图示法。图 1-1 所示作用在物体上的水平推力为 5 kN，B 点为力的作用点，力的方向水平向右。通过力的作用点，沿力的方向的直线称为力的作用线，其力的矢量线计作 $\overrightarrow{AB}$。

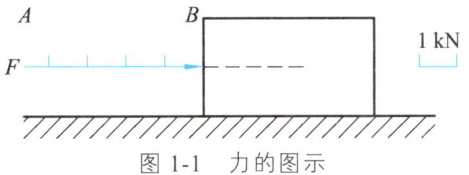

图 1-1　力的图示

2. 力　系

1）力系的概念

通常，物体受力不止一个，而是若干个力，也称为一组力。我们通常把同时作用于同一物体上这一组力称为力系。在分析物体受力时，通常要对物体所受的所有的力进行分析。所以，对物体的受力分析，实际上是对物体所受的力系进行分析。

2）力系的分类

（1）按照作用效应分类。

当物体在力系的作用下处于相对平衡状态时，将物体所受的力系称为平衡力系。物体受平衡力系的作用时，物体能够保持静止或匀速直线运动状态。从运动学的观点分析，此时物体上所受的所有外力的合力等于零。物体在力系作用下处于平衡状态时，力系所应满足的条件，称为平衡条件。

当作用于物体上的一个力系与另一个力系的作用效应相同时，称两个力系为等效力系。等效力系强调的是力系对物体作用效应相同，如果有若干个力系对物体的作用效应相同，则这若干个力系也称为等效力系。

（2）按作用线之间的位置关系。

根据力系中的力的作用线之间的位置关系，可将力系分为三种不同形式：

① 汇交力系：力系中所有力的作用线或作用线的延长线汇交于一点，该力系称为汇交力系，如图 1-2 与图 1-5 所示。

② 平行力系：力系中所有力的作用线平行，该力系称为平行力系。均布力系即为平行力系的一种特殊形式，如图 1-4 与图 1-7 所示。

③ 一般力系：力系中所有力的作用线或作用线的延长线既不汇交于一点，也不相互平行，称该力系为一般力系，如图 1-3 和图 1-6 所示。

综上所述，按照力作用线的不同位置，力系可分为以下六种形式：平面汇交力系、平面平行力系、平面一般力系、空间汇交力系、空间平行力系、空间一般力系，如图 1-2～图 1-7 所示。

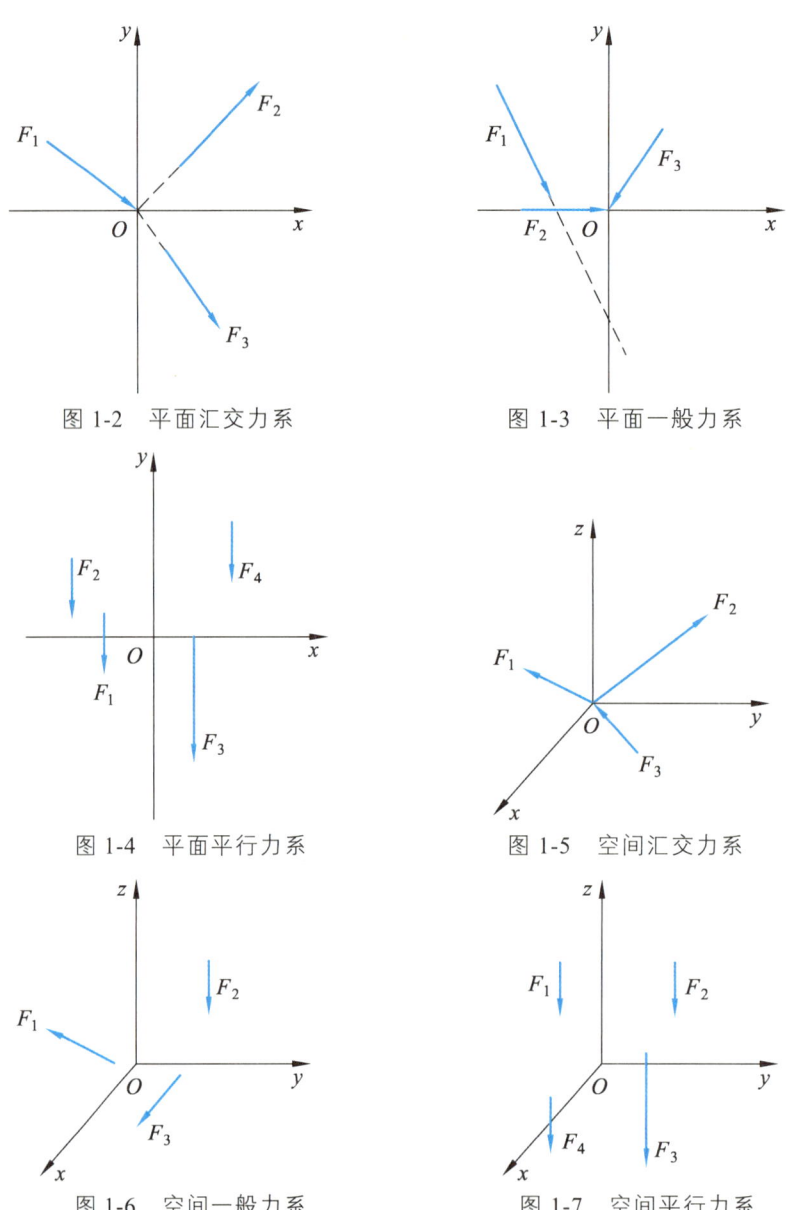

图 1-2 平面汇交力系　　图 1-3 平面一般力系

图 1-4 平面平行力系　　图 1-5 空间汇交力系

图 1-6 空间一般力系　　图 1-7 空间平行力系

3）合力与分力

如果一个力系与一个力等效，则称这个力为该力系的合力，力系中所有的力为该力系的分力。从理论上讲，任何一个力系都有合力，当力系的合力等于零时，该力系称为平衡力系。一个汇交力系只有一个确定的合力，任何一个力都可以看成是一个力系的合力。所以力可以按要求在不同方向上进行分解。

三、平　衡

物体相对于地球保持静止或做匀速直线运动的状态称为平衡状态，简称平衡。例如，房屋、桥梁相对于地球保持静止,因而它们都是平衡的,沿直线匀速起吊的构件也是平衡的。

四、荷 载

1)荷载的概念

主动作用在结构上的力统称为荷载,主动使物体产生运动或运动趋势的力即为主动力,例如重力、风力、土压力,等等。

2)荷载的分类

凡荷载作用范围很小,可忽略不计时,就近似看作一点,这种荷载称为集中荷载,例如钢索起吊重物时对重物的拉力、房屋柱子对基础的压力,等等。反之,如果荷载作用范围较大,不能忽略时,这种荷载称为分布荷载,例如堆放在地面的砂石对地面的压力、停车场的汽车对停车场地面的压力、风对建筑物的压力、雪对屋面的压力,等等。当荷载分布于某一体积上时,称为体分布荷载(例如重力);当荷载分布于某一面积上时,称为面荷载(例如风荷载);当荷载分布于长条形状的体积或面积上时,则可简化为沿其长度方向中心线分布的线荷载(例如楼板传给板下梁的力)。

物体上每单位体积、单位面积和单位长度上所承受的荷载分别称为体荷载集度、面荷载集度和线荷载集度,它们是分布荷载密集程度的表示,常用单位分别是 N/m^3、N/m^2 和 N/m,荷载集度需乘以对应的体积、面积、长度才是荷载(力)。均匀分布的荷载称为均布荷载,否则称为非均布荷载。

任务拓展

拓展任务描述	仔细观察身边框架结构建筑物中的梁和柱以及它们的受力情况,思考并按要求完成任务	
任务实施	梁、柱在现有荷载作用下的变形量大吗?	
	梁、柱相对地球的运动状态是什么?	
	变形量对平衡的影响大吗?	
	在静力学中认为它们是什么?	
	梁传给柱子的力可认为是什么?	
	梁上承受的楼板传来的荷载可认为是什么?	
	绘制柱的受力示意图。	

知识拓展

荷载的其他分类

（1）按作用时间长短，荷载可分为永久荷载（恒载）、可变荷载（活载）和偶然荷载。

① 永久荷载：长期作用于结构上的不变荷载，如结构的自重、安装在结构上的设备的质量等，其荷载的大小、方向和作用位置是不变的。

② 可变荷载：结构所承受的可变荷载，如人群、风、雪等荷载。

③ 偶然荷载：使用期内不一定出现，一旦出现其值很大且持续时间很短的荷载，如爆炸力、地震、台风的荷载等。

（2）按作用性质不同，荷载可分为静荷载和动荷载。

① 静荷载：凡缓慢施加作用而不引起结构冲击或振动的荷载。

② 动荷载：凡能引起明显的冲击或振动的荷载。

（3）按作用位置，荷载可分为固定荷载和移动荷载。

① 固定荷载：作用位置不变的荷载，如结构的自重等。

② 移动荷载：可以在结构上自由移动的荷载，如车轮压力等。

子任务二 静力学公理

子任务二	静力学公理
任务目标	1. 了解平行四边形法则、三角形法则和多边形法则； 2. 理解二力平衡公理和作用力与反作用力公理的内容； 3. 能正确理解二力平衡公理和作用力与反作用力公理的异同点； 4. 会正确分析二力构件的受力情况； 5. 能正确理解三力平衡汇交定理的内容； 6. 能理解三力平衡汇交的几何意义
任务描述	分析如下图所示三角形托架的受力情况（各杆件自重不计），观察 BC 杆件和 AB 杆件上受力的异同点。 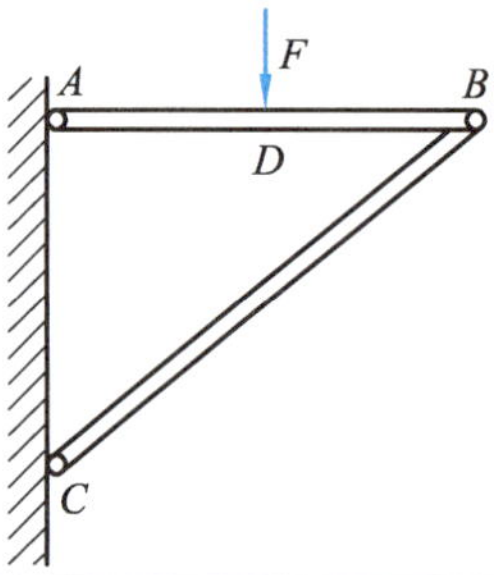
任务准备	1. 微课资源： 静力学公理1　　静力学公理2 2. 思政资源： 什么是公理、定理？两者一样吗？
任务实施	BC 杆件上受到几个力的作用？
	AB 杆件上受到几个力的作用？

	AB 杆和 BC 杆的运动状态是什么？	
	求 AB 杆件上受到的力的合力可以使用的公理是什么？	
	AB 杆上 B 点受到的力和 BC 杆件上 B 点所受的力是什么关系？	
	AB 杆上作用的几个力共面不平行，它们在作用平面内有没有交点？	

总结反馈	你是否了解力的平行四边形公理？	是□	否□
	你是否能正确分析二力杆的受力情况？	是□	否□
	你是否理解二力平衡公理和作用力与反作用公理的区别？	是□	否□
	你是否理解三力平衡汇交定理的内容？	是□	否□
	请用文字或者思维导图形式进行相关知识总结：		

知识链接

公理是人们共同认可的客观规律。经过反复地观察、实践,人们总结出了静力学最基本的规律,称为静力学公理,它是研究静力学问题的基础。

一、力的平行四边形公理

作用于物体同一点上的两个力可以合成一个合力,合力的作用点也在该点上,合力的大小和方向由这两个力构成的平行四边形的对角线确定。该公理揭示了两个重要信息:① 力是矢量,力的合成遵循矢量加法。② 只有两力共线时,才能用代数加法,如图1-8所示。

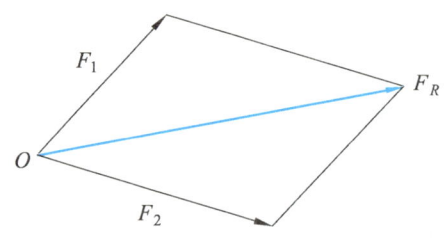

图1-8 力的平行四边形法则

推论1:三角形法则

在平面力系中,作用于同一点的两个力也可以合成一个力,合力的作用点也在该点上,合力的大小和方向由这些力首尾相接所构成的三角形的封口边确定。

推论2:多边形法则

在平面力系中,作用于同一点的若干个力也可以合成一个力,合力的作用点也在该点上,合力的大小和方向由这些力首尾相接所构成的多边形的封口边确定。

如果多边形自行封闭,则合力等于零,该力系构成一平面平衡力系。如果多边形不能自行封闭,说明该力系可以合成一个合力,合力的作用线与多边形的封口边重合,合力的方向由起点指向终点,如图1-9所示。

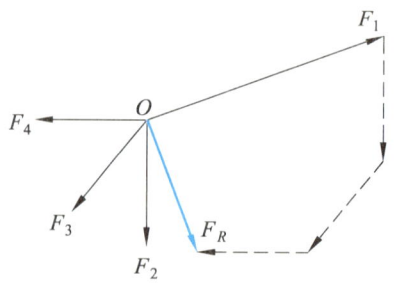

图1-9 力的多边形法则

推论3:力的任意方向分解原理

任意一个平面汇交力系都有一个合力,同样,任何一个力可以分解成作用于该点的任意方向上的两个力或多个力,其解有无数个,如图1-10所示。

工程中，为了研究问题方便，经常将平面上的一个力在两个正交方向上进行分解，如图 1-11 所示，将 F 分解为 F_x 和 F_y 两个方向上的分力。

$$F_x = \pm F\cos\alpha \qquad F_y = \pm F\sin\alpha \qquad (1-1)$$

$$F = \sqrt{F_x^2 + F_y^2} \qquad (1-2)$$

同样，两个正交方向上的力也可以合成一个合力，关于力的分解与合成问题，将在后面章节中讲述。

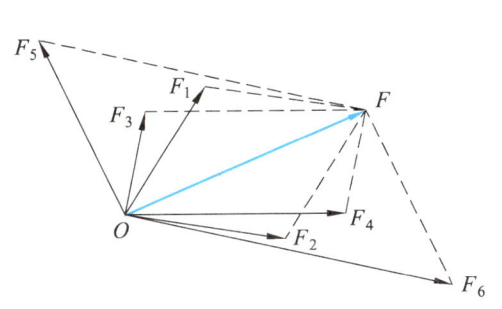

图 1-10 力的任意方向分解原理

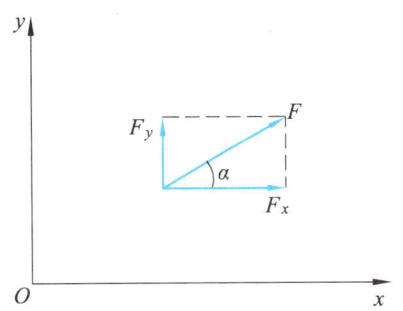

图 1-11 力在两个正交方向上分解

二、二力平衡公理

作用在同一刚体上的两个力，使物体处于平衡的充要条件是两个力的大小相等、方向相反，且作用在同一直线上，简称为等值、反向、共线。如图 1-12 所示，F_1、F_2 是一对平衡力。该公理只适用于刚体，对于非刚体，这个条件不充分。如图 1-13 所示，当绳子受到两个大小相等、方向相反且作用在同一直线上的一对压力时，绳子变形。

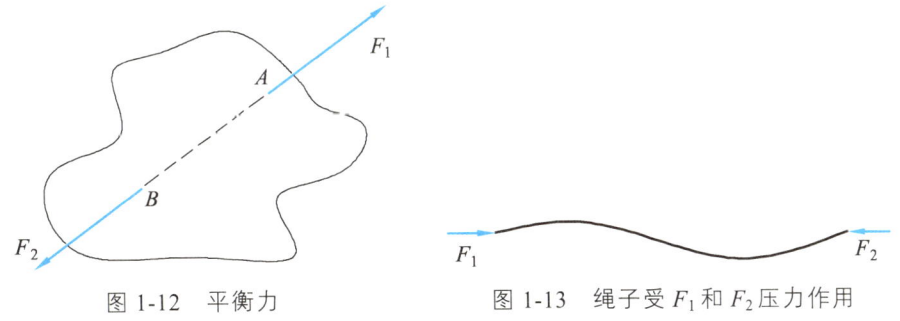

图 1-12 平衡力　　　　　　图 1-13 绳子受 F_1 和 F_2 压力作用

若一根直杆只在两点受力而处于平衡状态，则作用在杆件两点的力的作用线必在这两点的连线上，此直杆称为二力杆，如图 1-14 所示。对于只在两点受力作用而处于平衡的一般物体，称为二力构件，如图 1-15 所示。

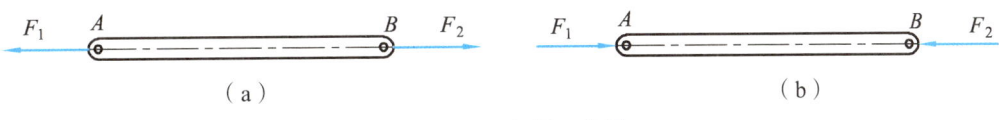

（a）　　　　　　　　　　　　　　（b）

图 1-14 二力杆示意图

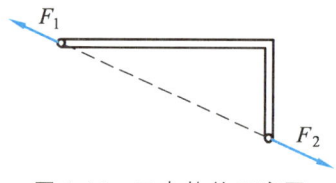

图 1-15 二力构件示意图

三、作用力与反作用力公理

存在于两物体间的作用力与反作用力，总是大小相等、方向相反，沿同一条直线并分别作用在两个物体上。

该公理描述了物体之间相互作用的关系，值得注意的是：

（1）作用力与反作用力总是在作用位置成对出现的并同时消失，有作用力，必定有反作用力。

（2）作用力与反作用力分别作用在两个物体上，不可与平衡力混淆。作用力与反作用力不能组成平衡力。

如图 1-16 所示，建筑工地的简易起重机匀速吊起重物 P，重物的重量 W 对钢丝绳有拉力 F_1，作用在绳上，钢丝绳克服重物的重量，对重物的拉力 F_2，作用在重物上。F_1 与 F_2 是一对作用力与反作用力，等值、反向、共线，并分别作用在两个物体上。

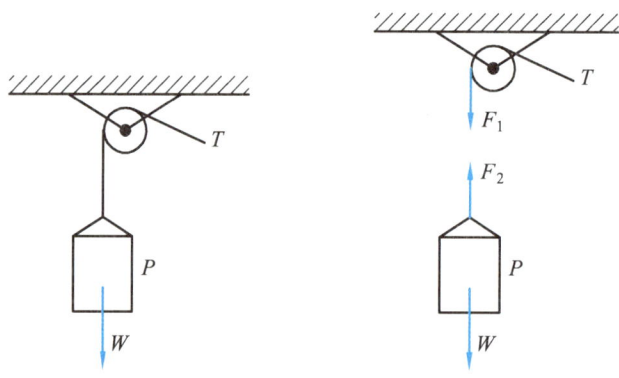

图 1-16 起重机受力分析

四、加减平衡力系公理

在已知力系中，加上或减去任意平衡力系，并不改变原力系对刚体的作用效应。这是因为平衡力系作用在刚体上，不改变刚体的运动状态。

推论1：力沿作用线平移原理

如图 1-17 所示，力 F 作用在刚体的 A 点，在 F 作用线的延长线上任取一点 B，在 B 点加一平衡力系 F_1、F_2，且使 $F_2 = -F_1 = F$，且 F、F_1、F_2 作用在同一条线上，因此，力 F 与 F、F_1、F_2 组成的力系等效。由于 F 与 F_1 也是一对平衡力，这就相当于将力由刚体上的 A 点平移到刚体上的 B 点，而不改变力的作用效应。

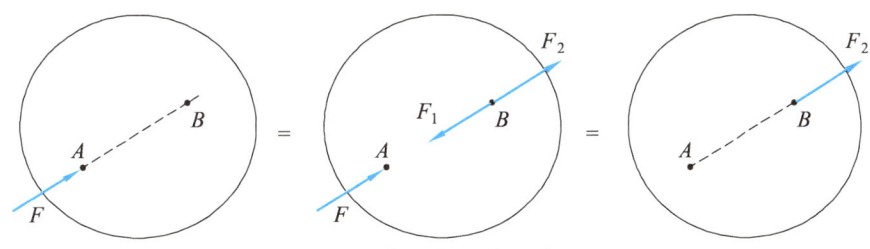

图 1-17 力沿作用线平移原理

推论 2：三力汇交平衡定理

由三个力构成的共面非平行力系，其作用效应使刚体平衡时，这三个力的作用线或作用线的延长线必然汇交于一点。

证明：如图 1-18 所示，物体受由力 F_1、F_2、F_3 三个力所构成的力系作用而处于平衡状态，依据力的平行四边形公理，力 F_1、F_2 必然有合力 F'，依据二力平衡公理，F' 的作用线必然与 F_3 的作用线或作用线的延长线在一条直线上，且二力的大小相等、方向相反。利用这一定理，可以确定平面汇交力系平衡时其中一个未知力作用线的方位。

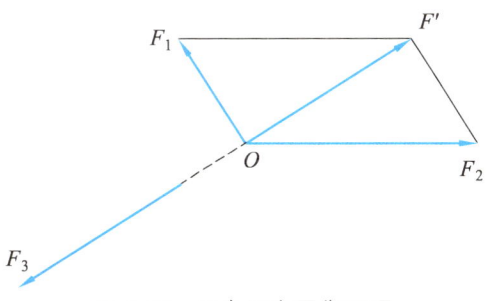

图 1-18 三力汇交平衡原理

任务拓展

拓展任务描述	仔细观察如下图所示钢架的受力情况，并结合所学内容按要求完成任务。 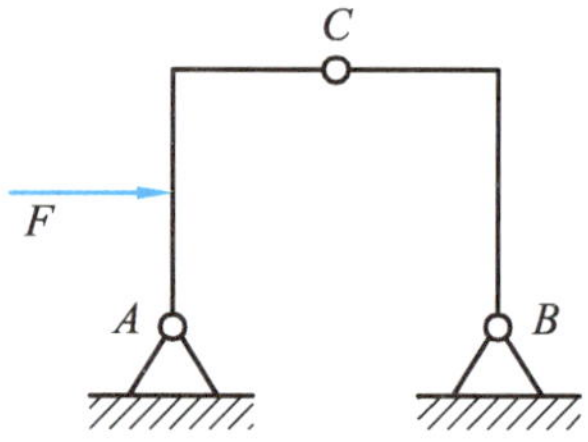
任务实施	BC 构件的受力特点
	AC 构件的受力特点
	BC 上作用在 C 点的力和 AC 上作用在 C 点的力之间的关系
	绘制 BC 构件的受力情况

子任务三　约束及约束反力

子任务三	约束及约束反力
任务目标	1. 掌握约束及约束反力的概念； 2. 掌握常见约束和支座的性能； 3. 会根据实际问题正确区分约束和支座类型； 4. 能熟练绘制约束反力
任务描述	仔细观察： 1. 吊车起吊重物，思考吊钩上的绳子对物体的作用和受力情况。 2. 放置在光滑地面上的篮球不能向下运动，试分析地面的作用和对篮球的作用力。 3. 钢结构雨棚，上部斜杆对雨棚板的约束作用是什么？ 4. 门扇和门框的连接处有合页，它对门扇的约束作用是什么？ 5. 钢筋混凝土立交桥的桥梁端部伸缩缝处，桥面与桥墩的连接对桥面的约束作用是什么？ 6. 钢结构构件与地面采用销钉连接，地面对构件的约束作用是什么？ 7. 道路红绿灯灯架中的钢立柱与地面采用螺栓连接，使整个灯架与地面固定在一起，它对灯架的约束作用是什么？
任务准备	1. 微课资源： 约束及约束反力1　　　约束及约束反力2 2. 思政资源： 让干部习惯在受监督和约束的环境中工作生活
任务实施	吊钩上的绳子受到的力的方向和作用点 地面对篮球的作用力的方向和作用点 钢结构雨棚上部斜杆受几个力的作用？它的受力特点 合页对门扇的约束作用 桥面与桥墩的连接对桥面的约束作用 螺栓连接对灯架的约束作用
总结反馈	你是否了解约束对非自由体的作用？　　是□　否□ 你能够正确区分常见约束和支座类型吗？　　是□　否□ 你能正确绘制常见约束的约束反力和常见支座的支座反力吗？　　是□　否□ 请用文字或者思维导图形式进行相关知识总结：

知识链接

一、约束的概念

可在空间内自由运动，不受任何限制的物体称为自由体。在空间某些方向的运动受到一定限制的物体称为非自由体。在建筑工程中所研究的物体，一般都要受到其他物体的限制、阻碍而不能自由运动。对物体的运动起限制作用的周围其他物体，称为约束。

约束实际上是一物体受到周围其他物体对该物体运动或位移的制约，是通过物体之间的直接接触形成的，也就是说，约束必然涉及两个或两个以上的物体。对于约束的概念，可以从以下两个方面去理解：① 有运动趋势的物体，力学上称为被约束物体。② 阻碍物体的运动趋势的物体，力学上称为约束，这种阻碍作用就是约束的效应。

实际中，自然界的一切物体，都受着周围与其接触的其他物体的限制。例如，房屋柱子是梁的约束，基础是柱子的约束，桥墩是桥梁的约束。

二、约束反力

力学上将约束对被约束物体的阻碍力称为约束反力。对约束反力的概念，可以从以下几点去理解：① 约束反力是由主动力所引起的，且随着主动力的改变而改变（包括大小和方向）；② 一般情况下，约束反力的大小是未知的；③ 约束反力的作用方式，取决于约束形式，不同的约束形式，决定了其不同的约束反力的作用方式。

既然约束反力阻碍物体的运动或运动趋势，那么约束反力的方向必然与受约束体的运动或运动趋势的方向相反。由此，只要确定了被约束体的运动或运动趋势的方向，就可以容易地判定约束反力的方向和作用线的位置。

三、常见约束及其约束反力

1. 柔体约束

工程中常将绳子、链条、皮带等柔软的约束物体称为柔体约束。这种约束的特点是只能限制物体沿柔体伸长方向的运动，而不能限制其他方向的运动，也就是说，柔性约束只能承受拉力，不能提供其他方向的力。所以，柔体约束对被约束物体的约束反力通过约束接触点，沿柔体中心线背离物体的拉力。用 F_T（或 T）表示，如图 1-19（a）、(b)、(c) 所示。

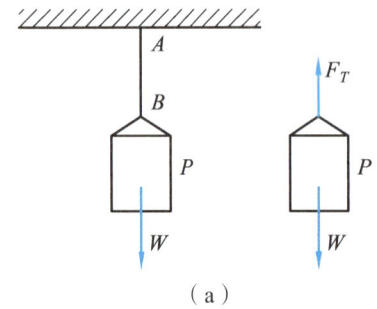

（a）

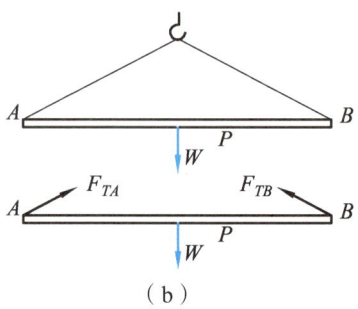

（b）

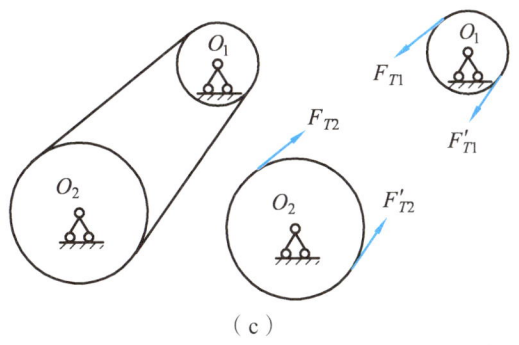

（c）

图 1-19 柔体约束

2. 光滑接触面约束

当物体与其他物体接触，接触面的摩擦阻力很小可以忽略不计时，该接触面就是光滑接触面。这类约束只能限制物体沿接触面的公法线方向的运动或位移，不能限制物体沿接触面的公切线方向的运动或运动趋势或者离开接触面的运动或运动趋势。所以，光滑接触面对物体的约束反力作用于接触点，沿接触面的公法线方向，指向被约束物体，用 F_N（或 N）表示，如图 1-20 所示。不论接触面是否是平面，约束反力的作用线均沿接触面的公法线。

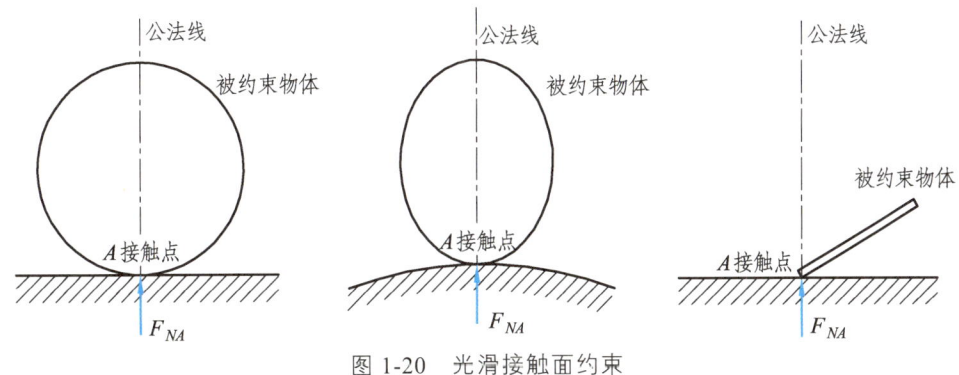

图 1-20 光滑接触面约束

【例 1-1】 重量为 G 的杆 AB 置于半圆槽中，如图 1-21（a）所示，设定半圆槽与杆 AB 的各接触面均是光滑的（不计摩擦），画出 AB 杆所受的约束反力。

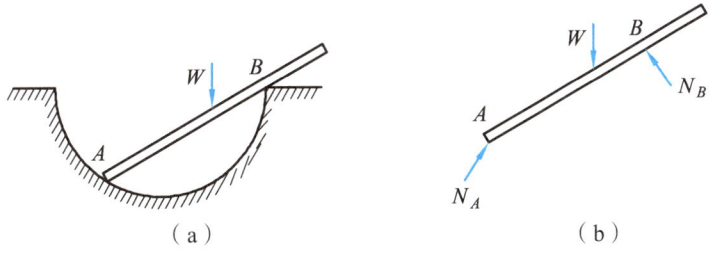

图 1-21 AB 杆受力及其约束反力图

【解】 杆 AB 在 A、B 处受到光滑接触面约束，其约束反力的作用线过接触点，且与接触面在该点处的公法线重合，并指向被约束物体。所以，A 处的约束反力 N_A 作用

于 A 点，N_A 的作用线与过 A 点的半径重合，方向指向斜上方；B 处的约束反力 N_B 作用于 B 点，N_B 力的作用线与 AB 杆垂直，方向指向斜上方；W 为主动力（重力）。依据以上分析，画出杆 AB 的约束反力，如图 1-21（b）所示。

3. 圆柱铰链约束

在两个构件上各钻有同样大小的圆孔，并用圆柱形销钉连接起来。如果销钉和圆孔都是光滑的，那么就形成了圆柱铰链约束，简称铰链，如图 1-22（a）所示。设定圆柱销钉与孔接触面是光滑的，这类约束只能限制被约束物体在该连接部位的径向位移（即垂直于销钉的平面上任意方向的位移），不能限制两物体绕销钉轴的相对转动。当物体有运动或运动趋势时，销钉与圆孔壁将必然在某处接触，约束反力一定通过这个接触点，这个接触点的位置往往是不能预先确定的，因此约束反力用一个大小和方向均未知的合力表示，如图 1-22（b）所示。约束反力作用于接触点，它的作用线一定在接触点和销钉的中心的连线上，而方向未定。因此，在实际分析时，经常用两个互相垂直的分力来表示，如图 1-22（c）所示，两个分力的指向可任意假设，约束反力的真实方向可由计算结果确定。

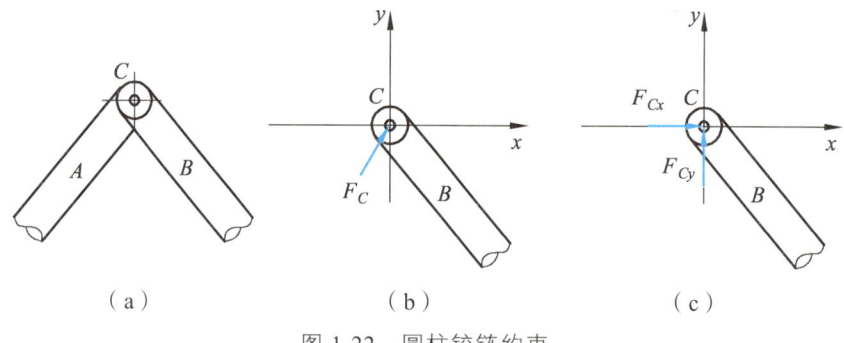

图 1-22　圆柱铰链约束

4. 链杆约束

两端分别与物体用铰链连接，中间不受力（包括略去自重）的直杆称为链杆约束。如图 1-23 所示，BC 杆是链杆约束，AB 杆不是链杆约束。链杆只能限制在链杆线方向的运动和位移，不能限制其他方向上的运动或位移。因此，约束反力作用线与链杆的轴线重合，方向未知。约束反力的方向可以通过受力分析确定。

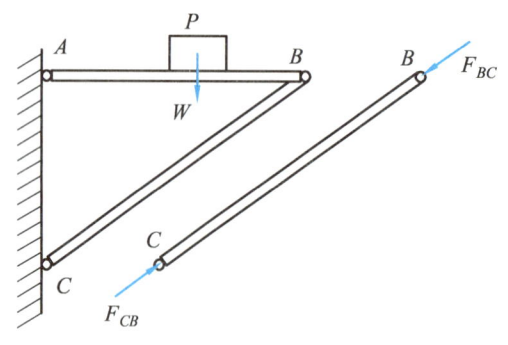

图 1-23　链杆约束

四、常见支座及其支座反力

1. 固定铰支座

用圆柱铰链做连接件,将被约束物体固定支撑在支座上的约束体称为固定铰支座约束,如图 1-24(a)所示。这种约束限制物体在销轴径向(垂直于销轴平面内的任意方向上)的运动或位移,不限制物体绕销轴的转动。在建筑物中,将屋架通过连接件焊接在支撑柱子上,预制混凝土柱插入杯形基础中,用沥青、麻丝填实等,都可以认为是固定铰支座约束。图 1-24(b)是固定铰支座的示意图。其约束性能与圆柱铰链相同,约束反力用一个大小和方向均未知的合力表示,如图 1-24(c)所示。约束反力的作用线位置一定在接触点和销钉中心的连线上。也可以(经常)用两个互相垂直的分力来表示,如图 1-24(d)所示。

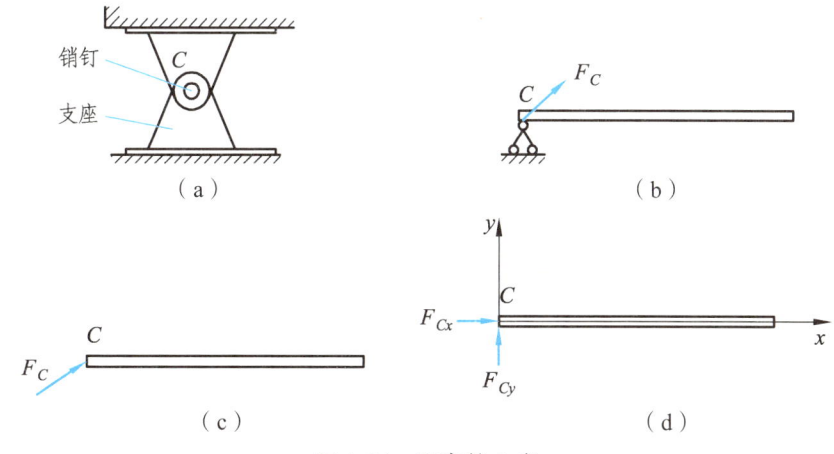

图 1-24 固定铰支座

2. 可动铰支座

在固定铰支座下面增加可动滚轴,使圆柱铰链连接件通过滚轴可在支撑面上移动,就构成了可动铰支座,如图 1-25(a)所示,图 1-25(b)是可动铰支座示意图。这种支座只能限制被约束体在垂直于支撑面方向上的运动或位移,不限制其绕销轴的转动和沿支撑面方向的运动或位移。跨度较大的桥梁为了消除热胀冷缩而引起的变形,在其中一个支撑上装上一可动铰支座,就是这个道理。可动铰支座的约束反力通过销轴的中心,与支撑面垂直,方向未定,如图 1-25(c)所示。其方向可以通过受力分析求得。

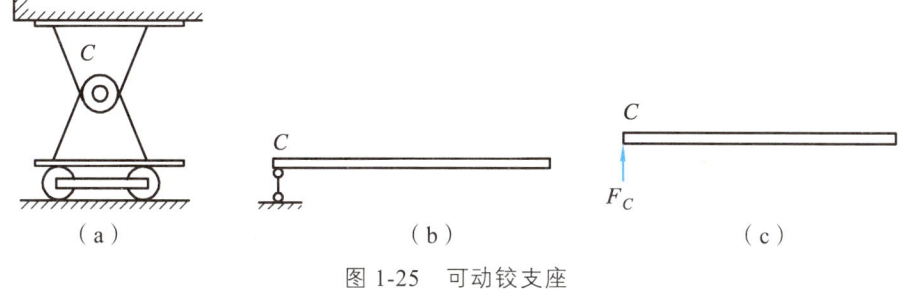

图 1-25 可动铰支座

3. 固定端支座

将构件与支撑物完全连为一体的约束形式称为固定端支座。构件在约束处既不能沿任意方向移动，也不能转动。如建筑物中的挑梁、插入地基中的电线杆，根部约束的都是固定端支座，如图 1-26（a）所示。

固定端约束反力通常用一对正交方向的分力 F_{Ax}、F_{Ay} 和力偶 M_A 表示，如图 1-26（b）所示。

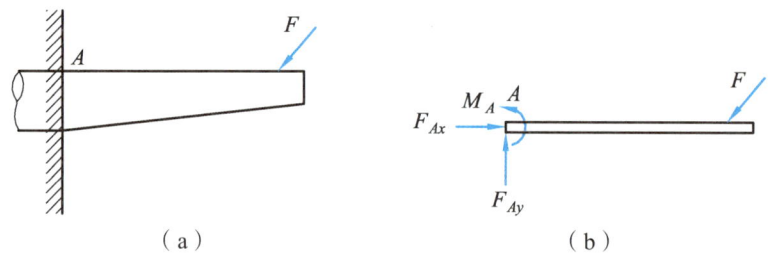

图 1-26 固定端支座

【例 1-2】一建筑物悬臂挑梁如图 1-27（a）所示，画出其受力图。

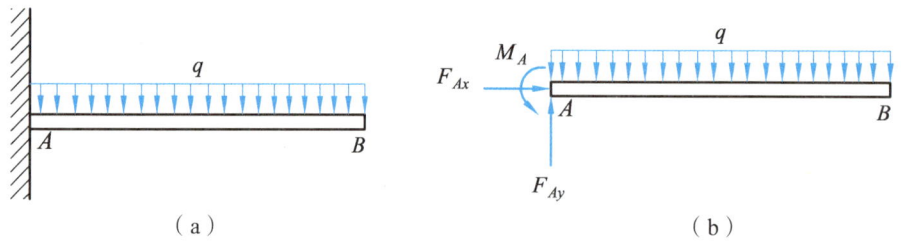

图 1-27 悬臂挑梁受力及其受力图

【解】悬臂挑梁上受均布荷载 q 作用，A 端为固定端约束，A 处所受的约束反力 F_{Ax}、F_{Ay} 和力偶矩 M_A 作用，其画法如图 1-27（b）所示。力和力偶矩的方向均为假设。

任务拓展

拓展任务描述	思考总结并按要求完成任务	
任务实施	柔体约束的约束性能和约束反力简图	
	光滑接触面约束的约束性能和约束反力简图	
	圆柱铰链约束的约束性能和约束反力简图	
	链杆约束的约束性能和约束反力简图	
	固定铰支座的支座性能和支座反力简图	
	可动铰支座的支座性能和支座反力简图	
	固定端支座的支座性能和支座反力简图	

子任务四 受力图的绘制

子任务四	受力图的绘制
任务目标	1. 熟悉受力图的绘制步骤； 2. 能准确识别二力构件； 3. 能正确绘制二力构件的受力图； 4. 会正确分析二力构件的受力情况； 5. 能正确理解三力平衡汇交定理的内容； 6. 能应用三力平衡定理根据需要进行受力图的简化
任务描述	仔细阅读如下图所示钢架的受力情况（自重不计），试画出各部分及整体的受力图。 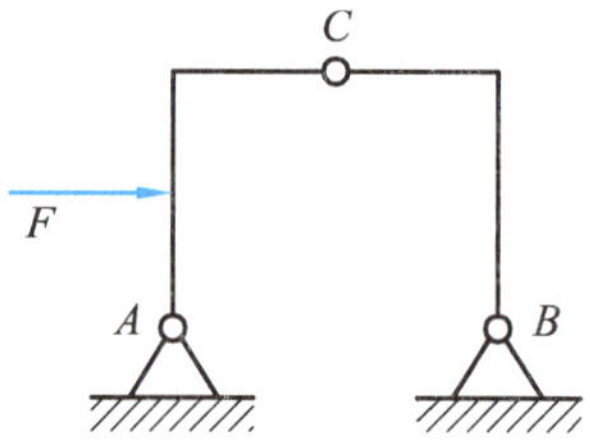
任务准备	1. 微课资源： 单个物体受力图绘制　　物体系统受力图的绘制 2. 思政资源： 党的纪律的刚性约束力来源
任务实施	BC 的受力图

	AC 的受力图	
	整体的受力图	
总结反馈	你是否了解受力图的绘制步骤？	是□ 否□
	你是否能正确分析二力杆的受力情况？	是□ 否□
	你是否理解三力平衡汇交定理的内容？	是□ 否□
	你是否能应用三力平衡汇交定理进行受力图简化？	是□ 否□
	请用文字或者思维导图形式进行相关知识总结：	

知识链接

现实中的物体,是一个系统的概念,即物体系统,简称物系。物系是由若干个单体相互有机连接而成,所以分析时,就要确定分析的对象及构成。在工程中,经常要进行构件或结构的计算,从而进行构件和结构设计或进行有关的强度、刚度和稳定性校核,但这一切都建立在对构件或结构进行受力分析的基础上,这样的分析过程称为物体的受力分析。

一、受力图

在研究力系的简化和物体的平衡问题时,首先要对物体进行受力分析,即分析物体受到哪些力的作用(包括主动荷载和约束反力),哪些是已知力,哪些是未知力,它们之间有什么内在的联系。为了清楚地表示物体的受力情况,通常把所研究的物体(即研究对象)从与它相联系的周围物体中分离出来,单独画它的受力简图。这种从周围物体中单独分离出来的研究对象,称为分离体。在分离体上画出它所受的全部主动力和约束反力,这样所得到的图形,称为受力图。

画受力图是解决力学问题的关键,是进行力学计算的依据,因此,必须牢固掌握。

二、单个物体的受力图

画单个物体的受力图,首先将所要研究的物体从物体所在的物系中分离出来,称为研究对象,这种分离过程称为解除约束。在解除约束以后的研究对象上,主动荷载按原作用位置和方向标注,对应约束形式的约束反力标注在解除约束处,所得到的受力简图称为物体的受力图。受力图是进行力学计算的依据。

1. 受力分析及受力图的画法

画单个物体的受力图,首先要明确研究对象,并解除研究对象所受到的全部约束而单独画出它的简图,即取出分离体,然后在分离体上画出主动力及根据约束类型在解除约束处画出相应的约束反力。

【例1-3】 重量为 W 的匀质圆球,用绳索系住,靠在光滑的斜面上,如图1-28(a)所示。试画出圆球的受力图。

【解】(1)取圆球为研究对象,解除约束。圆球受到其他物体的两个约束:光滑接触面约束和柔体约束。

(2)画出主动荷载。主动荷载即圆球的重量 W,作用于重心 O 处,方向铅垂向下,为已知力。

(3)画约束反力。A 点为柔性约束,约束反力 T_A 作用于 A 点,力的作用线与绳子对称轴重合,方向背离圆球。B 点为光滑接触面约束,约束反力 N_B 作用于 B 点,作用线沿 B 点的公法线指向球心。约束反力的大小未知。圆球受力图如图1-28(b)所示。

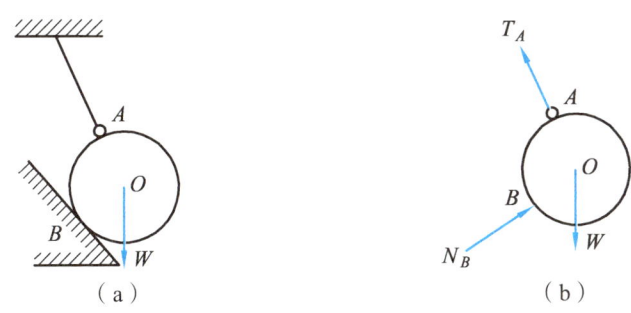

图 1-28 圆球受力及受力图

【例 1-4】 如图 1-29（a）所示，梁上受一主动荷载 F，A 端为可动铰支座，B 端为固定铰支座，梁自重不计，画出梁 AB 的受力图。

【解】（1）取杆 AB 为研究对象，解除约束。杆 AB 两端分别受固定铰支座和链杆约束。

（2）画出主动荷载。主动荷载 F，作用在 C 点。

（3）画出约束反力。A 点受链杆约束，约束反力 F_A 线与链杆轴线重合，方向假设，B 点受固定铰支座约束，用两个正交方向上的力 F_{Bx}、F_{By} 表示，方向假设，如图 1-29（c）所示。

作用于 B 点的两个正交力 F_{Bx}、F_{By} 可以用一个合力 F_B 来代替。杆 AB 在这三个力的作用下处于平衡状态，依据三力平衡汇交公理，F、F_A、F_B 三力作用线或作用线的延长线应汇交于一点 D。从而求得作用于 B 点的 F_B 的作用线，如图 1-29（b）所示。

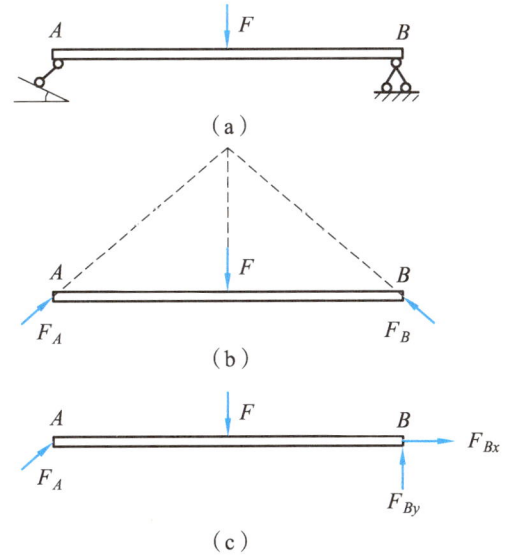

图 1-29 梁的受力及受力图

2. 画单个物体受力图的一般程序及要求

（1）选择研究对象，解除对象约束。选择研究对象，要依据题意要求，如"画圆球受力图""画出梁 AB 的受力图"，圆球和梁即为研究对象；解除约束，就是要解除对象以外的所有物体对其的约束，将对象从物系中分离出来。

（2）画出主动荷载。就是要画出研究对象所受到的所有主动荷载，不可多画或漏画，要注意问题中对研究对象自重的要求。

（3）画出约束反力。针对研究对象所受的约束形式，逐一画出约束反力。画约束反力，应注意三个问题：

① 不同的约束形式决定了约束反力线的方位，当方向未知时，应在图上进行假设。

② 约束反力线必须作用在约束作用点上。

③ 注意正确理解、掌握并灵活运用静力学公理，可以使很多复杂问题简化，但必须有一个正确的思路。例如三力平衡汇交公理，其基本运用思路可以归纳为：受三个力（合力）作用—处于平衡状态—三个力必汇交于一点，由此可以求得其中一个力的方位等。

三、物体系统的受力图

画物体系统的受力图与画单个物体受力图相同，我们可以将物体系统这一研究对象看作一个整体，来画它的受力图。在这种情况下，物体系统受系统外其他物体的约束，我们可以称这些约束反力为系统的外力，也可以将物体系统中的各单一物体脱离出来单独研究。研究物体系统内的每一个单一物体，其可能受到所在物系外其他物体的约束（系统外力），也可能受到系统内其他物体的约束，我们称这些约束反力为系统的内力。系统的内力实际上就是物系内部各个物体之间的相互作用力。需要注意的是，在对多个研究对象进行受力分析时，注意正确应用作用力与反作用力公理来确定两个物体间相互的约束反力。此时，若研究对象为整个物系，则要注意虽然物系中存在系统内力，但系统内力不影响物系的整体平衡，所以，画物系受力图时，其系统内力不必画出。

【例1-5】 如图1-30（a）所示的三角托架 D 点作用有一主动荷载 F，A、C 两处有固定铰支座，B 点处是铰链连接，各杆自重不计，试画出由 AB 杆和 BC 杆组成的物系的整体受力图。

【解】（1）取由 AB 杆和 BC 杆组成的物系为研究对象，解除约束。将物系看成一个整体，解除整体以外的所有约束。

（2）画物系所受的主动荷载。物系所受的全部荷载只有一个 F，作用在 D 点，为已知力。

（3）画出物系所受的约束反力。物系在 A、C 点受到物系以外的两个固定铰支座约束，其约束反力可以分别用两个正交方向上的分力来表示，但是，我们注意到，物系中的 BC 杆只在 B、C 两端受约束反力作用，中间无其他荷载和约束，所以，AB 杆为二力杆。作用在 C 点的约束反力 F_C 的作用线与杆对称中心线重合，方向未知。依据以上分析，可以画出物系在 A、C 处的约束反力 F_{Ax}、F_{Ay}、F_C。这三个力的图示大小和方向均为假设，如图1-30（b）所示。

我们同样注意到，作用在 A 处的约束反力 F_{Ax}、F_{Ay} 可以用一个合力 F_A 来代替，此时物系受三个力作用处于平衡状态，应用三力平衡汇交公理和力的多边形法则，可以容易地求出 F_A、F_C 的大小和方向，如图 1-30（c）、（d）所示。

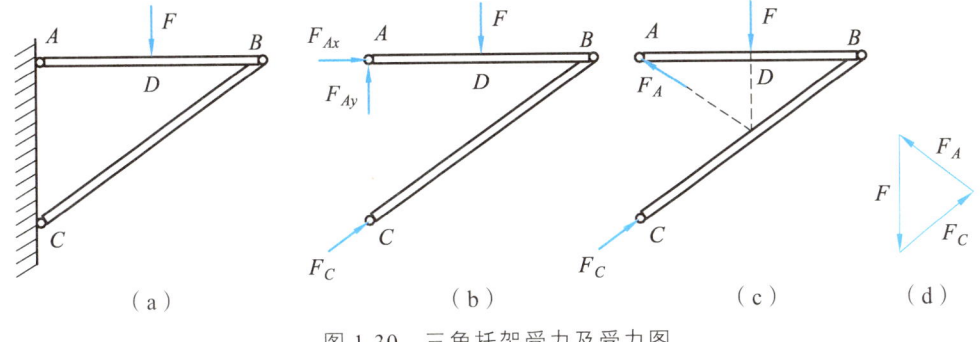

图 1-30 三角托架受力及受力图

【例 1-6】 如图 1-31（a）所示，梁 AC 和 CD 在 C 点用圆柱铰链连接，支撑在 A、B、D 三个支座上。A 处为固定铰支座，B、C 处为活动铰支座。画出梁 AD 的受力简图。

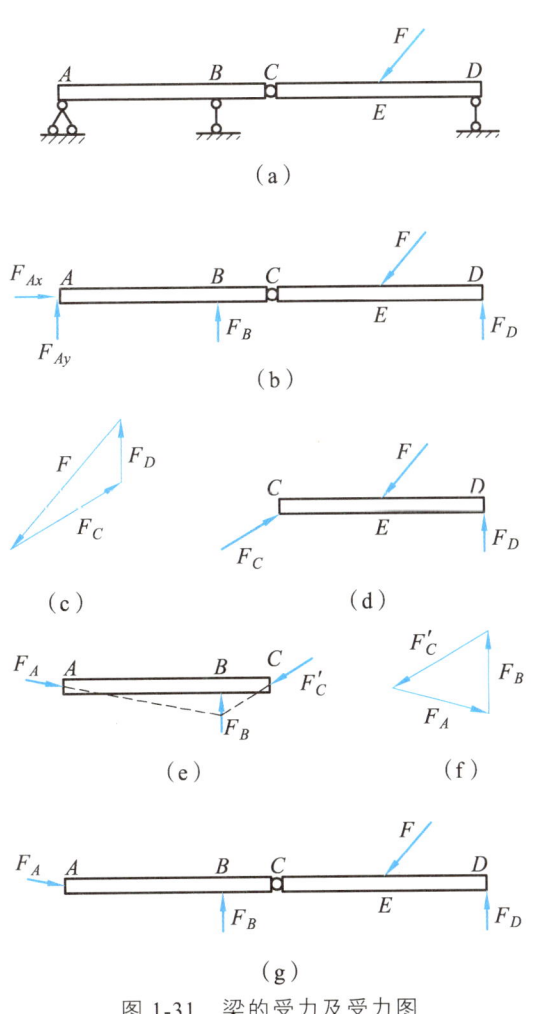

图 1-31 梁的受力及受力图

【解1】 取梁AD为研究对象,解除约束,画受力图。梁在A处受固定铰支座约束,在B、D处受可动铰支座约束。将梁AD看成一个整体,按画物系受力图的程序画出物系的受力图,如图1-31(b)所示。

在图1-31(b)中,所有的约束反力的大小、方向均为假设,且F_{Ax}、F_{Ay}的合力未知,所以,要确定各力的大小和方向,就需要对物系内的单体进一步分析并画出单体的受力图,进而确定物系中各力的大小和方向。

【解2】(1)取杆CD为研究对象,解除约束,画受力图。杆CD是物系中一个单体,与AC在C处用铰链连接。AC对CD在C点有约束反力F_C。力F是已知力,力F_D作用线的方位已知,依据单体受力图的画法,运用三力平衡汇交公理和力的多边形法则,可以求出F_C和F_D的大小和方向,如图1-31(c)、(d)所示。

(2)取杆AC为研究对象,解除约束,画受力图。同理,杆AC也是物系中一个单体,CD对AC在C点有约束反力F'_C。F'_C与F_C是一对作用力与反作用力,所以F'_C为该研究对象中的已知力。力F_B的作用线的方位已知,依据单体受力图的画法,运用三力平衡汇交公理和力的多边形法则,可以求出F_A和F_B的大小和方向,如图1-31(e)、(f)所示。

(3)再取物系AD为研究对象,画受力图。用F_A代替F_{Ax}、F_{Ay},将F_A、F_B、F_C和F分别画在对应的约束作用点或荷载作用点上,即为物系最简单的受力图,如图1-31(g)所示。

图1-31(b)所示也是物系受力图,但无法就物系整体进行受力的解析计算,必须将物系中的单体从物系中独立出来。

通过以上实例分析,我们现将画物系受力图的基本思路总结如下:

(1)明确研究对象。画受力图时要明确是画哪一个物体的受力图,明确是画物体系统的受力图还是画物系中单个物体的受力图。

(2)根据约束类型,画出约束反力。每解除一个约束,就有与它相对应的约束反力作用在研究对象上,约束反力的方向必须按照约束的类型画。

(3)依据作用与反作用力公理,将求出的已知力的反作用力作为与其连接的另一单体的已知力,画出另一单体的受力图,以此类推。

(4)将求出的物系整体以外的约束反力与物系所受的主动荷载画在解除约束的物体系统上,即为物系的受力图。

任务拓展

拓展任务描述	仔细观察如下图所示钢架的受力情况，并结合所学内容按要求完成任务。 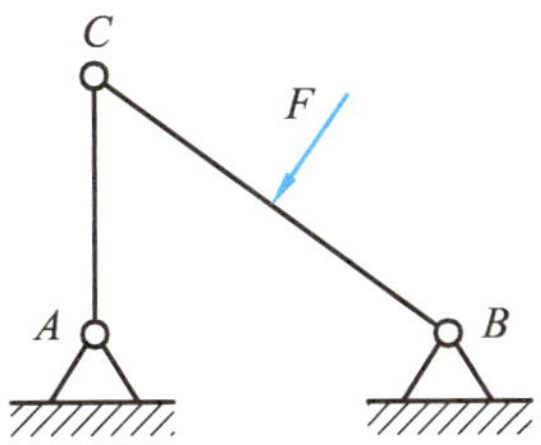
任务实施	BC 构件的受力特点
	AC 构件的受力特点
	BC 上作用在 C 点的力和 AC 上作用在 C 点的力之间的关系
	绘制 BC 构件的受力简图

任务二　平衡计算

在日常生活中，一只手提一件较重的物体，人的身体会发生倾斜，人会感觉很吃力，如果把这件较重的重物分成相同的两部分，分别用两只手提起，人的身体就不会发生较大倾斜，且会感觉较为轻松，这是为什么呢？

建筑结构及其构件上都有力的作用，它们在力的作用下保持平衡。本任务主要学习平面汇交力系、平面力偶系、平面一般力系的平衡条件及简单的物体平衡问题。

 教学目标

1. **知识目标**

（1）理解力矩、力偶的性质及特点。

（2）理解力在坐标轴上的投影。

（3）掌握平面力系（汇交力系、力偶系、一般力系）的平衡条件。

2. **能力目标**

（1）会运用解析法进行力的合成、分解与计算。

（2）会计算力矩和力偶矩。

（3）会应用平衡方程解决平面力系的平衡问题。

3. **素质目标**

（1）培养学生有意识地观察生活。

（2）培养学生深度思考的能力。

（3）激发学生的好奇心和求知欲。

（4）培养学生的规范意识和工程安全意识。

 学习重点

根据已知条件，利用平衡条件求解未知力。

子任务一　力的合成与分解

子任务一	力的合成与分解
任务目标	1. 掌握力在坐标轴上的投影； 2. 理解合力投影定理； 3. 熟悉解析法求平面汇交力系合力的基本步骤； 4. 能熟练应用解析法求平面汇交力系的合力
任务描述	如下图所示，O点受F_1、F_2、F_3三个力的作用，若已知$F_1=730$ N，$F_2=615$ N，$F_3=1\ 000$ N，各力方向如图所示，试求其合力。 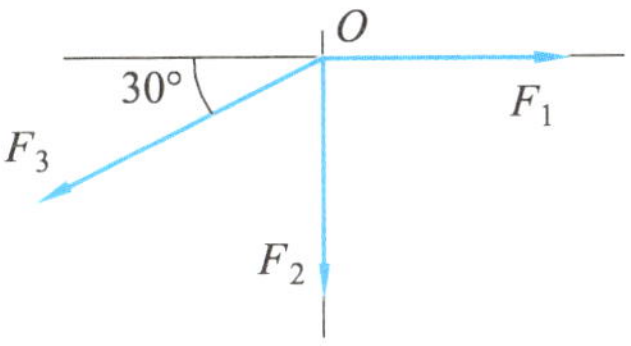
任务准备	1. 微课资源： 力的合成与分解 2. 思政资源： 中国皮影
任务实施	建立坐标系

	力在坐标轴上的投影	
	合力	
总结反馈	你是否了解解析法求合力的基本步骤？	是□ 否□
	你是否能准确进行力在坐标轴上的投影？	是□ 否□
	你是否理解合力投影定理的内容？	是□ 否□
	你是否能正确应用合力投影定理求合力？	是□ 否□
	请用文字或者思维导图形式进行相关知识总结：	

知识链接

由力的平行四边形公理及其推论不难发现，一个力可沿任意方向进行分解，有共同作用点的任意方向的力可求合力，这种合成与分解是建立在几何作图的基础上，求解结果的精准度也受到很大影响，要对物体受力进行更加精确计算，有必要对力的合成与分解做进一步的研究。

一、平面力在坐标轴上的投影

依据力在任意方向上的分解推论，工程中为了计算的方便，经常将力在直角坐标系中沿坐标轴方向进行分解后所得到的具有指向的线段，称为力在坐标轴上的投影，也可以称为力的解析投影。

平面力的解析投影法主要介绍力在平面直角坐标系中进行分解的方法。下面通过一道例题来说明平面力的解析投影法及其计算。

【例 1-7】 如图 1-32（a）、（b）所示，求力 F 在平面直角坐标系两轴上的投影 F_x、F_y。

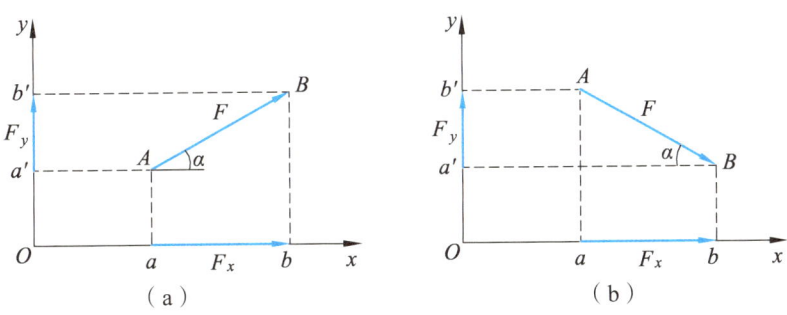

图 1-32 力在坐标轴上的投影

【解】 F_x、F_y 为力 F 在 x、y 轴上的投影，F 与 x 轴的夹角为 α，依据公式：

$$F_x = \pm F\cos\alpha, \quad F_y = \pm F\sin\alpha \tag{1-3}$$

（a） $F_x = F\cos\alpha, F_y = F\sin\alpha$。

（b） $F_x = F\cos\alpha, F_y = -F\sin\alpha$。

（1）式中正负号的意义及规定：正负号表示从力 $F(A, B)$ 投影的起点 (a, a') 到终点 (b, b') 方向与坐标轴方向的一致性。规定 $(a-b)$ 到 $(a'-b')$ 的方向与坐标轴方向一致为正，反之为负。所以，力在坐标轴上的投影具有长度和指向的两重性，投影是一代数量，力则是矢量。投影的大小等于力 F 在 x、y 轴方向上的分力的大小，投影的指向与力 F 在 x、y 轴方向上的分力方向相同，所以，经常用力 F 在两直角坐标轴上的投影代表力 F 在两坐标轴方向上的分力。

（2）α 角判断。

静力学中规定：α 为力 F 与 x 轴所夹的锐角。力 F 与 α 共同决定了投影的大小和指向。

（3）特殊情况。

当 $\alpha = 0$ 时，$F_x = |F|$，$F_y = 0$，所以，当力与坐标轴垂直时，力在该轴上的投影等于零；当力与坐标轴平行时，力在该轴上的投影的绝对值等于力的大小。

【例 1-8】已知：$F_1 = 100 \text{ N}$，$F_2 = 150 \text{ N}$，$F_3 = 120 \text{ N}$，各力的方向如图 1-33 所示，分别求出各力在 x、y 轴上的投影。

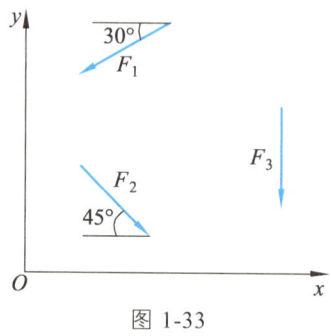

图 1-33

【解】 $F_{1x} = -F_1 \cos 30° = -50\sqrt{3} \text{ N}$

$F_{1y} = -F_1 \sin 30° = -50 \text{ N}$

$F_{2x} = F_2 \cos 45° = 75\sqrt{2} \text{ N}$

$F_{2y} = -F_2 \sin 45° = -75\sqrt{2} \text{ N}$

$F_{3x} = F_3 \cos 90° = 0 \text{ N}$

$F_{3y} = -F_3 \sin 90° = -120 \text{ N}$

二、平面汇交力系的合成

在平面汇交力系中，各力的作用线或作用线的延长线汇交于一点，可以对平面力系中的力用三角函数关系或依据力的平行四边形公理作图直接合成。但三角函数关系计算复杂，作图法合成其精确度较差。力学中经常将平面汇交力系置入平面坐标系中完成力系的合成。

1. 正交方向的两个力的解析法合成

如图 1-34 所示，F_1、F_2 的作用线分别在两正交坐标轴上，求 F_1、F_2 的合力 R。

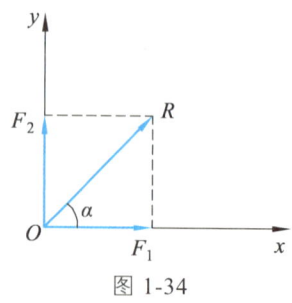

图 1-34

$$\vec{R} = \vec{F_1} + \vec{F_2} \tag{1-4}$$

$$R = \sqrt{F_1^2 + F_2^2} \qquad (1\text{-}5)$$

$$\tan\alpha = \left|\frac{F_2}{F_1}\right| \qquad (1\text{-}6)$$

用解析法求两个正交方向上的力的合力，包含两个过程：一是求合力的大小（式1-5）；二是求合力的方向（式1-6）。

求两个正交方向上的力的合力的过程，是力在两个正交方向上的分解过程的逆过程，同样应该注意以下几个问题：① 合力作用线的起点在两分力作用线起点的交点上。② α 为合力作用线与 X 轴正向所夹的锐角。α 角所在方位按表1-1确定。

表 1-1 α 角方位确定

$F_2(F_Y)$ / $F_1(F_X)$ (+)	α角方位	$F_2(F_Y)$ / $F_1(F_X)$ (−)	α角方位
$F_1(F_X)$ (+)	(图：F在第一象限，α在X正向上方)	(+)	(图：F在第四象限，α在X正向下方)
$F_1(F_X)$ (−)	(图：F在第三象限，α在X负向下方)	(−)	(图：F在第二象限，α在X负向上方)

2. 平面汇交力系力的解析法合成

对于两个正交方向的力的合成，可以容易地求出其合力的大小和方向。对于平面汇交力系合成，由于力系中的各力的作用线并不都是相互正交，因此，有必要将力系中的各力在坐标系中的两个正交轴上先进行分解，并求各力在同一坐标轴上的分力之和（同一坐标轴上的投影和），然后再求这两个正交的分力之和的合力。这两个正交轴上的分力之和与力系中所有力对物体的作用效应相同。这两个分力之和的合力与力系中所有力对物体的作用效应也相同。

如图 1-35（a）所示，共面力 F_1、F_2、F_3 汇交于一点，为了将该力系中的力合成，首先以该力系的汇交点为原点建立直角坐标系，将力系中的各力在坐标轴上进行分解。

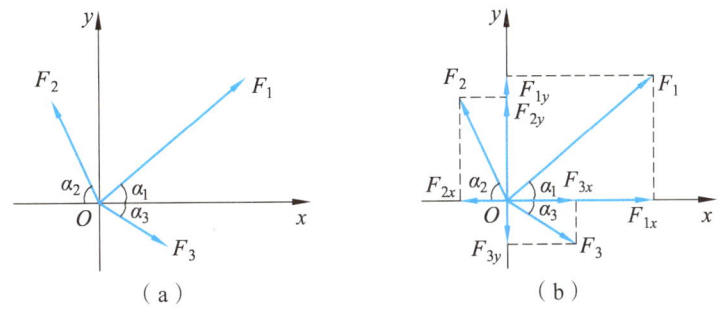

（a）　　　　　　　　（b）

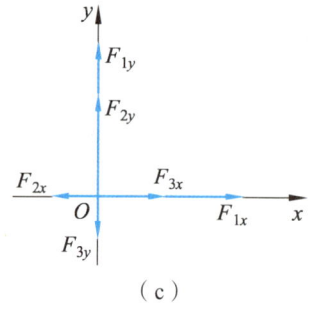
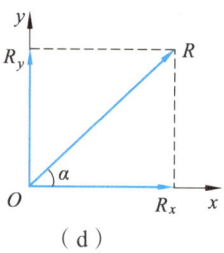

图 1-35

计算各力在坐标轴上的分力。图 1-35（b）如有 n 个力，则以此类推。

$$F_{1x} = F_1 \cos\alpha_1 \qquad F_{1y} = F_1 \sin\alpha_1$$
$$F_{2x} = -F_2 \cos\alpha_2 \qquad F_{2y} = F_2 \sin\alpha_2$$
$$F_{3x} = F_3 \cos\alpha_3 \qquad F_{3y} = -F_3 \sin\alpha_3$$

求各力在同一轴上分力的和，如图 1-35（c）所示。

$$R_x = F_{1x} - F_{2x} + F_{3x}$$
$$R_y = F_{1y} + F_{2y} - F_{3y}$$

上式表明，合力在任一轴上的投影，等于各分力在同一轴上投影的代数和，这就是合力投影定理。

由力的平行四边形公理可知，这两个分力可以合成一个合力，该合力也是上述平面力系的合力。工程中常将该合力称为力系的主矢，如图 1-35（d）所示。

$$R = \sqrt{R_x^2 + R_y^2} \qquad \tan\alpha = \left|\frac{R_y}{R_x}\right| \qquad (1\text{-}7)$$

式（1-7）中，R 为力系的主矢，对平面汇交力系，R 的作用线必然通过力系的汇交点，R 的方向由 α 确定。

【例 1-9】 吊环上作用三个共面力：$T_1 = 150\,\text{N}$、$T_2 = 120\,\text{N}$、$T_3 = 200\,\text{N}$，各力的作用线的位置如图 1-36 所示，试求该力系的合力。

【解】（1）建立直角坐标系如图 1-36 所示，T_1、T_2、T_3 三力共面，在力线所在平面内建立坐标系。

（2）求各力在坐标轴方向上的分力，依据投影法则得：

$$T_{1x} = -T_1 \cos 60° = -150 \times \frac{1}{2} = -75\,\text{N}$$
$$T_{2x} = T_2 \cos 70° = 120 \times 0.342 = 41.04\,\text{N}$$
$$T_{3x} = T_3 \cos 45° = 200 \times \frac{\sqrt{2}}{2} = 141.4\,\text{N}$$

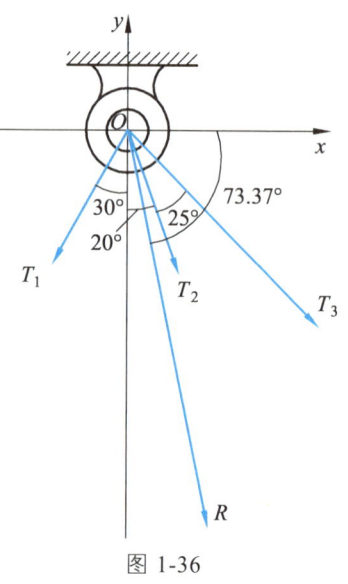

图 1-36

$$T_{1y} = -T_1 \sin 60° = -150 \times \frac{\sqrt{3}}{2} = -129.9 \text{ N}$$

$$T_{2y} = -T_2 \sin 70° = -120 \times 0.94 = -112.8 \text{ N}$$

$$T_{3y} = -T_3 \sin 45° = -200 \times \frac{\sqrt{2}}{2} = -141.4 \text{ N}$$

（3）求各力在坐标轴上的分力之和，依据合力投影定理得：

$$R_x = T_{1x} + T_{2x} + T_{3x} = -75 + 41.04 + 141.4 = 107.44 \text{ N}$$

$$R_y = T_{1y} + T_{2y} + T_{3y} = -(129.9 + 112.8 + 141.4) = -384.1 \text{ N}$$

（4）求两正交轴上分力之和的合力。

$$R = \sqrt{R_x^2 + R_y^2} = \sqrt{107.44^2 + (-384.1)^2} = 398.84 \text{ N}$$

$$\tan\alpha = \left|\frac{R_y}{R_x}\right| = 3.575, \quad \alpha = 73.37°$$

从表 1-1 知合力 R 方位如图 1-36 所示。

三、平面汇交力系的解析法合成基本程序

1. 在力系所在平面建立直角坐标系

建立的平面直角坐标系的原点最好与力系中各力的汇交点重合，坐标轴的位置应使力的投影计算最简单。也就是说，应尽量使力系中更多的力线与 x 轴夹角为典型角度，这样更便于计算各力在坐标轴上的投影。

2. 将各力在坐标系正交方向进行投影

应用公式 $F_x = \pm F\cos\alpha$ 和 $F_y = \pm F\sin\alpha$ 分别计算力系中的各力在两坐标轴上的投影，在投影计算过程中，应正确判断式中的 ± 号，理解 ± 号所代表的意义。

3. 分别求各力在两坐标轴上投影的和投影

应用公式 $F_x = F_{1x} + F_{2x} + \cdots + F_{nx}$，$F_y = F_{1y} + F_{2y} + \cdots + F_{ny}$ 对各力在坐标轴上的投影分别进行代数加法运算，求出两轴上的和投影 R_x、R_y。计算时，应注意其投影的 ± 号。

4. 求合力 F 的大小

应用公式 $F = \sqrt{F_x^2 + F_y^2}$ 求出合力的大小。

5. 判断合力 F 的方向

依据公式 $\tan\alpha = \left|\frac{F_y}{F_x}\right|$ 和表 1-1 判断合力 F 与坐标系 x 轴所夹的锐角 α 的大小和力线的位置。

任一平面汇交力系合成后都有一确定的合力 F，且合力的作用点也作用在原力系的汇交点上，方向向外，与 x 轴所夹的锐角为 α。

任务拓展

拓展任务描述	一吊环受三条绳子的作用，如下图所示，已知：$T_1=250\text{ N}$，$T_2=10\text{ N}$，$T_3=150\text{ N}$。试求该三力的合力并将合力在所建坐标轴上进行正交分解。 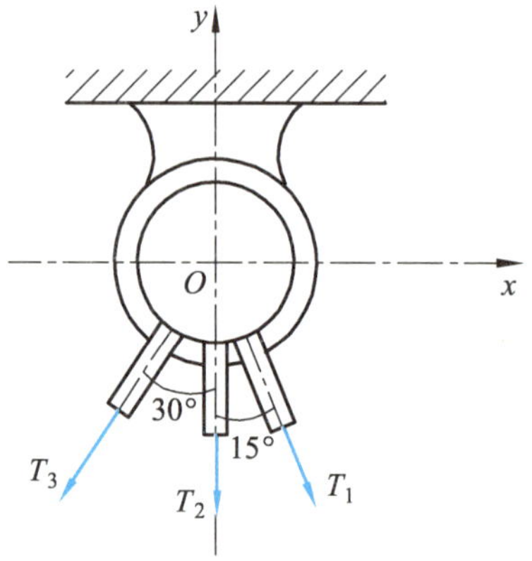	
任务实施	建立坐标系	
	力在坐标轴上的投影	
	合力投影定理的应用	
	合力的大小和方向	
	合力的正交分解	

子任务二 力矩计算

子任务二	力矩计算
任务目标	1. 掌握力矩的概念； 2. 理解力矩的基本特性； 3. 能熟练计算力对点之矩
任务描述	在工程实践中，大小相等的三个力，以不同的方式加在扳手的 A 端，如下图所示，若 $F=100\,\text{N}$，其他尺寸如下图所示。试求三种情况下哪种工作效率最高。 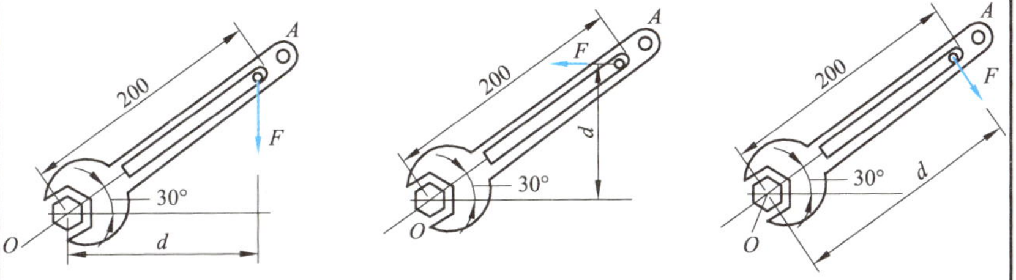 （a） （b） （c）
任务准备	1. 微课资源： 力矩 2. 思政资源： 【劳模风采】辽宁省沈阳市田芳：解锁力矩难题 飞机开锁无忧
任务实施	工作效率最高的力学意义。	
	三种不同情况下力 F 对 O 点的力矩（用两种方法进行计算）。	
	同样的工具，同样大小的力，为什么工作效率会有差别？	

总结反馈	你是否会计算力对点之矩？	是□	否□
	你是否会计算力偶矩？	是□	否□
	你是否理解合力矩定理和力偶矩的合成？	是□	否□
	请用文字或者思维导图形式进行相关知识总结：		

知识链接

一、力矩的概念

力对物体的作用效应,不但可以使物体移动和形状改变,有时还可以使物体转动,如人们推动石磨使石磨绕转轴中心转动,钳工师傅用扳手拧紧螺栓,螺栓绕螺杆中心转动等。由此,人们将力使物体绕某一点产生转动效应的物理量称为该力对转动中心的矩,简称力矩。

二、力矩的计算

如图 1-37 所示,要求力 F 对 O 点的力矩,d 为力 F 到 O 点的距离,力学中 d 称为力臂,O 点称为矩心,力对点之矩用符号 $M_O(F)$ 表示,正负由转动方向决定。

$$M_O(F) = \pm Fd \tag{1-8}$$

式(1-8)可以表述为:力 F 对平面内一点所产生的矩大小等于力与力臂的乘积。式中的±号表示力矩的方向,力学中规定:力使物体产生逆时针方向的转动取正号,反之取负号。

力矩的单位是力的单位与长度单位的乘积,国际单位制通常用牛顿·米(N·m)或千牛·米(kN·m)表示。

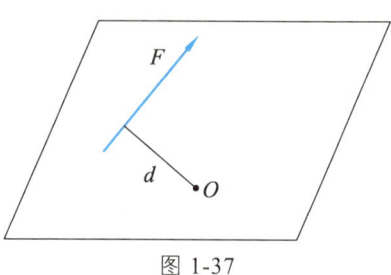

图 1-37

三、力矩的性质

由力矩的定义可推出以下结论:

(1)力矩的大小取决于力和力臂的乘积,当 F 等于零或 F 的作用线通过矩心($d=0$)时力矩等于零。

(2)d 表示力的作用线或力作用线的延长线到 O 点的距离,所以,当力沿作用线的延长线任意移动时,不影响该力对矩心的作用效应。

(3)力对点之矩,不仅与力的大小和方向有关,而且与矩心的位置有关。

【例 1-10】 如图 1-38 所示,杆件 AB 受到三个集中力 F_1、F_2、F_3 的作用,已知 $F_1 = 15 \text{ kN}$,$F_2 = 20 \text{ kN}$,$F_3 = 20 \text{ kN}$,求三力分别对 O 点的力矩。

【解】 由公式(1-6)得:

$$M_O(F_1) = F_1 \times d_1 = 15 \times 0 = 0$$

$$M_O(F_2) = F_2 \times d_2 = 20 \times 0.5 = 10 \text{ kN·m}$$

$$M_O(F_3) = -F_3 \times d_3 = -20 \times 1 \times \sin 30° = -10 \text{ kN·m}$$

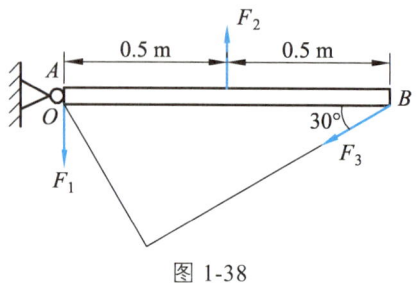

图 1-38

力 F_1 通过物体的转动中心，F_1 对 O 点的力矩为零；F_2 使杆件逆时针转动，F_2 对 O 点之矩为正；F_3 使杆件顺时针转动，F_3 对 O 点之矩为负。

四、合力矩定理

在平面力系中，如果力系中的几个力对同一点产生力矩，这些力矩可以在平面内求合力矩，其合力矩等于这几个力的合力对该点的矩，该定理称为合力矩定理。合力矩等于力系中各力对同一点矩的代数和，合成的过程称为力矩合成。

应用合力矩定理可以简化力矩的计算。在求一个力对某点的矩时，若力臂不易计算，就可以将该力分解为两个互相垂直的分力，两分力对该点的力臂比较容易计算，就可以方便地求出两分力对该点矩的代数和，以此来代替原力对该点的矩。

$$M_O(F) = \sum M_O(F_n) = M_O(F_1) + M_O(F_2) + \cdots + M_O(F_{n-1}) + M_O(F_n) \quad (1\text{-}9)$$

【例 1-11】 在例 1-10 所示力系中，求 F_1、F_2、F_3 对 O 点的合力矩。

【解】 由式（1-9）得：

$$M_O(F) = M_O(F_1) + M_O(F_2) + M_O(F_3) = 0 + 10 - 10 = 0$$

即该力系的合力对物体不产生转动效应。

【例 1-12】 如图 1-39 所示，已知 $F_1 = 4$ kN，$F_2 = 3$ kN，$F_3 = 2$ kN，试求三力的合力对 O 点的矩。

【解】 根据合力矩定理可以求出合力对 O 点的矩：

$$M_O(F_1) = F_1 d_1 = 4 \times 5 \times \sin 30° = 10 \text{ kN} \cdot \text{m}$$

$$M_O(F_2) = 0$$

$$M_O(F_3) = F_3 d_3 = -2 \times 5 \times \sin 60° = -8.66 \text{ kN} \cdot \text{m}$$

$$M_O(F_R) = \sum M_O(F_R) = 10 + 0 - 8.66 - 1.34 \text{ kN} \cdot \text{m}$$

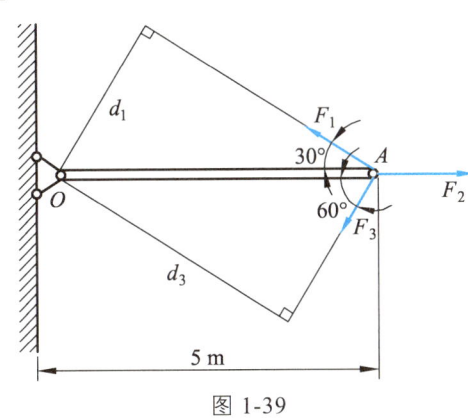

图 1-39

任务拓展

拓展任务描述	如下图所示，求力 P 对 O 点的力矩。 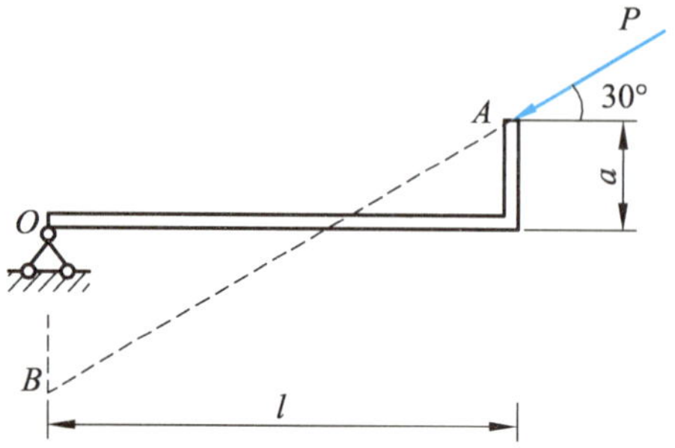		
任务实施	力 P 对 O 点的力臂		
	力 P 对 O 点的力矩		
	力 P 在坐标轴上的投影		
	力 P 对 O 点的力矩（应用合力矩进行求解）		

子任务三 力偶矩的计算

子任务三	力偶矩的计算
任务目标	1. 掌握力偶矩的概念； 2. 理解力偶矩的基本特性； 3. 能熟练计算力偶矩
任务描述	根据如图所示简支梁 AB 的受力情况，完成相关任务。 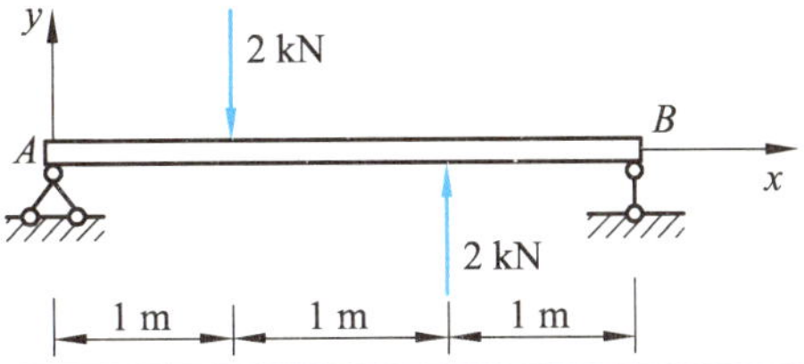 （图示：简支梁 AB，A 端为铰支座，B 端为滚动支座，距 A 点 1 m 处作用向下 2 kN 的力，距 A 点 2 m 处作用向上 2 kN 的力，B 距 A 点 3 m）
任务准备	1. 微课资源： 力偶 2. 思政资源： "全国五一劳动奖章"获得者张帅坤：做中国人自己的盾构机

任务实施	两个力在坐标轴上的投影。	
	两个力对 A 点的力矩分别是多少？	
	作用在梁 AB 上的两个力的特点（从大小、方向、作用线三个方面陈述）。	
	如果这两个力构成力偶，请计算力偶矩，如果不是请说明原因。	

总结反馈	你是否会计算力偶矩？	是□	否□
	你是否理解力偶矩的性质？	是□	否□
	你是否理解力偶矩的合成？	是□	否□
	请用文字或者思维导图形式进行相关知识总结：		

知识链接

一、力偶

实践中，我们经常看到一种情况，物体受一对大小相等、方向相反、作用线平行而不重合的力的作用。如汽车司机双手转动方向盘、钳工师傅用丝锥加工螺纹等，力学中将这样一对大小相等、方向相反、作用线平行而不重合的力称为力偶。力偶用符号 (F, F') 表示，如图1-40（a）所示。力偶中两力作用线的距离称为力偶臂，通常用 d 表示，力偶所在的平面称为力偶作用面。

二、力偶矩的计算

力偶对物体也产生转动的效应，所以力偶对物体也有矩。工程中，将力偶对物体产生的转动效应的物理量称为力偶矩。力偶矩的大小等于力 F（或 F'）与力偶臂的乘积，力偶矩表示为 $m(F, F')$。

$$m(F, F') = \pm F \times d \tag{1-10}$$

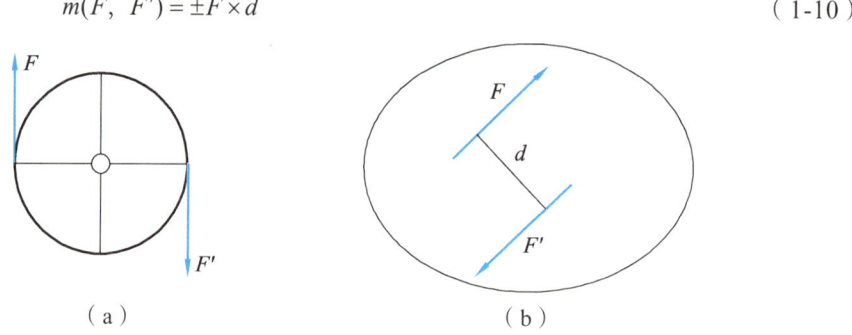

图1-40 力偶与力偶矩

力偶矩的单位和正负号的规定与力矩相同，逆时针转动为正，顺时针转动为负。如图1-40（b）所示，$m(F, F') = -F \times d$。

力偶矩的大小取决于力 F 的大小和力偶臂 d 的长度，对物体在力偶作用面内任何点的效果相同，所以，力偶矩与转动中心无关。力偶矩也可以表示为 $m(F, F')$ 或 m。

力矩和力偶矩都是表示力使物体产生转动效应的物理量，二者的物理意义相同，计算公式相近，单位和正负号规定相同，所不同的是力矩与矩心有关，力偶矩与矩心无关。实际中，也可以将力偶矩看作是力偶对作用平面内任意点矩的合力矩。

三、力偶的性质

根据力偶的概念，不难看出，力偶具有以下性质：

（1）力偶在任一轴上的合力恒等于零，所以，力偶无合力。因此，力偶只能使物体转动，不能使物体移动。

（2）力偶对平面内任一点的矩恒等于力偶矩，与矩心位置无关。

证明：如图 1-41 所示，设力偶 F、F' 对平面内任一点 O 点取矩，则有：

$$m_O(F) = -F \times d$$
$$m_O(F') = F' \times d' = F' \times (D+d)$$
$$\sum m = m_O(F) + m_O(F') = F' \times D = m(F, F')$$

所以说，力偶对平面内任一点的矩与矩心的位置无关。

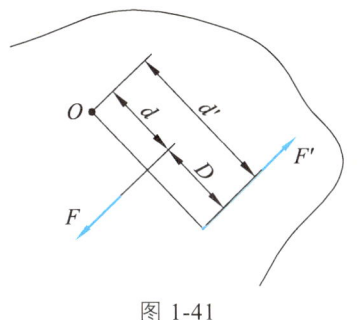

图 1-41

（3）同一平面内两力偶，如果其力偶矩大小相等，转向相同，则这两力偶称为等效力偶。

如图 1-42 所示，在左边的图中，力偶中力的大小为 F，力偶臂长度为 D，根据公式计算，其力偶矩 $m = -F \times D$；在右边的图中，力的大小变为 $2F$，但是力偶臂变为 $D/2$，其力偶矩 $m = -2F \times D/2 = -F \times D$。

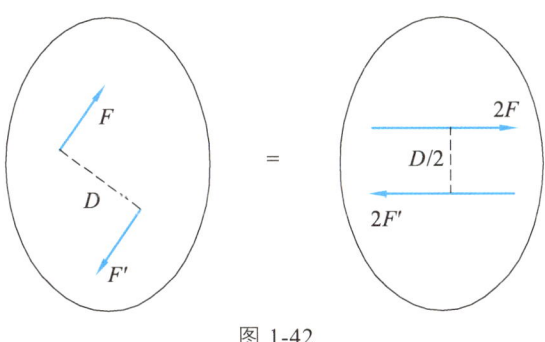

图 1-42

推论：对于受力物体来讲，同时改变组成力偶的大小和力偶臂的长度，只要保持力偶矩的大小和方向不变，则力偶对物体的转动效应不变，如图 1-42 所示。

四、力偶矩的合成

在同一平面内有若干力偶作用，力学中称为平面力偶系。借鉴合力矩的定理，平面力偶系中的各力偶对平面的作用效应可以用一合力偶矩来确定，合力偶矩的大小等于平面内各力偶矩的代数和。

$$m_R = m_1 + m_2 + \cdots + m_n \tag{1-11}$$

【例 1-13】 钳工师傅用丝锥加工螺纹，如图 1-43 所示，螺杆上的阻力可以用一力偶（F_1，F_1'）来表示，人手施加于丝锥上的力为（F_2，F_2'），已知 $F_1 = 250\text{ N}$，$F_2 = 50\text{ N}$，$d_1 = 12\text{ mm}$，$d = 200\text{ mm}$。求丝锥转动的合力偶矩。

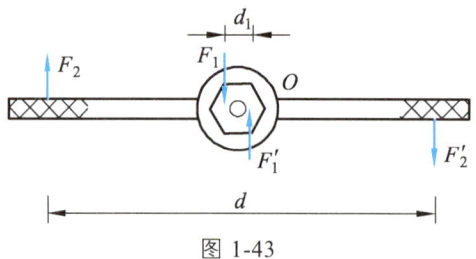

图 1-43

【解】 $m_1 = F_1 \times d_1 = 250 \times 0.012 = 3\text{ N·m}$。

$m_2 = -F_2 \times d = -50 \times 0.2 = -10\text{ N·m}$。

$m = m_1 + m_2 = 3 - 10 = -7\text{ N·m}$（合力矩的方向为顺时针）。

五、矩的合成

如果在一平面力系中，物体既受力的作用产生转动效应，又有力偶作用的转动效应，则对转动中心，力所产生的力矩和力偶所产生的力偶矩也可以合成，如图 1-44 所示。

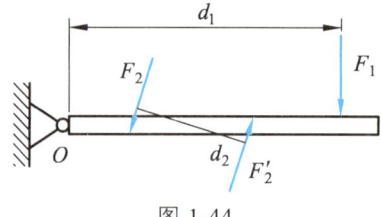

图 1-44

$$m_O = -m_O(F_1) + m_2 = -F_1 \times d_1 + F_2 \times d_2$$

任务拓展

拓展任务描述	求下图所示作用于物体上的和力偶矩。 已知：$F_1 = F_1' = 100 \text{ N}$，$m_1 = 20 \text{ N·m}$，$l_1 = 0.8 \text{ m}$。 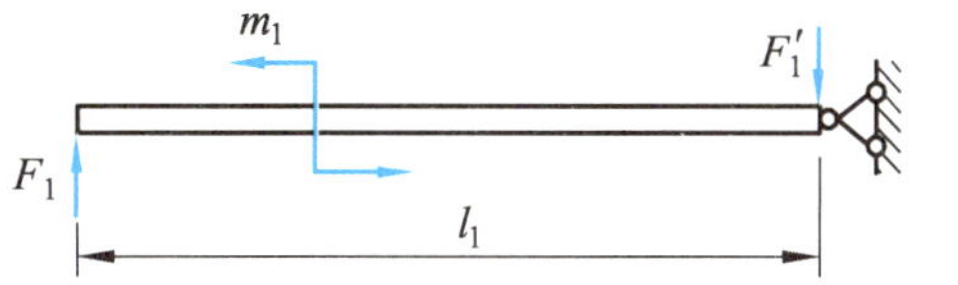	
任务实施	主动作用在物体上的力偶有几个？分别是什么？	
	求各力偶的力偶矩。	
	主动作用在物体上的和力偶矩。	

子任务四 平面汇交力系的平衡计算

子任务四	平面汇交力系的平衡计算		
任务目标	1. 理解平面汇交力系的平衡条件； 2. 掌握平面汇交力系的平衡方程； 3. 能应用平面汇交力系的平衡方程求解相关的平衡问题		
任务描述	由杆 AB、BC 组成四种不同形式的支架，如下图所示，B 处是铰链连接，A、C 处为固定铰支座，在 B 点作用一力 F，试求在图示情况下，杆 AB 和 BC 是何种受力体，所受力的大小，并说明是受拉力还是压力。 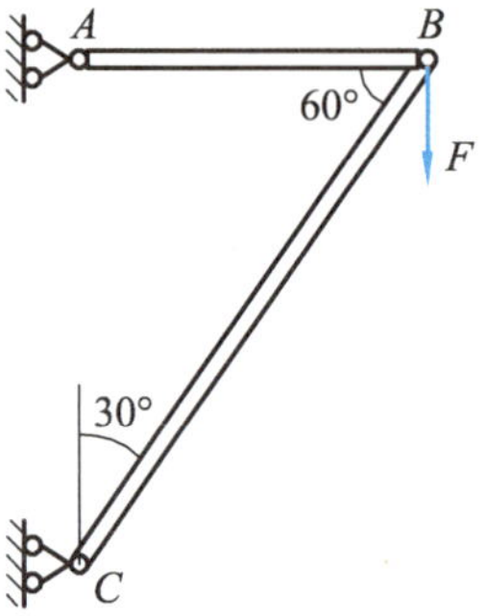		
任务准备	1. 微课资源： 平面汇交力系的平衡计算 2. 思政资源： 耐盐碱基因：让盐碱地里"稻谷飘香"		
任务实施	AB 杆件的受力特点		
	BC 杆件的受力特点		
	支架 ABC 的受力图		
	支座反力的求解		
总结反馈	你是否理解平面汇交力系的平衡条件？	是□	否□
	你是否熟悉平面汇交力系的平衡方程？	是□	否□
	你是否会应用平面汇交力系的平衡方程求解相应平衡问题？	是□	否□
	请用文字或者思维导图形式进行相关知识总结：		

知识链接

一、平面汇交力系平衡条件

在平面汇交力系中,力系中所有的力汇交于一点,所有力的作用线都通过汇交点,从力矩的概念可知,力系中所有的力对汇交点的矩都等于零,力系对汇交点的主矩也等于零,即:$\sum M_O(F) = 0$。也就是说,在平面汇交力系中,只要力系的合力等于零,该力系必然是平衡力系,或者说只要该力系平衡,力系的合力必然为零。平面汇交力系平衡的充要条件是:$\sum F = 0$。

二、平面汇交力系平衡方程

由于平面汇交力系合成的结果是一个合力,欲使 $\sum F = 0$,只需且必须使该合力在两个正交方向上的分力等于零。于是得出平面汇交力系的平衡方程为:

$$\begin{cases} \sum F_x = 0 \\ \sum F_y = 0 \end{cases} \quad (1-12)$$

【例 1-14】 如图 1-45(a)所示,一自重 $W = 100\text{ N}$ 的匀质梯子斜靠在光滑的墙面上,下端放置在与水平面成 30°倾角的光滑斜面上,试求在梯子自重力作用下处于平衡时,A、B 两端的约束反力 N_A 和 N_B。

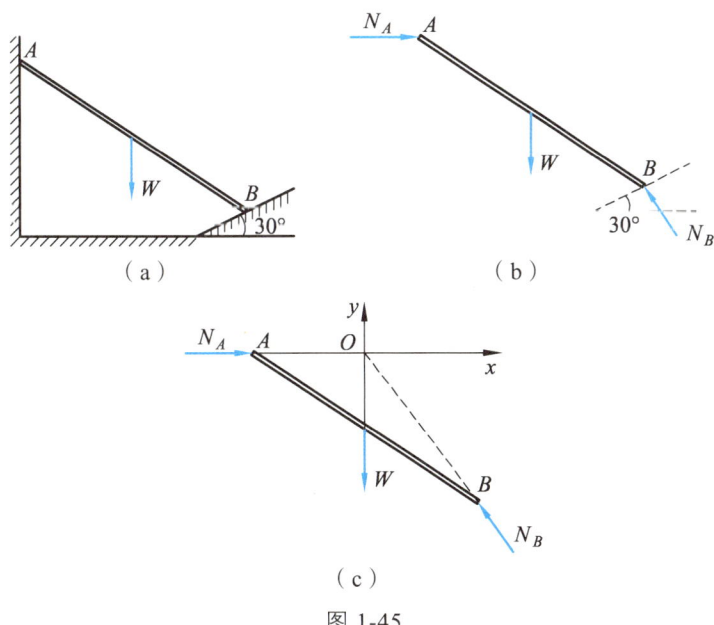

图 1-45

【解】 分析:① 梯子为匀质物体,重心应在梯子长度的中心处;② 梯子受三个力作用,主动荷载 W、两个约束反力 N_A 和 N_B;③ A、B 两段均受光滑接触面约束,约束反力方向和作用线位置均已知；④ 梯子处于平衡状态，三力必然汇交于一点，且 $\sum F = 0$。

（1）取梯子为研究对象，解除约束画受力图。图 1-45（b）中 N_A 和 N_B 作用线分别通过 A、B 点，且垂直于接触面，为光滑约束面约束反力。

（2）建立直角坐标系，如图 1-45（c）所示。坐标系原点为三力汇交点。

（3）列平衡方程。

$$\sum F_x = 0: \quad N_A - N_B \cos 60° = 0$$

$$\sum F_y = 0: \quad -W + N_B \sin 60° = 0$$

$$N_B = \frac{W}{\sin 60°} = \frac{100}{\frac{\sqrt{3}}{2}} = \frac{200}{\sqrt{3}} = 115.5 \text{ N}$$

$$N_A = N_B \cos 60° = 115.5 \times 0.5 = 57.7 \text{ N}$$

计算结果中，N_A、N_B 均为正值，表明 N_A、N_B 原假设方向正确（如果计算结果为负，说明力的实际方向与假设方向相反）。

【例 1-15】 图 1-46 所示为一简易刚架，A 端为链杆约束，B 为固定铰支座约束，刚架 C 点在一水平推力 $F = 10$ kN 作用下处于平衡状态，刚架尺寸见图 1-46。试求 A、B 两端的约束反力。

【解】 分析：① 刚架受三个力作用，主动荷载 F 以及 A、B 两端的约束反力 R_A、R_B，刚架处于平衡状态；② F 和 R_A、R_B 汇交于一点，且 $\sum F_x = 0$；③ F 为已知力，R_A 和 R_B 方位已知，大小和方向未知。

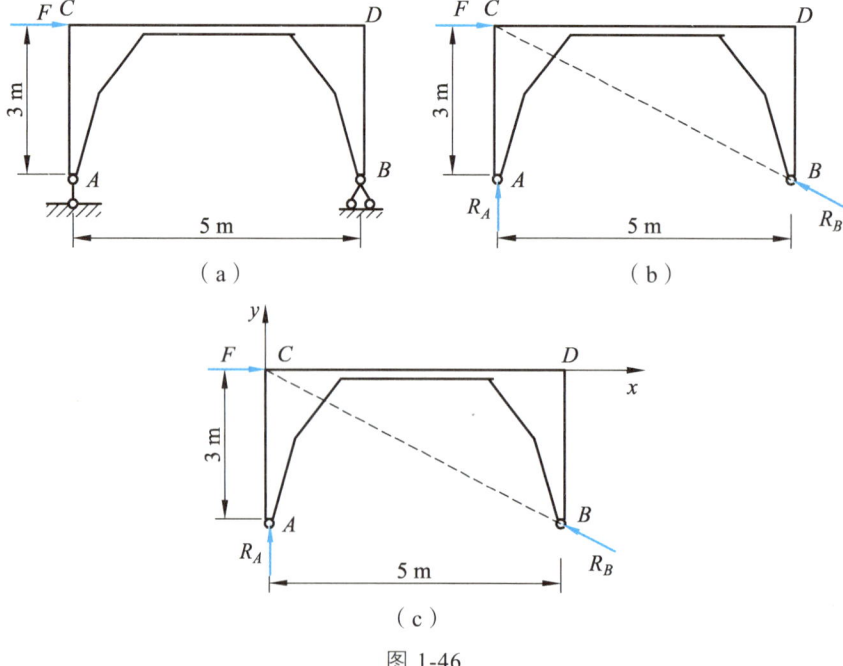

图 1-46

（1）取刚架为研究对象，解除约束，画受力图。如图 1-46（b）中 R_A 作用线与链杆中心线重合，方向假设。R_B 力线必然通过 B、C 点，与 F、R_A 汇交于 C 点，方向假设。

（2）建立直角坐标系如图 1-46（c）所示，取力的汇交点 C 为坐标系原点。

（3）列平衡方程。

$$\sum F_x = 0: \quad F - \frac{5}{\sqrt{5^2+3^2}} R_B = 0$$

$$R_B = 10 \times \frac{\sqrt{5^2+3^2}}{5} = 10 \times 1.17 = 11.7 \text{ kN}$$

$$\sum F_y = 0: \quad R_A + \frac{3}{\sqrt{5^2+3^2}} R_B = 0$$

$$R_A = -\frac{3}{\sqrt{34}} \times 11.7 = 6.0 \text{ kN}$$

计算结果中，R_A 为负值，表明 R_A 实际受力方向与假设方向相反；R_B 为正值，表明 R_B 实际受力方向与假设方向相同。

三、解决平面汇交力系平衡问题的一般程序

解决平面汇交力系的平衡问题，首先应从了解题中的已知条件和待求问题开始，正确选择分析对象，详细分析研究对象的受力特征并画出受力图，再根据受力情况选定合适的坐标系原点，建立坐标系并应用平衡方程求解，其一般程序为：

（1）选择研究对象，解除约束，画受力图。这一过程应注意相对较复杂的物系研究对象的选择，如对问题无法整体求解，就要考虑先选物系中的单体为研究对象。

（2）建立直角坐标系。直角坐标系的建立直接关系到求解过程的复杂程度，包括坐标系的原点和坐标轴的方向选择。坐标系原点一般选在力的汇交点或物系中的特征点上，坐标轴的方向选择应使尽可能多的力线与坐标轴的夹角为特征角度，力争避免任意角度出现。

（3）列平衡方程并求解。应特别注意力在坐标轴上分力的正负号，注意力在坐标系中特殊位置时在坐标轴上的分力，不可漏掉任何一个力。

（4）认真检查求解过程。

任务拓展

拓展任务描述	由杆 AB、BC 组成四种不同形式的支架，如下图所示，B 处是铰链连接，A、C 处为固定铰支座，在 B 点作用一力 F，试求在图示情况下，杆 AB 和 BC 是何种受力体，所受力的大小，并说明是受拉力还是压力。 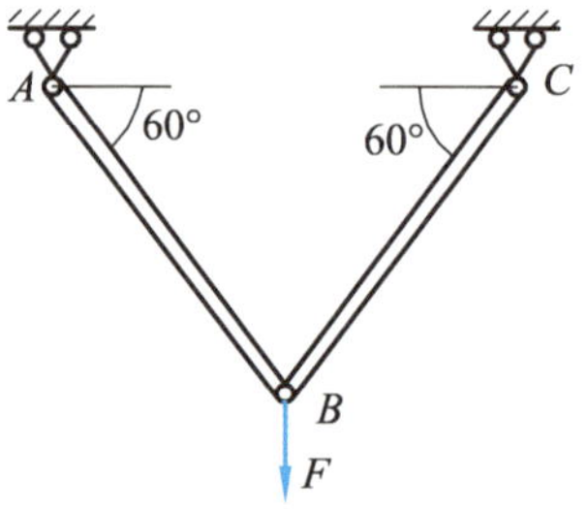

任务实施	绘制支架 ABC 的受力图	
	求解支座反力	

子任务五 平面力偶系的平衡计算

子任务五	平面力偶系的平衡计算		
任务目标	1. 理解平面力偶系的平衡条件； 2. 掌握平面力偶系的平衡方程； 3. 能应用平面力偶系的平衡方程求解相关的平衡问题		
任务描述	求如下图所示简支梁的支座反力。 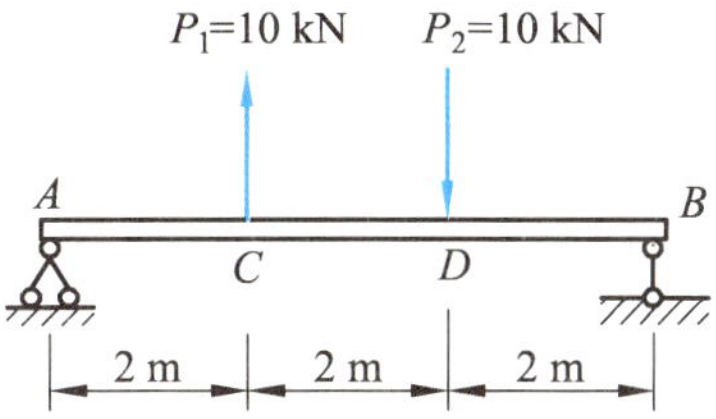 $P_1=10$ kN，$P_2=10$ kN，简支梁AB，C、D为梁上的点，A到C为2 m，C到D为2 m，D到B为2 m。		
任务准备	1. 微课资源： 平面力偶系的平衡 2. 思政资源： 潮头观澜丨西部大开发 形成新格局		
任务实施	梁 AB 的受力图		
	梁上的主动力对梁 AB 的作用效应		
	由力偶的性质可知梁 AB 要平衡，两支座反力的大小、方向的关系（画梁 AB 的受力图来表示）		
	支座反力的求解		
总结反馈	你是否理解平面力偶系的平衡条件？	是□	否□
	你是否熟悉平面力偶系的平衡方程？	是□	否□
	你是否会应用平面力偶系的平衡方程求解相应平衡问题？	是□	否□
	请用文字或者思维导图形式进行相关知识总结：		

知识链接

在物体同一平面内受到两个或两个以上的力偶作用,无其他力的作用,该平面力系称为平面力偶系。依据力偶的概念可知,平面力偶系具有非常明显的特性,该力系无合力,或平面力偶系的合力恒等于零。由此推出,受平面力偶系作用的物体,只有转动效应,没有移动效应。

一、平面力偶系的合成

由平面力偶的性质可知,当两个力偶的力偶矩大小相等、方向相同时,这两个力偶是等效力偶。这一性质从三个方面对等效力偶做了表述:① 所谓等效力偶,其实际意义就是二者对物体的作用效应相同;② 用力偶矩衡量力偶对物体的作用效应;③ 力偶是一矢量,其效应用带方向的物理量衡量。当物体受到两个力偶 m_1 和 m_2 作用时,这两个力偶对物体的作用效应应与另外一个力偶 M 等效,而 M 对物体的作用效应应该是 m_1 和 m_2 的和效应,用 m_1 和 m_2 的合力偶矩来衡量。在同一平面内,力偶矩的方向只有两种选择:逆时针为正,顺时针为负。所以,对 m_1 和 m_2 可以进行代数法合成:$M = m_1 + m_2$,将此结论推而广之有:

$$M = m_1 + m_2 + \cdots + m_{(n-1)} + m_n = \sum m \qquad (1\text{-}13)$$

于是得出结论:平面力偶系合成的结果是一合力偶,合力偶矩等于力偶系中各力偶矩的代数和。

二、平面力偶系的平衡

由平面力偶系的特性可知,平面力偶系无合力。因此,当物体处于平衡状态时,物体所受的合力偶矩必须等于零,或者只要物体所受的合力偶矩等于零,物体必然处于平衡状态,平面力偶系平衡的充要条件是:力系中的各力偶矩的代数和等于零。由此得出平面力偶系的平衡方程为:

$$\sum M = 0 \qquad (1\text{-}14)$$

【例 1-16】 简支梁 AB 上作用一力偶,其力偶矩 $m = 3\,000\ \text{N}\cdot\text{m}$,$AB$ 两端支撑如图 1-47(a)所示,试求支座 A、B 的约束反力。

【解】 分析:梁所受的主动荷载为一力偶,除此再无其他荷载,该力系为一力偶系,力系的合力必然等于零。两支座的约束反力必然大小相等、方向相反,且作用线平行。

(1)取梁 AB 为研究对象,解除约束,画受力图,如图 1-47(b)所示。

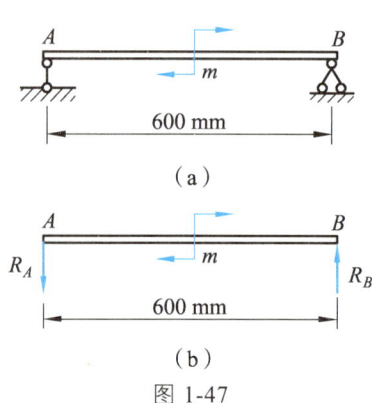

图 1-47

$$\sum F_y = 0: \quad R_B - R_A = 0$$

$$R_A = R_B$$

(2) 依据平衡方程求支座反力。

$$\sum M = 0: \quad R_A \times 0.6 - m = 0$$

$$R_A = 5 \text{ kN}$$

【例 1-17】 平面四杆机构 ABCD 在图 1-48（a）所示位置处于平衡，已知 $CD = 30$ mm，主动力偶矩 $m_1 = 150$ N·m，作用于 CD 上，阻力偶矩 m_2 作用于 AB 上，试求阻力偶矩 m_2 及 BC 的受力。

【解】 分析：四杆机构受 m_1、m_2 两个力偶作用处于平衡，该力系为平面力偶系，可以方便地求出阻力偶矩。BC 属于物系中的一个单体，BC 处均受铰链约束，但是，由于在 BC 上再无其他力的作用，所以，BC 杆是二力杆，约束反力线方位已知。由于 m_1 与作用于 C 点的力 F_C 对 D 点的矩等效，运用力矩的概念，通过对 BC 的研究，求出 BC 杆的受力。

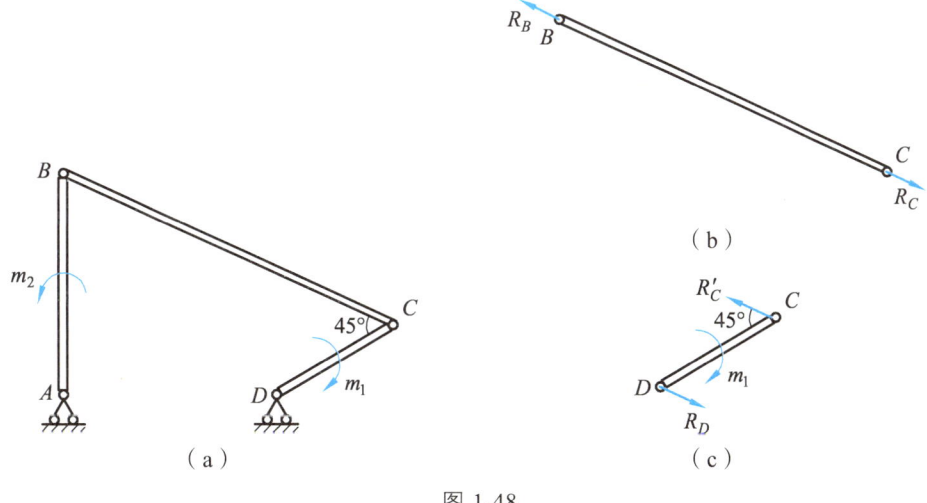

图 1-48

(1) 取物系为研究对象，列平衡方程。

$$\sum M = 0: \quad -m_1 + m_2 = 0$$

$$m_1 = m_2 = 150 \text{ N·m}$$

(2) 取杆 BC 为研究对象，画受力图，如图 1-48（b）所示。

(3) 取杆 CD 为研究对象，画受力图，如图 1-48（c）所示，列平衡方程。

$$\sum M = 0: \quad R'_C \times CD \sin 45° - m_1 = 0$$

$$R'_C = 7.14 \text{ kN} \qquad R_C = 7.14 \text{ kN}$$

杆 BC 受拉。

任务拓展

拓展任务描述	下图所示结构受一力偶 m 的作用，求 A 支座的约束反力。 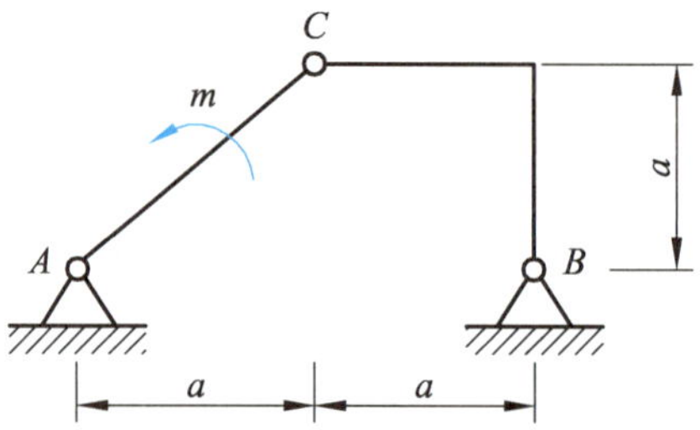
任务实施	绘制支架 ABC 的受力图
	求解支座反力

子任务六 平面一般力系的平衡计算

子任务六	平面一般力系的平衡计算		
任务目标	1. 理解平面一般力系的平衡条件； 2. 掌握平面一般力系的平衡方程； 3. 能应用平面一般力系的平衡方程求解相关的平衡问题		
任务描述	如下图所示，两根外径 $d=250$ mm 的管道搁置在 T 形支架上，已知管道的重量 $W_1=1.48$ kN，支架自重 $W_2=12$ kN，柱与基础之间用细石混凝土填实，求柱脚 C 处的约束反力。 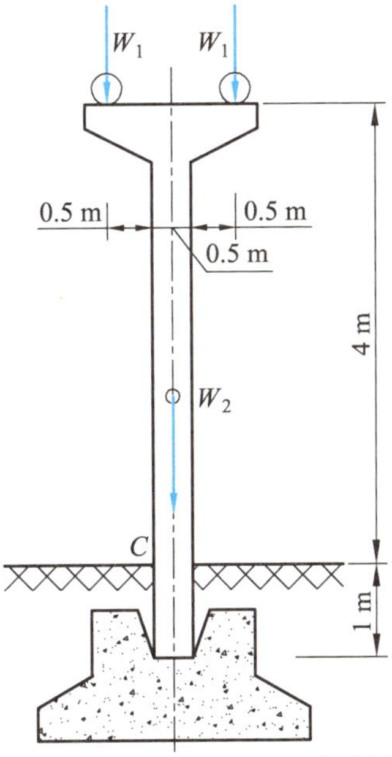		
任务准备	1. 微课资源： 平面一般力系的平衡　　　　力的任意平移原理 2. 思政资源： 牢牢把握高质量发展首要任务　积极培育和发展新质生产力		
任务实施	柱子的受力图绘制		

	支座反力的求解			
总结反馈	你是否理解平面一般力系的平衡条件?		是□	否□
	你是否熟悉平面一般力系的平衡方程?		是□	否□
	你是否会应用平面一般力系的平衡方程求解相应平衡问题?		是□	否□
	请用文字或者思维导图形式进行相关知识总结:			

知识链接

物体在同一平面内受若干个不完全汇交的力的作用,同时也受到在该平面内若干力偶的作用,我们称该平面力系为平面一般力系。平面一般力系受力及平衡是一个相对较复杂的问题,但是,我们可以利用前面所掌握的知识将复杂的问题简单化。

既然在平面一般力系中,有力的作用,又有力偶的作用,我们不妨将平面一般力系看成是平面力系与平面力偶系的叠加。通过对平面力系和平面力偶系的分析,解决平面一般力系的问题。

一、平面一般力系向平面汇交力系简化

平面力系中的若干力不一定汇交于一点,但是我们发现,要使力系中的力实现汇交而不改变力的大小和方向,就要通过对力的作用线的平行移动来实现。

由力的可传递性原理可知,力可以沿其作用线移动而不改变它对刚体的作用效应。但是,当力平行其作用线移动到另一位置,它对刚体的作用效应将发生改变。

由图 1-49 可得出力的平移定理:力 F 由 O 点平行移动到 O_1 点,为了不改变力对刚体的作用效应,必须同时附加一力偶,其力偶矩等于原力 F 对新作用点之矩。

证明:欲将 F 由 O 点平移到 O_1 点,如图 1-49(a)所示,可以通过以下过程:

① 在 O_1 点施加大小与 F 相等、作用线与 F 平行的一对平衡力 F'、F'',不改变原力 F 对刚体的作用效应。

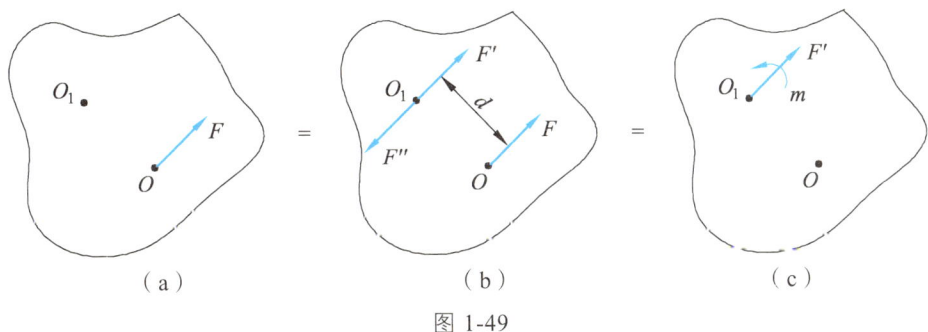

图 1-49

② F、F'' 是一力偶,其力偶矩 $m = F \times d$,d 是力 F 平移的距离,如图 1-49(b)所示。

③ F、F'' 大小相等,方向相反,力 F 由 O 点平行移动到 O_1 点,将平移后所得力偶矩 m 标注在力 F' 上,如图 1-49(c)所示。所得的力 F' 与力偶矩 m 对刚体的综合效应与原力 F 对刚体的效应相同。

应注意的问题:① 由哪一个力平移后所附加的力偶矩标在相应的力线上。② 标注清楚附加力偶矩的方向。

由力的平移定理可以得出以下两点启示:一是既然一个力可以简化为一个力和一个力偶,同理,一个力和一个力偶也可以合成一个力,这两个过程互逆;二是一个力不能和一个力偶等效,但可以和一个与它平行的力和一个力偶等效。

【例 1-18】 将图 1-50（a）所示的平面力系向坐标原点简化。

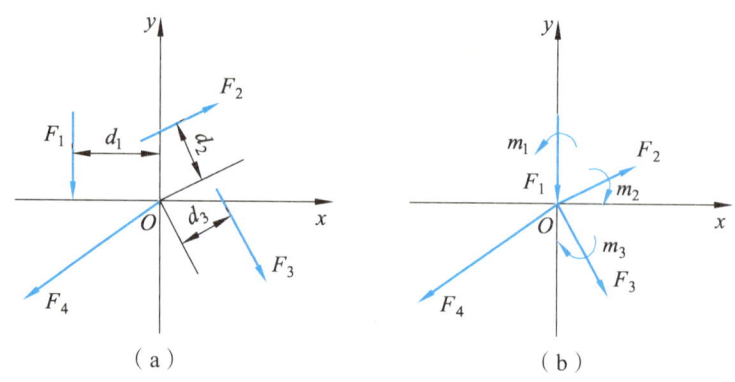

图 1-50

【解】 分析：力系中作用四个力 F_1、F_2、F_3、F_4，除 F_4 以外，其余力的作用线均不通过 O 点。要使其汇交于原点，就必须将其他三个力平移，平移的距离分别为：d_1、d_2、d_3。

将 F_1、F_2、F_3 分别平移 d_1、d_2、d_3 后，四个力汇交于 O 点，并有三个附加力偶矩 m_1、m_2、m_3，标注在对应的力线上，如图 1-50（b）所示。

$$m_1 = F_1 d_1 \qquad m_2 = F_2 d_2 \qquad m_3 = F_3 d_3$$

经过以上分析可以知道，平面力系向平面汇交力系简化，简化后的力系为一平面汇交力系与一平面力偶系叠加而成的力系。

这一结论对于解决平面一般力系问题提供了方便，从而可以推出两个结论：

① 可以通过分别求解平面汇交力系和平面力偶系来实现解决平面汇交力系的问题。

② 简化后的平面汇交力系存在一个合力，该合力在平面一般力系中称为主矢，用 R 表示。简化后的平面力偶系也存在一个合力偶，该合力偶的力偶矩在平面一般力系中称为主矩，用 M 表示。

在例 1-17 中，该力系的主矢为：

$$\vec{R} = \vec{F}_1 + \vec{F}_2 + \vec{F}_3 + \vec{F}_4$$

该力系的主矩为：

$$M = m_1 + m_2 + m_3$$

二、平面一般力系的平衡

1. 平衡方程的一般形式

通过以上的分析可知，平面一般力系是平面汇交力系与平面力偶系的叠加，解决平面一般力系的问题，可以将其分解为平面汇交力系和平面力偶系的问题来解决。在平面一般力系中，存在力系的主矢 R 和主矩 M，依据平面力系平衡的基本条件，只要条件 $\sum R = 0$、$\sum F = 0$ 成立，则力系平衡。由于力系中的主矩可以用 x、y 两个方向的正交力来代替，所以得出平面一般力系的平衡方程：

$$\begin{cases} \sum F_x = 0 \\ \sum F_y = 0 \\ \sum M = 0 \end{cases} \qquad (1-15)$$

【例 1-19】 如图 1-51（a）所示，支撑吊车梁的牛腿柱子自重 $W = 15$ kN，受到吊车梁传来的荷载 $P = 100$ kN，其作用线离柱子轴线距离 e（偏心距）$= 400$ mm，柱子在杯形基础口处用细石混凝土捣实。求柱子平衡时，基础 C 处的约束反力。

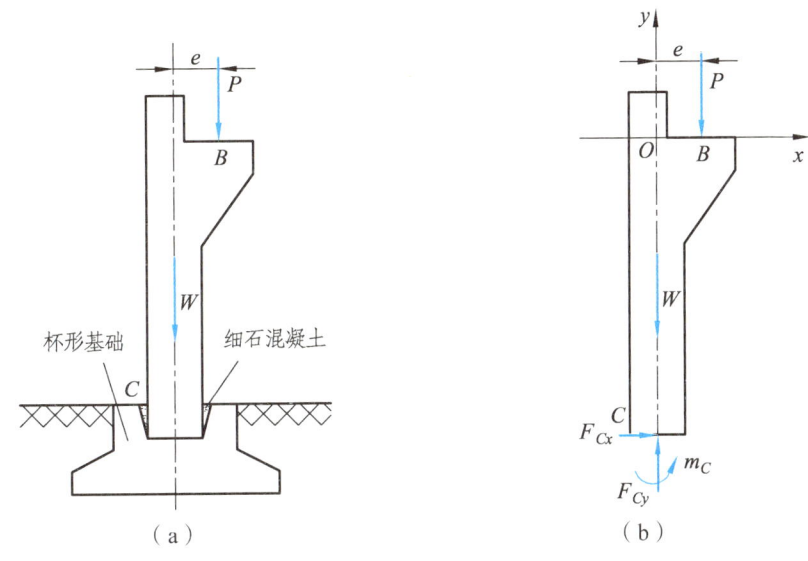

图 1-51

【解】 分析：P 和 W 构成平面一般力系，力 P 的作用线距柱子的中心线为 e，P 的力线平移到 y 轴上时，必然要附加一力偶矩。所以，要解决该柱子的平衡问题，就需要将该一般力系简化为汇交力系和平面力偶系来求解。

（1）取柱子为研究对象，解除约束，画柱子的受力图，建立直角坐标系，如图 1-51（b）所示。

（2）列平衡方程：

$$\sum F_x = 0: \quad F_{Cx} = 0$$

$$\sum F_y = 0: \quad F_{Cy} = -P - W = 115 \text{ kN}$$

$$\sum M = 0: \quad m_C - Pe = 0 \quad m_C = Pe = 40 \text{ kN} \cdot \text{m}$$

2. 平衡方程的其他形式

除了这种形式外，平面一般力系的平衡方程还可以表达成其他两种形式：

（1）二力矩式的平衡方程。

二力矩式平衡方程是由一个投影方程和两个力矩方程所组成，可写成：

$$\begin{cases} \sum F_x = 0 \\ \sum M_A(F) = 0 \\ \sum M_B(F) = 0 \end{cases} \quad (1\text{-}16)$$

式中，A、B 两点的连线不能与 x 轴垂直。

（2）三力矩式平衡方程。

$$\begin{cases} \sum M_A(F) = 0 \\ \sum M_B(F) = 0 \\ \sum M_C(F) = 0 \end{cases} \quad (1\text{-}17)$$

式中，A、B、C 三点不能共线。

【例 1-20】 如图 1-52（a）所示，简支梁 AB 作用一集中荷载 $P = 10$ kN，同时受一均布荷载 $q = 4$ kN/m，不计梁的自重，试求支座 A、B 上的反力。

【解】 分析：简支梁所承受的约束是固定铰支座和链杆约束，均布荷载对梁的平衡与作用在 AC 中点上的一集中荷载等效，该荷载的大小等于 AC 段的长度与均布荷载强度 q 的乘积，方向与 q 相同。两支座的反力 F_{Ax}、F_{Ay}、F_B 与主动荷载不完全汇交。

所以，该力系为平面一般力系。运用平面一般力系的平衡方程解决梁的平衡问题。

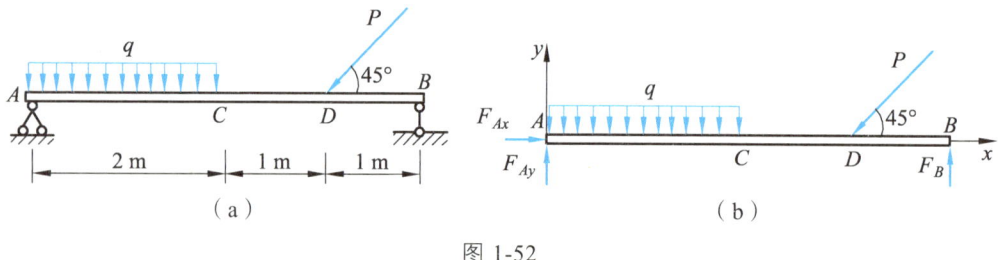

图 1-52

（1）取杆 AB 为研究对象，解除约束，画受力图，取直角坐标系如图 1-52（b）所示。

（2）列平衡方程。

$$\sum F_x = 0: \quad F_{Ax} - P\cos 45° = 0$$

$$F_{Ax} = P\cos 45° = 7.07 \text{ kN}$$

$$\sum F_y = 0: \quad F_{Ay} - P\sin 45° - q \times 2 + F_B = 0$$

$$\sum M_A(F) = 0: \quad -\frac{1}{2}q(AC)^2 - P \times (AC + CD)\sin 45° + F_B \times AB = 0$$

联立解方程得：$F_B = 6.3$ kN，$F_{Ay} = 8.77$ kN。

综上所述，解决平面一般力系的平衡问题的基本思路就是将力系分解为平面汇交力系和平面力偶系的问题来分别解决。但在具体计算时，平面力系的平衡方程要灵活运用，这样才可以使复杂的问题简单化。

式（1-13）、（1-14）、（1-15）是平面一般力系平衡方程的三种形式，但其本质是相同的，都是从其基本型演化而成。

三、平面一般力系平衡的一般步骤

通过以上实例分析，可以得出解决受平面力系作用的物体平衡问题的一般步骤。

（1）选取研究对象。研究对象的选取，要依据题目所要研究的问题，研究对象应包含题目中所给定的所有已知条件和要求的未知量，并对给定的对象工作过程进行分析，确定其平衡时的各参数的状态。

（2）解除约束，画受力图，建立坐标系。解除研究对象以外的所有约束，依据约束的形式，在各约束点画其受力图。坐标系的建立，应使尽可能多的力在坐标系中处于特殊位置。

（3）列平衡方程求解。按照受力图中所反映的力系特点和需要求解的未知力的数量，选择相应形式的平衡方程，平衡方程应简单易解，最好是每个方程中只包含一个未知力。整个对象中的未知力的个数不得超过独立方程的数目。

如果要研究的对象是物系，且整个物系的未知力的数目不超过独立方程的数目，或未知力的数目虽超过独立方程的数目，但整体研究也能求出一部分未知力，

可先选择物系为研究对象，先求出一部分未知力。然后，将物系拆成单一的物体，再进行研究其单体平衡问题。

如果物体系统的未知力数目超过独立方程数目，且整体研究不能求出任一个未知力，就必须将物系拆分成一个个的单体分别进行平衡研究，对各单体研究的顺序通常是：首先选择受力情形最简单的某一单体进行平衡分析，然后逐步由简到难（必要时，可将大系拆分成小系来研究），最后求出整个物体系统的约束反力。但对任何一个研究对象的平衡分析，都必须坚持一个基本原则：对象中的未知力的个数不得超过独立方程的数目。

【例 1-21】 钢筋混凝土三铰刚架受荷载如图 1-53（a）所示，已知均布荷载 $q=12\ \text{kN/m}$，集中荷载 $P=12\ \text{kN}$，试求支座 A、B 及顶铰 C 处的约束反力。

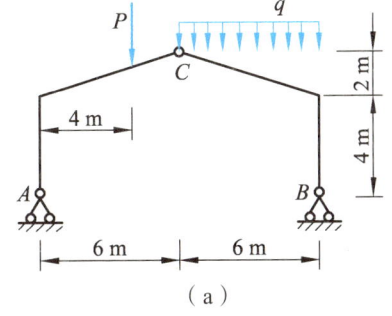
（a）
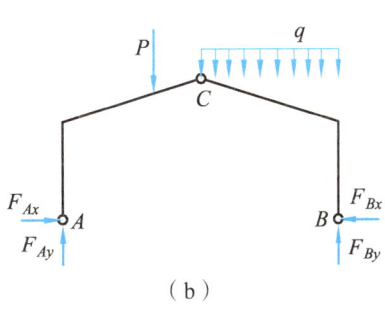
（b）

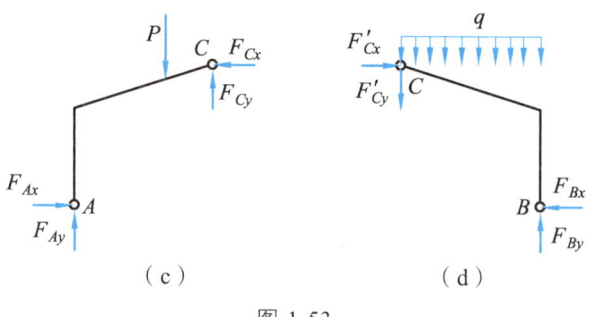

图 1-53

【解】 分析：三铰刚架由左、右两半架构成，受一平面一般力系的作用。刚架整体所受的约束反力有四个，未知力的个数不超过独立方程的数目。所以，可以通过对刚架的整体分析求出两个未知的约束反力 F_{Ay}、F_{By}，如图 1-53（b）所示。然后将刚架拆分成左、右两个半架，进行单体平衡研究，则问题就简单得多了。

（1）先取刚架整体为研究对象，解除约束，画受力图，如图 1-53（b）所示。列出平衡方程。

$$\sum M_A(F) = 0: \quad 12F_{By} - 4P - 9q \times 6 = 0$$

$$F_{By} = 58 \text{ kN}$$

$$\sum M_B(F) = 0: \quad -12F_{Ay} + 8P + 3q \times 6 = 0$$

$$F_{Ay} = 26 \text{ kN}$$

$$\sum F_x = 0: \quad F_{Ax} - F_{Bx} = 0$$

$$F_{Ax} = F_{Bx}$$

（2）取左半架为研究对象，解除约束，画受力图，如图 1-53（c）所示。列出平衡方程。

$$\sum M_C(F) = 0: \quad 6F_{Ax} + 2P - 6F_{Ay} = 0$$

$$F_{Ax} = 22 \text{ kN}$$

$$\sum F_x = 0: \quad F_{Ax} - F_{Cx} = 0$$

$$F_{Ax} = F_{Cx} = 22 \text{ kN}$$

$$\sum F_y = 0: \quad F_{Cy} + F_{Ay} - P = 0$$

$$F_{Cy} = -14 \text{ kN}$$

$$F_{Bx} = 22 \text{ kN}$$

也可以取右半架为研究对象，研究过程与左半架相同。

任务拓展

拓展任务描述	某厂房柱高 9 m，受力如下图所示。已知：$P_1 = 20$ kN，$P_2 = 40$ kN，$P_3 = 6$ kN，$q = 4$ kN/m，$e_1 = 0.15$ m，$e_2 = 0.25$ m，试求固定端支座 A 处的约束反力。 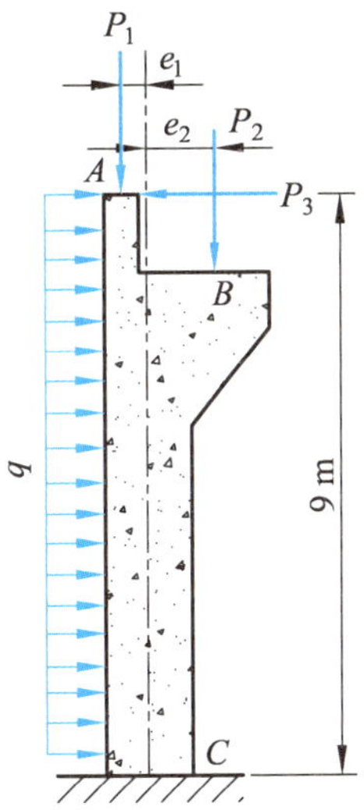
任务实施	绘制柱子的受力图
	求解支座反力

知识拓展

平面平行力系的平衡

平面平行力系中,各力的作用线都相互平行,它属于平面一般力系的一种特殊情况,所以其平衡方程可以从平面一般力系的平衡方程中推导出来。

我们取与平行力系力的作用线垂直的方向为 x 轴,与 x 轴垂直的方向为 y 轴,建立如图 1-54 所示坐标系。从图中我们不难看出,各力的作用线均垂直于 x 轴,也就是说 $\sum F_x = 0$,所以该方程恒成立,对力系没有约束作用,那么平行力系的方程就可以简化为:

$$\left.\begin{array}{l}\sum F_y = 0 \\ \sum M_O(F) = 0\end{array}\right\} \quad (1\text{-}18)$$

因此,平行力系平衡的充分和必要条件为:力系中所有各力的代数和等于零;力系中各力对任一点的力矩的代数和等于零。

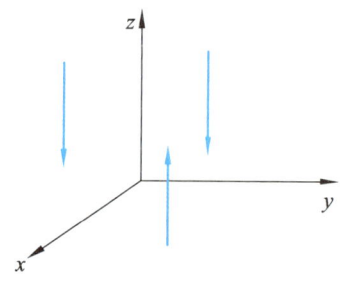

图 1-54 平面平行力系坐标系

同理,由平面一般力系平衡方程的二力矩形式,可以导出平面平行力系的二力矩式:

$$\left.\begin{array}{l}\sum M_A(F) = 0 \\ \sum M_B(F) = 0\end{array}\right\} \quad (1\text{-}19)$$

A、B 两点的连线不与各力的作用线平行。

【例 1-22】 建筑工地用塔式起重机如图 1-55 所示,已知起重机自重 $W_1 = 250$ kN,作用线通过塔架的中心,起吊重物的位置距起重机中心线 $l_1 = 12$ m,轨道间距 $h = 4$ m,平衡锤重量 $W_3 = 25$ kN,作用线到塔架的中心线距离 $l_2 = 6$ m,试求:

(1)在此条件下,起重机不致翻倒的最大起重量 $W_{2\max}$。

(2)当 $W_2 = 50$ kN 时,求 A、B 两点的约束反力。

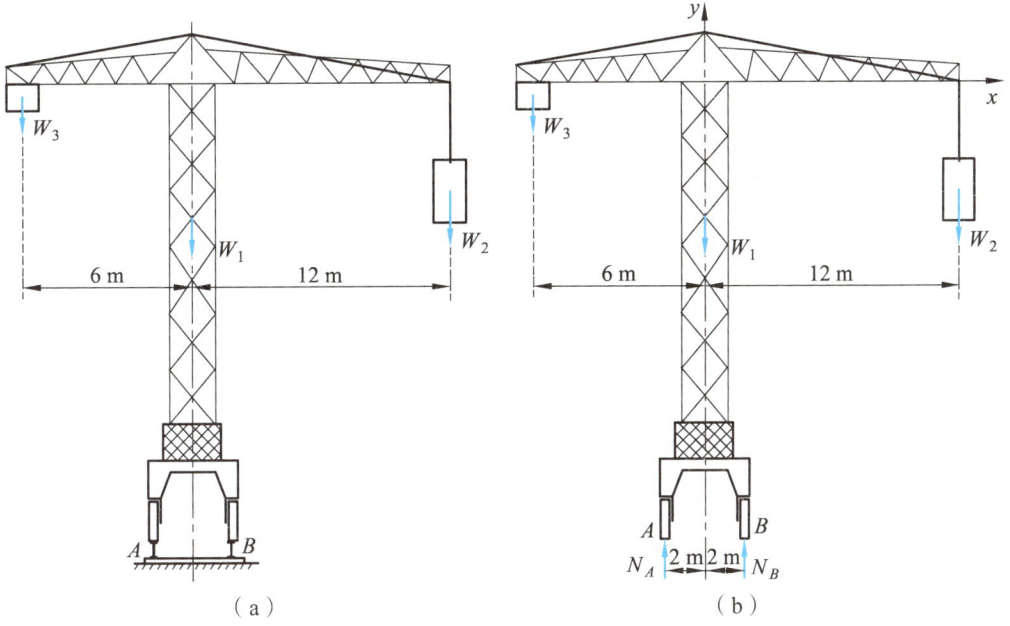

图 1-55 塔式起重机

【解】 分析：塔吊受三个主动荷载 W_1、W_2、W_3，这三个力均为重力，力的作用线方位和力的方向已知，A、B 两点为光滑接触面约束，两约束反力的作用线方位和力的方向一致，物体受一典型的平面一般力系作用（平面平行力系），塔吊不致倾翻即为平衡状态。从塔吊受力情况分析，塔吊的倾翻有两种可能性：第一种可能是 W_3 太重绕 A 点旋转向左下方倾翻，此时，$N_B = 0$；第二种可能是 W_2 超重绕 B 点旋转向右下方倾翻，此时，$N_A = 0$。

（1）求塔吊不致翻倒的最大起重量 $W_{2\max}$。

① 取塔吊整体为研究对象，解除约束，画受力图，建立坐标系，如图 1-55（b）所示。

② 依据式（1-16）列平衡方程。

$$\sum M_B(F) = 0 : \quad 8W_3 + 2W_1 - 10W_{2\max} = 0$$

$$W_{2\max} = 70 \text{ kN}$$

（2）当 $W_2 = 50$ kN 时，A、B 两点的约束反力。

$$\sum M_B(F) = 0 : \quad 8W_3 + 2W_1 - 10W_2 - 4N_A = 0$$

$$N_A = 50 \text{ kN}$$

$$\sum F_y = 0 : \quad N_A + N_B - W_1 - W_2 - W_3 = 0$$

$$N_B = 275 \text{ kN}$$

项目二

钢筋混凝土受压构件力学分析与构造要求

当构件上作用着以纵向压力为主的内力时，则称为受压构件。受压构件在工程结构中是最为常见的构件，如钢筋混凝土柱、桁架中的上弦杆以及受压腹杆等均属于受压构件。

钢筋混凝土受压构件（柱）按纵向力与构件截面形心轴线相互位置的不同，可分为轴心受压构件与偏心受压构件。当纵向力与构件形心轴线相重合时为轴心受压构件，否则为偏心受压构件。

某办公楼采用框架-剪力墙结构，各构件多采用钢筋混凝土材料，柱的平法施工图如附件所示。截取标高为 10.750 m ~ 标高 14.050 m 墙柱定位平面图中的框架柱（KZ3），如下图所示。本项目主要学习以柱为代表的钢筋混凝土受压构件的内力分析、配筋计算、构造分析和平法图识读。

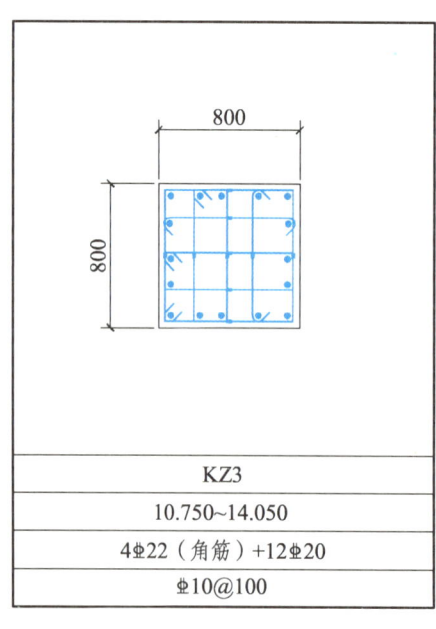

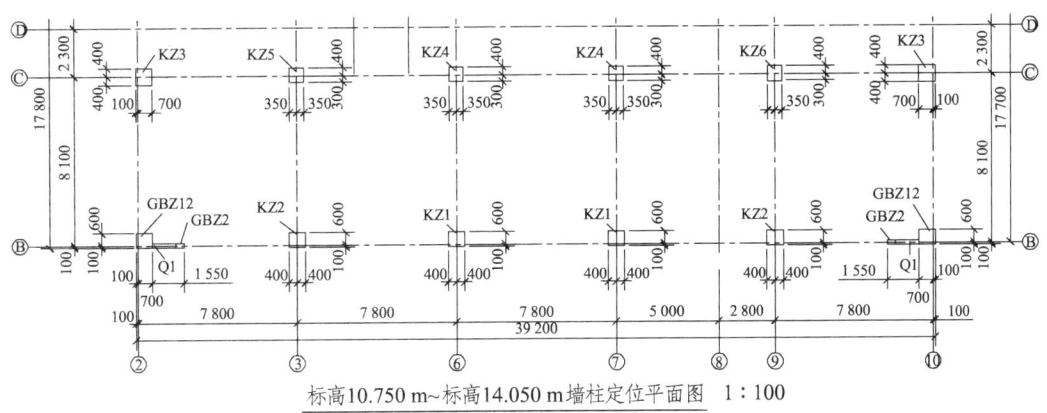

标高10.750 m~标高14.050 m墙柱定位平面图 1:100

 教学目标

1. 知识目标

（1）掌握轴向受力构件内力的计算方法和内力图的绘制。
（2）掌握柱强度条件公式的应用。
（3）理解钢筋混凝土柱的构造要求。
（4）熟悉钢筋混凝土柱平法施工图的表达方式和要点。
（5）掌握钢筋混凝土柱的配筋计算方法。

2. 能力目标

（1）会绘制轴向受压构件的内力图。
（2）能进行受压构件的强度校核、截面设计和许用荷载设计。
（3）能根据构造要求进行钢筋混凝土柱的配筋设计及校核。
（4）能够在实际工程中理解和运用受压构件的构造知识。
（5）能准确识读钢筋混凝土柱的平法施工图。

3. 素质目标

（1）培养学生的团队合作意识。
（2）培养学生的民族自信心和自豪感。
（3）培养学生精益求精，一丝不苟的职业精神。
（4）培养学生吃苦耐劳、热爱劳动的良好品格。

 **学习重点**

钢筋混凝土柱的力学分析、构造要求和平法施工图识读。

任务一　钢筋混凝土柱内力分析

子任务一　钢筋混凝土受压构件内力分析

子任务一	钢筋混凝土受压构件内力分析
任务目标	1. 掌握轴向受压构件内力计算的方法； 2. 掌握轴力图的作图规律，能熟练绘制轴力图； 3. 理解轴向受压构件的变形特征及对承载力的影响； 4. 能积极配合团队成员完成任务； 5. 培养学生用力学思维分析问题并解决问题
任务描述	杆件 AE 受力如下图所示，求任意截面上的内力，绘制内力图，并分析杆件沿长度方向内力变化情况。 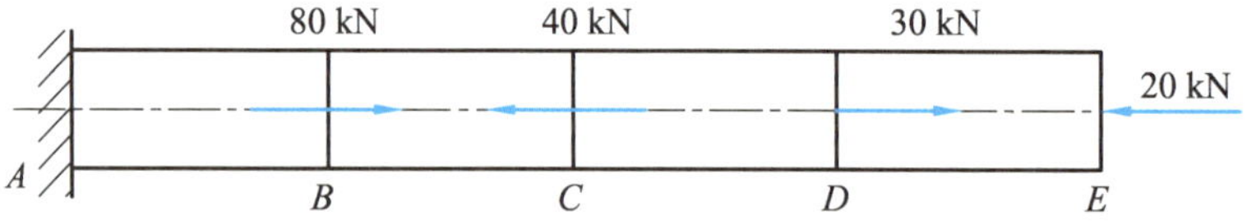 80 kN　　40 kN　　30 kN　　20 kN A　B　　　C　　　D　　　E
任务准备	1. 微课资源： 轴向拉伸或压缩的内力计算（一）　　轴向拉伸或压缩的内力计算（二） 轴向拉伸或压缩的内力图绘制 2. 思政资源： 甘肃平凉市体育运动公园项目荣获"中国钢结构金奖" 3. 参考规范： （1）国家建筑标准设计图集 22G101—1； （2）建筑结构荷载规范 GB 50009—2012； （3）混凝土结构设计规范 GB 50010—2010
任务实施	绘制杆件 AB 的受力图。

	计算内力的方法是什么?			
	内力的正负号规定。			
	任意截面内力的计算过程。			
	绘制内力图。			
	内力图在哪些位置上有变化?			
	内力图变化位置与荷载作用位置的关系。			
总结反馈	你是否了解内力与外力之间的关系?		是□	否□
	你是否能应用截面法求内力?		是□	否□
	你是否会绘制轴向受力构件的内力图?		是□	否□
	你是否了解杆件内力变化与荷载作用之间的关系?		是□	否□
	请用文字或者思维导图形式进行相关知识总结:			

知识链接

轴向拉伸与压缩变形是四种基本变形中最简单的一种。在工程实际中，产生轴向拉伸和压缩的杆件很多，如图 2-1 所示的三角架中的 BC 杆是轴向拉伸与压缩的实例。

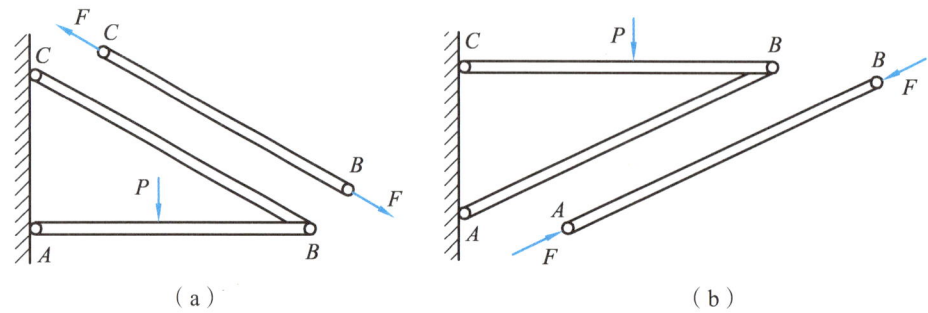

（a）　　　　　　　　　　　　　（b）

图 2-1　轴向拉伸和压缩实例

由实例可见，当杆件受到与轴线重合的拉力（或压力）作用时，杆件将产生沿轴线方向的伸长（或缩短），这种变形称为轴向拉伸与压缩，如图 2-2 所示。

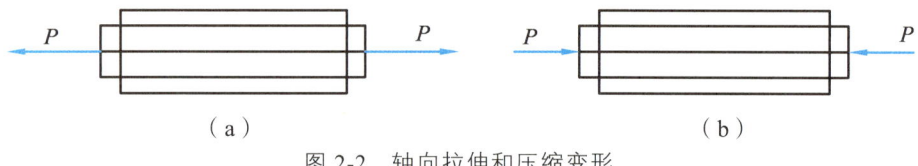

（a）　　　　　　　　　　　　　（b）

图 2-2　轴向拉伸和压缩变形

一、内　力

构件是由无数质点组成的，即使不受外力，各质点之间依然存在着相互作用的内力。构件受外力作用后产生变形，即各质点间的相对位置发生了改变，这时质点间相互作用的内力也发生了变化。杆件拉伸或缩短时的内力是由外力引起的，且随着外力的改变而改变，就是这种因外力作用而引起的内力的改变量，称为附加内力，简称内力。内力随外力的增加而加大，到达某一限度时，就会引起构件破坏。

二、轴力计算

1. 截面法

截面法是求内力的主要方法。如图 2-3 所示，为了显示出构件在外力作用下 m—m 截面上的内力，假想用平面 m—m 将物体分为 Ⅰ、Ⅱ 两个部分，取出其中任一部分 Ⅰ 作为研究对象，画出该部分的受力图。在部分 Ⅰ 上作用有外力 P_1、P_2、P_5，想要使 Ⅰ 部分保持平衡，Ⅱ 部分一定会有力作用在 Ⅰ 部分的 m—m 截面上。根据作用力与反作用力定律，Ⅰ 部分也必然会有大小相等、方向相反的力作用在 Ⅱ 部分上。按照连续性假设，在截面 m—m 上各处都有内力的作用，所以内力是分布于截面上的一个分布内力系。

对我们所研究的 Ⅰ 部分来说，外力 P_1、P_2、P_5 和 m—m 截面上的内力保持平衡，根据平衡定理，可以确定 m—m 截面上的内力。

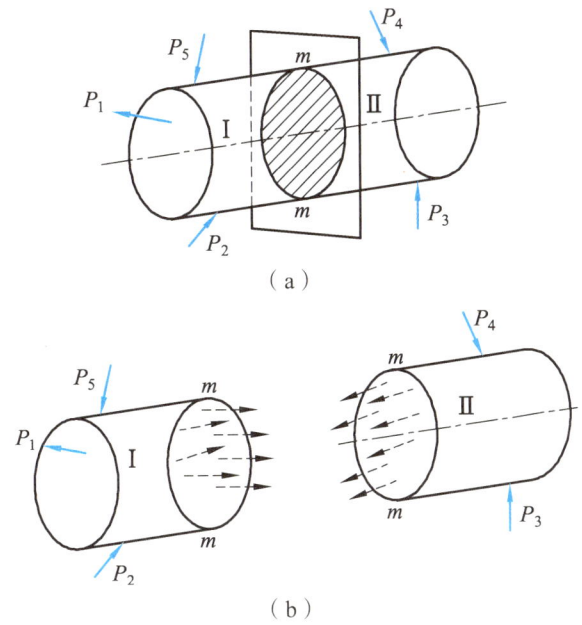

图 2-3 轴向拉伸和压缩变形

上述用截面假想的方法把物体分成两部分,以显示并确定内力的方法称为截面法。用截面法计算杆件的内力一般分为以下三个步骤:

(1)截开:要求某一个截面上的内力时,沿该假想的截面把构件分为两部分,任取一部分为研究对象。

(2)代替:用作用于截面上的内力代替舍去部分对研究部分的作用。

(3)平衡:对研究部分建立平衡方程,从而确定截面上内力的大小和方向。

2. 轴力计算

如图 2-4(a)所示杆件,受到一对轴向拉力 P 的作用。为了求出横截面 m—m 上的内力,可运用截面法。将杆件沿 m—m 横截面截开,取左端为研究对象,弃去的右端对左端的作用,以内力代替,如图 2-4(b)所示。由于外力与轴线重合,所以内力也必在轴线上,这种与杆件轴线重合的内力称为轴力,用 N 表示。由左端的平衡方程得:

$$\sum F_x = 0: \quad N - P = 0$$
$$N = P$$

若取杆件的右端为研究对象,用上述方法也可求得横截面 m—m 上的轴力 $N = P$,如图 2-4(c)所示。根据作用力与反作用力的关系,分别以杆件的左端和右端求出的轴力 N,大小相等,方向相反。

为了使同一截面按照左端求出的轴力与按照右端求得的轴力具有相同的正负号,对轴力的正负做如下规定:当轴力的方向与截面外法线 n 的方向一致时,杆件受到拉伸,轴力为正;当轴力的方向与截面外法线 n 的方向相反时,杆件受压缩,轴力为负。

运用截面法求轴力时,轴力的方向一般按正方向假设,由此计算结果的正负可与轴力的正负号规定保持一致,即计算结果为正表示正值轴力,计算结果为负表示负值轴力。

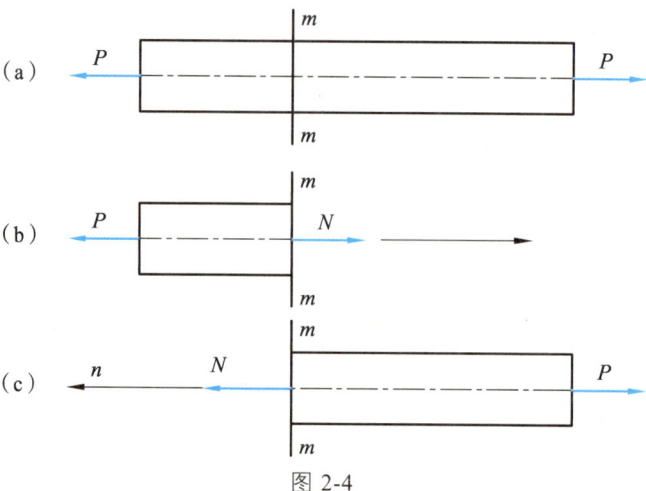

图 2-4

【例 2-1】 杆件受力如图 2-5（a）所示，试分别求出 1—1、2—2、3—3 截面上的轴力。

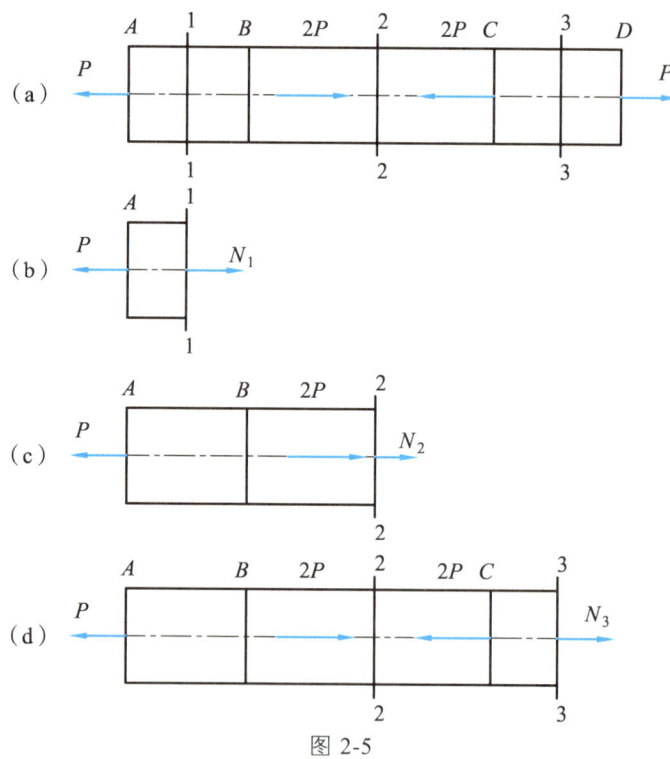

图 2-5

【解】（1）计算 1—1 截面的轴力。

假想将杆件沿着 1—1 截面截开，取左端为研究对象，截面上的轴力 N_1 按正方向假设，受力图如图 2-5（b）所示。由平衡方程可知：

$$\sum F_x = 0: \quad N_1 - P = 0$$

$$N_1 = P \text{（拉力）}$$

（2）计算 2—2 截面的轴力。

假想将杆件沿着 2—2 截面截开，取左端为研究对象，截面上的轴力 N_2 按正方向假设，受力图如图 2-5（c）所示。由平衡方程可知：

$$\sum F_x = 0：N_2 - P + 2P = 0$$
$$N_2 = -P （压力）$$

（3）计算 3—3 截面的轴力。

假想将杆件沿着 3—3 截面截开，取左端为研究对象，截面上的轴力 N_3 按正方向假设，受力图如图 2-5（d）所示。由平衡方程可知：

$$\sum F_x = 0：N_3 - 2P + 2P - P = 0$$
$$N_3 = P （拉力）$$

计算截面的轴力，也可选择右端为研究对象。根据以上求解过程，可总结出计算轴力的以下规律：

① 某一截面的轴力等于该截面左侧（或右侧）所有外力的代数和。
② 与截面外法线方向相反的外力产生正值轴力，反之产生负值轴力。
③ 代数和的正负，就是轴力的正负。

三、轴力图绘制

为了形象而清晰地表示轴力沿轴线变化的情况，可按照一定的比例，用平行于杆轴线的 x 坐标表示杆件横截面的位置，以与之垂直的坐标表示横截面上的轴力，这样的图形称为轴力图。通常两个坐标轴可省略不画，而将正值轴力画在 x 轴的上方，负值轴力画在 x 轴的下方。

【例 2-2】 杆件受力如图 2-6（a）所示，试作其轴力图。

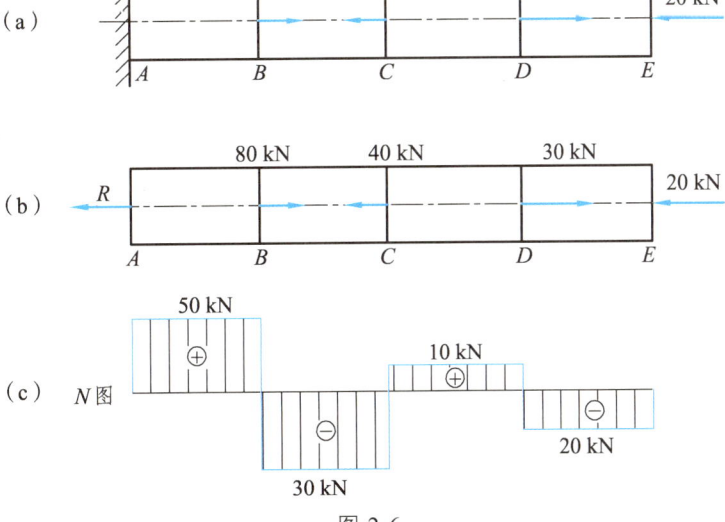

图 2-6

【解】（1）计算约束反力。

取 AE 杆为研究对象，其受力图如图 2-6（b）所示，由平衡方程得：

$$\sum F_x = 0: \quad 80 + 30 - 20 - 40 - R = 0$$

$$R = 50 \text{ kN}$$

（2）计算各段的轴力。

AB 段：取左端为研究对象。

$$\sum F_x = 0: \quad N_{AB} - R = 0$$

$$N_{AB} = R = 50 \text{ kN}$$

BC 段：取左端为研究对象。

$$\sum F_x = 0: \quad N_{BC} - R + 80 = 0$$

$$N_{BC} = -30 \text{ kN}$$

CD 段：取右端为研究对象。

$$\sum F_x = 0: \quad -N_{CD} + 30 - 20 = 0$$

$$N_{CD} = 10 \text{ kN}$$

DE 段：取右端为研究对象。

$$\sum F_x = 0: \quad -N_{DE} - 20 = 0$$

$$N_{DE} = -20 \text{ kN}$$

（3）画轴力图。

由各段轴力的计算结果，按照一定比例可作出其轴力图，如图 2-6（c）所示。从图上可看出最大轴力发生在 AB 段。

子任务二 钢筋混凝土受压构件应力计算

子任务二	钢筋混凝土受压构件应力计算
任务目标	1. 掌握受压构件截面上的正应力计算方法，能找出危险截面； 2. 能熟练应用强度条件解决受压构件的强度校核、截面设计和许用荷载确定等三类问题； 3. 掌握受压构件的变形计算； 4. 培养学生利用力学思维解决工程实际问题的能力
任务描述	一阶梯形直杆受力如下图所示，已知横截面面积 $A_1 = 400 \text{ mm}^2$，$A_2 = 300 \text{ mm}^2$，$A_3 = 200 \text{ mm}^2$，弹性模量 $E = 200 \text{ GPa}$，求任意截面上的应力，计算杆件各段的变形和总变形，并分析杆件沿长度方向内力变化情况。如果假设阶梯形直杆材质相同，许用应力 $[\sigma] = 100 \text{ MPa}$，请判断在图示荷载作用下，杆件是否会破坏？请找出杆件的危险截面。如果破坏，请重新设计截面面积或设计许用荷载。 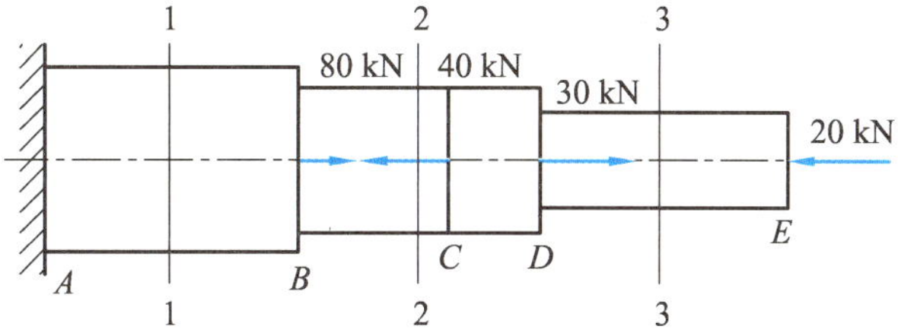
任务准备	1. 微课资源： 轴向拉伸或压缩的应力计算 轴向拉伸或压缩构件强度条件的应用（一）　　轴向拉伸或压缩构件强度条件的应用（二） 2. 思政资源： 全国首个钢结构+全幕墙系统"双零"工程进展顺利 3. 参考规范： （1）国家建筑标准设计图集 22G101—1； （2）建筑结构荷载规范 GB 50009—2012； （3）混凝土结构设计规范 GB 50010—2010。

任务实施	绘制杆件 *AE* 的力学简图和内力图			
	分别计算 *AB*、*BC*、*CD*、*DE* 段的应力并进行强度校核			
	计算阶梯杆件的总变形			
	重新设计截面面积或者许用荷载			
总结反馈	你是否了解应力的计算方法？		是☐	否☐
	你是否能计算受压杆件的变形量？		是☐	否☐
	你是否能找出受压构件在已知荷载作用下的危险截面？		是☐	否☐
	你是否能够应用强度条件进行强度校核、截面设计或许用荷载设计？		是☐	否☐
	请用文字或者思维导图形式进行相关知识总结：			

知识链接

一、轴向拉（压）杆横截面上的应力计算

根据材料的均匀性假设可知，横截面上的内力是均匀分布的，所以各点处应力相等，如图 2-7 所示。

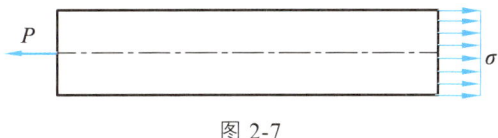

图 2-7

设杆件横截面的面积为 A，横截面上的内力为 N，则该横截面上的正应力为：

$$\sigma = \frac{N}{A} \qquad (2\text{-}1)$$

σ 的正负号与轴力相同，当 N 为正时，σ 也为正，称为拉应力；当 N 为负时，σ 也为负，称为压应力。

【例 2-3】 一阶梯形直杆受力如图 2-8（a）所示。已知横截面面积 $A_1 = 400 \text{ mm}^2$，$A_2 = 300 \text{ mm}^2$，$A_3 = 200 \text{ mm}^2$，试求各横截面上的应力。

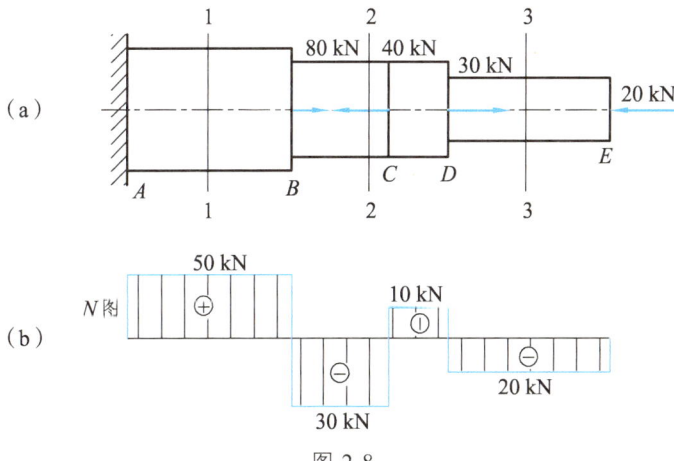

图 2-8

【解】（1）计算轴力，画轴力图。

由计算可知，$N_1 = 50 \text{ kN}$，$N_2 = -30 \text{ kN}$，$N_3 = 10 \text{ kN}$，$N_4 = -20 \text{ kN}$。轴力图如图 2-8（b）所示。

（2）计算各段的正应力。

AB 段：$\sigma_{AB} = \dfrac{N_1}{A_1} = \dfrac{50 \times 10^3}{400} = 125 \text{ MPa}$ （拉应力）

BC 段：$\sigma_{BC} = \dfrac{N_2}{A_2} = \dfrac{-30 \times 10^3}{300} = -100 \text{ MPa}$ （压应力）

CD 段：$\sigma_{CD} = \dfrac{N_3}{A_2} = \dfrac{10 \times 10^3}{300} = 33.3 \text{ MPa}$ （拉应力）

DE 段：$\sigma_{DE} = \dfrac{N_4}{A_3} = \dfrac{-20 \times 10^3}{200} = -100 \text{ MPa}$ （压应力）

二、轴向拉压杆件的变形计算

杆件在受轴向拉伸时，有轴向尺寸伸长和横向尺寸缩小的变形。而杆件在受到轴向压缩时则会出现轴向尺寸缩短和横向尺寸增大的变形。

1. 纵向变形

设杆件原长为 l，直径为 d，在轴向拉力（或压力）P 作用下，变形后的长度 l_1，直径为 d_1，如图 2-9 所示。

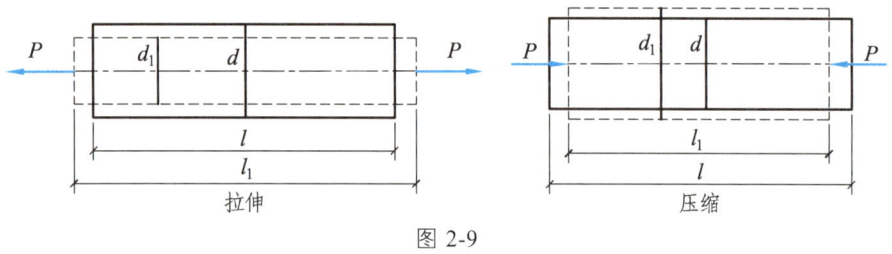

图 2-9

（1）绝对变形。

轴向拉伸与压缩时，杆件长度的伸长（或缩短）量，称为纵向绝对变形，用 Δl 表示，即

$$\Delta l = l_1 - l \qquad (2\text{-}2)$$

拉伸时，$\Delta l > 0$；压缩时，$\Delta l < 0$。

（2）相对变形。

绝对变形与杆件的原始长度有关，不能反映杆件的变形程度。为了度量杆件的变形程度，需要计算单位长度内的变形量。单位长度上的变形称为相对变形或线应变，用 ε 表示，即

$$\varepsilon = \dfrac{\Delta l}{l} \qquad (2\text{-}3)$$

线应变是无量纲量，其正负号规定与绝对变形相同。

2. 横向变形

（1）绝对变形。

轴向拉伸与压缩时，横向尺寸的缩小（或增大）量，称为横向绝对变形，用 Δd 表示，即

$$\Delta d = d_1 - d \qquad (2\text{-}4)$$

拉伸时，$\Delta d < 0$；压缩时，$\Delta d > 0$。

（2）相对变形。

单位横向尺寸上的变形称为横向相对变形或横向线应变，用 ε_1 表示，即

$$\varepsilon_1 = \frac{\Delta d}{d} \tag{2-5}$$

横向线应变是无量纲量，其正负号规定与横向绝对变形相同。

（3）泊松比。

横向线应变 ε_1 与线应变 ε 之比的绝对值称为泊松比或泊松系数，用 μ 表示，即

$$\mu = \left|\frac{\varepsilon_1}{\varepsilon}\right| \tag{2-6}$$

由于 ε_1 与 ε 的符号总是相反，故有

$$\varepsilon_1 = -\mu\varepsilon$$

泊松比是无量纲量，其值与材料有关。工程中常见材料的泊松比见表 2-1。

表 2-1　常用材料的 E、G、μ 值

材料名称	E/GPa	G/GPa	μ
低碳钢	196～216	78.5～80	0.25～0.33
合金钢	186～216	75～82	0.24～0.33
灰铸铁	78.4～147	44.1	0.23～0.27
铜及其合金	72.5～127	39.2～45.1	0.31～0.42
铝及硬铝	70.6	26～27	0.33
木材（顺纹）	9.8～11.8	0.55～1	—
混凝土	—	—	0.16～0.18

（4）胡克定律。

实验表明，当杆件的应力不超过某一限度时，杆件的绝对变形与轴向荷载成正比，与杆件的长度成正比，与杆件的横截面面积成反比。这一关系是英国科学家胡克在 1678 年发现的，故称为胡克定律，即

$$\Delta l = \frac{Pl}{A}$$

由于 Δl 还与材料的性能有关，引入与材料有关的比例常数 E，则有

$$\Delta l = \frac{Pl}{EA} \tag{2-7}$$

比例常数 E 称为弹性模量，单位为 Pa。各种材料的弹性模量各不相同，工程中常用材料的弹性模量见表 2-1。材料的弹性模量越大，则变形越小，所以弹性模量表示了材料抵抗拉伸或压缩变形的能力，是材料的刚度指标。对杆件来说，EA 值越大，杆件的绝对变形就越小，所以 EA 称为杆件的抗拉（压）刚度。

将 $\Delta l = \dfrac{Pl}{EA}$、$\varepsilon = \dfrac{\Delta l}{l}$ 代入公式（2-1），胡克定律又可表示为：

$$\sigma = E\varepsilon \qquad (2\text{-}8)$$

式（2-8）表明：当应力未超过某一极限时，应力与应变成正比。

利用胡克定律，需要注意公式的适用范围：

① 杆件的应力没有超过某一极限，应在弹性极限范围内。

② 单向拉伸（或压缩）的情况。

③ 在长度范围内，N、E、A 均为常量；否则，需要分段计算。

【例 2-4】 如图 2-10（a）所示的阶梯形钢杆，所受荷载 $P_1 = 30 \text{ kN}$，$P_2 = 10 \text{ kN}$。AC 段的横截面面积 $A_{AC} = 500 \text{ mm}^2$，$CD$ 段的横截面面积 $A_{CD} = 200 \text{ mm}^2$，弹性模量 $E = 200 \text{ GPa}$。试求：

（1）各段杆横截面上的内力和应力。

（2）杆件的总变形。

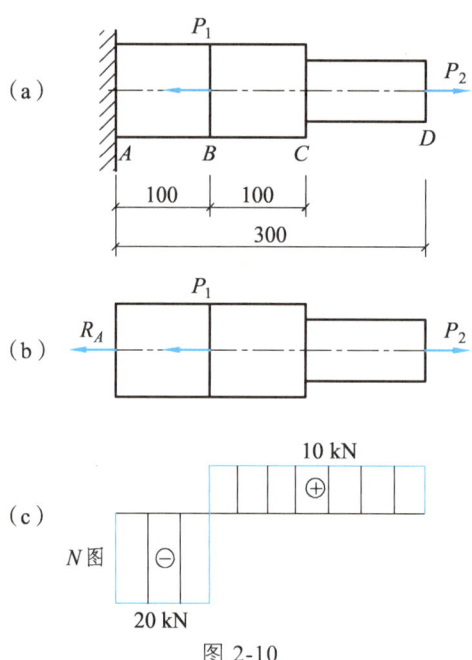

图 2-10

【解】（1）计算支座反力。

以杆件为研究对象，受力图如图 2-10（b）所示。由平衡方程

$$\sum F_x = 0：P_2 - P_1 - R_A = 0$$

$$R_A = P_2 - P_1 = -20 \text{ kN}$$

（2）计算各段杆件横截面上的轴力。

AB 段：$N_{AB} = R_A = -20 \text{ kN}$

BD 段：$N_{BD} = P_2 = 10 \text{ kN}$

（3）画出轴力图，如图 2-10（c）所示。
（4）计算各段应力。

AB 段：$\sigma_{AB} = \dfrac{N_{AB}}{A_{AC}} = \dfrac{-20 \times 10^3}{500} = -40 \text{ MPa}$

BC 段：$\sigma_{BC} = \dfrac{N_{BD}}{A_{AC}} = \dfrac{10 \times 10^3}{500} = 20 \text{ MPa}$

CD 段：$\sigma_{CD} = \dfrac{N_{BD}}{A_{CD}} = \dfrac{10 \times 10^3}{200} = 50 \text{ MPa}$

（5）计算杆件的总变形。

由于杆件各段的面积和轴力不一样，则应分段计算变形，再求代数和。

$$\Delta l = \Delta l_{AB} + \Delta l_{BC} + \Delta l_{CD} = \dfrac{N_{AB} l_{AB}}{EA_{AC}} + \dfrac{N_{BD} l_{BC}}{EA_{AC}} + \dfrac{N_{BD} l_{CD}}{EA_{CD}}$$

$$= \dfrac{1}{200 \times 10^3} \times \left(\dfrac{-20 \times 10^3 \times 100}{500} + \dfrac{10 \times 10^3 \times 100}{500} + \dfrac{10 \times 10^3 \times 100}{200} \right) \text{mm}$$

$$= 0.015 \text{ mm}$$

整个杆件伸长了 0.015 mm。

三、轴向拉伸与压缩时的强度计算

通过对材料进行拉伸和压缩实验可知，材料的应力达到某个极限应力时，构件就会产生很大的塑性变形或产生破坏，从而使构件不能正常工作，这类情况在工程上是不允许的。材料丧失工作性能时的应力，称为极限应力，用 σ_0 表示。对于塑性材料，$\sigma_0 = \sigma_s$；对于脆性材料，$\sigma_0 = \sigma_b$。

1. 许用应力与安全系数

在根据材料设计构件时，从经济节约角度考虑，工作应力应尽可能接近极限应力。但由于有不少因素难以准确估计，为了确保构件工作时安全可靠，应有一定的强度储备。因此构件的工作应力应小于极限应力，构件在工作时允许产生的最大应力称为许用应力，用 [σ] 表示。许用应力等于极限应力除以一个大于 1 的系数，此系数称为安全系数，用 n 表示，即

$$[\sigma] = \dfrac{\sigma_0}{n} \qquad (2\text{-}9)$$

安全系数的选取是一个很重要的问题。如果安全系数偏大，则许用应力偏小，构件过于安全，但不经济。反之，如果安全系数偏小，则许用应力偏大，用材料少，但又不能保证构件的安全。因此，安全系数的确定，是合理解决安全与经济矛盾的关键问题，也是一个较为复杂的问题，通常需要考虑以下因素：

（1）荷载的精确性。
（2）材料的均匀性。
（3）计算方法的准确程度。

(4)构件的工作条件。

(5)构件的自重与机动性。

一般取 $n = 1.4 \sim 3.5$。

2. 强度计算

要使构件在外力作用下能够安全可靠的工作,必须使构件截面上的最大正应力 $\sigma_{\max}$ 不超过材料的许用应力,即

$$\sigma_{\max} = \frac{N}{A} \leqslant [\sigma] \qquad (2\text{-}10)$$

式(2-10)称为构件在轴向拉伸或压缩时的强度条件。

产生最大正应力的截面称为危险截面。对于等截面杆件,轴力最大的截面即为危险截面;对于变截面直杆,危险截面要结合 N 和 A 共同考虑。

根据强度条件,可以解决强度计算的三类问题:

(1)强度校核。

在已知构件的材料、尺寸及所受荷载的情况下,检查构件的强度是否足够。具体做法是:根据荷载和构件尺寸确定出最大工作应力 $\sigma_{\max}$,然后和构件材料的许用应力相比较,如果满足公式(2-9)的条件,则构件有足够的强度,反之,构件的强度不够。

(2)设计截面尺寸。

在构件的材料和形状及尺寸已确定的条件下,$[\sigma]$ 和 N 为已知,把强度条件公式转化为:

$$A \geqslant \frac{N}{[\sigma]}$$

计算出截面面积,然后根据构件截面形状设计截面的具体尺寸。

(3)确定许用荷载。

当构件的材料和形状、尺寸已确定的条件下,$[\sigma]$ 和 A 为已知,把强度条件公式转换为:

$$N \leqslant A[\sigma]$$

计算出构件所能承受的最大轴力,再根据静力平衡方程,确定构件所能承受的最大许用荷载。

【例 2-5】 如图 2-11(a)所示的木构架,悬挂的重物为 $Q = 60 \text{ kN}$,AB 的横截面为正方形,横截面边长为 200 mm,许用应力 $[\sigma] = 10 \text{ MPa}$。试校核 AB 支柱的强度。

【解】(1)计算 AB 支柱的轴力。

取杆件 CD 为研究对象,受力图如图 2-11(b)所示,由平衡方程

$$\sum m_C(F) = 0: \quad S_{AB} \sin 30° \times 1 - Q \times 2 = 0$$

$$S_{AB} = \frac{2Q}{\sin 30° \times 1} = \frac{2 \times 60}{1/2 \times 1} = 240 \text{ kN}$$

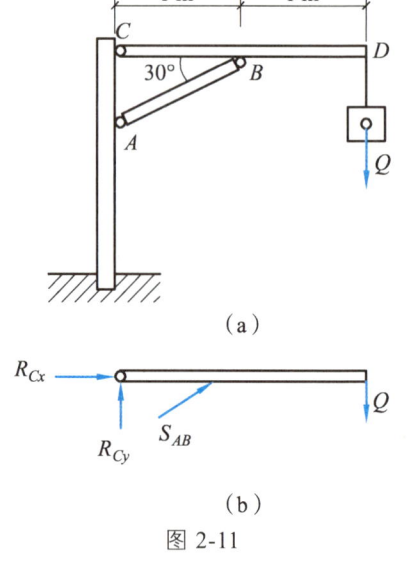

图 2-11

AB 支柱的轴力 $N_{AB} = S_{AB} = 240 \text{ kN}$。

（2）校核 AB 支柱的强度。

AB 支柱的横截面面积：

$$A = 200 \times 200 = 40 \times 10^3 \text{ mm}^2$$

AB 支柱的应力：

$$\sigma = \frac{N_{AB}}{A} = \frac{240 \times 10^3}{40 \times 10^3} = 6 \text{ MPa} < [\sigma] = 10 \text{ MPa}$$

故 AB 支柱的强度足够。

【例 2-6】 三角架由 AB 和 BC 两根材料相同的圆截面杆件构成，如图 2-12（a）所示。材料的许用应力 $[\sigma] = 100$ MPa，荷载 $P = 10$ kN。试设计两杆的直径。

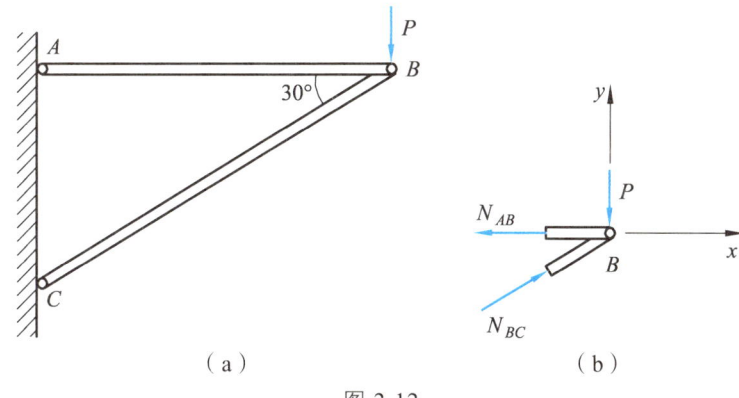

图 2-12

【解】（1）计算两杆的轴力。

用截面法截取 B 结点为研究对象，受力图如图 2-12（b）所示。由平衡方程

$$\sum F_y = 0: \quad N_{BC} \sin 30° - P = 0$$

$$N_{BC} = \frac{P}{\sin 30°} = \frac{10}{1/2} = 20 \text{ kN}$$

$$\sum F_x = 0: \quad N_{BC} \cos 30° - N_{AB} = 0$$

$$N_{AB} = N_{BC} \cos 30° = 20 \times \frac{\sqrt{3}}{2} = 17.32 \text{ kN}$$

（2）确定两杆的直径。

由强度条件可知：

$$A = \frac{\pi d^2}{4} \geqslant \frac{N}{[\sigma]}$$

$$d \geqslant \sqrt{\frac{4N}{\pi [\sigma]}}$$

$$d_{AB} = \sqrt{\frac{4 N_{AB}}{\pi [\sigma]}} = \sqrt{\frac{4 \times 17.32 \times 10^3}{\pi \times 100}} = 14.85 \text{ mm}$$

取 AB 杆件的直径 $d_{AB} = 14.85 \text{ mm}$。

$$d_{BC} = \sqrt{\frac{4N_{BC}}{\pi[\sigma]}} = \sqrt{\frac{4 \times 20 \times 10^3}{\pi \times 100}} = 15.95 \text{ mm}$$

取 BC 杆件的直径 $d_{BC} = 15.95 \text{ mm}$。

【例 2-7】 如图 2-13（a）所示的支架，AB 杆件的许用应力 $[\sigma_1] = 100 \text{ MPa}$，$BC$ 杆件的许用应力 $[\sigma_2] = 160 \text{ MPa}$，两杆横截面面积均为 $A = 150 \text{ mm}^2$。试求此结构的许用荷载 P。

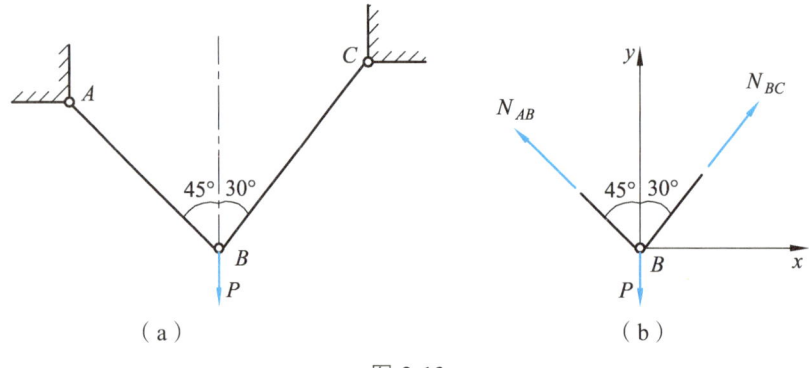

图 2-13

【解】（1）计算杆件的轴力和荷载的关系。

用截面法截取结点 B 为研究对象，受力图如图 2-13（b）所示。由平衡方程

$$\sum F_x = 0: \quad N_{BC} \sin 30° - N_{AB} \sin 45° = 0$$

$$\sum F_y = 0: \quad N_{BC} \cos 30° + N_{AB} \cos 45° - P = 0$$

联立求解得出：

$$P = 1.93 N_{AB}$$
$$P = 1.37 N_{BC}$$

（2）计算杆件的许用轴力。

由强度条件可知：

$$[N_{AB}] = [\sigma_1] \times A = 100 \times 150 = 15 \text{ kN}$$
$$[N_{BC}] = [\sigma_2] \times A = 160 \times 150 = 24 \text{ kN}$$

（3）计算杆件的许用荷载。

由以上条件可知：

$$[P_{AB}] = 1.93[N_{AB}] = 1.93 \times 15 = 28.95 \text{ kN}$$
$$[P_{BC}] = 1.37[N_{BC}] = 1.37 \times 24 = 32.88 \text{ kN}$$

（4）确定结构的许用荷载。

根据上述计算结果，结构的许用荷载取较小者，则

$$[P] = 28.95 \text{ kN}$$

任务二 钢筋混凝土受压构件的构造要求

子任务一 钢筋混凝土柱的构造要求及承载力计算

子任务一	钢筋混凝土柱的构造要求及承载力计算
任务目标	1. 理解钢筋混凝土柱的受力特点； 2. 了解钢筋混凝土柱可能发生的破坏及相应的保护措施； 3. 熟悉钢筋混凝土柱的构造要求； 4. 会进行轴心受压构件的承载力计算； 5. 能养成严谨求实、一丝不苟的职业素养和刻苦钻研的学习习惯
任务描述	你了解受压构件吗？请指出日常生活中常见的受压构件。 某办公楼采用框架-剪力墙结构，假设 KZ3 为轴心受压构件，截面尺寸为：$b \times h = 800 \text{ mm} \times 800 \text{ mm}$，计算长度 $l_0 = 3.85 \text{ m}$，混凝土强度等级为 C40，纵筋采用 HRB400 级，承受轴心压力设计值 $N = 2\ 800 \text{ kN}$。 1. 请判断 KZ3 所采用的材料是否满足构造要求？ 2. 请分析 KZ3 所需要配置的钢筋有哪些？构造要求是什么？ 3. 试进行 KZ3 的配筋设计，并绘制配筋详图
任务准备	1. 微课资源： 受压构件的分类及一般构造要求 钢筋混凝土柱的配筋计算（一）　　　钢筋混凝土柱的配筋计算（二） 2. 思政资源： 中国建筑精心打造《伟大征程》文艺演出"鸟巢"大舞台 3. 参考规范： （1）建筑结构荷载规范（GB 50009—2012）； （2）混凝土结构设计规范（GB 50010—2010）； （3）混凝土结构通用规范（GB 55008—2021）
任务实施	受压构件的分类有哪些？

	钢筋混凝土柱所用材料的构造要求是什么？	
	柱中纵向钢筋的作用及纵向钢筋的构造要求是什么？	
	柱中箍筋的作用及箍筋的构造要求是什么？	
	配筋设计。	
	KZ3配筋详图。	
总结反馈	你是否了解钢筋混凝土柱所使用的材料及要求？	是☐ 否☐
	你是否理解钢筋混凝土柱中的纵向钢筋的作用及构造要求？	是☐ 否☐
	你是否了解钢筋混凝土柱中的箍筋的作用及构造要求？	是☐ 否☐
	你是否会进行轴心受压构件的配筋设计？	是☐ 否☐
	请用文字或者思维导图形式进行相关知识总结：	

知识链接

一、柱构件的基本构造要求

（一）柱构件中的混凝土和钢筋

1. 混凝土

框架结构的柱多为偏心受压构件，受压构件的承载力主要取决于混凝土的强度，因此采用较高强度等级的混凝土可以减少构件的截面尺寸并节约钢材。通常柱混凝土强度等级采用 C25 及以上等级，对于高层建筑的底层柱可采用更高强度等级的混凝土。目前我国一般结构中柱的混凝土强度等级常用 C25~C40，高层建筑中，C50~C60 级混凝土也经常使用。

2. 钢 筋

柱纵向受力钢筋宜采用 HRB335、HRB400、RRB400 级热轧钢筋；柱箍筋宜采用 HRB400、HPB300 级。

（二）柱截面形式及尺寸

1. 截面形式

（1）轴心受压柱：截面一般为正方形或矩形、圆形（圆形截面主要用于桥墩、桩和公共建筑中的柱）。

（2）偏心受压构件：截面为矩形，当截面长边超过 600 mm 时，宜采用工字形截面。单层工业厂房的预制柱常采用工字形截面，以减轻自重。

2. 尺 寸

（1）对于方形和矩形截面柱，其截面尺寸不宜小于 250 mm×250 mm，圆形截面不宜小于 350 mm。

应控制构件长细比满足：$h \geqslant l_0/25$；$b \geqslant l_0/30$；$d \geqslant l_0/30$。

其中，l_0 为柱子的计算长度，h 为柱子截面的长边，b 为柱子截面的短边，d 为圆形柱的直径。

（2）工字形截面柱的翼缘厚度不宜小于 120 mm，腹板厚度不宜小于 100 mm。

（3）当柱的截面尺寸 $h \leqslant 800$ mm 时，以 50 mm 为模数；当 $h > 800$ mm 时，以 100 mm 为模数。

（4）框架柱截面尺寸可取 $h = (1/15 \sim 1/20)H$，H 为层高；柱截面宽度可取 $b = (1 \sim 2/3)h$。截面高度不宜小于 400 mm，宽度不宜小于 350 mm，为避免发生剪切破坏，柱净高与截面长边之比宜大于 4。

（三）柱构件中钢筋的构造要求

1. 纵向受力钢筋

（1）受力纵筋的作用。

① 协助混凝土受压，减少截面尺寸；② 承受可能产生的较小弯矩；③ 防止脆性

破坏，增加构件延性；减小混凝土徐变变形。

（2）受力纵筋的配筋率。

《混凝土结构设计规范》规定：全部纵向钢筋的配筋率不宜大于 5%，也不应小于 0.6%；从经济和施工方便角度考虑，受压钢筋的配筋率一般不超过 3%，通常在 0.5%~2%之间。

钢筋混凝土结构构件中纵向受力钢筋的配筋百分率不应小于表 2-2 规定的数值。

表 2-2 钢筋混凝土结构构件中纵向受力钢筋的最小配筋百分率

受力类型		最小配筋百分率/%
受压构件	全部纵向钢筋	0.6
	一侧纵向钢筋	0.2
受弯构件、偏心受拉、轴心受拉构件一侧的受拉钢筋		0.2 和 $45f_t/f_y$ 中的较大值

注：① 受压构件全部纵向钢筋最小配筋百分率，当采用 HRB400 级、RRB400 级钢筋时，应按表中规定减小 0.1；当混凝土强度等级为 C60 及以上时，应按表中规定增大 0.1；
② 偏心受拉构件中的受压钢筋，应按受压构件一侧纵向钢筋考虑；
③ 受压构件的全部纵向钢筋和一侧纵向钢筋的配筋率以及轴心受拉构件和小偏心受拉构件一侧受拉钢筋的配筋率应按构件的全截面面积计算；受弯构件、大偏心受拉构件一侧受拉钢筋的配筋率应按全截面面积扣除受压翼缘面积 $(b'_f - b)h'_f$ 后的截面面积计算；
④ 当钢筋沿构件截面周边布置时，"一侧纵向钢筋"系指沿受力方向两个对边中的一边布置的纵向钢筋。

拓展：为什么控制柱中纵筋的配筋率，要求全部纵筋配筋率不宜超过 5%？

轴心受压构件在加载后荷载维持不变的条件下，由于混凝土徐变，则随着荷载作用时间的增加，混凝土的压应力逐渐变小，钢筋的压力逐渐变大，一开始变化较快，经过一定时间后趋于稳定。在荷载突然卸载时，构件回弹，由于混凝土徐变变形的大部分不可恢复，故当荷载为零时，会使柱中钢筋受压而混凝土受拉；若柱的配筋率过大，还可能将混凝土拉裂，若柱中纵筋和混凝土之间有很强的黏应力时，则能同时产生纵向裂缝，这种裂缝更为危险。这了防止出现这种情况，故要控制柱中纵筋的配筋率，要求全部纵筋配筋率不宜超过 5%。

（3）受力纵筋的直径。

不宜小于 12 mm，通常在 16~32 mm 范围内选用。

（4）受力纵筋的布置和间距。

① 选配钢筋根数宜少而粗。

② 矩形截面钢筋根数不得少于 4 根。轴心受压构件中纵向受力钢筋应沿截面四周均匀配置；偏心受压构件中纵向受力钢筋应布置在离偏心压力作用平面垂直的两侧。

③ 圆形截面钢筋根数不宜少于 8 根，且不应少于 6 根，应沿截面四周均匀配置。

④ 纵向受力钢筋的净间距不应小于 50 mm；偏心受压构件中间距不宜大于 300 mm。

（5）纵向构造钢筋。

当偏心受压柱的截面高度 $h \geqslant 600\ mm$ 时，在侧面应设置直径为 $10\sim16\ mm$ 的纵向构造钢筋，其间距不宜大于 $500\ mm$，并相应地设置拉筋或复合箍筋。拉筋的直径和间距可与基本箍筋相同，位置与基本箍筋错开，如图 2-14 所示。

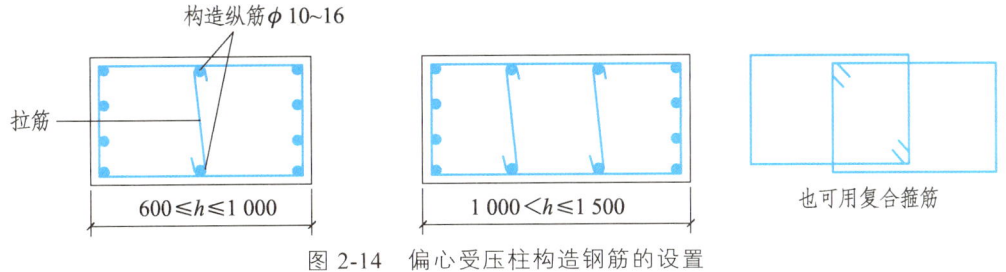

图 2-14　偏心受压柱构造钢筋的设置

2. 箍　筋

（1）箍筋的作用。

防止纵筋向外压屈，提高柱的受剪承载力，与纵筋形成骨架，且对核心部分的混凝土起到约束作用。

（2）箍筋的形式。

受压构件中的周边箍筋应做成封闭式。对于形状复杂的构件，不可采用具有内折角的箍筋。其原因是，内折角处受拉箍筋的合力向外，可能使该处混凝土保护层崩裂，如图 2-15 所示。

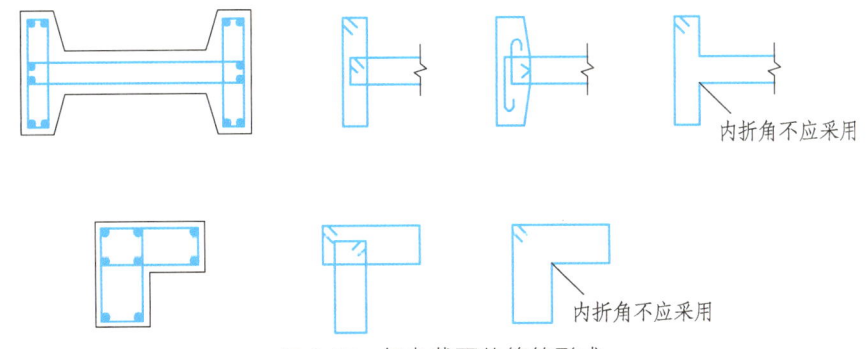

图 2-15　复杂截面的箍筋形式

当柱截面短边尺寸大于 $400\ mm$，且各边纵向钢筋多于 3 根时，或当柱截面短边不大于 $400\ mm$，但各边纵向钢筋多于 4 根时，应设置复合箍筋，其布置要求是使纵向钢筋至少每隔一根位于箍筋转角处。

（3）箍筋的直径和间距。

箍筋直径不应小于 $d/4$，且不应小于 $6\ mm$，（d 为纵向钢筋的最大直径）。箍筋间距不应大于 $400\ mm$ 及构件截面的短边尺寸，且不应大于 $15d$（d 为纵向钢筋的最小直径）。

柱内纵向钢筋搭接长度范围内的箍筋间距应加密，其直径不应小于搭接钢筋较大直径的 0.25 倍。当搭接钢筋受压时，箍筋间距不应大于 $10d$，且不应大于 $200\ mm$；当搭接钢筋受拉时，箍筋间距不应大于 $5d$，且不应大于 $100\ mm$，d 为纵向钢筋的最小直径。

当受压钢筋直径 $d>25$ mm 时，尚应在搭接接头两个端面外 100 mm 范围内各设置两个箍筋。

总结：根据对柱构件受力特性的分析和混凝土结构施工的要求，柱构件中钢筋的基本构造要求，见表 2-3。

表 2-3 柱构件中钢筋的基本构造要求　　　　　　单位：mm

柱中钢筋的类型	钢筋的构造要求	钢筋的构造要求图示
纵筋	柱中纵向受力钢筋的净间距不应小于 50 mm，且不宜大于 300 mm；圆柱中纵向钢筋不宜少于 8 根，不应少于 6 根，且宜沿周边均匀布置	
箍筋	柱的周边箍筋应做成封闭式。对于形状较复杂的柱，严禁采用内折角的箍筋	
复合箍筋	当柱截面短边尺寸大于 400 mm，且各边纵向钢筋多于 3 根时，或当柱截面短边不大于 400 mm，但各边纵向钢筋多于 4 根时，应设置复合箍筋	

二、受压构件的分类

（一）轴心受压构件

在实际结构中，理想的轴心受压构件几乎是不存在的。

通常由于荷载作用位置的偏差、混凝土的不均匀性、配筋的不对称性，以及施工的误差等原因，往往存在或多或少的初始偏心距。对偏心距很小可略去不计的构件，按轴心受压构件计算。如以承受恒载为主的多层框架房屋的内柱、桁架中的受压弦杆等，主要承受轴向压力，弯矩很小，可忽略不计，近似按轴心受压构件计算。

1. 轴心受压短柱

临近破坏时，柱子表面出现纵向裂缝，箍筋之间的纵筋压屈外凸，混凝土被压碎崩裂而破坏，如图 2-16（a）所示。

2. 轴心受压长柱

破坏时首先在凹边出现纵向裂缝,接着混凝土压碎,纵筋压弯外凸,侧向挠度急速发展,最终柱子失去平衡,凸边混凝土拉裂而破坏,如图 2-16(b)所示。

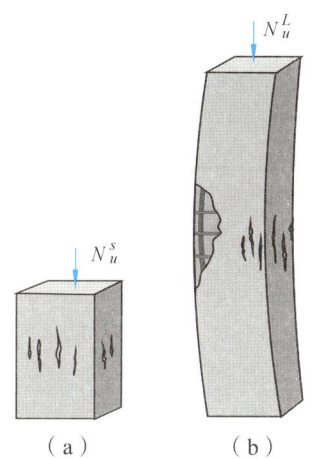

图 2-16 轴心受压短柱及轴心受压长柱

3. 稳定系数

在同等条件下(即截面相同、配筋相同、材料相同),长柱受压承载能力低于短柱受压承载能力,即:

$$N_n^l < N_n^s \qquad (2-11)$$

柱的长细比越大,其承载力越低,对于长细比很大的长柱,还有可能发生"失稳破坏"的现象。

用稳定系数 φ 来表示长柱承载能力的降低程度。

$$\varphi = \frac{N_n^l}{N_n^s} \qquad (2-12)$$

当 $\varphi = 1$,为短柱;当 $\varphi < 1$,为长柱,数值按表 2-4 取用。

表 2-4 钢筋混凝土轴心受压构件的稳定系数

l_0/b	≤8	10	12	14	16	18	20	22	24	26	28
l_0/d	≤7	8.5	10.5	12	14	15.5	17	19	21	22.5	24
l_0/i	≤28	35	42	48	55	62	69	76	83	90	97
φ	1.00	0.98	0.95	0.92	0.87	0.81	0.75	0.70	0.65	0.60	0.56
l_0/b	30	32	34	36	38	40	42	44	46	48	50
l_0/d	26	28	29.5	31	33	34.5	36.5	38	40	41.5	43
l_0/i	104	111	118	125	132	139	146	153	160	167	174
φ	0.52	0.48	0.44	0.40	0.36	0.32	0.29	0.26	0.23	0.21	0.19

注:l_0 为构件的计算长度,一般多层房屋中梁柱为刚接的框架结构,故计算长度按表 2-5 进行取用;
  b 为矩形截面短边尺寸;d 为圆形截面直径;i 为回转半径。

表2-5 框架结构各层柱的计算长度 l_0

楼盖类型	柱的类别	计算长度 l_0
现浇楼盖	底层柱	$1.0H$
	其他各层柱	$1.25H$
装配式楼盖	底层柱	$1.25H$
	其他各层柱	$1.5H$

注：H 对底层柱为从基础顶面到一层楼盖顶面的高度；对其余各层柱为上下两层楼盖顶面之间的高度。

4. 承载力计算

普通钢箍轴心受压柱的承载力计算公式为：

$$N \leqslant N_u = 0.9\varphi(f_y' A_s' + f_c A) \quad (2\text{-}13)$$

式中　N——轴向压力设计值；

　　　N_u——轴向受压构件的受压承载力；

　　　0.9——调整系数，考虑初始偏心的影响，为了保证轴心受压和偏心受压具有相近的保证率，引入的承载力折减系数；

　　　φ——稳定系数，按表2-4取值；

　　　f_y'——钢筋抗压强度设计值；

　　　A_s'——全部纵筋的截面面积；

　　　f_c——混凝土轴心抗压强度设计值；

　　　A——构件的截面面积，当纵向钢筋的配筋率大于3%时，A 改用 A_c，$A_c = A - A_s'$。设计中全部受压钢筋的配筋率不应超过5%，一般为0.5%~2%。

（二）偏心受压构件

偏心受压构件的受力特征介于轴压和受弯构件之间的过渡状态，在弯矩和轴力的共同作用下，有可能首先混凝土被压坏，也有可能混凝土首先被拉坏，因此，偏心受压构件分为两种破坏特征，大偏心受压和小偏心受压，如图2-17所示。

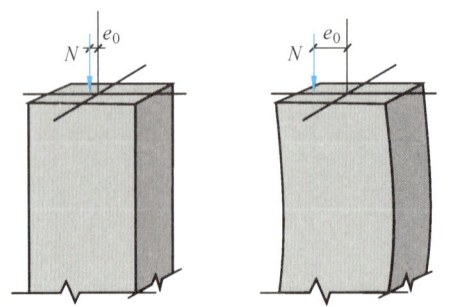

图2-17 小偏心受压构件及大偏心受压构件

1. 大偏心受压破坏——受拉破坏

此类破坏在压力的偏心距较大，且受拉钢筋配置适量时发生。截面的破坏特征是：

受拉侧混凝土较早出现裂缝，受拉钢筋 A_s 随荷载增加发展较快，首先屈服，最终受压区边缘的混凝土也因压应变达到极限值而被压坏。对于受压钢筋，只要受压区高度不是太小，一般也能屈服，其破坏特征与适筋的双筋受弯构件相似，这种破坏有明显预兆，如图 2-18 所示。

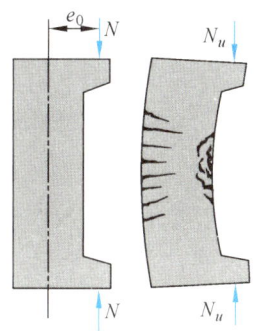

图 2-18　大偏心受压破坏（受拉破坏）

2. 小偏心受压破坏——受压破坏

如偏心距较小，或虽然偏心距不小但受拉纵筋配置过多时，会发生此种破坏。截面破坏特征一般是：截面受压侧混凝土和钢筋的受力较大，而受拉侧纵向钢筋应力较小。靠近压力一侧的受压区边缘的混凝土压应变首先达到极限值被压坏，该侧的受压钢筋屈服；而压力远侧的钢筋虽受拉但并未屈服（应力小），甚至还可能受压。由于这种破坏始于混凝土受压破坏，故又称为受压破坏，这种破坏无明显预兆，故具有脆性破坏的特征，如图 2-19 所示。

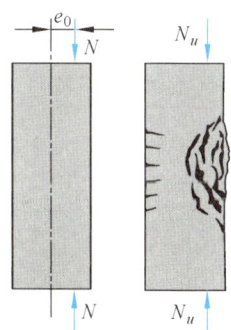

图 2-19　小偏心受压破坏（受压破坏）

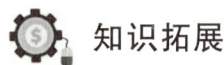 知识拓展

钢筋的力学性能（塑性材料与脆性材料对比）

一、材料的拉伸和压缩实验

材料在拉伸和压缩时的力学性能，又称为机械性能，是指材料在受力过程中在强度和变形方面表现出的特性，是解决强度、刚度和稳定性问题不可缺少的依据。

材料在拉伸和压缩时的力学性能，是通过实验得出的。拉伸与压缩实验通过在万能试验机上进行。拉伸与压缩实验的过程，是把由不同材料按照标准制成的试件装夹到试验机上，试验机对试件施加荷载，使试件产生变形甚至破坏。试验机上的测量装置测出试件在受荷载作用变形过程中，所受荷载的大小及变形情况等数据，由此测出材料的力学性质。本部分主要介绍在常温、静载条件下，塑性材料和脆性材料在拉伸和压缩时的力学性能。

二、材料在拉伸时的力学性能

拉伸实验时采用的标准试件，如图 2-20 所示，规定圆截面标准试件的工作长度（也称标距）与其截面直径的关系比例为：

$$l = 10d \quad （长试件）$$
$$l = 5d \quad （短试件）$$

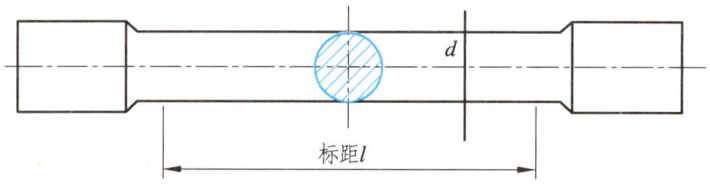

图 2-20 圆截面标准试件

1. 低碳钢的拉伸实验

由于低碳钢在工程上应用广泛，其力学性质又具有典型性，因此，用它来作为塑性材料的代表。以 A3 钢为例，来讨论低碳钢的机械性质。将 A3 钢做成的标准试件装夹在万能试验机的两个夹头上，缓慢地加载，直到使试件拉断为止。在拉伸的过程中，自动绘图仪将每瞬时荷载与绝对伸长量的关系绘成 $P\text{-}\Delta l$ 曲线图，如图 2-21 所示，此图称为拉伸图，图中纵坐标为荷载 P，横坐标为绝对伸长量 Δl。

试件的拉伸图与试件的几何尺寸有关。为了消除试件几何尺寸的影响，将拉伸图的纵坐标除以试件的横截面 A，横坐标除以标距 l，则得到应力-应变曲线，称为应力-应变图或者 $\sigma\text{-}\varepsilon$ 图，如图 2-22 所示。

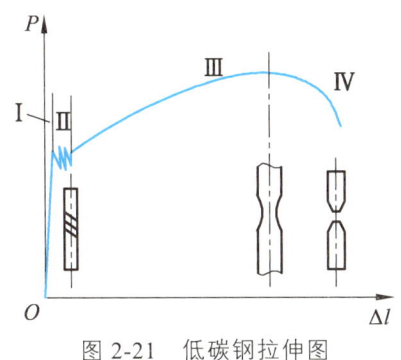
图 2-21 低碳钢拉伸图
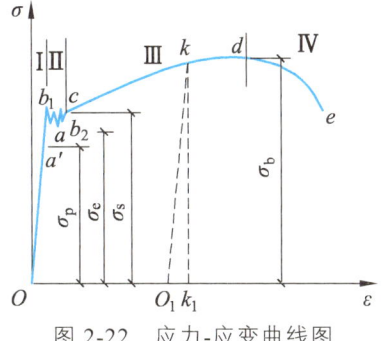
图 2-22 应力-应变曲线图

（1）σ-ε 图的四个阶段。

① 弹性阶段。

从图 2-22 中可以看出，Oa' 范围内应力与应变成正比，即 $\sigma = E\varepsilon$。与 a' 点对应的应力，即应力与应变成正比的最高限，称为材料的比例极限，以 σ_p 表示。A3 钢的比例极限为 $\sigma_p \approx 200$ MPa。由图中几何关系可知：

$$\tan\alpha = \frac{\sigma}{\varepsilon} = E \text{（常数）} \tag{2-14}$$

在 Oa 阶段内，材料的变形是弹性的，即当 σ 小于 a 点的应力时，如果卸去外力，使应力逐渐减到零，则对应的应变 ε 也随之完全消失。材料受外力后变形，卸去外力后变形完全消失的这种特性称为弹性。因为 Oa 阶段内材料的变形是弹性变形，所以 Oa 阶段称为弹性阶段。与 a 点相对应的应力称为弹性极限，用 σ_e 表示。A3 钢的 σ_e 也近似等于 200 MPa。由于比例极限与弹性极限非常接近，所以工程实际应用中将二者视为相等，即将 a 与 a' 视为同一点。

② 屈服阶段。

当应力达到 b_1 点的相应值时，应力不再增加而应变急剧地增加，材料暂时失去了抵抗变形的能力，这种现象一直延续到 c 点。如果试件是经过抛光的，这时可以看到试件表面出现许多和试件轴线成 45°角的条纹，称为滑移线。这种应力几乎不变，应变却在不断增加，从而产生显著变形的现象，称为屈服现象，b_1c 阶段称为屈服阶段。在这个阶段内，与 b_1 点对应的应力称为上屈服极限，与 b_2 点相对应的应力称为下屈服极限。一般规定下屈服极限作为材料的屈服极限，用 σ_s 表示。Q235 钢中 Q 表示屈服极限，235 表示屈服极限强度为 235 MPa。

在这个阶段，如果卸载将出现不能消失的变形，称为塑性变形。这在许多工程中是不允许的，所以屈服极限是衡量材料强度的一个重要指标。

③ 强化阶段。

图 2-22 中 cd 段曲线缓慢上升，表示材料抵抗变形的能力又逐渐增加，这一阶段称为强化阶段，曲线最高点 d 所对应的应力称为强度极限，以 σ_b 表示。Q235 钢的强度极限 $\sigma_b = 400$ MPa。强度极限是衡量材料强度的另一重要指标。

④ 颈缩阶段。

在强度极限前试件的变形是均匀的。在强度极限后，即曲线的 de 段，变形集中在试件的某一局部，纵向变形显著增加，横截面面积显著缩小，试件最后被拉断，如图 2-23 所示。

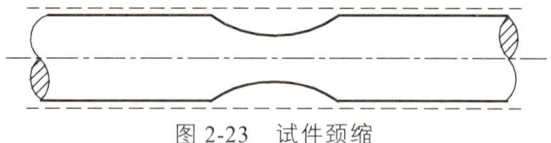

图 2-23 试件颈缩

（2）冷作硬化。

将试件预加载到强化阶段内的 k 点，然后缓慢卸载，$\sigma\text{-}\varepsilon$ 曲线将沿着与 Oa' 近似平行的直线回到 O_1 点。O_1k_1 是消失了的弹性应变，而 OO_1 是残留下来的塑性应变。若卸载后重新加载，应力应变曲线将沿着 O_1kde 变化。比较 O_1kde 和 $Oa'b_1cde$ 可知，重新加载时，材料的比例极限和屈服极限得到提高，而塑性变形降低，这种现象称为冷作硬化。工程中常常利用材料的这个性质，如经过冷拉的钢筋可提高屈服极限，节约钢材。

（3）材料的塑性。

试件拉断后，弹性变形消失了，只剩下塑性变形。材料的塑性变形，可用试件被拉断后的塑性相对伸长率 δ 百分比来表示，即

$$\delta = \frac{l_1 - l}{l} \times 100\% \tag{2-15}$$

式中，l_1 是拉断后的标距长度，l 是原始标距长度，δ 称为延伸率。延伸率是衡量材料塑性的一个重要指标，一般将 $\delta > 5\%$ 的材料称为塑性材料，将 $\delta < 5\%$ 的材料称为脆性材料。

材料的塑性，还可以用试件拉断后的横截面面积残余相对收缩率 ϕ 来表示，即

$$\phi = \frac{A - A_1}{A} \times 100\% \tag{2-16}$$

式中，A_1 为试件断口处的最小横截面面积，A 为原始横截面面积，ϕ 称为截面的收缩率。

2. 铸铁的拉伸实验

铸铁可作为脆性材料的代表，其 $\sigma\text{-}\varepsilon$ 图如图 2-24 所示。

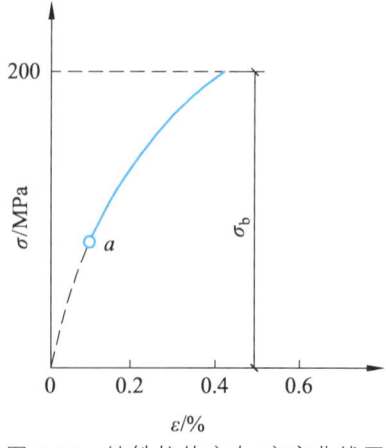

图 2-24 铸铁拉伸应力-应变曲线图

从铸铁的 $\sigma\text{-}\varepsilon$ 图可以看出，铸铁没有明显的直线部分，但因直到拉断时其变形非常小，因此，一般规定时间在产生 0.1%的应变时，所对应的应力范围为弹性变形，并认为在这个范围内服从胡克定律。

铸铁拉伸时无屈服现象和颈缩现象，断裂是突然出现的。端口与轴线垂直，塑性变形很小。衡量铸铁的唯一指标是强度极限 σ_b。

三、材料在压缩时的力学性能

压缩实验在万能试验机上进行，金属材料的压缩试件是圆柱体，高是直径的 1.5 ~ 3 倍。非金属材料的压缩试件是立方体。

1. 低碳钢的压缩实验

以低碳钢作为塑性材料的代表，其压缩时的 $\sigma\text{-}\varepsilon$ 图如图 2-25 所示。为了便于比较材料在拉伸和压缩时的力学性能，在图中还以虚线绘出了低碳钢在拉伸时的 $\sigma\text{-}\varepsilon$ 图。

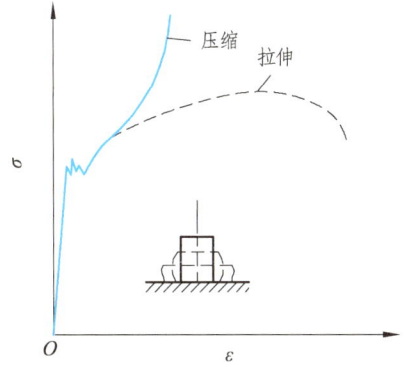

图 2-25 低碳钢拉伸应力-应变曲线图

比较低碳钢在拉伸时的 $\sigma\text{-}\varepsilon$ 图可知，比例极限、屈服极限和弹性模量等参数在拉伸和压缩时是相同的。在压缩时的 $\sigma\text{-}\varepsilon$ 图中，无强度极限。

2. 铸铁的压缩实验

以铸铁作为脆性材料的代表，其压缩时的 $\sigma\text{-}\varepsilon$ 图如图 2-26 中实线所示，它与拉伸时的 $\sigma\text{-}\varepsilon$ 图（虚线）相似。值得注意的是，压缩时强度极限比拉伸时的强度极限高 3 ~ 4 倍，最后试件是沿着与轴线成 45°~ 50°角的斜面破坏的。

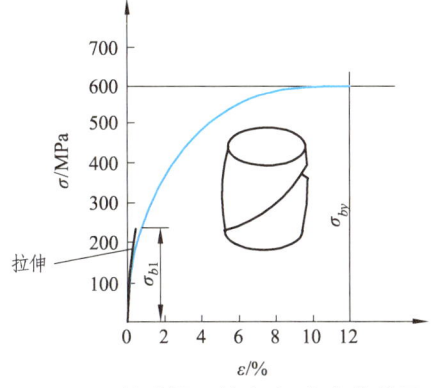

图 2-26 低碳钢压缩应力-应变曲线图

从上述实验可以看出，塑性材料与脆性材料力学性质的主要区别是：

（1）塑性材料破坏时有显著的变形，断裂前有的出现明显的屈服现象；而脆性材料在变形很小时突然断裂，无屈服现象。

（2）塑性材料拉伸时的比例极限、屈服极限和弹性模量与压缩时相同，说明拉伸和压缩时具有相同的强度和刚度。而脆性材料则不同，其压缩时的强度和刚度都大于拉伸时的强度和刚度，且抗压强度远远高于抗拉强度。

综上所述，由于塑性材料和脆性材料的力学性质有很大的差别，因此在工程中，齿轮、轴等零件多用塑性材料制造，受压构件多用塑性材料制造。

四、混凝土的抗压强度

混凝土的强度与水泥强度等级、水灰比有很大关系，也与骨料的性质、混凝土的级配、混凝土成型方法、硬化时的环境条件及混凝土的龄期等众多因素有关。同时，试件的大小和形状、试验方法和加载速率也将影响混凝土强度的试验结果。例如，当试件上下表面不涂润滑剂加压、试件尺寸越小、加载速度越快时测得的极限强度值就越高。

1. 混凝土的立方体抗压强度和强度等级

因为立方体试件的强度比较稳定，所以我国把立方体强度值作为混凝土强度的基本指标，并把立方体抗压强度作为评定混凝土强度等级的标准。我国规定以边长为 150 mm 的立方体为标准试件，在（20±3）℃的温度和相对湿度 90%以上的潮湿空气中养护 28 d，以每秒 0.3~0.5 N/mm² 的速度加载，具有 95%保证率的抗压强度作为混凝土的立方体抗压强度标准值，用 $f_{cu,k}$ 表示，单位为 N/mm²。并以此来划分混凝土的 14 个强度等级，即 C15、C20、C25、C30、C35、C40、C45、C50、C55、C60、C65、C70、C75 和 C80。例如，C30 表示立方体抗压强度标准值为 30 N/mm²。其中 C50~C80 属于高强度混凝土范畴。

《混凝土结构设计规范》规定，钢筋混凝土结构的混凝土强度等级不应低于 C15；当采用 HRB335 级钢筋时，混凝土强度等级不宜低于 C20；当采用 HRB400 和 RRB400 级钢筋以及承受重复荷载的构件，混凝土强度等级不得低于 C20。预应力混凝土结构的混凝土强度等级不应低于 C30；当采用钢绞线、钢丝、热处理钢筋作预应力钢筋时，混凝土强度等级不宜低于 C40。

2. 混凝土的轴心抗压强度

《普通混凝土力学性能试验方法》规定以 150 mm × 150 mm × 300 mm 的棱柱体作为混凝土轴心抗压强度试验的标准试件，《混凝土结构设计规范》规定以上述棱柱体试件试验测得的具有 95%保证率的抗压强度作为混凝土轴心抗压强度标准值，用符号 f_{ck} 表示，单位为 N/mm²。

考虑到实际结构构件制作、养护和受力情况，实际构件强度与试件强度之间存在差异，《混凝土结构设计规范》基于安全取偏低值，轴心抗压强度标准值 f_{ck} 小于立方体抗压强度标准值 $f_{cu,k}$。

3. 混凝土轴心抗压强度设计值

混凝土的材料分项系数 γ_c 取 1.4（原规范是 1.35），这是考虑适当提高混凝土结构的安全度并逐步与国际混凝土结构安全度接近。因此，混凝土轴心抗压强度设计值见式（2-16）。

轴心抗压强度设计值：

$$f_c = \frac{f_{ck}}{1.4} \tag{2-17}$$

按以上结果得到的混凝土轴心抗压强度标准值和设计值的取值见表 2-6。

表 2-6 混凝土轴心抗压强度标准值和设计值　　单位：MPa

强度种类	符号	混凝土强度等级												
		C15	C20	C25	C30	C35	C40	C45	C50	C55	C60	C65	C70	C75	C80
轴心抗压强度	f_{ck}	10.0	13.4	16.7	20.1	23.4	26.8	29.6	32.4	35.5	38.5	41.5	44.5	47.4	50.2
	f_c	7.2	9.6	11.9	14.3	16.7	19.1	21.1	23.1	25.3	27.5	29.7	31.8	33.8	35.9

任务三 钢筋混凝土柱平法图识读

子任务一 钢筋混凝土柱平法图识读

子任务一	钢筋混凝土柱平法图识读
任务目标	1. 掌握钢筋混凝土柱纵筋、箍筋的配置形式； 2. 掌握钢筋混凝土柱平法施工图制图规则及识读； 3. 会识读钢筋混凝土柱平法施工图； 4. 能把平法施工图中表示的截面尺寸、纵筋配置、箍筋配置转换成实体钢筋混凝土柱的尺寸、纵筋、箍筋； 5. 教师在课堂对柱中钢筋进行细致分析，培养学生的观察、思考和解决问题的能力，以及培养学生的规范意识
任务描述	仔细阅读图中框架-剪力墙结构中柱的平法施工图，查找 KZ1、KZ2 和 KZ3，并结合图纸按要求找出 KZ1、KZ2 和 KZ3 在 10.750 m～14.050 m 标高处纵筋和箍筋的具体配置。 | KZ1	KZ2	KZ3
---	---	---
800 mm × 700 mm，3⏀18，2⏀22	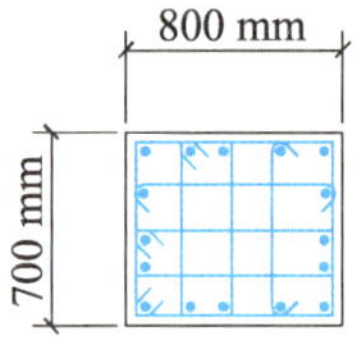 800 mm × 700 mm	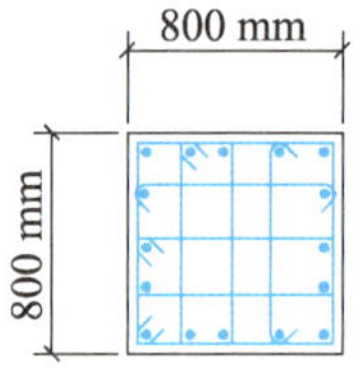 800 mm × 800 mm
10.750 m～14.050 m	10.750 m～14.050 m	10.750 m～14.050 m
4⏀22(角筋)+4⏀22+6⏀18	4⏀25(角筋)+12⏀22	4⏀22(角筋)+12⏀20
⏀8@100	⏀10@100	⏀10@100	
任务准备	1. 微课资源： 钢筋混凝土柱平法施工图识读 2. 思政资源： 项目攻坚｜"凤凰"初现！ 厦门新体育中心凤凰体育馆（比赛馆）实现主体钢筋混凝土结构封顶 3. 参考规范： 图集（22G101—1）《混凝土结构施工图平面整体表示方法制图规则和构造详图》

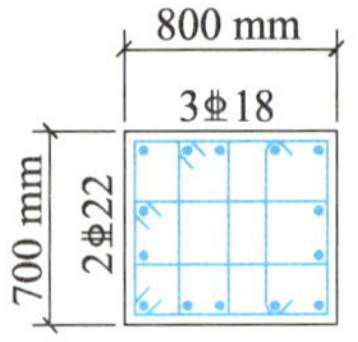

任务实施	柱的截面尺寸	
	请识读 KZ1/KZ2/KZ3 中纵筋的型号和根数	
	请识读 KZ1/KZ2/KZ3 中箍筋的型号和根数	
	利用集中标注方式绘制 KZ1 和 KZ2 的柱平法详图	

总结反馈	你是否了解钢筋混凝土柱中钢筋的类型？	是□	否□
	你是否能够准确识读钢筋混凝土柱的平法图？	是□	否□
	你是否能正确识读柱表并能根据柱表信息绘制出柱截面配筋图？	是□	否□
	你是否能理解柱截面注写方式中的各项数据的含义？	是□	否□
	请用文字或者思维导图形式进行相关知识总结：		

知识链接

一、柱基本知识

（一）钢筋混凝土柱概述

在房屋建筑结构中，截面尺寸较小，而高度相对较高的构件称为柱。

柱主要承受竖向荷载，是主要的竖向受力构件，但柱有时也要承受横向荷载或较大的偏心压力，因此，这往往导致柱出现弯曲和受剪的受力状态。柱是房屋建筑中极为重要的构件，在其较小的截面上，要承受较大的荷载，容易出现失稳破坏，导致整个结构的倒塌。柱广泛应用于房屋建筑中，如框架柱、排架柱、楼盖或屋盖的支柱等。

钢筋混凝土柱是建筑工程中常见的受压构件。对实际工程中的细长受压柱，破坏前将发生纵向弯曲，因此，其承载力比同等条件的短柱低。

在轴心受压柱中，纵向钢筋数量由计算确定，应不少于 4 根且沿构件截面四周均匀设置。纵向钢筋宜采用较粗的钢筋，以保证钢筋骨架的刚度及防止受力后过早压屈。

（二）柱的分类及特征

1. 柱的分类

柱是竖向受力构件，按力的作用线和截面形心位置关系，可以分为轴心受压柱和偏心受压柱。《22G101—1》图集中柱的分类如图 2-27 所示。

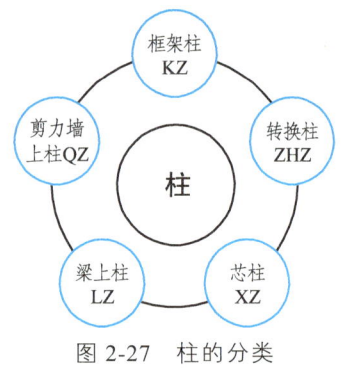

图 2-27 柱的分类

2. 各类柱的主要特征

框架柱的柱根部嵌固在基础或地下结构上，并与框架梁刚性连接构成框架。转换柱的柱根部嵌固在基础或地下结构上，并与框支梁刚性连接构成框支结构。梁上柱是支承或悬挂在梁上的柱。剪力墙上柱是支承在剪力墙顶部的柱。芯柱是设置在框架柱、转换柱、剪力墙上柱核心部位的暗柱。

（三）柱的钢筋种类

1. 柱的钢筋

柱的钢筋骨架中有纵向钢筋和箍筋两大类，如图 2-28 所示。

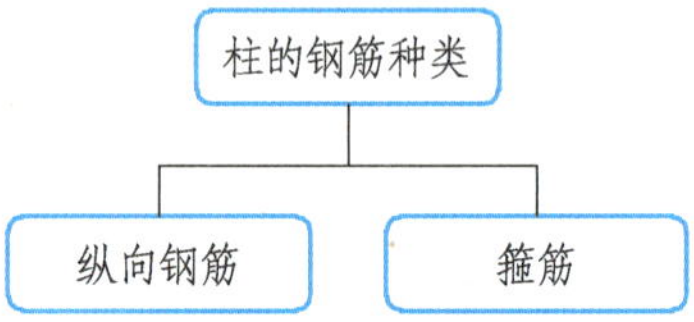

图 2-28 柱的钢筋种类

2. 柱各类钢筋的作用

（1）柱纵向钢筋。

柱纵向钢筋，是平行于混凝土构件纵轴方向所配置的钢筋。柱属于受压构件，柱纵向钢筋的主要作用：① 与混凝土共同承受压力，提高构件与截面的受压承载力；② 提高构件的变形能力，改善受压破坏的脆性；③ 承受可能产生的偏心弯矩、混凝土收缩及温度变化引起的拉应力；④ 减少混凝土的徐变变形。

（2）柱中的箍筋。

柱中的箍筋主要是用来满足斜截面抗剪强度，并联结纵向钢筋和受压区混凝土使其共同工作。用来固定纵向钢筋的位置而使柱构件内各种钢筋形成整体的钢筋骨架。箍筋应做成封闭式的箍筋，而且通常是复合箍筋。

二、柱平法施工图制图规则

柱平法施工图是在柱平面布置图上采用列表注写方式或截面注写方式表达。

柱平面布置图，可采用适当比例单独绘制，也可与剪力墙平面布置图合并绘制。

1. 列表注写方式

列表注写方式，是在柱平面布置图上（一般只需采用适当比例绘制一张柱平面布置图，包括框架柱、转换柱、梁上柱和剪力墙上柱），分别在同一编号的柱中选择一个（有时需要选择几个）截面标注几何参数代号。

2. 柱列表注写内容

柱表注写包括以下几部分内容：柱编号、柱段起止标高、几何尺寸与配筋的具体数值，并配以各种柱截面形状及其箍筋类型图的方式表达柱平法施工图。

（1）注写柱编号。

柱编号由类型代号和序号组成，如表2-7所示。

表2-7 柱编号

柱类型	代号	序号	特征
框架柱	KZ	××	柱根部嵌固在基础或地下结构上，并与框架梁刚性连接构成框架
转换柱	ZHZ	××	柱根部嵌固在基础或地下结构上，并与框支梁刚性连接构成框支结构
芯柱	XZ	××	设置在框架柱、转换柱、剪力墙上柱核心部位的暗柱
梁上柱	LZ	××	支承或悬挂在梁上的柱
剪力墙上柱	QZ	××	支承在剪力墙顶部的柱

注：编号时，当柱总高、分段截面尺寸和配筋均对应相同，仅截面与轴线的关系不同时，仍可将其编为同一柱号，但应在图中注明截面与轴线的关系。

（2）注写各段柱的起止标高。

自柱根部往上以变截面位置或截面未变但配筋改变处为界分段注写。框架柱和转换柱的根部标高指基础顶面标高；芯柱的根部标高指根据结构实际需要而定的起始位置标高；梁上柱的根部标高指梁顶面标高；剪力墙上柱的根部标高为墙顶面标高。

（3）注写截面尺寸。

对于矩形柱，注写柱截面尺寸 $b \times h$ 及与轴线关系的几何参数代号 b_1、b_2 和 h_1、h_2 的具体数值，须对应于各段柱分别注写。其中 $b = b_1+b_2$，$h = h_1+h_2$。当截面的某一边收缩变化至与轴线重合或偏到轴线的另一侧时，b_1、b_2、h_1、h_2 中的某项为零或为负值，如图 2-29 所示。

注意：b 边与 X 向平行，h 边与 Y 向平行。

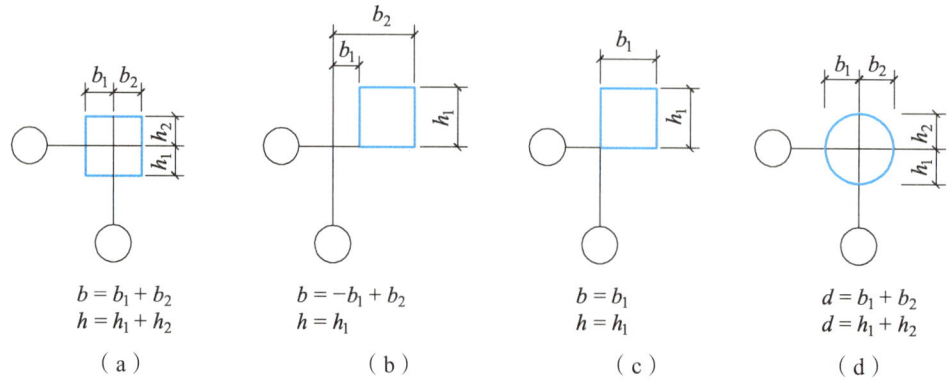

图 2-29　柱与轴线定位示意

对于圆柱，表中 $b \times h$ 改在圆柱直径数字前加 d 表示；圆柱截面与轴线关系也用 b_1、b_2 和 h_1、h_2 表示。$d = b_1+b_2 = h_1+h_2$，如图 2-29（d）所示。

对于芯柱，在某些框架柱的一定高度范围内，在其内部的中心位置设置（分别引注其柱编号）。芯柱截面尺寸按构造确定，如图 2-30 所示，设计不需注写；设计者采用与本构造详图不同的做法时，应另行注明。芯柱定位随框架柱走，不需要注写其与轴线的几何关系。

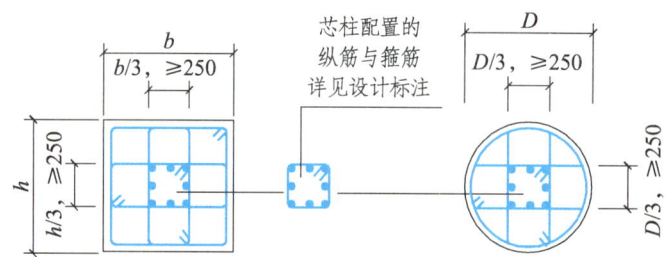

注：纵筋的连接及根部锚固同框架柱，往上直通至芯柱柱顶标高

图 2-30　芯柱 XZ 构造

（4）注写柱纵筋。

当柱纵筋直径相同，各边根数也相同时（包括矩形柱、圆柱和芯柱），将纵筋注写在"全部纵筋"一栏中；除此之外，柱纵筋分为角筋、截面 b 边中部筋及 h 边中部筋，分别注写（对于采用对称配筋的矩形柱，可仅注写一侧中部筋，对称边省略不注）。

（5）注写箍筋类型号及箍筋肢数。

包括箍筋类型号及钢筋级别、直径与间距，用"/"区分柱加密区和非加密区的间距。对所设计的各种箍筋类型图及箍筋复合的具体方式，应在图中表示出来，并编上类型号，如图 2-31 所示。

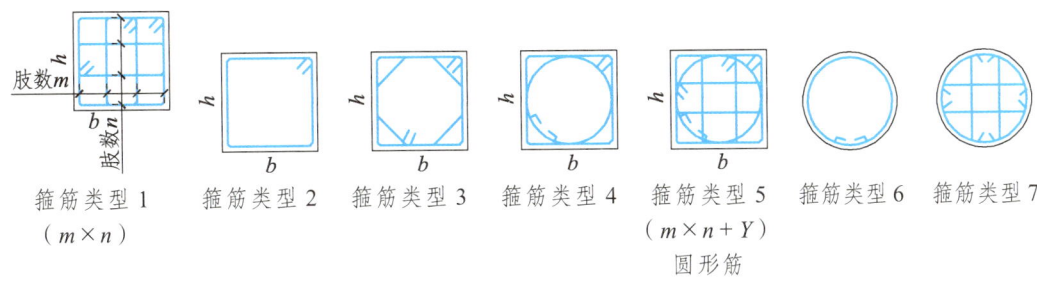

柱号	标高	b×h (圆柱直径D)	b_1	b_2	h_1	h_2	全部纵筋	角筋	b边一侧中部筋	h边一侧中部筋	箍筋类型号	箍筋	备注
KZ1	-4.530~-0.030	750×700	375	375	150	550	28Φ25				1(6×6)	Φ10@100/200	
	-0.030~19.470	750×700	375	375	150	550	24Φ25				1(5×4)	Φ10@100/200	—
	19.470~37.470	650×600	325	325	150	450		4Φ22	5Φ22	4Φ20	1(4×4)	Φ10@100/200	
	37.470~59.070	550×500	275	275	150	350		4Φ22	5Φ22	4Φ20	1(4×4)	Φ8@100/200	
XZ1	-4.530~8.670						8Φ25				按标准构造详图	Φ10@100	③×Ⓑ轴KZ1中设置

图 2-31 箍筋类型

(6) 注写柱箍筋。

包括钢筋级别、直径、间距。

当为抗震设计时，用斜杠"/"区分柱端箍筋加密区与柱身非加密区长度范围内箍筋的不同间距。施工人员需根据标准构造详图的规定，在规定的几种长度值中取其最大者作为加密区长度。

当框架节点核芯区内箍筋与柱端箍筋设置不同时，应在括号中注明核芯区箍筋直径及间距。

当箍筋沿柱全高为一种间距时，则不使用"/"线。

当圆柱采用螺旋箍筋时，需在箍筋前加"L"。

任务拓展

拓展任务描述	仔细阅读某办公楼柱平法施工图,查找KZ1和KZ2,并结合图纸按要求找出KZ1和KZ2在3.800~14.400标高处柱表表示的各项数据。							
	柱号	标高	$b \times h$	角筋	b每侧中部筋	h每侧中部筋	箍筋类型号	箍筋
	KZ1	基础顶~3.800	500×500	4Φ22	3Φ18	3Φ18	1(4×4)	Φ8@100
		3.800~14.400	500×500	4Φ22	3Φ16	3Φ16	1(4×4)	Φ8@100
	KZ2	基础顶~3.800	500×500	4Φ22	3Φ18	3Φ18	1(4×4)	Φ8@100/200
		3.800~14.400	500×500	4Φ22	3Φ16	3Φ16	1(4×4)	Φ8@100/200

任务实施	柱的类型	
	柱的编号	
	柱的尺寸	
	柱的标高	
	柱纵筋的配置	
	柱箍筋的配置	

项目三

钢筋混凝土受弯构件力学分析与构造要求

钢筋混凝土受弯构件是工程结构中最常见的构件，如工业与民用建筑中的梁、板和楼梯等构件。常用梁的截面形式有矩形、T 形、工字形等，常用板的截面形式有矩形板、空心板和槽形板等，常用的楼梯有板式楼梯和梁式楼梯等。

某办公楼采用框架剪力墙结构，各构件多采用钢筋混凝土材料，截取二层 KL17 结构平面图，如下图所示。本项目主要学习以梁为代表的钢筋混凝土受弯构件的内力分析、配筋计算、构造分析和平法图识读。

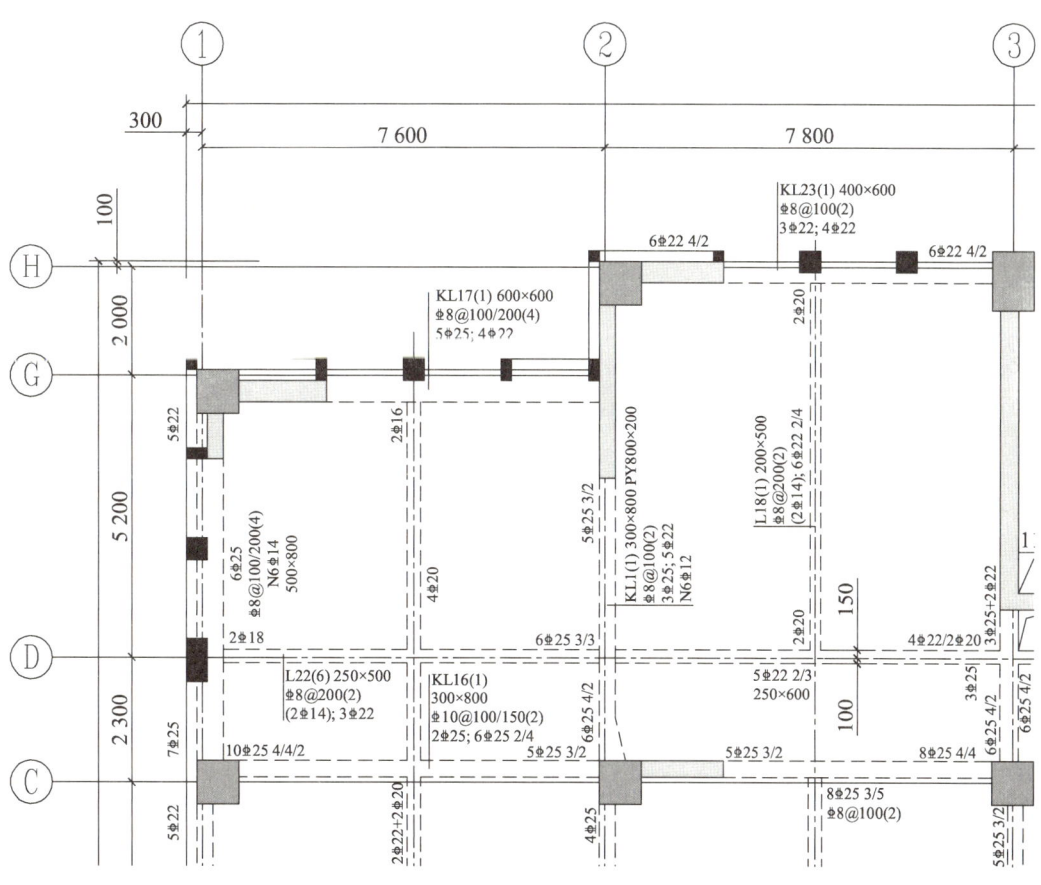

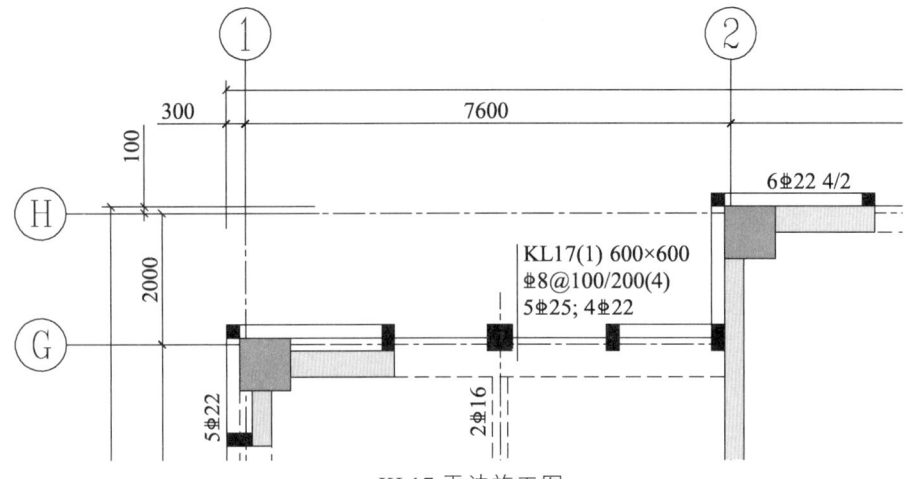

KL17 平法施工图

 教学目标

1. **知识目标**

（1）掌握弯曲变形构件的内力计算和内力图的绘制。

（2）掌握强度条件公式的应用。

（3）掌握梁的配筋计算方法。

（4）理解钢筋混凝土梁板的构造要求。

（5）熟悉钢筋混凝土梁板的平法识图规则。

（6）了解预应力混凝土的概念及应用。

2. **能力目标**

（1）会绘制弯曲变形构件的内力图。

（2）能进行梁的强度校核、截面设计和许用荷载设计。

（3）能根据构造要求进行钢筋混凝土梁的配筋设计及校核。

（4）能够在实际工程中理解和运用受弯构件的构造知识。

（5）准确识读钢筋混凝土梁、板和楼梯的平法施工图。

3. **素质目标**

（1）培养学生养成良好的学习习惯和学习方法。

（2）培养学生应用力学思维分析工程实际问题和解决问题的能力。

（3）培养学生精益求精、一丝不苟的职业精神。

（4）培养学生的规范意识和空间思维能力。

 学习重点

钢筋混凝土梁的内力分析、结构设计、构造要求和平法施工图识读。

任务一 弯曲变形构件的内力分析

子任务一 梁的弯曲内力计算

子任务一	梁的弯曲内力计算
任务目标	1. 掌握梁的内力计算方法； 2. 掌握弯矩图、剪力图的作图规律，能熟练绘制剪力图和弯矩图； 3. 理解梁在发生弯曲变形时截面上的内力分布及对梁的承载力的影响； 4. 培养学生利用力学思维分析工程实际问题的能力
任务描述	为了更好地理解梁在承受荷载作用下会产生哪些内力，会发生什么样的变形，在什么情况下会破坏等，首先需要进行梁的内力分析。假设简支梁AB，梁上承受荷载P_1和P_2作用，如下图所示，请分析该梁在荷载作用下所产生的内力，以及内力沿梁长度方向的分布情况如何？ 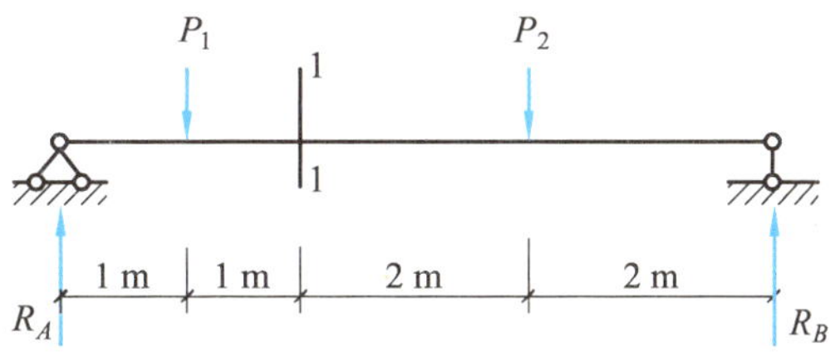
任务准备	1. 微课资源： 弯曲变形构件的内力计算（一）　　弯曲变形构件的内力计算（二） 弯曲变形构件的内力图绘制（一）　弯曲变形构件的内力图绘制（二） 弯曲变形构件的内力图绘制（三） 2. 思政资源： 亮丽名片——中国桥梁

任务实施	梁的内力计算基本步骤	
	列剪力方程和弯矩方程的基本步骤	
	剪力图和弯矩图的作图规律	
总结反馈	你是否了解弯曲的定义？	是□ 否□
	你是否能够进行梁的内力计算？	是□ 否□
	你是否能列出梁的剪力方程和弯矩方程？	是□ 否□
	你是否能够理解弯矩图和剪力图的作图规律？	是□ 否□
	你是否能够准确绘制出梁的剪力图和弯矩图？	是□ 否□
	请用文字或者思维导图形式进行相关知识总结：	

知识链接

一、梁弯曲的概念

当构件受到垂直于杆轴的外力或在杆轴平面内受到外力偶作用时，杆的轴线将由直线变为曲线，这种变形称为弯曲变形。以弯曲变形为主的构件通称为梁。梁的应用非常广泛，如图 3-1 所示桥式吊车梁、3-2 所示支架中的横梁、3-3 所示管道梁、3-4 所示楼面梁，这些都是工程中的实例。

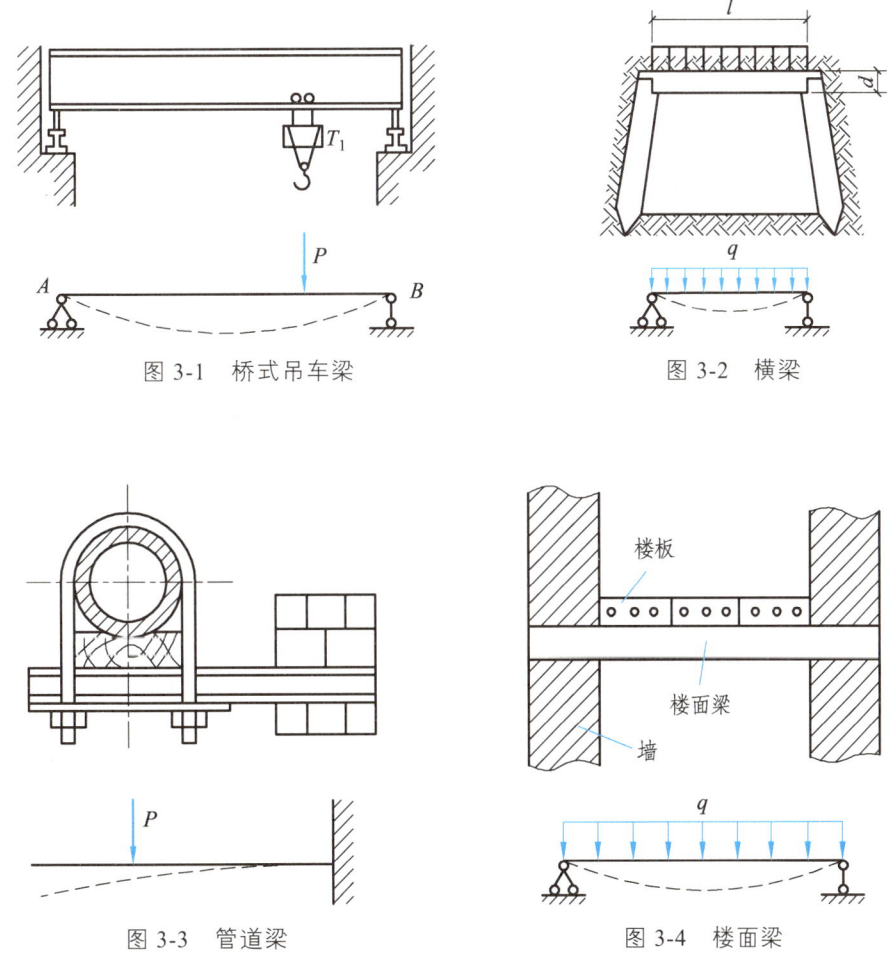

图 3-1　桥式吊车梁

图 3-2　横梁

图 3-3　管道梁

图 3-4　楼面梁

工程实际中的梁，其横截面都具有对称轴，如图 3-5 所示。对称轴与梁的轴线构成的平面称为纵向对称面，如图 3-6 所示。若作用在梁上的外力或外力偶都作用在纵向对称面内，且外力垂直于梁的轴线，则梁在变形时，其轴线将在纵向对称面内弯曲成一条平面曲线，这种弯曲变形称为平面弯曲。

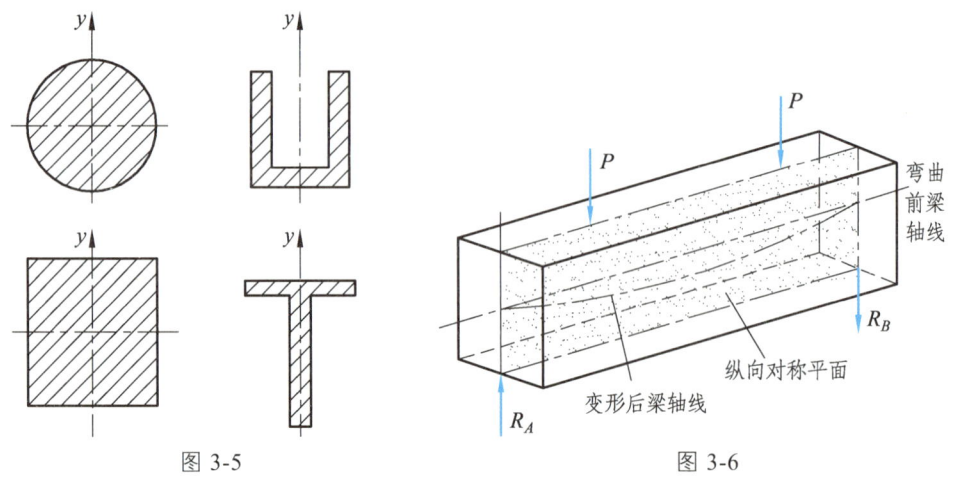

图 3-5　　　　　　　　　　图 3-6

材料力学中主要讨论等直梁的平面弯曲问题。

二、剪力和弯矩

1. 剪力和弯矩的计算

首先,我们来研究梁在外力作用下任一横截面上的内力。

图 3-7 所示为一简支梁,荷载 P 与支座反力 N_A 和 N_B 是作用在梁纵向对称面内的平衡力系。现用截面法分析任一截面 m—m 上的内力。假想沿截面 m—m 将梁分为左右两段,由于整个梁是平衡的,它的各部分也应处于平衡状态,因而截面上的内力与左段或右段上的外力构成平衡力系。现取右段分析,由于有支座反力 N_B 的作用,为了满足平衡方程 $\sum F_y = 0$,在横截面 m—m 上必有一与截面平行的内力 Q 存在,使得 $N_B - Q = 0$,$Q = N_B$;又由于 N_A 对截面 m—m 的形心 C 有力矩的作用,为了满足平衡方程 $\sum m_C(F) = 0$,在横截面 m—m 上必有一力偶矩为 M 的内力偶,使得 $N_B \cdot x - M = 0$,$M = N_B \cdot x$。

如果取梁的左段为研究对象,用同样的方法也可求得截面 m—m 上的剪力 Q 和弯矩 M。根据作用力与反作用力的关系,分别以梁的左段和右段为研究对象求出的 Q 和 M,大小是相等的,而方向或转向是相反的,如图 3.7(b)、(c)所示。

由上述分析可见,梁的横截面上的内力比较复杂,一般存在两个内力元素:

(1)剪力 Q:相切于横截面的内力,剪力的作用线通过截面形心。

(2)弯矩 M:作用面与横截面垂直的内力偶矩。

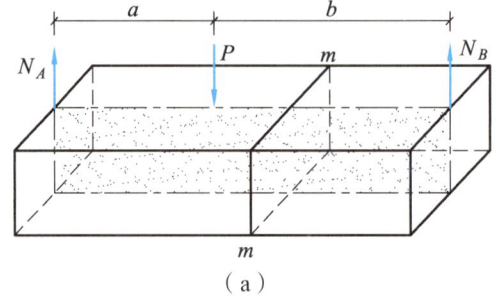

(a)

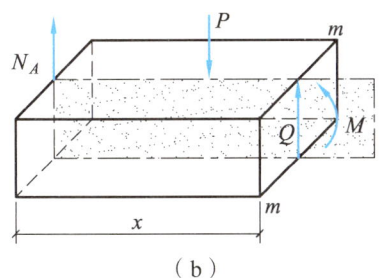
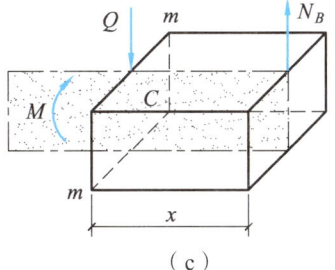

图 3-7

2. 剪力和弯矩的正负号规定

为了使取左段和取右段所得同一截面的内力正负号相同，我们对剪力和弯矩的符号做如下规定：

（1）剪力的正负号规定。

正剪力：截面上的剪力使研究对象做顺时针方向的转动[见图 3-8（a）]。

负剪力：截面上的剪力使研究对象做逆时针方向的转动[见图 3-8（b）]。

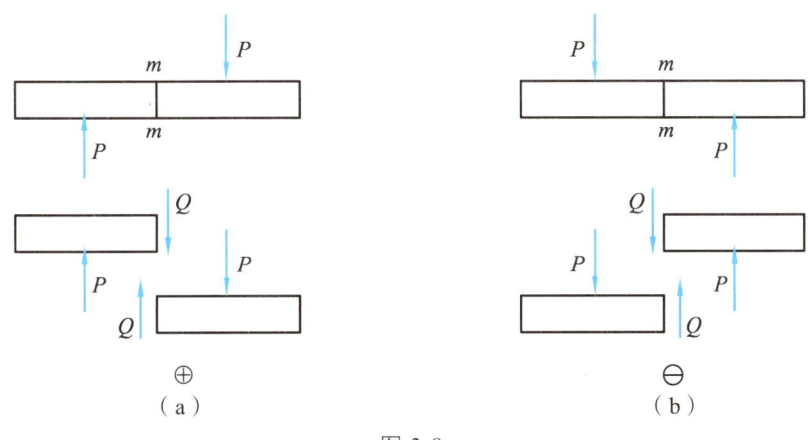

图 3-8

（2）弯矩的正负号规定。

正弯矩：截面上的弯矩使该截面附近弯成上凹下凸的形状[见图 3-9（a）]。

负弯矩：截面上的弯矩使该截面附近弯成上凸下凹的形状[见图 3-9（b）]。

即：对于剪力，左上右下为正；对于弯矩，左顺右逆为正。

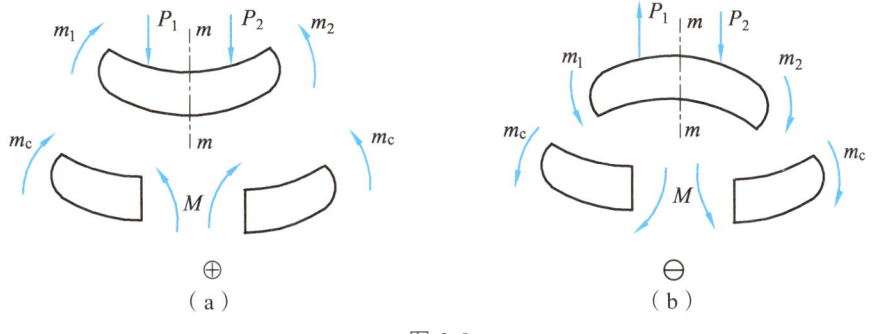

图 3-9

3. 用截面法求指定截面的剪力和弯矩

利用截面法计算指定截面的剪力和弯矩的步骤如下：

① 计算支座反力；② 用假想的截面在欲求内力处将梁截成两段，取其中一段为研究对象；③ 画出研究对象的内力图，截面上的剪力和弯矩均按正方向假设；④ 建立平衡方程，求解剪力和弯矩。

【例 3-1】 简支梁如图 3-10（a）所示。已知 $P_1 = 36$ kN，$P_2 = 30$ kN，试求截面 1—1 上的剪力和弯矩。

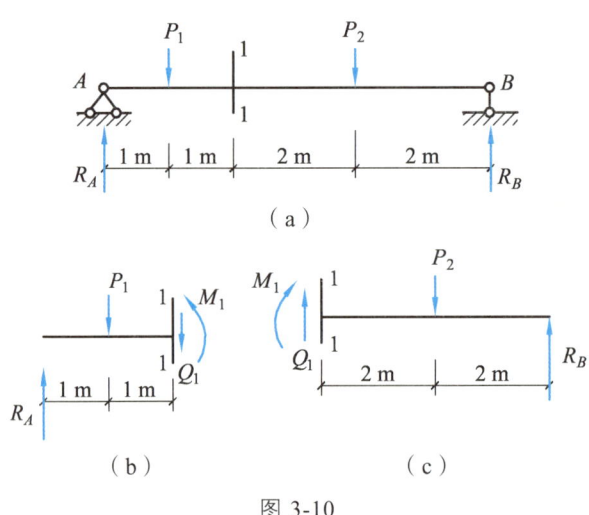

图 3-10

【解】（1）求支座反力。

以整梁为研究对象，受力图如图 3-10（a）所示，列平衡方程：

由 $\sum m_A = 0$： $R_B \times 6 - P_1 \times 1 - P_2 \times 4 = 0$

得 $R_B \times 6 - 36 \times 1 - 30 \times 4 = 0$

$R_B = 26$ kN

由 $\sum m_B = 0$： $P_1 \times 5 + P_2 \times 2 - R_A \times 6 = 0$

得 $36 \times 5 + 30 \times 2 - R_A \times 6 = 0$

$R_A = 40$ kN

（2）求截面 1—1 的内力。

用 1—1 截面假想地将梁分成两段，取左段为研究对象，受力图如图 3-10（b）所示。

由 $\sum F_y = 0$： $R_A - P_1 - Q_1 = 0$

得 $40 - 36 - Q_1 = 0$

$Q_1 = 4$ kN

由 $\sum m_1 = 0$： $M_1 + P_1 \times 1 - R_A \times 2 = 0$

得 $M_1 + 36 \times 1 - 40 \times 2 = 0$

$M_1 = 44$ kN·m

计算结果 Q_1、M_1 为正，表明 Q_1、M_1 实际方向与图示假设方向相同，故为正剪力和正弯矩。

若取梁的右段为研究对象，受力图如图 3.10（c）所示。

由 $$Q_1 + R_B - P_2 = 0$$

得 $$Q_1 + 26 - 30 = 0$$

$$Q_1 = 4 \text{ kN}$$

由 $$\sum m_1 = 0: R_B \times 4 - P_2 \times 2 - M_1 = 0$$

$$M_1 = 44 \text{ kN} \cdot \text{m}$$

可见，不管选取梁的左段还是右段为研究对象，所得截面 1—1 的内力结果相同。

【**例 3-2**】 外伸梁受荷载作用如图 3-11（a）所示。图中截面 1—1 是指从右侧无限接近于支座 B。试求截面 1—1 和截面 2—2 的剪力和弯矩。

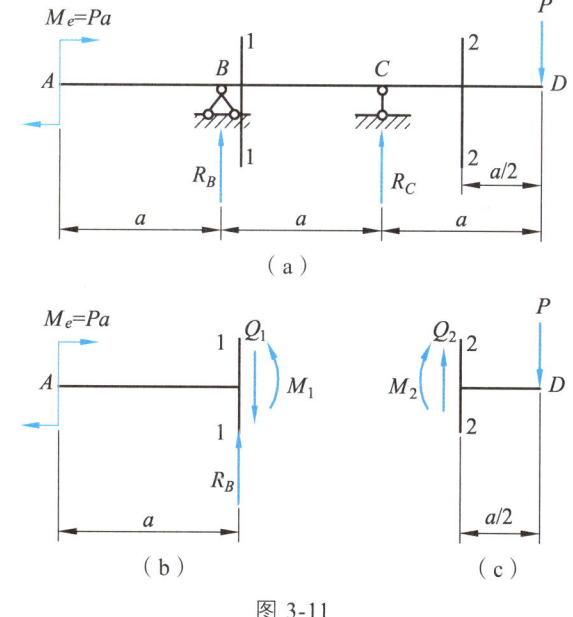

图 3-11

【**解**】（1）求支座反力。

以整梁为研究对象，受力图如图 3-11（a）所示。由平衡方程求解支座反力。

$$\sum m_B = 0: R_C \times a - P \times 2a - M_e = 0$$

$$R_C = 3P$$

$$\sum m_C = 0: -R_B \times a - Pa - M_e = 0$$

$$R_B = -2P$$

（2）求截面1—1的内力。

用1—1截面假想地将梁截开，取左段为研究对象，受力图如图3-11（b）所示。

$$\sum F_y = 0: \quad R_B - Q_1 = 0$$

$$Q_1 = R_B = -2P$$

$$\sum m_1 = 0: \quad M_1 - M_e = 0$$

$$M_1 = M_e = Pa$$

计算结果Q_1为负，表明Q_1实际方向与图示假设方向相反，故为负剪力；M_1为正，表明M_1实际方向与图示假设方向相同，故为正弯矩。

（3）求截面2—2的内力。

用2—2截面假想地将梁截开，取右段为研究对象，受力图如图3-11（c）所示。

$$\sum F_y = 0: \quad Q_2 - P = 0$$

$$Q_2 = P$$

$$\sum m_2 = 0: \quad -M_2 - P \cdot \frac{a}{2} = 0$$

$$M_2 = -P \cdot \frac{a}{2}$$

4. 计算剪力和弯矩的规律

梁的剪力和弯矩的计算规律如下：

（1）梁上任一截面上的剪力，其大小等于该截面左侧（或右侧）梁上所有外力的代数和；梁上任一截面的弯矩，其大小等于该截面左侧（或右侧）梁上所有外力对于该截面形心之矩的代数和。

（2）外力对内力的符号规则。对于剪力，若以左侧梁为研究对象，则向上的外力产生正剪力，向下的外力产生负剪力；若以右侧梁为研究对象，则向下的外力产生正剪力，向上的外力产生负剪力。对于弯矩，若以左侧梁为研究对象，外力对该截面形心之矩顺时针转向产生正值弯矩，逆时针转向产生负值弯矩；若以右侧梁为研究对象，外力对该截面形心之矩逆时针转向产生正值弯矩，顺时针转向产生负值弯矩。

以上规律可简称为：左上右下，剪力为正；左顺右逆，弯矩为正。

（3）代数和的正负，就是剪力或弯矩的正负。

【例3-3】 简支梁受荷载作用如图3-12所示。已知集中力$P = 1\,000\,\text{N}$，集中力偶$m = 4\,\text{kN} \cdot \text{m}$，均布荷载$q = 10\,\text{kN/m}$，试求1—1截面和2—2截面的剪力和弯矩。

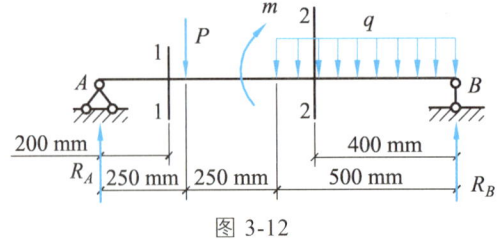

图 3-12

【解】（1）求支座反力。

以整梁为研究对象，受力图如图 3-12 所示。

$$\sum M_B = 0: P \times 750 - R_A \times 1\,000 - m + q \times 500 \times 250 = 0$$

$$R_A = -2\,000 \text{ N}$$

$$\sum F_y = 0: R_A - P - 500q + R_B = 0$$

$$R_B = 8\,000 \text{ N}$$

（2）计算 1—1 截面的内力。

利用计算剪力和弯矩的规律：

$$Q_1 = R_A = -2\,000 \text{ N}$$

$$M_1 = R_A \times 0.2 = -400 \text{ N} \cdot \text{m}$$

（3）计算 2—2 截面的内力。

利用计算剪力和弯矩的规律：

$$Q_2 = -R_B + 0.4 \times q = -8\,000 + 0.4 \times 1\,000 \times 10 = -4\,000 \text{ N}$$

$$M_2 = R_B \times 0.4 - q \times 0.4 \times 0.2 = 8\,000 \times 0.4 - 10 \times 10^3 \times 0.4 \times 0.2 = 2\,400 \text{ N} \cdot \text{m}$$

三、剪力方程和弯矩方程

1. 剪力方程和弯矩方程

由前面的讨论和例题可见，一般情况下，剪力和弯矩随截面的位置而变化。若以横坐标 x 表示横截面的位置，则梁各横截面的剪力和弯矩皆可表示为坐标 x 的函数，即

$$\left.\begin{array}{l} Q = Q(x) \\ M = M(x) \end{array}\right\} \tag{3-1}$$

以上两函数表达了剪力和弯矩沿梁轴线的变化规律，分别称为梁的剪力方程和弯矩方程。

2. 求解步骤

（1）求支座反力。

以梁整体为研究对象，根据梁上的荷载和支承情况，由静力平衡方程求出支座反力。

（2）将梁分段。

以集中力和集中力偶作用处、分布荷载起始处、梁的支承处以及梁的端面为界点，将梁进行分段。

（3）列剪力方程和弯矩方程时，所取的坐标原点与坐标轴 x 的正向可视计算方便而定，不必一致。

下面通过举例来说明如何列出剪力方程和弯矩方程。

【例 3-4】 悬臂梁如图 3-13 所示，在自由端 B 处有集中力 P 作用，试求此梁的剪力方程和弯矩方程。

【解】 将坐标原点取在梁右端 B 点上，取距坐标原点为 x 的任意截面右侧梁为研究对象。利用计算剪力方程和弯矩方程的规律，列出剪力方程和弯矩方程：

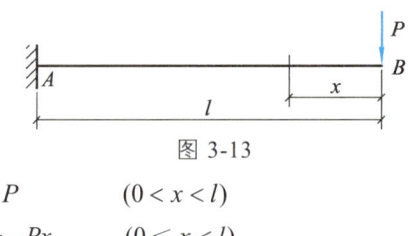

图 3-13

$$Q(x) = P \qquad (0 < x < l)$$
$$M(x) = -Px \qquad (0 \leqslant x < l)$$

在剪力方程中，x 的取值范围是：$0 < x < l$，表示 x 在略大于 0 略小于 l 的范围内有效。因为在 $x = 0$ 和 $x = l$ 处，有集中力（包括支座反力）作用，剪力发生突变，为不定值。弯矩方程中，x 的取值范围是：$0 \leqslant x < l$，表示 x 在 0 至略小于 l 的范围内有效。因为在 $x = l$ 处有集中力偶作用（包括支座反力偶），弯矩发生突变，为不定值。所以剪力在集中力作用处，弯矩在集中力偶作用处，表示适用范围时，没有等号。

【例 3-5】简支梁如图 3-14 所示，受均布荷载 q 作用，试列出梁的剪力方程和弯矩方程。

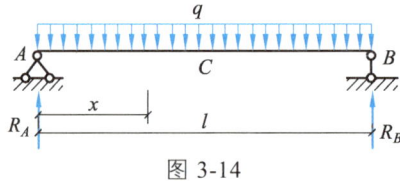

图 3-14

【解】（1）求支座反力。

由于荷载对称，支座反力也对称，则有 $R_A = R_B = \dfrac{ql}{2}$。

（2）列剪力方程和弯矩方程。

取左端 A 为原点，取距原点为 x 处的任意截面，其剪力方程和弯矩方程为：

$$Q(x) = R_A - qx = \dfrac{ql}{2} - qx \qquad (0 < x < l)$$

$$M(x) = R_A x - \dfrac{qx^2}{2} = \dfrac{ql}{2}x - \dfrac{qx^2}{2} \qquad (0 \leqslant x \leqslant l)$$

【例 3-6】简支梁受集中力 P 作用，如图 3-15 所示，试列出梁的剪力方程和弯矩方程。

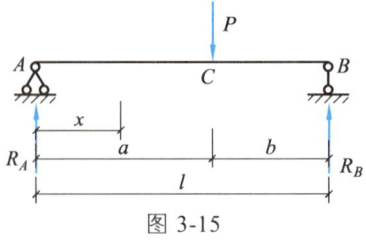

图 3-15

【解】（1）求支座反力。

以整梁为研究对象，由平衡方程求解支座反力。

$$\sum M_B = 0: \quad Pb - R_A l = 0$$

$$R_A = \dfrac{Pb}{l}$$

$$\sum F_y = 0: \quad R_A + R_B - P = 0$$

$$R_B = \frac{Pa}{l}$$

（2）列剪力方程和弯矩方程。

梁在 C 截面处有集中力 P 作用，AC 段和 CB 段所受的外力不同，其剪力方程和弯矩方程也不同，需分段列出。取梁左端 A 为坐标原点：

AC 段：
$$Q(x) = R_A = \frac{Pb}{l} \qquad (0 < x < a)$$

$$M(x) = R_A x = \frac{Pb}{l} x \qquad (0 \leqslant x \leqslant a)$$

CB 段：
$$Q(x) = R_A - P = -\frac{Pa}{l} \qquad (a < x < l)$$

$$M(x) = R_A x - P(x-a) = Pa - \frac{Pa}{l} x \qquad (a \leqslant x \leqslant l)$$

四、剪力图和弯矩图的作图规律

1. 剪力图和弯矩图

为了形象地表示剪力和弯矩沿两轴的变化规律，把剪力方程和弯矩方程用其图像表示，称为剪力图和弯矩图。

剪力图和弯矩图的画法，用平行于梁轴的横坐标 x 表示梁横截面的位置，用垂直于梁轴的纵坐标表示相应截面的剪力和弯矩。土建中，习惯将正剪力画在 x 轴的上方，负剪力画在 x 轴的下方；正弯矩画在 x 轴的下方，负弯矩画在 x 轴的上方，即将弯矩画在梁的受拉侧。

2. 作图规律

详见表 3-1。

表 3-1　剪力图和弯矩图的形状特征

荷载情况	剪力图	弯矩图
无荷载区段	水平线	斜直线
横向均布荷载区段	斜直线 （倾斜方向与外荷载 q 方向一致）	抛物线 （凸向与外荷载 q 方向一致）
集中力	有突变 （突变值=集中力）	有转折
集中力偶	无变化	有突变 （突变值=集中力偶）

注：① 集中力作用截面，剪力图发生突变。若从左向右作图，突变方向与集中力方向相同。
② 集中力偶作用处，弯矩图发生突变。若从左向右作图，力偶为逆时针转向，弯矩图向上突变；力偶为顺时针转向，弯矩图向下突变。
③ 绝对值最大的弯矩出现在下述截面：均布荷载作用段内 $Q=0$ 的截面；集中力作用的截面；集中力偶作用处的左右截面。

3. 作图步骤

剪力图和弯矩图的作图步骤如下:

(1) 求支座反力。

以整梁为研究对象,由静力平衡方程求出支座反力。

(2) 梁的分段和分截面。

分段原则:以集中力和集中力偶作用处、分布荷载起始处、梁的支承处以及梁的端面为界点,将梁进行分段。

分截面原则:对于剪力,在集中力作用的截面上发生突变,须将集中力作用的截面分出来;对于弯矩,在集中力偶作用的截面发生突变,须将集中力偶作用的截面分出来。

(3) 画剪力图和弯矩图。

利用作图规律,再结合剪力和弯矩的规律计算各控制截面上的剪力值和弯矩值,依次绘制出剪力图和弯矩图。

【例 3-7】 如图 3-16(a)所示的外伸梁,试画出该梁的剪力图和弯矩图。

【解】(1) 求支座反力。

以整梁为研究对象,由平衡方程得:

$$\sum m_B = 0: \quad -R_A \times 4a + \frac{1}{2}q(4a)^2 + qa \times a = 0$$

$$R_A = \frac{9}{4}qa$$

$$\sum F_y = 0: \quad R_A - q \times 4a + R_B + qa = 0$$

$$R_B = \frac{3}{4}qa$$

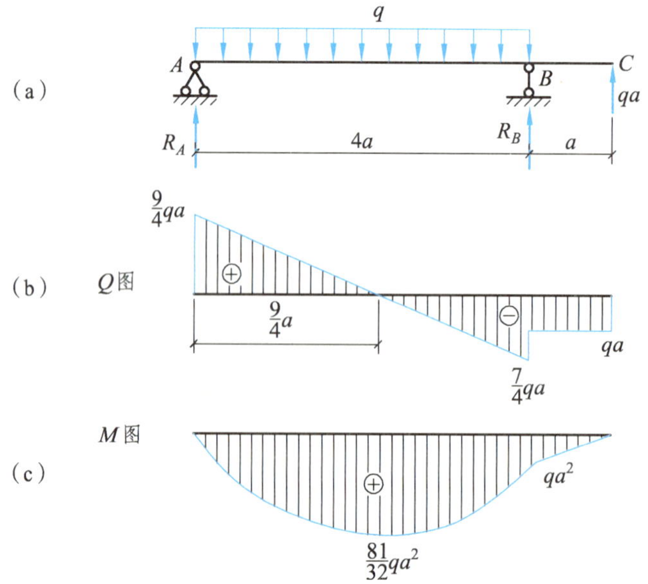

图 3-16

（2）画剪力图。

从左向右作图，根据分段和分截面的原则，梁依次分为 A 截面、AB 段、B 截面、BC 段和 C 截面。

A 截面：有向上的集中力 R_A 作用，Q 图向上突变，$Q = \dfrac{9}{4}qa$。

AB 段：有向下的均布荷载 q 作用，Q 图为一条向下倾斜的直线：

$$Q_{B左} = R_A - q \times 4a = -\dfrac{7}{4}qa$$

B 截面：有向上的集中力 R_B 作用，Q 图向上突变，$Q_B = -\dfrac{7}{4}qa + R_B = -qa$。

BC 段：无荷载作用，Q 图为一条水平线，$Q_{C左} = -qa$。

C 截面：有集中力作用，Q 图向上突变 qa，回到 x 轴线上。

剪力图如图 3-16（b）所示。

（3）画弯矩图。

从左向右作图，根据分段和分截面的原则，梁依次分为 AB 段和 BC 段。

AB 段：有向下的均布荷载 q 作用，M 图为一条向下凸的二次抛物线。

$M_A = 0$，$M_B = qa \times a = qa^2$，Q = 0 处有最大弯矩，可由剪力图直接计算出最大弯矩所在截面距 A 截面为 $\dfrac{9}{4}a$，则 $M_{x=\frac{9}{4}a} = \dfrac{9}{4}qa \times \dfrac{9}{4}a \times \dfrac{1}{2} = \dfrac{81}{32}qa^2$。

BC 段：无荷载作用，M 图为一条斜直线，$M_C = 0$。

弯矩图如图 3-16（c）所示。

【例 3-8】 如图 3-17（a）所示的简支梁，试画出该梁的剪力图和弯矩图。

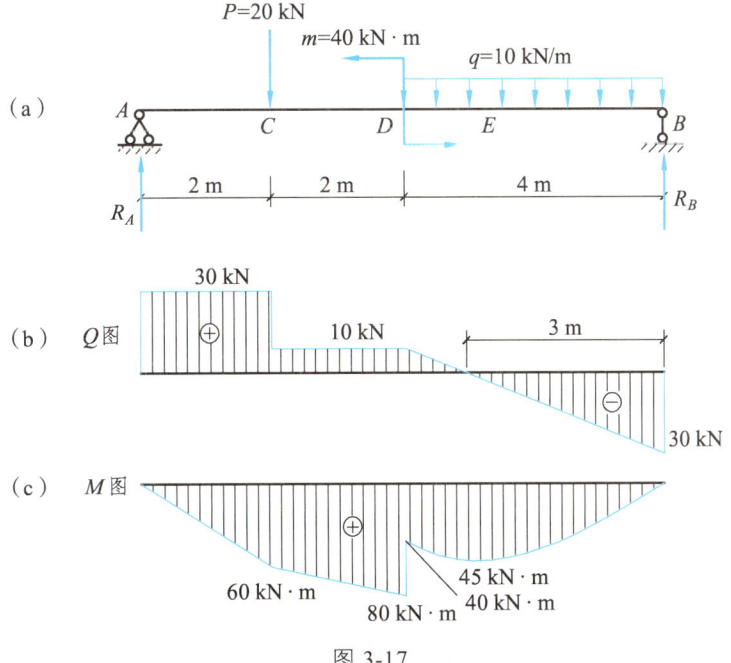

图 3-17

【解】（1）求解支座反力。

以整梁为研究对象，由平衡方程得：

$$\sum M_A = 0: \quad R_B \times 8 + m - P \times 2 - q \times 4 \times 6 = 0$$

$$R_B = 30 \text{ kN}$$

$$\sum F_y = 0: \quad R_A - P - q \times 4 + R_B = 0$$

$$R_A = 30 \text{ kN}$$

（2）画剪力图。

从左向右作图，全梁分为 A 截面、AC 段、C 截面、CD 段、DB 段和 B 截面。

A 截面：有向上的集中力 R_A 作用，Q 图向上突变，$R_A = 30 \text{ kN}$。

$$Q_{A右} = 30 \text{ kN}$$

AC 段：没有荷载作用，Q 图为一条水平线。

$$Q_{C左} = Q_{A右} = 30 \text{ kN}$$

C 截面：有向下的集中力 P 作用，Q 图向下突变，$P = 20 \text{ kN}$。

$$Q_{C右} = 30 - 20 = 10 \text{ kN}$$

CD 段：没有荷载作用，Q 图为一条水平线。

$$Q_{D左} = Q_{C右} = 10 \text{ kN}$$

DB 段：有向下的均布荷载 q 作用，Q 图为一条向下倾斜的直线，需确定 Q_D、$Q_{B左}$。

$$Q_{B左} = 10 - 10 \times 4 = -30 \text{ kN}$$

B 截面：有向上的集中力 R_B 作用，Q 图向上突变，$R_B = 30 \text{ kN}$，图线闭合。

画出的剪力图如图 3-17（b）所示。

（3）画弯矩图。

从左向右作图，全梁分为 AC 段、CD 段、D 截面和 DB 段。

AC 段：没有荷载作用，M 图是一条斜直线，需确定 M_A、M_C。

$$M_A = 0$$

$$M_C = 30 \times 2 = 60 \text{ kN} \cdot \text{m}$$

CD 段：无荷载作用，M 图是一条斜直线，需确定 $M_{D左}$。

$$M_{D左} = 60 + 10 \times 2 = 80 \text{ kN} \cdot \text{m}$$

D 截面：有集中力偶 m 作用，M 图向上突变，$m = 40 \text{ kN} \cdot \text{m}$。

$$M_{D右} = 80 - 40 = 40 \text{ kN} \cdot \text{m}$$

DB 段：有向下的均布荷载 q 作用，M 图为一条向下凸的二次抛物线。该段内 $Q = 0$ 的截面（记为 E）会有最大弯矩出现，E 截面距 D 点 1 m，则有：

$$M_E = 40 + \frac{1}{2} \times 10 \times 1 = 45 \text{ kN} \cdot \text{m}$$

$$M_B = 0$$

画出的弯矩图如图 3-17（c）所示。

子任务二 梁的弯曲应力计算

子任务二	梁的弯曲应力计算
任务目标	1. 掌握梁弯曲时截面上的正应力计算方法，能找出危险截面； 2. 掌握梁弯曲时截面上的切应力计算方法； 3. 能熟练应用梁的弯曲强度条件解决梁的强度校核、截面设计和许用荷载确定等三类问题； 4. 理解提高梁抗弯能力的措施； 5. 培养学生利用力学思维解决工程实际问题的能力
任务描述	某钢筋混凝土外伸梁受集中荷载 F、均布荷载 q 和集中力偶 M 作用，其力学简图如下图所示。已知：梁截面为矩形，$b=100$ mm，$h=200$ mm，集中力 $F=10$ kN，均布线荷载 $q=10$ kN/m，集中力偶 $M=120$ kN·m，材料的许用应力 $[\sigma]=160$ MPa，$[\tau]=100$ MPa。试计算梁横截面上的正应力，并找出最大正应力和最大切应力处，即危险截面，判断该梁是否安全。如果不安全，请重新设计截面尺寸，或重新设计许用荷载。 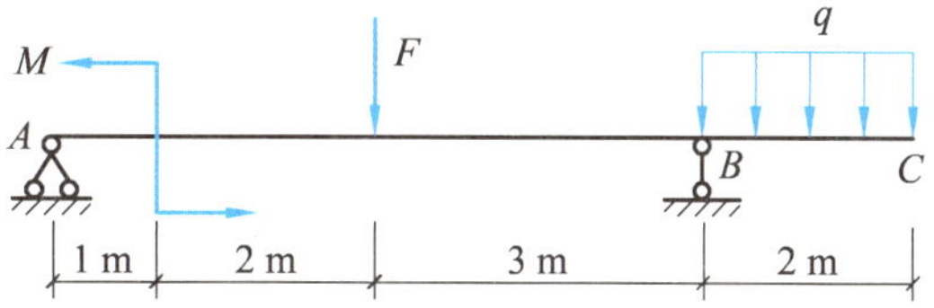
任务准备	1. 微课资源： 弯曲变形构件的应力计算（正应力）　　弯曲变形构件的应力计算（切应力） 弯曲变形构件的强度条件（正应力）　　弯曲变形构件的强度条件（切应力） 2. 思政资源： 初心故事|桂婷：让高铁与北斗"牵手"
任务实施	梁弯曲时截面上的正应力计算步骤是什么？	

	梁弯曲时最大正应力的计算步骤是什么？其中抗弯截面系数的具体计算公式是什么？			
	梁弯曲时截面上切应力、最大切应力的计算步骤是什么？			
	梁的弯曲强度条件是什么？利用强度条件可以解决哪些问题？			
	提高梁弯曲强度的措施有哪些？			
总结反馈	你是否能够计算梁弯曲变形时任意截面上任意一点的正应力？		是□	否□
	你是否能够计算出梁弯曲变形时的最大正应力？		是□	否□
	你是否能够计算梁弯曲变形时任意一点的切应力，并计算出最大切应力？		是□	否□
	你是否能够利用强度条件公式进行强度校核、截面设计和许用荷载设计？		是□	否□
	你是否能够根据实际情况提出提高梁弯曲强度的措施？		是□	否□
	请用文字或者思维导图形式进行相关知识总结：			

知识链接

为了进行梁的强度计算，还需要研究梁横截面上的应力分布规律和应力计算公式，进而建立强度条件。一般情况下，梁横截面上同时有剪力 Q 和弯矩 M，相应横截面上也同时有剪应力 τ 和正应力 σ。

一、梁弯曲时截面上的正应力

当梁受到荷载作用时，如果横截面上只有弯矩而没有剪力，这种弯曲称为纯弯曲，如图 3-18 所示剪支梁的 CD 段就属于纯弯曲的情况。而 AC、DB 两段内，各横截面上既有剪力又有弯矩，这种弯曲称为剪切弯曲（或横力弯曲）。对于正应力的研究，将从实验观察入手，从几何、物理、静力学三方面进行综合分析。

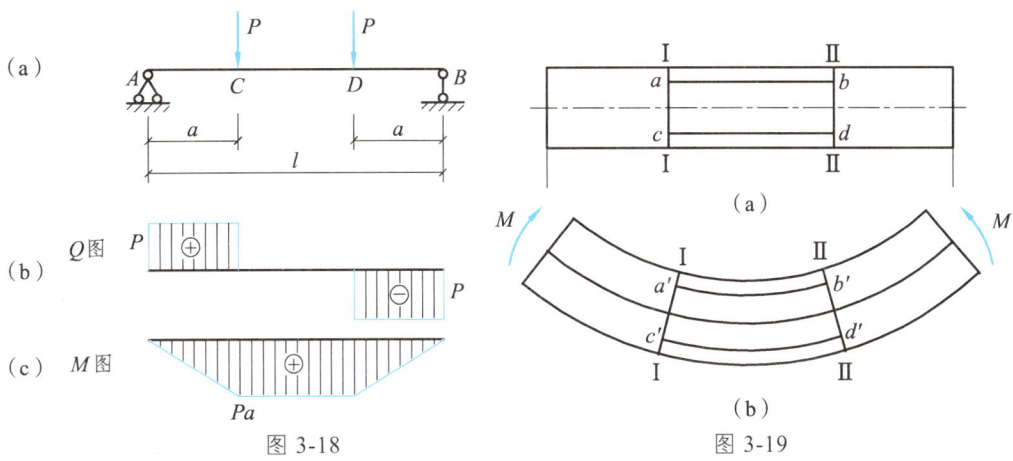

图 3-18　　　　　图 3-19

1. 弯曲试验和假设

取一矩形截面等直梁，先在其表面画两条与轴线垂直的横线Ⅰ—Ⅰ和Ⅱ—Ⅱ，以及两条与轴线平行的纵线 ab 和 cd，如图 3-19（a）所示。然后在梁的两端各施加一个力偶矩为 M 的外力偶，使梁发生纯弯曲变形，如图 3-19（b）所示。经过观察，可知：① 梁变形后，横线Ⅰ—Ⅰ和Ⅱ—Ⅱ仍为直线，并与变形后梁的轴线垂直，但倾斜了一个角度。② 纵向线由直线变成了曲线，靠近顶面的 ab 缩短了，靠近底面的 cd 伸长了。

根据上述的表面变形现象，由表及里地推断梁内部的变形，做出如下两点假设：

（1）平面假设。

假设梁的横截面变形后仍保持为平面，只是绕横截面内某个轴转了一个角度，偏转后仍垂直于变形后的梁的轴线。

（2）单向受力假设。

将梁看成是由无数纵向纤维组成，假设所有纵向纤维只受到轴向拉伸或压缩，相互之间无挤压。

由平面假设，横截面仍与各纵向线正交，即横截面上各点均无剪切变形。故纯弯曲时，横截面上无剪应力。由单向受力假设和平面假设可知，上部各层纵向纤维缩短，下部各层纵向纤维伸长。由于变形的连续性，中间必有一层既不缩短也不伸长，这一过渡层称为中性层。中性层与横截面的交线称为中性轴，如图 3-20 所示。梁弯曲时横截面绕着中性轴转动，如图 3-21 所示。

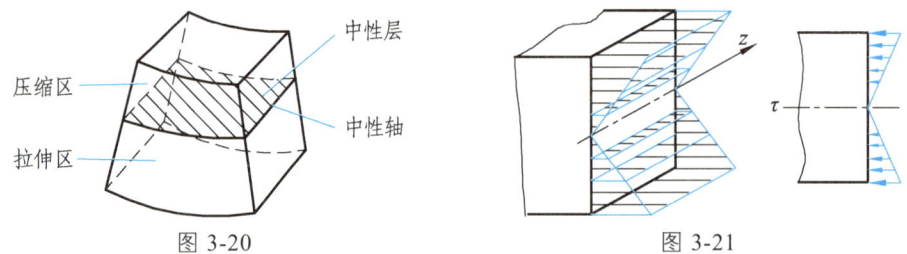

图 3-20　　　　　　　　　图 3-21

2. 纯弯曲梁的正应力

根据上述假设，并结合几何、物理和静力学三方面即可得出弯曲正应力公式。

（1）几何关系。$\varepsilon = \dfrac{y}{\rho}$，横截面上任一点处的纵向线应变 ε 与该点到中性轴的距离 y 成正比，中性轴上各点处的线应变为零。

（2）物理关系。由胡克定律得 $\sigma = E\varepsilon = E\dfrac{y}{\rho}$，表明横截面上任一点处的弯曲正应力 σ 与该点到中性轴的距离 y 成正比，即应力沿截面高度方向呈线性规律分布，如图 3-21 所示。

（3）静力关系。

$$\frac{1}{\rho} = \frac{M}{EI_z} \tag{3-2}$$

式（3-2）反映了梁的变形程度，弯曲后轴线的曲率与弯矩 M 成正比，而与 EI_z 成反比。EI_z 越大，则 $\dfrac{1}{\rho}$ 越小，说明梁变形小，刚度大，故称 EI_z 为梁的抗弯刚度。

$$\sigma = \frac{My}{I_z} \tag{3-3}$$

式中　σ——横截面上某点处的正应力；

　　　M——横截面上的弯矩；

　　　y——横截面上该点到中性轴的距离；

　　　I_z——横截面对中性轴 z 的惯性矩。

计算正应力时，M 和 y 均可代入绝对值，正应力 σ 的正负可由梁的变形来判断：以中性层为界，靠近凸边的正应力为拉应力，取正值；靠近凹边的正应力为压应力，取负值，如图 3-22 所示。

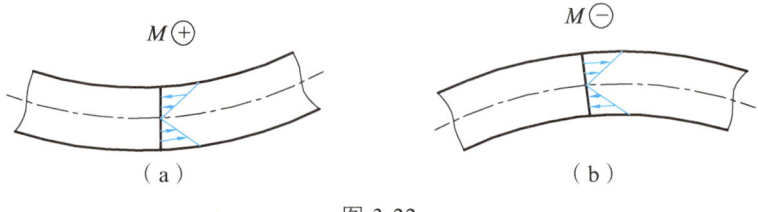

图 3-22

公式（3-1）、（3-2）适用于纯弯曲情况。但对于发生剪切弯曲的梁而言，若梁的跨度与高度的比值 $\frac{l}{h} > 5$，公式也可应用。

【例 3-9】 一悬臂梁的截面为矩形，自由端受集中力 P 作用，如图 3-23（a）所示。已知 $P = 4$ kN，$h = 60$ mm，$b = 40$ mm，$l = 250$ mm。求固定端截面上 a 点的正应力及固定端截面上的最大正应力。

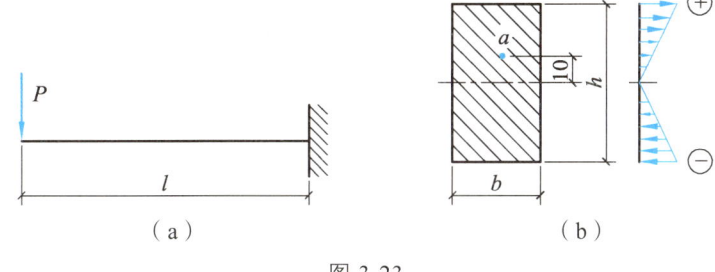

图 3-23

【解】（1）计算固定端截面上的弯矩 M。

$$M = Pl = 4 \times 250 = 1\,000 \text{ kN·mm}$$

（2）计算固定端截面上 a 点的正应力。

$$I_z = \frac{bh^3}{12} = \frac{40 \times 60^3}{12} = 72 \times 10^4 \text{ mm}^4$$

$$\sigma = \frac{My_a}{I_z} = \frac{1\,000 \times 10^3 \times 10}{72 \times 10^4} = 13.9 \text{ MPa}$$

（3）计算固定端截面上的最大正应力。

固定端截面的最大正应力发生在该截面的上、下边缘处。由变形可知，梁上边缘有最大拉应力，下边缘有最大压应力，其分布图如图 3.23（b）所示。

$$\sigma_{\max} = \frac{M}{I_z} y_{\max} = \frac{1\,000 \times 10^3 \times 30}{72 \times 10^4} = 41.7 \text{ MPa}$$

3. 最大正应力

梁的最大弯曲正应力发生在横截面上离中性轴最远的各点。对于等直梁有：

$$\sigma_{\max} = \frac{M_{\max} \cdot y_{\max}}{I_z} \tag{3-4}$$

对于中性轴是截面对称轴的梁，最大正应力的值为：

$$\sigma_{\max} = \frac{M_{\max} \cdot y_{\max}}{I_z}$$

若令

$$W_z = \frac{I_z}{y_{\max}}$$

则

$$\sigma_{\max} = \frac{M_{\max}}{W_z} \tag{3-5}$$

式中，W_z 称为抗弯截面系数，它是衡量截面抗弯能力的一个几何量，与截面的形状和尺寸有关。

对于矩形截面：$$W_z = \frac{bh^2}{6}$$

对于圆形截面：$$W_z = \frac{\pi d^2}{32}$$

对于圆环形截面：$$W_z = \frac{\pi D^3}{32}(1-\alpha^4) \approx 0.1D^3(1-\alpha^4)$$

各种型钢的抗弯截面系数可由型钢表中直接查得。

对于中性轴不是截面对称轴的梁，如图 3-24 所示的 T 形截面梁，在正弯矩 M 的作用下，梁下边缘处产生最大拉应力，上边缘处产生最大压应力，其值分别为：

$$\sigma_{lmax} = \frac{M \cdot y_1}{I_z}$$

$$\sigma_{ymax} = \frac{M \cdot y_2}{I_z}$$

图 3-24

【例 3-10】 简支梁受均布荷载 q 作用，如图 3-25（a）所示。已知 $q = 3.5$ kN/m，梁的跨度 $l = 1$ m，该梁由 10 号槽钢平置制成。试计算梁的最大拉应力 σ_{lmax} 和最大压应力 σ_{ymax} 以及它们发生的位置。

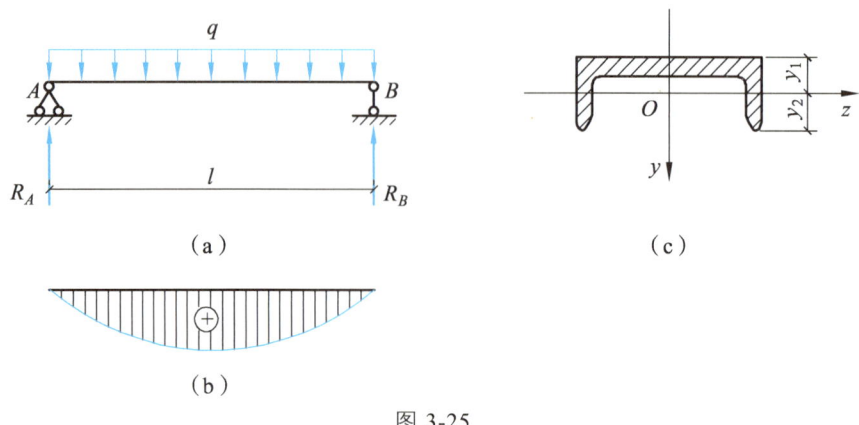

图 3-25

【解】(1) 求支座反力, 由对称性有:

$$R_A = R_B = \frac{ql}{2} = \frac{3.5 \times 1}{2} = 1.75 \text{ kN}$$

(2) 画出弯矩图, 如图 3-25 (b) 所示。最大弯矩为:

$$M_{\max} = \frac{ql^2}{8} = \frac{3.5 \times 1^2}{8} = 0.44 \text{ kN} \cdot \text{m}$$

(3) 由型钢表查得 10 号槽钢截面为:

$$I_z = 25.6 \text{ cm}^4 = 25.6 \times 10^4 \text{ mm}^4$$

$$y_1 = 1.52 \text{ cm} = 15.2 \text{ mm}$$

$$y_2 = 3.28 \text{ cm} = 32.8 \text{ mm}$$

(4) 计算正应力。

最大拉应力发生在跨中截面的下边缘处:

$$\sigma_{l\max} = \frac{M_{\max}}{I_z} \cdot y_2 = \frac{0.44 \times 10^6 \times 32.8}{25.6 \times 10^4} = 56.38 \text{ MPa}$$

最大压应力发生在跨中截面的上边缘处:

$$\sigma_{y\max} = \frac{M_{\max}}{I_z} \cdot y_1 = \frac{0.44 \times 10^6 \times 15.2}{25.6 \times 10^4} = 26.13 \text{ MPa}$$

二、梁的弯曲剪应力

如前所述, 剪切弯曲时, 梁的横截面上有剪力, 相应的在该横截面上将有剪应力。下面将研究等直梁横截面上的剪应力。

1. 矩形截面梁

矩形截面梁横截面上各点处的剪应力方向都与剪力 Q 方向一致, 距中性轴 z 距离为 y 的任意一点处的剪应力为:

$$\tau = \frac{QS_z}{I_z b} \tag{3-6}$$

式中 Q ——横截面上的剪力;

S_z ——横截面上要求剪力处的水平线以下 (或以上) 部分的面积 A 对中性轴的静矩, 如图 3-26 (a) 所示;

I_z ——整个横截面对中性轴的惯性矩;

b ——需求应力处的横截面宽度。

由式 (3-5) 可知, 剪应力沿截面宽度方向均匀分布, 沿横截面高度方向按抛物线规律分布, 如图 3-26 (b)、(c) 所示。最上层和最下层纤维处剪应力为零, 在中性轴处剪应力最大, 其值为:

$$\tau_{\max} = \frac{3Q}{2A} \tag{3-7}$$

式中 A ——矩形截面的面积。

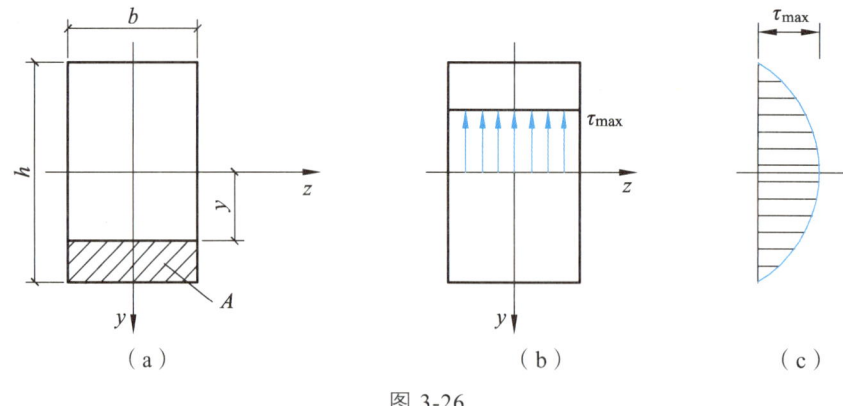

图 3-26

2. 工字形截面梁

工字形截面由腹板和翼缘组成。腹板是一个狭长的矩形，其剪应力可按矩形截面的剪应力公式计算，距中性轴距离为 y 处的剪应力为：

$$\tau = \frac{QS_z}{I_z d} \tag{3-8}$$

式中　d ——腹板的宽度；

S_z ——图 3-27（a）中阴影部分对中性轴的静矩，即 $S_z = A_1 y_{1C} + A_2 y_{2C}$。

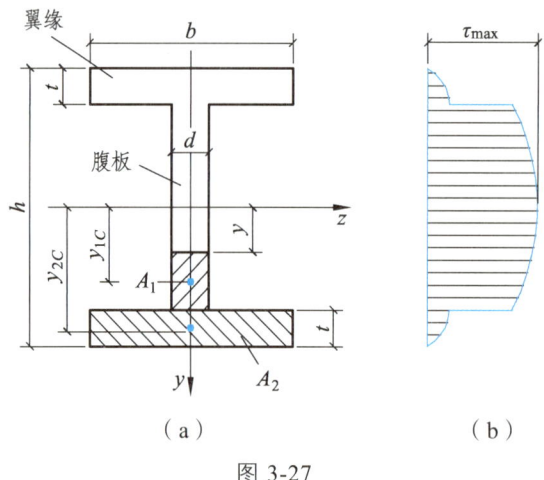

图 3-27

由式（3-7）可知，剪应力沿腹板高度按抛物线分布，最大剪应力产生在中性轴处，如图 3-27（b）所示，其值为：

$$\tau_{\max} = \frac{QS_z}{I_z d} = \frac{Q}{\dfrac{I_z}{S_{z\max}} \cdot d} \tag{3-9}$$

式中，$S_{z\max}$ 为中性轴以上（或以下）截面面积对中性轴 z 的静矩。对于热轧工字钢，$\dfrac{I_z}{S_{z\max}}$ 可从型钢表中直接查得。

3. 圆形截面梁的最大剪应力

圆形截面梁横截面上的剪应力分布较复杂，但最大剪应力仍产生在中性轴处，其方向与剪力 Q 的方向相同，如图 3-28（a）所示，其值为：

$$\tau_{max} = \frac{4Q}{3A} \tag{3-10}$$

式中　　A——圆形截面的面积，$A = \frac{\pi d^2}{4}$；

　　　　Q——横截面上的剪力。

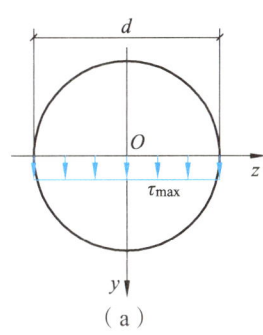
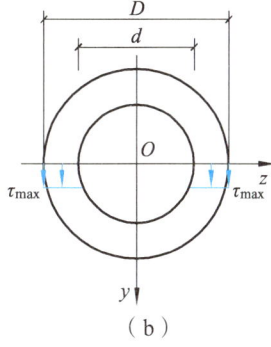

图 3-28

薄壁圆环形截面，最大剪应力也产生在中性轴上，如图 3-28（b）所示，其值为：

$$\tau_{max} = 2\frac{Q}{A} \tag{3-11}$$

式中　　A——圆环形截面的面积，$A = \frac{\pi^2}{4}(D^2 - d^2)$。

【例 3-11】　一矩形截面的简支梁，在跨中受集中力 $P = 50$ kN 的作用，如图 3-29 (a) 所示。已知 $l = 10$ m，$b = 100$ mm，$h = 200$ mm。试求：

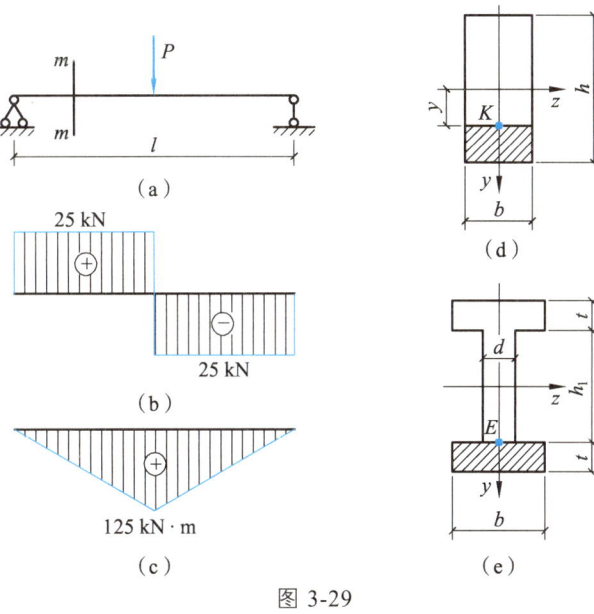

图 3-29

（1）m—m 截面上距中性轴 $y = 50$ mm 处 K 点的剪应力；
（2）比较梁的最大正应力和最大剪应力；
（3）若采用 32a 号工字钢梁，计算最大剪应力；
（4）计算工字钢梁 m—m 截面上腹板和翼缘交界处 E 点的剪应力。

【解】（1）计算 m—m 截面上 K 点的剪应力。

画出梁的剪力图和弯矩图，如图 3-29（b）、（c）所示，m—m 截面的剪力为：

$$Q = 25 \text{ kN}$$

计算 I_z 和 S_z：

$$I_z = \frac{bh^3}{12} = \frac{100 \times 200^3}{12} = 66.7 \times 10^6 \text{ mm}^4$$

$$S_z = 100 \times 50 \times 75 = 375 \times 10^3 \text{ mm}^3$$

K 点的剪应力为：

$$\tau_K = \frac{QS_z}{I_z b} = \frac{25 \times 10^3 \times 375 \times 10^3}{66.7 \times 10^6 \times 100} = 1.41 \text{ MPa}$$

（2）比较梁的 $\sigma_{\max}$ 和 $\tau_{\max}$。

梁的最大剪力为：

$$Q = 25 \text{ kN}$$

梁的最大剪应力为：

$$\tau_{\max} = \frac{3Q_{\max}}{2A} = \frac{3}{2} \times \frac{25 \times 10^3}{100 \times 200} = 1.88 \text{ MPa}$$

梁的最大弯矩为：

$$M_{\max} = 125 \text{ kN} \cdot \text{m}$$

抗弯截面系数为：

$$W_z = \frac{bh^2}{6} = \frac{100 \times 200^2}{6} = 66.7 \times 10^4 \text{ mm}^3$$

所以最大正应力为：

$$\sigma_{\max} = \frac{M_{\max}}{W_z} = \frac{125 \times 10^6}{66.7 \times 10^4} = 187 \text{ MPa}$$

$$\frac{\sigma_{\max}}{\tau_{\max}} = \frac{187}{1.88} = 99.5$$

可见，梁中的最大正应力比最大剪应力大得多，故在梁的强度计算中，正应力强度计算是主要的。

（3）计算 32a 号工字钢梁的最大剪应力。

由型钢表查得：

$$\frac{I_z}{S_{z\max}} = 27.5 \text{ cm}, \quad d = 0.95 \text{ cm}, \quad h = 32 \text{ cm}$$

$$b = 13 \text{ cm}, \quad t = 1.5 \text{ cm}, \quad I_z = 11\,075.5 \text{ cm}^4$$

最大剪应力为：

$$\tau_{\max} = \frac{Q}{\dfrac{I_z}{S_{z\max}} \cdot d} = \frac{25 \times 10^3}{27.5 \times 10 \times 0.95 \times 10} = 9.58 \text{ MPa}$$

（4）计算 m—m 截面上 E 点的剪应力。

E 点以下截面对中性轴的静矩为：

$$S_z = bt\left(\frac{h}{2} - \frac{t}{2}\right) = 130 \times 15 \times \left(\frac{320}{2} - \frac{15}{2}\right) = 297.4 \text{ cm}^3$$

所以 E 点的剪应力为：

$$\tau_E = \frac{QS_z}{I_z d} = \frac{25 \times 10^3 \times 297.4 \times 10^3}{11075.5 \times 10^4 \times 0.95 \times 10} = 7.06 \text{ MPa}$$

三、弯曲强度条件

从前面的分析可知，梁内同时存在最大正应力和剪应力，它们分别处于横截面的不同位置，故应分别建立相应的强度条件。

1. 弯曲正应力强度条件

要使梁具有足够的强度，必须使梁内的最大工作应力 $\sigma_{\max}$ 不超过材料的许用应力 $[\sigma]$。

（1）当材料的抗拉和抗压能力相同时，梁的正应力强度条件为：

$$\sigma_{\max} = \frac{M_{\max}}{W_z} \leqslant [\sigma] \tag{3-12}$$

利用强度条件，可解决梁的强度校核、设计截面尺寸和确定许用荷载三类问题。

（2）当材料的抗拉和抗压能力不同时，梁的正应力强度条件为：

$$\left.\begin{array}{l} \sigma_{l\max} = \dfrac{M \cdot y_1}{I_z} \leqslant [\sigma_l] \\ \sigma_{y\max} = \dfrac{M \cdot y_2}{I_z} \leqslant [\sigma_y] \end{array}\right\} \tag{3-13}$$

利用上述强度条件，同样可解决梁的强度校核、设计截面尺寸和确定许用荷载三类问题。

【**例 3-12**】 重物安装在如图 3-30（a）所示的结构上，重物 $P = 40$ kN，对称地固定在两根同型号的工字钢外伸梁上，已知工字钢的许用应力 $[\sigma] = 60$ MPa。试选择工字钢的型号。

【**解**】（1）外伸梁的计算简图和弯矩图分别如图 3-30（b）、（c）所示。危险截面为 A 截面，最大弯矩值为：

$$M_{max} = 40 \text{ kN} \cdot \text{m}$$

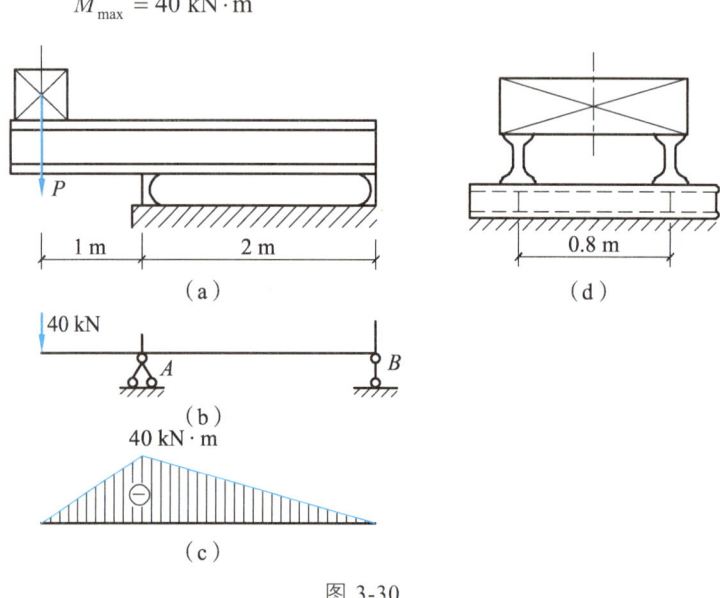

图 3-30

（2）求抗弯截面系数。

$$W_z \geqslant \frac{M_{max}}{[\sigma]} = \frac{40 \times 10^6}{60} = 66.7 \times 10^4 \text{ mm}^3$$

W_z 是两根工字钢的抗弯截面系数，对于单根的工字钢，抗弯截面系数为：

$$W_z' = \frac{W_z}{2} \geqslant \frac{66.7 \times 10^4}{2} = 33.3 \times 10^4 \text{ mm}^3 = 333 \text{ cm}^3$$

查型钢表有 22b 号工字钢，其抗弯截面系数 $W_z = 325$ cm³，比所求略小，但误差仅为 2.4%，没有超过 5%，是允许的。故选择 22b 号工字钢。

【**例 3-13**】 T 形截面外伸梁的受力如图 3-31（a）所示。已知材料的许用拉应力 $[\sigma_l] = 32$ MPa，许用压应力 $[\sigma_y] = 70$ MPa。试按正应力强度条件校核梁的强度。

【**解**】（1）画出 M 图，如图 3-31（b）所示，由图中可知，B 截面有最大的负值弯矩，C 截面有最大的正值弯矩。

（2）计算截面形心的位置及截面对中性轴的惯性矩。

取下边界为参考轴 z_0，确定截面形心 C 的位置，如图 3-31（c）所示。

$$y_C = \frac{\sum y_i A_i}{\sum A} = \frac{30 \times 170 \times 85 + 200 \times 30 \times 185}{30 \times 170 + 30 \times 200} = 139 \text{ mm}$$

计算截面对中性轴 z 的惯性矩：

$$I_z = \frac{30 \times 170^3}{12} + 30 \times 170 \times 54^2 + \frac{200 \times 30^3}{12} + 200 \times 30 \times 46^2 = 40.3 \times 10^6 \, \text{mm}^4$$

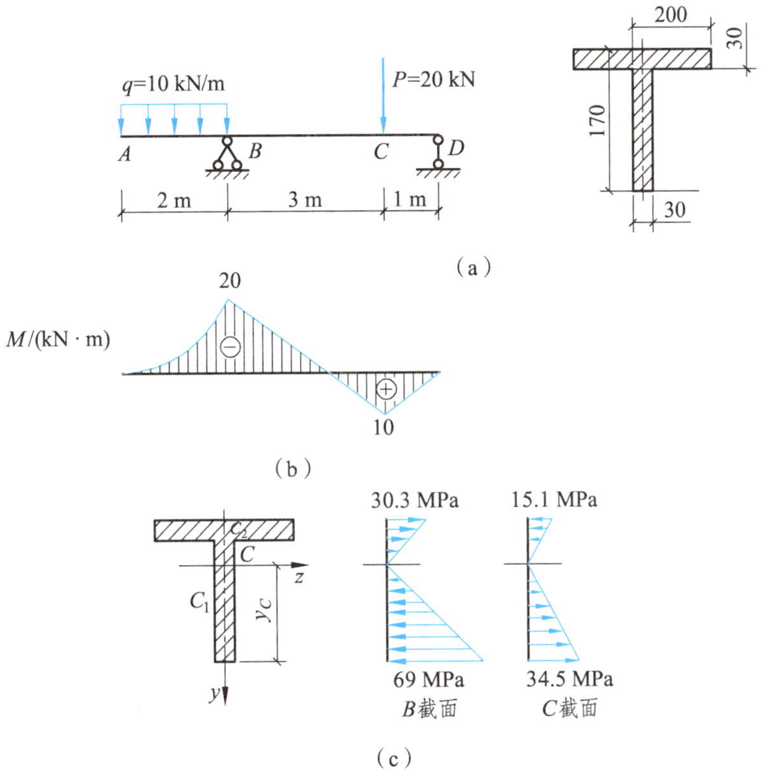

图 3-31

（3）校核强度。

由于梁的抗拉强度与抗压强度不同，且截面中性轴 z 不是对称轴，所以梁的最大负弯矩和最大正弯矩截面都需校核。

① 校核 B 截面的强度：

B 截面为最大负弯矩截面，其上边缘产生最大拉应力，下边缘产生最大压应力。

$$\sigma_{l\max} = \frac{M_B}{I_z} y_{\text{上}} = \frac{20 \times 10^6}{40.3 \times 10^6} \times 61 = 30.3 \, \text{MPa} < [\sigma_l]$$

$$\sigma_{y\max} = \frac{M_B}{I_z} y_{\text{下}} = \frac{20 \times 10^6}{40.3 \times 10^6} \times 139 = 69 \, \text{MPa} < [\sigma_y]$$

② 校核 C 截面强度：

C 截面为最大正弯矩截面，其上边缘产生最大压应力，下边缘产生最大拉应力。

$$\sigma_{y\max} = \frac{M_C}{I_z} y_{\text{上}} = \frac{10 \times 10^6}{40.3 \times 10^6} \times 61 = 15.1 \, \text{MPa} < [\sigma_y]$$

$$\sigma_{l\max} = \frac{M_C}{I_z} y_{\text{下}} = \frac{10 \times 10^6}{40.3 \times 10^6} \times 139 = 34.5 \, \text{MPa} > [\sigma_l]$$

所以梁的强度不够。C 截面弯矩的绝对值虽然不是最大，但因截面的受拉边缘距中性轴较远，而求得的最大拉应力较 B 截面大。

因此对于抗拉与抗压性能不同的脆性材料，当截面中性轴 z 不是对称轴时，对梁的最大正弯矩与最大负弯矩截面均要校核强度。

2. 弯曲剪应力强度条件

梁的最大剪应力产生在剪力最大的横截面的中性轴上，所以梁的剪应力强度条件为：

$$\tau_{max} = \frac{Q_{max} S_{max}}{I_z b} \leqslant [\tau] \tag{3-14}$$

式中　$[\tau]$——材料在剪切弯曲时的许用剪应力。

在梁的强度计算中，必须同时满足正应力强度条件和剪应力强度条件。在工程中，通常是先按正应力强度条件设计出截面尺寸，然后按剪应力强度条件进行校核。对于细长梁，按正应力强度条件设计的梁，一般都能满足剪应力强度要求，不必做剪应力强度校核。但在以下几种特殊情况下，需做剪应力强度校核：① 梁的跨度较短；② 在支座的附近有较大荷载；③ 工字形截面的梁其腹板厚度很小；④ 对于木梁中顺纹的 $[\tau]$ 较 $[\sigma]$ 小很多。

【例 3-14】 简支梁 AB 如图 3-32（a）所示。已知 $l = 2$ m，$a = 0.2$ m；梁上的荷载 $q = 20$ kN/m，$P = 190$ kN；材料的许用应力 $[\sigma] = 160$ MPa，$[\tau] = 100$ MPa。试选择工字钢梁的型号。

【解】（1）画出梁的剪力图和弯矩图，如图 3-32（b）、（c）所示。

（2）根据正应力强度条件选择工字钢型号。

由 M 图可见，最大弯矩为：

$$M_{max} = 48 \text{ kN} \cdot \text{m}$$

由正应力强度条件：

$$W_z \geqslant \frac{M_{max}}{[\sigma]} = \frac{48 \times 10^6}{160} = 300 \times 10^3 \text{ mm}^3 = 300 \text{ cm}^3$$

查型钢表，选用 22a 号工字钢，其 $W_z = 309$ cm³。

（3）剪应力强度校核。

由型钢表中查出 22a 号工字钢：

$$\frac{I_z}{S_{z\,max}} = 18.9 \text{ cm}, \quad d = 0.75 \text{ cm}$$

由 Q 图知，最大剪力为：

$$Q_{max} = 210 \text{ kN}$$

由剪应力强度条件：

$$\tau_{max} = \frac{Q_{max}}{\frac{I_z}{S_{z\,max}} \cdot d} = \frac{210 \times 10^3}{18.9 \times 10 \times 0.75 \times 10} = 148 \text{ MPa} > [\tau]$$

因 τ_{max} 远大于 $[\tau]$，应重新选择更大的截面。现以 25b 号工字钢进行试算，由型钢表查得：

$$\frac{I_z}{S_{z\,max}} = 21.27 \text{ cm}, \quad d = 1 \text{ cm}$$

再次进行剪应力强度校核：

$$\tau_{max} = \frac{Q_{max}}{\dfrac{I_z}{S_{z\,max}} \cdot d} = \frac{210 \times 10^3}{21.27 \times 10 \times 1 \times 10} = 98.6 \text{ MPa} < [\tau]$$

最后确定选用 25b 号工字钢。

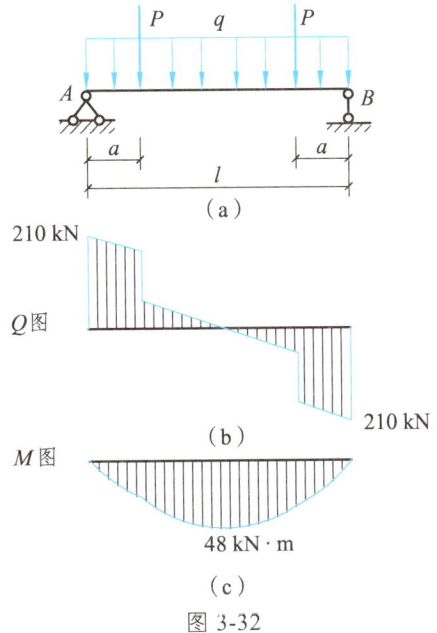

图 3-32

【例 3-15】 施工吊车轨道矩形截面枕木如图 3-33（a）所示。已知矩形截面尺寸的比例为：$b:h = 3:4$，枕木的许用应力 $[\sigma] = 15.6$ MPa，$[\tau] = 1.8$ MPa，吊车车轮压力 $P = 55$ kN。试选择枕木截面尺寸。

【解】（1）画出梁的 Q 图和 M 图，如图 3-33（c）、（d）所示。

（2）根据正应力强度条件设计截面尺寸。

由 M 图可知，最大弯矩为：

$$M_{max} = 55 \times 0.2 = 11 \text{ kN} \cdot \text{m}$$

由正应力强度条件：

$$W_z \geqslant \frac{M_{max}}{I_z} = \frac{11 \times 10^6}{15.6} = 705.1 \times 10^3 \text{ mm}^3$$

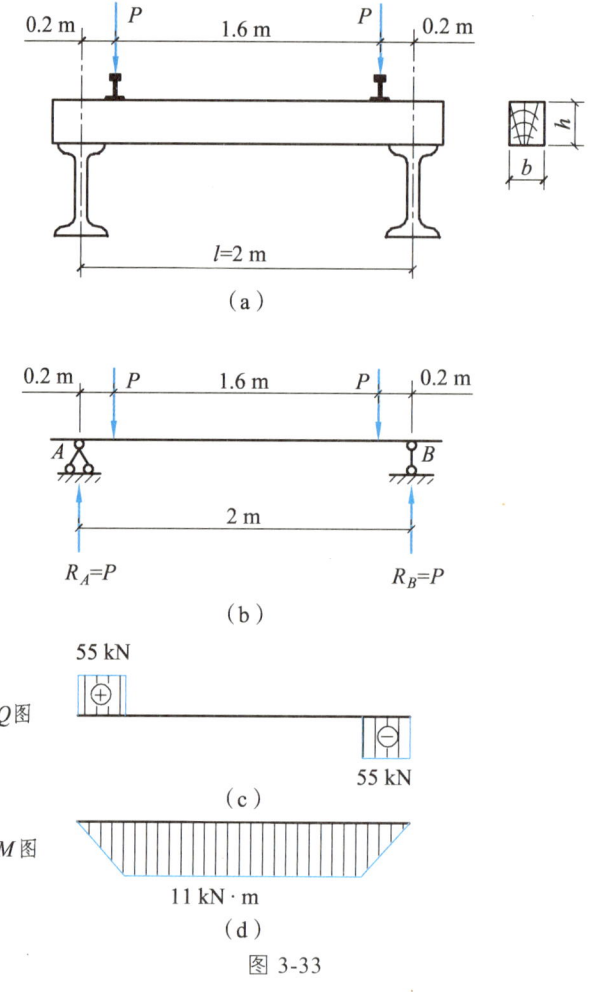

图 3-33

由于 $b:h=3:4$，有 $W_z = \dfrac{bh^2}{6} = \dfrac{h^3}{8}$，所以，$\dfrac{h^3}{8} \geqslant 705.1 \times 10^3 \text{ mm}^3$，得 $h \geqslant 178 \text{ mm}$，取 $h = 180 \text{ mm}$，$b = \dfrac{3}{4}h = \dfrac{3}{4} \times 180 = 135 \text{ mm}$。

（3）剪应力强度校核。

由 Q 图可知，最大剪力为：

$$Q_{\max} = 55 \text{ kN}$$

最大剪应力为：

$$\tau_{\max} = \dfrac{3Q_{\max}}{2A} = \dfrac{3 \times 55 \times 10^3}{2 \times 180 \times 135} = 3.40 \text{ MPa} > [\tau] = 1.8 \text{ MPa}$$

而原设计的截面尺寸不能满足剪应力强度条件，必须根据剪应力强度条件重新设计截面尺寸。

（4）根据剪应力强度条件设计截面尺寸：

$$\tau_{\max} = \frac{3Q_{\max}}{2A} = \frac{3 \times 55 \times 10^3}{2 \times \frac{3}{4} h \times h} \leqslant 1.8$$

$$h^2 \geqslant \frac{3 \times 55 \times 10^3 \times 4}{2 \times 3 \times 1.8} = 61\,111$$

$$h \geqslant 247 \text{ mm}$$

取 $h = 248$ mm，则

$$b = \frac{3}{4} h = 186 \text{ mm}$$

最后确定的枕木矩形截面尺寸为 $h = 250$ mm， $b = \frac{3}{4} h \approx 190$ mm。

四、提高梁抗弯强度的途径

提高梁的弯曲强度，就是在材料消耗最低的前提下，提高梁的承载力，从而使设计满足既安全又经济的要求。

一般情况下，梁的设计是以正应力强度条件为依据。由等直梁的正应力强度条件：

$$\sigma_{\max} = \frac{M_{\max}}{W_z} \leqslant [\sigma]$$

可以看出，梁横截面上最大正应力与最大弯矩成正比，与抗弯截面系数成反比。所以提高梁的弯曲强度主要从降低最大弯矩值和增大抗弯截面系数这两方面进行。

1. 降低最大弯矩值

（1）合理布置梁的支座。

以简支梁受均布荷载作用为例，如图 3-34（a）所示，跨中最大弯矩 $M_{\max} = \frac{ql^2}{8}$，若将两端的支座各向中间移动 $0.2l$，如图 3-34（b）所示，最大弯矩将减小为 $M_{\max} = \frac{ql^2}{40}$，仅为前者的 $\frac{1}{5}$。因而在同样荷载作用下，梁的截面可减小，这样就大大节省材料，并减轻自重。

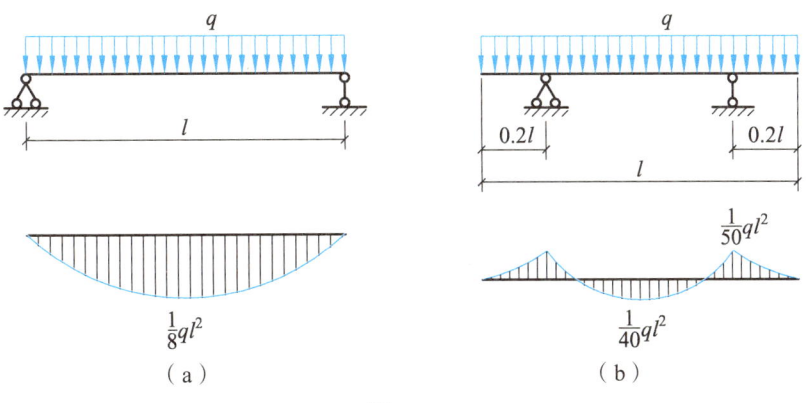

图 3-34

（2）改善荷载的布置情况。

若结构上允许把几种荷载分散布置，可以降低梁的最大弯矩值。例如简支梁在跨中受一集中力 P 作用，如图 3-35（a）所示，其 $M_{max} = \frac{1}{4}Pl$。若在 AB 梁上安置一根短梁 CD，如图 3-35（b）所示，最大弯矩将减小为 $M_{max} = \frac{1}{8}Pl$，仅为前者的 $\frac{1}{2}$。

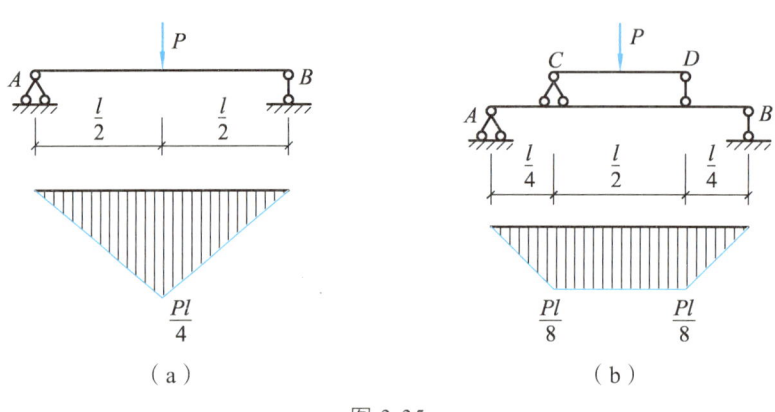

图 3-35

（3）合理布置荷载作用位置。

将荷载布置在靠近支座处比布置在跨中，最大弯矩值要小得多。如图 3-36（a）、（b）所示，两图弯矩相比较，（b）图最大弯矩值比（a）图最大弯矩值减小近一半，且随着荷载离支座距离的缩小而继续减小。

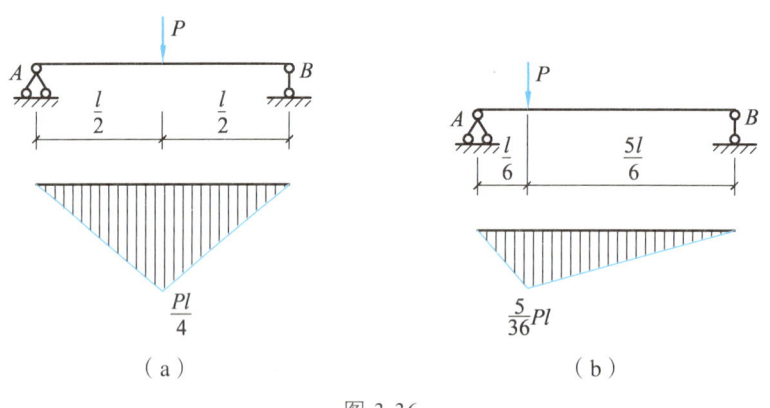

图 3-36

（4）适当增加梁的支座。

由于梁的最大弯矩与梁的跨度有关，增加支座可以减小梁的跨度，从而降低最大弯矩值。例如均布荷载作用的简支梁，在梁中间增加一个支座，如图 3-37 所示，则 $|M_{max}| = \frac{1}{32}ql^2$，只是原梁的 $\frac{1}{4}$。

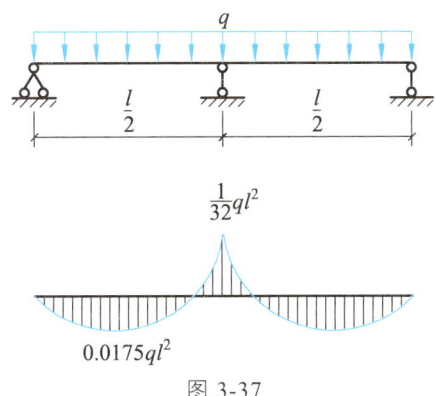

图 3-37

2. 选择合理的截面形状

（1）选择抗弯截面系数 W_z 与截面面积 A 比值高的截面。

表 3-2 中列出了几种常用截面形状 $\dfrac{W_z}{A}$ 的比值。从表中可以看出，圆形截面的比值最小，矩形截面次之，工字钢及槽钢较好。

表 3-2 几种常用截面 W_z/A 的比值

截面形状					
W_z/A	$0.167h$	$0.125d$	$0.205D$	$(0.27\sim0.31)h$	$(0.27\sim0.31)h$

（2）根据材料特性选择截面。

对于抗拉和抗压强度相等的材料，应选用对称于中性轴的截面，如矩形、圆形、工字形等截面。

对于抗拉和抗压强度不相等的脆性材料，应采用不对称于中性轴的截面，如 T 形、槽形等截面。还应注意脆性材料的 $[\sigma_y]$ 往往比 $[\sigma_l]$ 大得多，因此受压边缘离中性轴的距离 y_2 应较大。

3. 采用变截面梁

等截面梁的截面尺寸是由最大弯矩确定的，其他截面由于弯矩小，最大应力都未达到许用应力值，材料未得到充分利用。为了充分发挥材料的潜力，在弯矩较大处采用较大截面，而在弯矩较小处采用较小截面。这种横截面沿轴线变化的梁称为变截面梁。

任务二　弯曲变形构件的构造要求

子任务一　钢筋混凝土梁、板的构造要求

子任务一	钢筋混凝土梁、板的构造要求
任务目标	1. 掌握钢筋混凝土梁、板的一般构造规定； 2. 掌握钢筋混凝土梁的构造规定； 3. 掌握钢筋混凝土板的构造规定； 4. 培养学生的规范意识和科学思维能力
任务描述	结合如下图所示 KL17 的结构施工图,请思考:梁的分类有哪些？板的分类有哪些？梁和板里各配置的钢筋种类有哪些？如何设计梁、板才能满足工程承载力的基本要求？进行梁、板设计时应遵循的标准规定有哪些？ 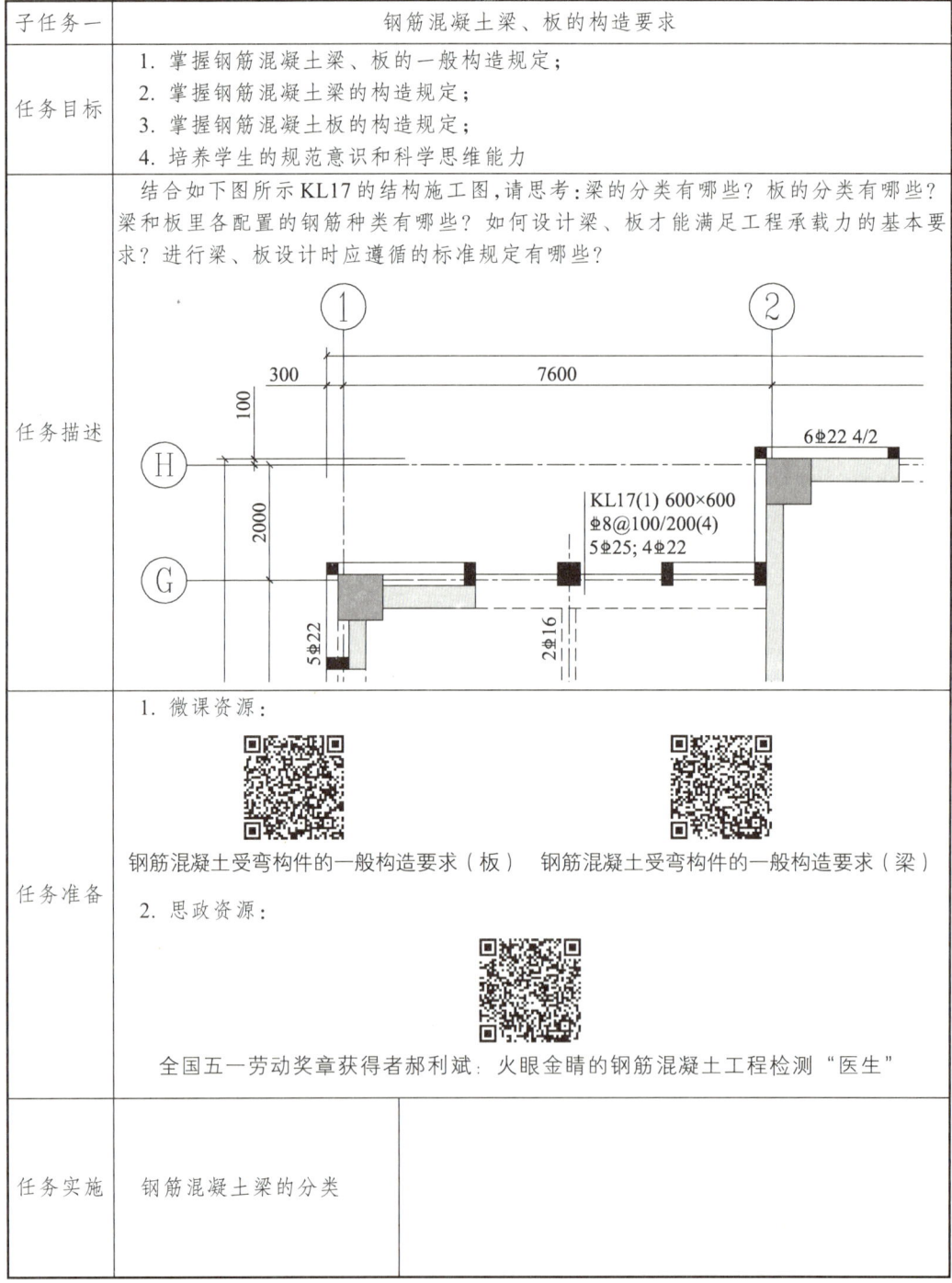
任务准备	1. 微课资源: 钢筋混凝土受弯构件的一般构造要求（板）　钢筋混凝土受弯构件的一般构造要求（梁） 2. 思政资源: 全国五一劳动奖章获得者郝利斌:火眼金睛的钢筋混凝土工程检测"医生"
任务实施	钢筋混凝土梁的分类

	钢筋混凝土板的分类			
	钢筋混凝土梁、板里布置的钢筋			
	钢筋混凝土梁、板的一般构造要求			
	钢筋混凝土梁的构造要求			
	钢筋混凝土板的构造要求			
总结反馈	你是否熟悉钢筋混凝土梁中钢筋的作用和布置要求?		是□	否□
	你是否能够计算钢筋混凝土梁的截面有效高度?		是□	否□
	你是否熟悉钢筋混凝土板中钢筋的作用和布置要求?		是□	否□
	你是否能够应用钢筋混凝土梁、板的构造要求进行结构分析?		是□	否□
	请用文字或者思维导图形式进行相关知识总结:			

知识链接

受弯构件在外荷载作用下，截面上将同时承受弯矩 M 和剪力 Q 的作用。在弯矩较大区段可能发生由弯矩引起的横截面（称为正截面）的受弯破坏，在剪力较大区段可能发生由弯矩和剪力共同作用而引起的斜截面的受剪破坏，当受力钢筋过早切断、弯起或锚固不满足要求时，还可能发生斜截面受弯破坏。

在进行钢筋混凝土结构和构件设计时，除了应有可靠的计算依据以外，还必须有合理的构造措施，这两者是相辅相成的。构造措施是针对计算过程中没有详尽考虑而又不能忽略的因素，在施工方便的条件下而采取的一种技术措施。因此，在进行受弯构件承载力计算过程中，需要了解有关截面尺寸和配筋的一般构造要求。

一、混凝土保护层

混凝土保护层是受力钢筋的外边缘到混凝土表面的距离。其作用有两方面：一是维持受力钢筋与混凝土之间的黏结力，钢筋周围混凝土的黏结力很大程度上取决于混凝土握裹层的厚度，它们之间是成正比的。保护层过薄或缺失时，受力钢筋的作用不能正常发挥。二是保护钢筋免遭锈蚀，混凝土的碱性环境使包裹在其中的钢筋不易锈蚀，一定的保护层厚度是保证结构耐久性所必需的条件。

混凝土结构构件中受力钢筋的保护层厚度不应小于钢筋的公称直径 d。设计使用年限为 50 年的混凝土结构，最外层钢筋的保护层厚度应符合表 3-3 的规定；设计使用年限为 100 年的混凝土结构，最外层钢筋的保护层厚度不应小于表 3-3 中数值的 1.4 倍。

表 3-3　混凝土保护层的最小厚度　　　　　　　　单位：mm

环境类别	板、墙、壳	梁、柱、杆
一	15	20
二 a	20	25
二 b	25	35
三 a	30	40
三 b	40	50

注：① 混凝土强度等级不大于 C25 时，表中保护层厚度数值应增加 5 mm；
　　② 钢筋混凝土基础宜设置混凝土垫层，基础中钢筋的混凝土保护层厚度应从垫层顶面算起，且不应小于 40 mm。

当有充分依据并采取下列措施时，可适当减小混凝土保护层的厚度。

① 构件表面有可靠的防护层；② 采用工厂化生产的预制构件；③ 在混凝土中掺加阻锈剂或采用阴极保护处理等防锈措施；当对地下室墙体采取可靠的建筑防水做法或防护措施时，与土层接触一侧钢筋的保护层厚度可适当减少，但不应小于 25 mm。

当梁、柱、墙中纵向受力钢筋的保护层厚度大于 50 mm 时，宜对保护层采取有效的构造措施。当在保护层内配置防裂、防剥落的钢筋网片时，网片钢筋的保护层厚度不应小于 25 mm。

二、钢筋的锚固和连接

1. 钢筋的锚固

钢筋的锚固是保证构件承载力至关重要的因素。为保证钢筋受力后与混凝土有可靠的黏结,不产生与混凝土之间的相对滑动,纵向钢筋必须伸过其受力截面,在混凝土中有足够的埋入长度。按照《混凝土结构设计规范》,以钢筋应力达到屈服强度 f_y 时,不发生黏结锚固破坏所需要的最小埋入长度称为锚固长度。

将受拉钢筋的锚固长度称为基本锚固长度,用 l_{ab} 来表示,计算公式如下:

$$l_{ab} = \alpha \frac{f_y}{f_t} d$$

式中 l_{ab} ——受拉钢筋的锚固长度;

  f_y ——钢筋的抗拉强度设计值;

  f_t ——混凝土轴心抗拉强度设计值,当混凝土强度大于 C40 时,按 C40 取用;

  d ——钢筋的公称直径;

  α ——钢筋的外形系数,光面钢筋取 0.16,带肋钢筋取 0.14。

受拉钢筋的锚固长度应根据锚固条件按下列公式计算,且不应小于 200 mm:

$$l_a = \xi_a l_{ab}$$

式中 l_a ——受拉钢筋的锚固长度;

  ξ_a ——锚固长度修正系数,其取值应按下列规定取用:

① 当带肋钢筋的公称直径大于 25 mm 时取 1.10。

② 环氧树脂涂层带肋钢筋取 1.25。

③ 施工过程中易受扰动的钢筋取 1.10。

④ 当纵向受力钢筋的实际配筋面积大于其设计计算面积时,修正系数取设计计算面积与实际配筋面积的比值,但对有抗震设防要求及直接承受动力荷载的结构构件,不应考虑此项修正。

⑤ 锚固钢筋的保护层厚度为 $3d$ 时,修正系数可取 0.80;保护层厚度不小于 $5d$ 时,修正系数可取 0.70,中间按内插取值,此处 d 为锚固钢筋的直径。

当锚固钢筋的保护层厚度不大于 $5d$ 时,锚固长度范围内应配置横向构造钢筋,其直径不应小于 $d/4$;对梁、柱、斜撑等构件间距不应大于 $5d$;对板、墙等平面构件,间距不应大于 $10d$,且均不应大于 100 mm,此处 d 为锚固钢筋的直径。

2. 钢筋的连接

在工程实际中,往往由于钢筋供货长度不足需要进行钢筋的连接。钢筋的连接可分为三种形式:绑扎搭接连接、机械连接(锥螺纹套筒、钢套筒挤压连接等)和焊接连接。无论采用哪种连接方式,受力钢筋的接头均宜设置在受力较小处,且在同一根钢筋上宜少设接头。在结构的重要构件和关键传力部位,纵向受力钢筋不宜设置连接接头。

(1)钢筋的绑扎搭接连接。

钢筋的绑扎搭接连接完全是靠钢筋与混凝土之间的黏结力来传递内力的,若钢筋搭

接长度不够,则可能造成黏结力的破坏,导致钢筋与混凝土之间发生相对滑移,使构件失效。《混凝土结构设计规范》中规定:

轴心受拉及小偏心受拉杆件的纵向受力钢筋不得采用绑扎搭接;其他构件中的钢筋采用绑扎搭接时,受拉钢筋直径不宜大于 25 mm,受压钢筋直径不宜大于 28 mm。

同一构件中相邻纵向受力钢筋的绑扎搭接接头宜互相错开。钢筋绑扎搭接接头连接区段的长度为 1.3 倍搭接长度,凡搭接接头中点位于该连接区段长度内的搭接接头均属于同一连接区段,如图 3-38 所示。同一连接区段内纵向受力钢筋搭接接头面积百分率为该区段内有搭接接头的纵向受力钢筋与全部纵向受力钢筋截面面积的比值。当直径不同的钢筋搭接时,按直径较小的钢筋计算。

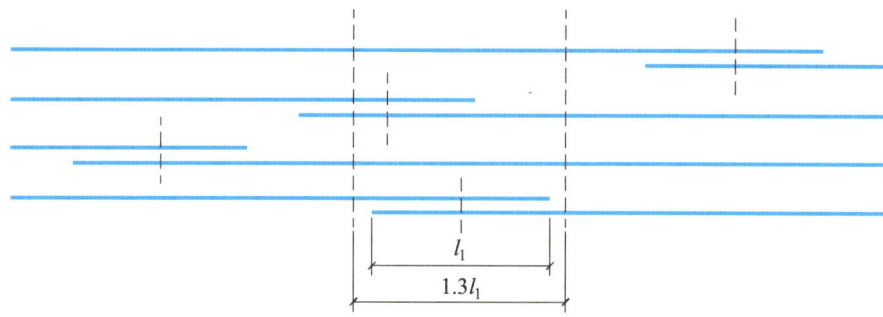

注:图中所示同一连接区段内的搭接接头钢筋为两根,当钢筋直径相同时,钢筋搭接接头面积百分率为 50%。

图 3-38 同一连接区段内纵向受拉钢筋的绑扎搭接接头

位于同一连接区段内的受拉钢筋搭接接头面积百分率:对梁类、板类及墙类构件,不宜大于 25%;对柱类构件,不宜大于 50%。当工程中确有必要增大受拉钢筋搭接接头面积百分率时,对梁类构件,不宜大于 50%;对板、墙、柱及预制构件的拼接处,可根据实际情况放宽。

并筋采用绑扎搭接连接时,应按每根单筋错开搭接的方式连接。接头面积百分率应按同一连接区段内所有的单根钢筋计算。并筋中钢筋的搭接长度应按单筋分别计算。

纵向受拉钢筋绑扎搭接接头的搭接长度,应根据位于同一连接区段内的钢筋搭接接头面积百分率按下列公式计算,且不应小于 300 mm。

$$l_l = \xi_l l_a$$

式中 l_l——纵向受拉钢筋的搭接长度;

ξ_l——纵向受拉钢筋搭接长度修正系数,按表 3-4 取用。当纵向搭接钢筋接头面积百分率为表的中间值时,修正系数可按内插取值。

表 3-4 纵向受拉钢筋搭接长度修正系数

纵向搭接钢筋接头面积百分率/%	≤25	50	100
ξ_l	1.2	1.4	1.6

构件中的纵向受压钢筋当采用搭接连接时,其受压搭接长度不应小于纵向受拉钢筋搭接长度 l_l 的 70%,且不应小于 200 mm。

在梁、柱类构件的纵向受力钢筋搭接长度范围内的横向构造钢筋应符合基本锚固长度 l_{ab} 的要求；当受压钢筋直径大于 25 mm 时，尚应在搭接接头两个端面外 100 mm 的范围内各设置两道箍筋。

（2）钢筋的机械连接。

纵向受力钢筋的机械连接接头宜相互错开。钢筋机械连接区段的长度为 35d，d 为连接钢筋的较小直径。凡接头中点位于该连接区段长度内的机械连接接头均属于同一连接区段。位于同一连接区段内的纵向受拉钢筋接头面积百分率不宜大于 50%；但对板、墙、柱及预制构件的拼接处，可根据实际情况放宽。纵向受压钢筋的接头百分率可不受限制。

机械连接套筒的保护层厚度宜满足有关钢筋最小保护层厚度的规定。机械连接套筒的横向净间距不宜小于 25 mm；套筒处箍筋的间距仍应满足相应的构造要求。

直接承受动力荷载结构构件中的机械连接接头，除应满足设计要求的抗疲劳性能外，位于同一连接区段内的纵向受力钢筋接头面积百分率不应大于 50%。

（3）钢筋的焊接连接。

纵向受力钢筋的焊接接头应相互错开。钢筋焊接接头连接区段的长度为 35d（d 为纵向受力钢筋的较大直径）且不小于 500 mm，凡接头中点位于该连接区段长度内的焊接接头均属于同一连接区段。位于同一连接区段内纵向受力钢筋的焊接接头面积百分率，对纵向受拉钢筋接头，不应大于 50%。纵向受压钢筋的接头面积百分率可不受限制。

三、梁的构造

常见的钢筋混凝土梁的截面形式有矩形、T 形、L 形、工字形等，如图 3-39 所示。

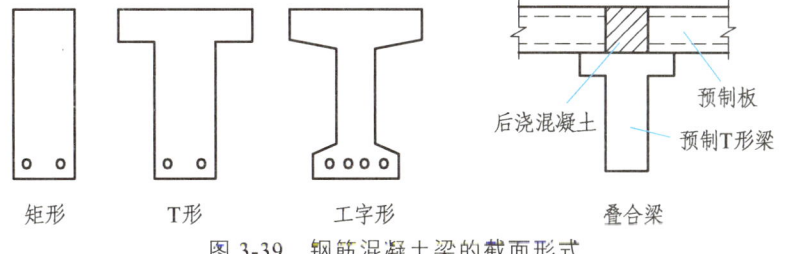

图 3-39 钢筋混凝土梁的截面形式

1. 梁的截面尺寸

（1）截面高度。

梁的截面尺寸要满足承载力、刚度和裂缝宽度限值三方面的要求，截面高度 h 可根据梁的跨度要求按高跨比 h/l 来确定。对于一般荷载作用下的梁，梁高不小于表 3-5 规定的最小截面高度，梁高 h≤800 mm 时，取 50 mm 的倍数；h>800 mm 时，取 100 mm 的倍数，具体如表 3-5 所示。

表 3-5 梁的最小截面高度

项次	构件种类	简支梁	两端连续梁	悬臂梁
1	次梁	l/15	l/20	l/8
1	主梁	l/12	l/15	l/6
2	独立梁	l/12	l/15	l/6

（2）截面有效高度。

在进行受弯构件配筋计算时，要确定梁、板的有效高度 h_0。所谓有效高度，是指受拉钢筋的重心至截面受压边缘的距离，它与受拉钢筋的直径和排数有关，截面的有效高度可表示为：$h_0 = h - a_s$，其中 a_s 为受拉钢筋的合力作用点至截面受拉区边缘的距离[对于室内正常环境下的梁，当混凝土的强度等级≥C25时，a_s 取 35 mm（单层钢筋）或 60 mm（双层钢筋）；板的 a_s 取 20 mm]。

（3）截面宽度。

梁的截面宽度通常取梁宽 $b = (1/2 \sim 1/3)h$。常用的梁宽为 150 mm、200 mm、250 mm、300 mm，若 $b > 200$ mm，一般级差取 50 mm。砖砌体中梁的梁宽和梁高，如圈梁、过梁等，按砖砌体所采用的模数来确定，如 120 mm、180 mm、240 mm、300 mm 等。

2. 梁的配筋

梁中通常配置纵向受力钢筋、箍筋、架立钢筋等，构成钢筋骨架，如图 3-40 所示，有时还配置有纵向构造钢筋及相应的拉筋等。

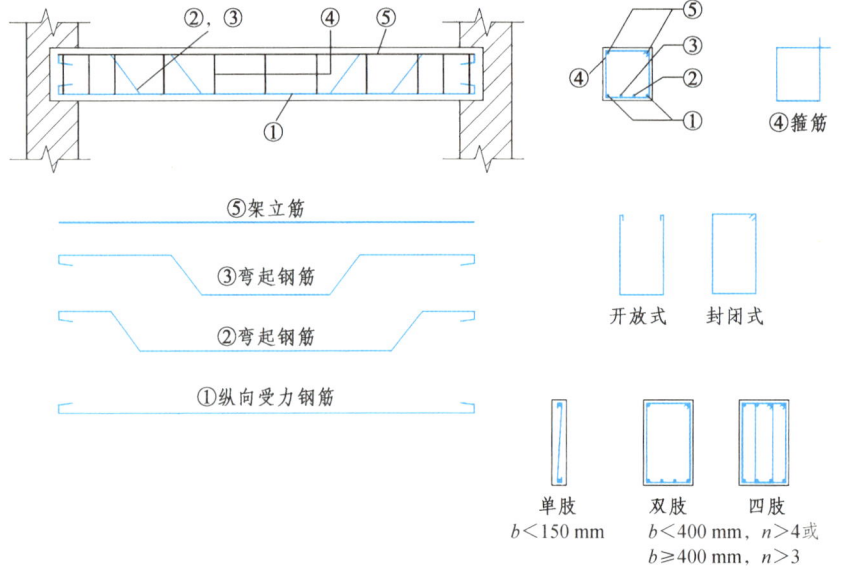

图 3-40 钢筋混凝土梁的配筋形式

（1）纵向受力钢筋。配置在受拉区的受力钢筋主要承受由弯矩在梁内产生的拉力，配置在受压区的纵向受力钢筋用来补充混凝土受压能力的不足。通常，梁的纵向受力钢筋应符合下列规定：

① 伸入梁支座范围内的钢筋不应少于 2 根。

② 梁高不小于 300 mm 时，钢筋直径不应小于 10 mm；梁高小于 300 mm 时，钢筋直径不应小于 8 mm。

③ 梁上部钢筋水平方向的净间距不应小于 30 mm 和 $1.5d$；梁下部钢筋水平方向的净间距不应小于 25 mm 和 d（d 为钢筋的最大直径）；当下部钢筋多于 2 层时，2 层以上钢筋水平方向的中距应比下面 2 层的中距增大一倍；各层钢筋之间的净间距不应小于 25 mm 和 d，d 为钢筋的最大直径，如图 3-41 所示。

④ 在梁的配筋密集区域宜采用并筋的配筋形式。

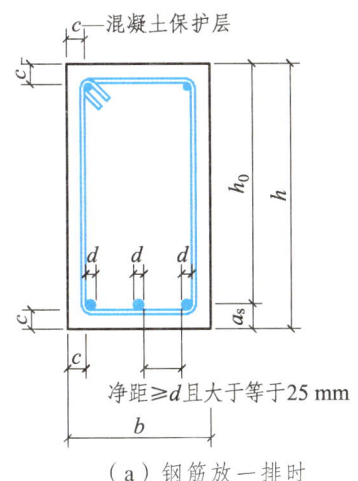 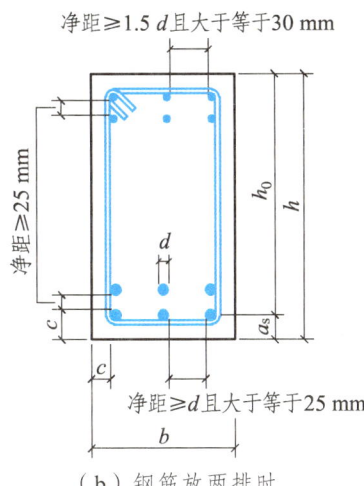

(a)钢筋放一排时　　　　　　(b)钢筋放两排时

图 3-41　梁内纵向受力钢筋的排列

（2）弯起钢筋。钢筋在跨中下侧承受正弯矩产生的拉力，在靠近支座的位置利用弯起段承受弯矩和剪力共同产生的主拉应力的钢筋称为弯起钢筋，现在较少采用。当梁高 $h \leqslant 800$ mm 时，弯起角度采用 $45°$；当梁高 $h > 800$ mm 时，弯起角度采用 $60°$。

（3）箍筋。箍筋的主要作用是承担梁中的剪力和固定纵筋的位置，和纵向钢筋一起形成钢筋骨架。梁中箍筋的配置应符合下列规定：

① 按承载力计算不需要箍筋的梁，当截面高度大于 300 mm 时，应沿梁全长设置构造箍筋；当截面高度 $h = 150$ mm ~ 300 mm 时，可仅在构件端部 $l_0/4$ 范围内设置构造箍筋，l_0 为跨度。当在构件中部 $l_0/2$ 范围内有集中荷载作用时，则应沿梁全长设置箍筋。当截面高度小于 150 mm 时，可以不设置箍筋。

② 截面高度大于 800 mm 的梁，箍筋直径不宜小于 8 mm；对截面高度不大于 800 mm 的梁，箍筋直径不宜小于 6 mm。梁中配有计算需要的纵向受压钢筋时，箍筋直径尚不应小于 $d/4$，d 为受压钢筋最大直径。

③ 梁中箍筋的最大间距应符合表 3-6 的规定；当 V 大于 $0.7f_t bh_0 + 0.05N_{p0}$ 时，箍筋的配筋率 ρ_{sv}（$\rho_{sv} = A_{sv}/b_s$）不应小于 $0.24f_t/f_{yv}$。

表 3-6　梁中箍筋的最大间距　　　　　　　　　　单位：mm

梁高 h	$V > 0.7f_t bh_0$	$V \leqslant 0.7f_t bh_0$
$150 < h \leqslant 300$	150	200
$300 < h \leqslant 500$	200	300
$500 < h \leqslant 800$	250	350
$h > 800$	300	400

④ 当梁中配有按计算需要的纵向受压钢筋时，箍筋应符合以下规定：

a. 箍筋应做成封闭式，且弯钩直线段长度不应小于 $5d$，d 为箍筋直径。

b. 箍筋的间距不应大于 15d，并不应大于 400 mm。当一层内的纵向受压钢筋多于 5 根且直径大于 18 mm 时，箍筋间距不应大于 10d，d 为纵向受压钢筋的最小直径。

c. 当梁的宽度大于 400 mm 且一层内的纵向受压钢筋多于 3 根时，或当梁的宽度不大于 400 mm 但一层内的纵向受压钢筋多于 4 根时，应设置复合箍筋。

（4）架立钢筋。架立钢筋主要用来固定箍筋位置，与纵向钢筋形成梁的钢筋骨架，并承受因温度变化和混凝土收缩而产生的应力，防止发生裂缝。它一般设置在梁的受压区外缘两侧，并平行于纵向受力钢筋。当受压区配置有纵向受压钢筋时，可兼做架立钢筋。对于架立钢筋，当梁的跨度小于 4 m 时，直径不宜小于 8 mm；当梁的跨度为 4~6 m 时，直径不应小于 10 mm；当梁的跨度大于 6 m 时，直径不宜小于 12 mm。架立钢筋与受力钢筋的搭接长度：当架立钢筋直径 $d \geqslant 12$ mm 时，为 150 mm；当 $d<12$ mm 时，为 100 mm；当考虑架力筋受力时，则为纵向受力钢筋的最小搭接长度 l_l。

（5）纵向构造钢筋及拉筋。当梁的腹板高度 $h_w \geqslant 450$ mm 时，应在梁的两个侧面沿高度配置纵向构造钢筋（也称腰筋），并用拉筋固定，其间距不宜大于 200 mm。

四、板的构造

1. 截面形式与尺寸

板按照受力形式不同分为单向板和双向板。四边有支撑的板，若板长边与短边长度的比 ≤2，为双向板；长边与短边长度的比 ≥3，为单向板；若比值大于 2 但小于 3，宜按双向板计算，如果按照单向板计算，长边方向应配加强钢筋。两对边支撑的板，应按单向板计算。

板的厚度不仅要满足强度、刚度和裂缝等方面的要求，还要考虑使用、施工和经济方面的因素。现浇板的厚度应符合下列规定：

（1）板的跨厚比。钢筋混凝土单向板不大于 30；双向板不大于 40；无梁支撑的有柱帽板不大于 35，无梁支撑的无柱帽板不大于 30；预应力板可适当增加；当板的荷载、跨度较大时宜适当减小。

（2）现浇钢筋混凝土板的厚度不应小于表 3-7 中规定的数值。确定板厚以 10 mm 为模数。

表 3-7 现浇钢筋混凝土板的最小厚度

板的类别		最小厚度/mm
单向板	屋面板	60
	民用建筑楼板	60
	工业建筑楼板	70
	行车道下的楼板	80
双向板		80
密肋楼盖	面板	50
	肋高	250

续表

板的类别		最小厚度/mm
悬臂板（根部）	悬臂长度不大于 500 mm	60
	悬臂长度 1 200 mm	100
无梁楼板		150
现浇空心楼盖		200

2. 板的配筋

板通常配置纵向受力钢筋和分布钢筋，如图 3-42 所示。

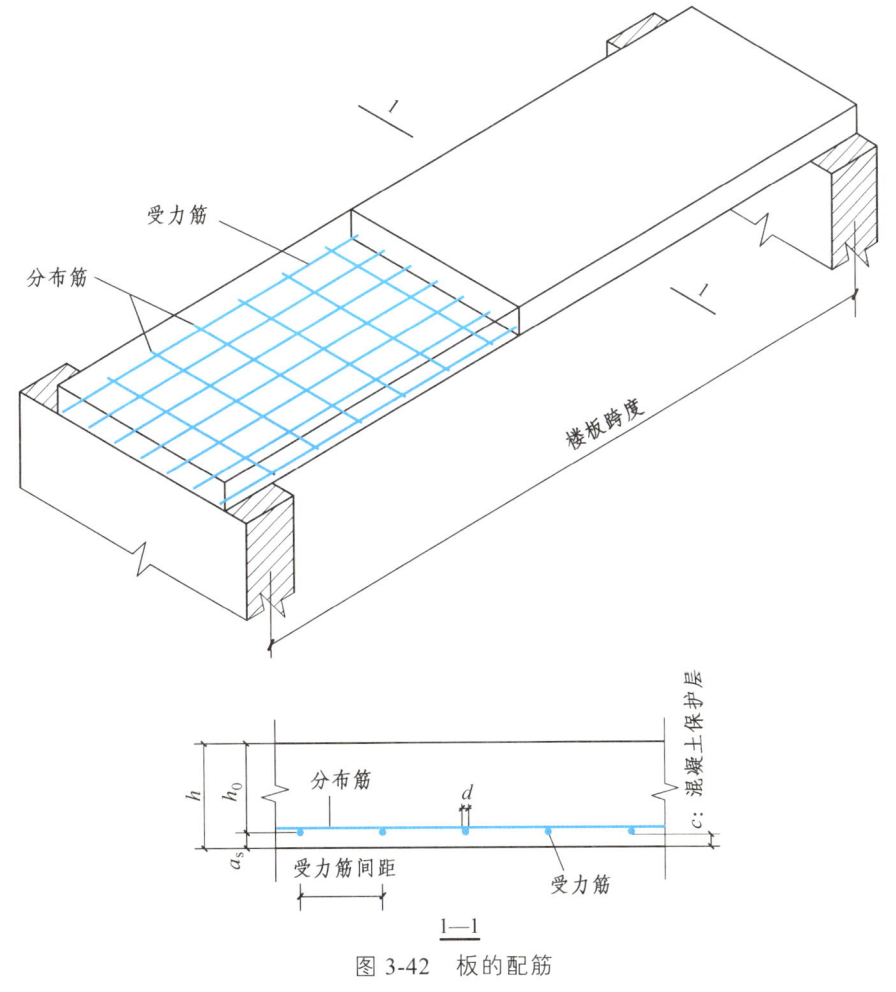

图 3-42 板的配筋

（1）受力钢筋。

板的受力钢筋的直径一般为 6 ~ 12 mm，板厚度较大时，钢筋直径可用 14 ~ 18 mm。为了正常分担内力，板中受力钢筋的间距不宜过稀，但为了绑扎方便和保证浇捣质量，板的受力钢筋间距也不宜过密，当板厚不大于 150 mm 时，板的受力钢筋间距不宜大于 200 mm；当板厚大于 150 mm 时，板的受力钢筋间距不宜大于板厚的 1.5 倍，且不宜大于 250 mm。

采用分离式配筋的多跨板，板底钢筋宜全部伸入支座；支座负弯矩钢筋向跨内延伸的长度应根据负弯矩图确定，并满足钢筋锚固的要求。

简支板或连续板下部纵向受力钢筋伸入支座的锚固长度不应小于钢筋直径的 5 倍，且宜伸过支座中心线。当连续板内温度、收缩应力较大时，伸入支座的长度宜适当增加。

（2）分布钢筋。

当按单向板设计时，应在垂直于受力的方向，在受力钢筋内侧按构造要求配置分布钢筋。分布钢筋的作用：一是固定受力钢筋的位置，形成钢筋网；二是将板上荷载有效地传到受力钢筋上去；三是防止温度或混凝土收缩等原因沿跨度方向产生裂缝。其配筋率不宜小于受力钢筋的 15%，且不宜小于 0.15%；分布钢筋直径不宜小于 6 mm，间距不宜大于 250 mm；当集中荷载较大时，分布钢筋的配筋面积还应增加，且间距不宜大于 200 mm。

（3）空心楼板。

现浇混凝土空心楼板的体积空心率不宜大于 50%。采用箱形内孔时，顶板厚度不应小于肋间净距的 1/15 且不应小于 50 mm。当底板配置受力钢筋时，其厚度不应小于 50 mm。内孔间肋宽与内孔高度比不宜小于 1/4，且肋宽不应小于 60 mm，对预应力板不应小于 80 mm。

采用管形内孔时，孔顶、孔底板厚均不应小于 40 mm，肋宽与内孔径之比不宜小于 1/5，且肋宽不应小于 50 mm，对预应力板不应小于 60 mm。

（4）构造配筋。

按简支边或非受力边设计的现浇混凝土板，当与混凝土梁、墙整体浇筑或嵌固在砌体墙内时，应设置板面构造钢筋，并符合下列要求：

① 钢筋直径不宜小于 8 mm，间距不宜大于 200 mm，且单位宽度内的配筋面积不宜小于跨中相应方向板底钢筋截面面积的 1/3。与混凝土梁、混凝土墙整体浇筑单向板的非受力方向，钢筋截面面积尚不宜小于受力方向跨中板底钢筋截面面积的 1/3。

② 钢筋从混凝土梁边、柱边、墙边伸入板内的长度不宜小于 $l_0/4$，砌体墙支座处钢筋伸入板内的长度不宜小于 $l_0/7$，其中计算跨度 l_0 对单向板按受力方向考虑，对双向板按短边方向考虑。

③ 在楼板角部，宜沿两个方向正交、斜向平行或放射状布置附加钢筋。

④ 钢筋应在梁内、墙内或柱内可靠锚固。

在温度、收缩应力较大的现浇板区域，应在板的表面双向配置防裂构造钢筋。配筋率均不宜小于 0.10%，间距不宜大于 200 mm。防裂构造钢筋可利用原有钢筋贯通布置，也可另行设置钢筋并与原有钢筋按受拉钢筋的要求搭接或在周边构件中锚固。楼板平面的瓶颈部位宜适当增加板厚和配筋。沿板的洞边、凹角部位宜加配防裂构造钢筋，并采取可靠的锚固措施。

子任务二　钢筋混凝土梁的承载力计算

子任务二	钢筋混凝土梁的承载力计算
任务目标	1. 理解受弯构件正截面承载力的破坏形态； 2. 会进行受弯构件正截面承载力计算； 3. 会进行受弯构件斜截面承载力计算； 4. 培养学生的规范意识和科学思维能力
任务描述	结合如图所示 KL17 的结构施工图，请思考：钢筋混凝土梁的承载力影响因素有哪些？如何设计钢筋混凝土梁的截面尺寸和钢筋配置？钢筋混凝土梁的破坏形式有哪些？如何在满足安全的基础上设计出经济合理的钢筋混凝土梁？ 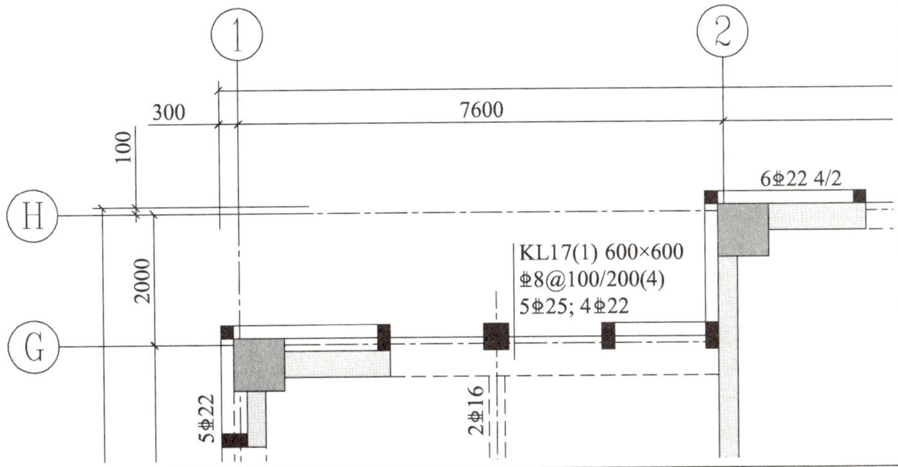
任务准备	1. 微课资源： 钢筋混凝土受弯构件正截面破坏形态　　钢筋混凝土受弯构件斜截面破坏形态 2. 思政资源： 贵州桥韵｜向云端！"中国桥梁博物馆"的另一种打开方式
任务实施	钢筋混凝土梁正截面破坏形态

	梁截面的有效高度			
	单筋矩形截面受弯构件承载力计算基本公式			
	受弯构件斜截面破坏形态			
	斜截面受剪承载力计算的基本公式及适用条件			
总结反馈	你是否了解受弯构件正截面承载力的破坏形态？		是□	否□
	你是否理解钢筋混凝土受弯构件正截面承载力公式及适用条件？		是□	否□
	你是否理解钢筋混凝土受弯构件斜截面承载力公式及适用条件？		是□	否□
	你是否可以结合工程实际分析受弯构件的破坏原因？		是□	否□
	请用文字或者思维导图形式进行相关知识总结：			

> 知识链接

一、梁的正截面承载力计算

(一) 基本概念

1. 钢筋混凝土梁的三种破坏形态

钢筋混凝土梁在承受荷载作用时有三种破坏形态，分别是少筋破坏、适筋破坏和超筋破坏，如图 3-43 所示。

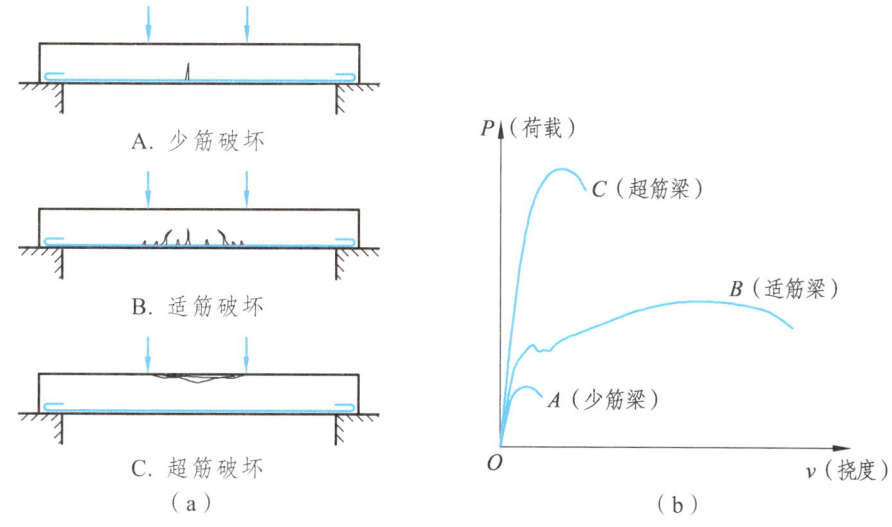

图 3-43 钢筋混凝土梁在承受荷载作用时的三种破坏形态

（1）少筋破坏：即梁内配筋较少，钢筋有可能在梁一开裂时就进入强化段最终被拉断，梁的破坏与素混凝土梁类似，属于受拉脆性破坏。该梁称为少筋梁，少筋梁的受拉脆性破坏比超筋梁受压脆性破坏更为突然，很不安全，也很不经济，因此在建筑结构中不采用。

（2）适筋破坏：即梁内配筋合适，梁在屈服阶段的承载力基本保持不变，变形可以持续很长时间，在完全破坏以前具有很好的变形能力，有明显的变形征兆，产生的破坏为"延性破坏"，该梁即为适筋梁。

（3）超筋破坏：即梁内配筋较多，梁的破坏取决于混凝土的抗压强度，其强度极限与钢筋强度无关，钢筋受拉强度未得到充分发挥，破坏没有明显的征兆，该梁称为超筋梁。在工程中也应避免采用超筋梁。

2. 梁截面的有效高度 h_0

在计算梁、板承载能力时，梁、板因受弯开裂，受拉区混凝土退出工作，裂缝处的拉力由钢筋承担。此时梁、板能发挥作用的截面高度为受拉钢筋截面的重心到受压混凝土边缘的垂直距离，此距离称为截面的有效高度，用 h_0 表示，$h_0 = h - a_s$，其中 a_s 为受拉钢筋的合力作用点至截面受拉区边缘的距离，如图 3-44 所示。

截面的有效高度在设计计算时,假设双排钢筋间距为 s,混凝土保护层厚度为 c,纵向钢筋直径为 d,箍筋直径为 d_1,梁高(或者板厚)为 h,截面的有效高度 h_0 可按下面方法估算:

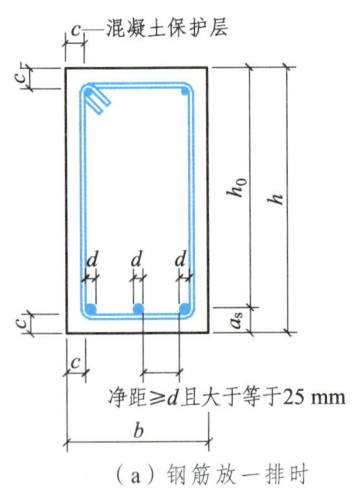
(a)钢筋放一排时

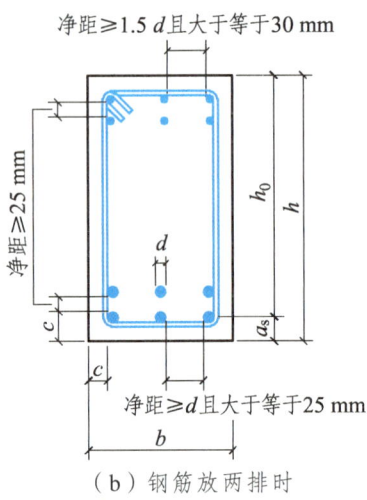
(b)钢筋放两排时

图 3-44

梁中受拉钢筋的常用直径为 12~32 mm,平均按 22 mm 算,在正常环境下当混凝土强度大于 C30 时,钢筋的混凝土保护层最小厚度为 25 mm,则其有效高度为:

一排钢筋:$h_0 = h - c - d_1 - \dfrac{d}{2} = h - 25 - 8 - 11 = h - 44$,可近似取 $h_0 = h - 45$。

两排钢筋:$h_0 = h - c - d_1 - d - \dfrac{25}{2} = h - 25 - 8 - 22 - 12.5 = h - 67.5$,可近似取 $h_0 = h - 70$。

板中受拉钢筋的常用直径为 6~12 mm,均按 10 mm 算,在正常环境下当混凝土强度大于 C30 时,钢筋的混凝土保护层最小厚度为 15 mm,则其有效高度为:

$$h_0 = h - c - \dfrac{d}{2} = h - 15 - \dfrac{10}{2} = h - 20$$

当钢筋直径较大时,应按实际尺寸算。一类环境下梁、板的 h_0 值见表 3-8。

表 3-8　一类环境下梁、板的 h_0 值　　　　　　　　单位:mm

构件类型		混凝土强度等级	
		≤C25	C30 以上
梁	一排钢筋	$h_0 = h - 45$	$h_0 = h - 40$
	两排钢筋	$h_0 = h - 70$	$h_0 = h - 65$
板		$h_0 = h - 25$	$h_0 = h - 20$

3. 纵向受拉钢筋的配筋率

纵向受拉钢筋总截面面积 A_s 与正截面的有效面积 bh_0 的比值,用 ρ 表示。

$$\rho = \dfrac{A_s}{bh_0}$$

单筋矩形截面是指仅在截面受拉区配置纵向受力钢筋的截面。有时由于截面尺寸限制或其他原因，也可能在受压区配置纵向受力钢筋，此时称为双筋截面。在施工中同时浇筑梁和板时形成整体面共同工作，构成 T 形截面。

（二）单筋矩形截面受弯构件承载力计算

1. 基本假定

受弯构件正截面承载力的计算，是以适筋梁第三阶段的应力状态为依据，为了便于计算，《混凝土结构设计规范》（GB 50010—2010）做了如下假定：

（1）截面应保持平面。

（2）不考虑混凝土的抗拉强度。

（3）当混凝土压应变小于等于 0.002 时，应力-应变图为抛物线；当压应变大于 0.002 时，应力-应变图呈水平线，其极限压应变等于 0.003 3，相应的最大压应力取混凝土轴心抗压强度设计值。

（4）纵向受拉钢筋的极限拉应变取 0.01。

（5）钢筋的应力取值等于钢筋应变与其弹性模量的乘积，但其绝对值不应大于《混凝土结构设计规范》查得的强度设计值。

2. 基本公式

单筋矩形截面受弯构件正截面承载力计算简图如图 3-45 所示。根据力的平衡条件，可以列出基本方程。

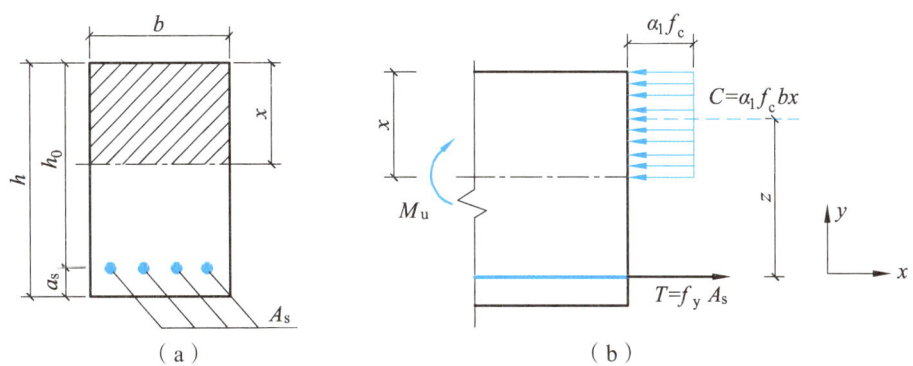

图 3-45　受弯构件正截面应力图

由所有在 x 轴上的外力代数和为零，得钢筋承受的拉力 $f_y A_s$ 等于混凝土承受的压力 $\alpha_1 f_c b x$，即 $\alpha_1 f_c b x = f_y A_s$，其中 b 为截面宽度，x 为混凝土等效受压区高度，f_y 为钢筋抗拉强度设计值，A_s 为纵向受拉钢筋的截面面积，α_1 为受压混凝土简化应力图形系数，其取值可查表 3-9。

表 3-9　受压混凝土的简化应力图形系数 α_1

混凝土强度等级	≤C50	C55	C60	C65	C70	C75	C80
α_1 值	1.0	0.99	0.98	0.97	0.96	0.95	0.94

由所有的力对受压区形心取矩代数和得：

$$M \leqslant M_u = f_y A_s \left(h_0 - \frac{x}{2} \right)$$

由所有的力对钢筋截面形心取矩代数和得：

$$M \leqslant M_u = \alpha_1 f_c b x \left(h_0 - \frac{x}{2} \right)$$

式中　M_u——梁截面极限受弯承载力设计值；

　　　M——计算截面弯矩设计值。

适用条件：（1）为防止梁发生少筋破坏，要求构件的配筋率 ρ 不得低于最小配筋率 ρ_{min}，即

$$\rho \geqslant \rho_{min}$$

（2）为防止梁发生超筋破坏，要求构件的配筋率 ρ 不得高于最大配筋率 ρ_{max}，即

$$\rho \leqslant \rho_{max}，或 \xi \leqslant \xi_b 或 x \leqslant x_b = \xi_b h_0$$

式中：ξ 为混凝土的相对受压区高度，即受压区高度 x 与截面有效高度 h_0 的比值，即 $\xi = \frac{x}{h_0}$。当配筋率为最大配筋率 ρ_{max} 的时候，相对受压区高度也达到最大值，用 ξ_b 表示，具体可查表 3-10 得到。

表 3-10　常用的相对界限受压区高度 ξ_b

钢筋级别	混凝土强度等级						
	≤C50	C55	C60	C65	C70	C75	C80
HPB300	0.576	0.566	0.556	0.546	0.537	0.528	0.518
HRB335 HRBF335	0.550	0.541	0.531	0.522	0.512	0.503	0.493
HRB400 RRB400 HRBF400	0.518	0.508	0.499	0.490	0.481	0.472	0.463
HRB500 HRBF500	0.482	0.473	0.464	0.455	0.447	0.438	0.429

ρ_{max} 为最大配筋率，$\rho_{max} = \xi_b \alpha_1 \dfrac{f_c}{f_y}$。

ρ_{min} 为受弯构件最小配筋率，$\rho_{min} = 0.45 \dfrac{f_t}{f_y}$，且 $\rho_{min} \geqslant 0.2\%$，$f_t$ 为混凝土的抗拉强度设计值。

【应用 1】 截面设计（单筋矩形截面）

已知：弯矩设计值 M、截面尺寸（b、h）、材料强度等级，求纵向受拉钢筋的截面面积 A_s。

计算步骤：

（1）确定截面有效高度 h_0；

（2）计算混凝土受压区高度 x，并判断是否属于超筋梁。

由 $$M \leqslant M_u = \alpha_1 f_c b x \left(h_0 - \frac{x}{2} \right)$$

得 $$x = h_0 - \sqrt{h_0^2 - \frac{2M}{\alpha_1 f_c b}}$$

若 $x \leqslant \xi_b h_0$，则不属于超筋；若 $x > \xi_b h_0$，则为超筋梁，应加大截面尺寸，或提高混凝土强度等级，或改用双筋截面。

（3）计算钢筋截面面积 A_s。

由公式 $\alpha_1 f_c b x = f_y A_s$ 得 $A_s = \dfrac{\alpha_1 f_c b x}{f_y}$。

（4）选配钢筋，按照有关构造要求，选择钢筋的直径和根数，有关数据可查表。

（5）判断是否属于少筋梁。

若 $A_s \geqslant \rho_{\min} bh$，则不属于少筋梁；若 $A_s < \rho_{\min} bh$，则为少筋梁，说明截面尺寸过大，应适当减少截面尺寸，否则应取：

$$A_s = \rho_{\min} bh$$

【应用 2】 承载力复核

已知：混凝土强度等级、钢筋级别、截面尺寸 b 和 h、钢筋截面面积 A_s。求：截面所能承受的最大弯矩设计值 M；或已知弯矩设计值 M，复核截面是否安全。

计算步骤如下：

（1）确定截面有效高度 h_0。

（2）计算受压区高度 x，并判断梁的类型。

$$x = \frac{f_y A_s}{\alpha_1 f_c b}$$

若 $A_s \geqslant \rho_{\min} bh$，且 $x \leqslant \xi_b h_0$，属于适筋梁；若 $x > \xi_b h_0$，为超筋梁；若 $A_s < \rho_{\min} bh$，为少筋梁。

（3）计算截面受弯承载力 M_u。

适筋梁：$M_u = \alpha_1 f_c b x \left(h_0 - \dfrac{x}{2} \right)$。

超筋梁：取 $x = \xi_b h_0$，则 $M_u = \alpha_1 f_c b h_0^2 \xi_b \left(1 - \dfrac{\xi_b}{2} \right)$。

少筋梁：应修改设计或将其受弯承载力降低使用。

（4）判断截面受弯承载力是否安全。若 $M \leqslant M_u$，则截面安全；否则截面承载力不安全。

【例 3-16】 某钢筋混凝土梁截面尺寸 $b \times h = 250 \text{ mm} \times 550 \text{ mm}$，采用 C30 混凝土和 HRB400 级钢筋，梁弯矩设计值 $M = 200 \text{ kN} \cdot \text{m}$，$a_s = 40 \text{ mm}$，求纵向受拉钢筋的截面面积 A_s。

【解】查表得 C30 混凝土 $f_c = 14.3 \text{ MPa}$，HRB400 级钢筋，$f_y = 360 \text{ MPa}$，$\xi_b = 0.518$，$f_t = 1.43 \text{ MPa}$，$\alpha_1 = 1.0$。

（1）计算 h_0：$h_0 = h - a_s = 550 - 40 = 510 \text{ mm}$。

（2）计算受压区高度 x，并判断是否属于超筋梁。

$$x = h_0 - \sqrt{h_0^2 - \frac{2M}{\alpha_1 f_c b}} = 510 - \sqrt{510^2 - \frac{2 \times 200 \times 10^6}{1.0 \times 14.3 \times 250}} = 125 \text{ mm}$$

$$\xi_b h_0 = 0.518 \times 510 = 264.18 \text{ mm} > 125 \text{ mm} = x$$

即 $x < \xi_b h_0$，所以不属于超筋梁。

（3）计算钢筋截面面积 A_s。

$$A_s = \frac{\alpha_1 f_c b x}{f_y} = \frac{1.0 \times 14.3 \times 250 \times 125}{360} = 1\,241 \text{ mm}^2$$

（4）选配钢筋，查表需选用 4C20（$A_s = 1\,256 \text{ mm}^2$）。

（5）判断是否属于少筋梁。

$$0.45 \times \frac{f_t}{f_y} = 0.45 \times \frac{1.43}{360} = 0.18\% < 0.2\%，所以取 \rho_{\min} = 0.2\%。$$

$$A_{s \cdot \min} = \rho_{\min} b h = 0.002 \times 250 \times 550 = 275 \text{ mm}^2 < A_s = 1\,256 \text{ mm}^2。$$

不属于少筋梁，符合要求。

【例 3-17】 已知某钢筋混凝土梁，$b \times h = 200 \text{ mm} \times 400 \text{ mm}$，混凝土强度等级 C30，钢筋用 4C16 HRB400 级钢（$A_s = 804 \text{ mm}^2$），$a_s = 35 \text{ mm}$，该梁承受弯矩设计值 $M = 100 \text{ kN} \cdot \text{m}$，验算此梁是否安全。

【解】由已知条件，查表得 $f_y = 360 \text{ MPa}$，$\xi_b = 0.518$，$f_t = 1.43 \text{ MPa}$，$\alpha_1 = 1.0$，$f_c = 14.3 \text{ MPa}$。

（1）确定截面有效高度 h_0。

$$h_0 = h - 35 = 450 - 35 = 415$$

（2）计算受压区高度 x，并判断梁的类型。

$$x = \frac{f_y A_s}{\alpha_1 f_c b} = \frac{360 \times 804}{1.0 \times 14.3 \times 200} = 101 \text{ mm}$$

$\xi_b h_0 = 0.518 \times 415 = 215 \text{ mm}$，所以 $x < \xi_b h_0$。

$$0.45 \times \frac{f_t}{f_y} = 0.45 \times \frac{1.43}{360} = 0.18\% < 0.2\%，取 \rho_{\min} = 0.2\%。$$

$$A_{s \cdot \min} = \rho_{\min} b h = 0.002 \times 200 \times 450 = 180 \text{ mm}^2 < A_s = 804 \text{ mm}^2。$$

该梁属于适筋梁。

（3）求该梁所能承受的最大弯矩设计值 M_u，并判断该梁是否安全。

$$M_u = f_y A_s \left(h_0 - \frac{x}{2} \right) = 360 \times 804 \times \left(415 - \frac{101}{2} \right)$$

$$= 105.5 \times 10^6 \, \text{N} \cdot \text{mm} = 105.5 \, \text{kN} \cdot \text{m} > M = 100 \, \text{kN} \cdot \text{m}$$

故该梁安全。

二、梁的斜截面承载力计算

钢筋混凝土受弯构件除了可能产生由于弯矩过大引起的正截面受弯破坏外，还可能产生在弯矩和剪力共同作用下引起的斜截面破坏。斜截面承载力包括斜截面受剪承载力和斜截面受弯承载力，应同时满足斜截面抗剪承载力 $V \leqslant V_u$ 和斜截面抗弯承载力 $M \leqslant M_u$ 的要求。斜截面抗剪承载力主要通过配置箍筋和弯起钢筋来满足，而斜截面抗弯承载力则通过构造措施来保证。

箍筋和弯起钢筋统称为腹筋，《混凝土结构设计规范》（GB 50010—2010）建议宜优先选用箍筋作为受剪钢筋。

（一）受弯构件斜截面破坏形态

影响受弯构件斜截面承载力的因素很多，有腹筋和纵筋的含量、混凝土强度等级、荷载种类和作用方式、截面形状及剪跨比 λ 等。其中剪跨比 $\lambda = \dfrac{a}{h_0}$，a 称为剪跨（即集中荷载至支座的距离），h_0 为截面有效高度。

受弯构件斜截面破坏形态主要取决于箍筋数量和剪跨比 λ。根据箍筋数量和剪跨比 λ 的不同，受弯构件斜截面破坏可分为剪压破坏、斜压破坏和斜拉破坏三种类型。

1. 剪压破坏

梁内箍筋数量适当，且剪跨比适中（$\lambda = 1 \sim 3$）时，将发生剪压破坏。其破坏特征是随着荷载的增加，在剪弯区段首先出现一批与截面下边缘垂直的裂缝，随后斜向延伸并成一条临界斜裂缝。随着荷载进一步增加，与临界斜裂缝相交的箍筋应力达到屈服强度，临界斜裂缝持续向上发展延伸，直至剪压区混凝土被压碎而破坏，如图 3-46（a）所示。

2. 斜压破坏

梁内箍筋数量配置过多或剪跨比较小（$\lambda < 1$）时，将发生斜压破坏，随着荷载的增加，在剪弯区段腹部混凝土首先开裂，并产生若干条相互平行的斜裂缝，将腹部混凝土分割为若干个斜向短柱而压碎，破坏时箍筋应力尚未达到屈服强度，如图 3-46（b）所示。

3. 斜拉破坏

梁内箍筋数量配置过少且剪跨比较大（$\lambda > 3$）时，将发生斜拉破坏。斜裂缝一旦出现，箍筋应力立即达到屈服强度，斜裂缝将迅速延伸到截面顶部，形成临界斜裂缝，把梁斜向劈成两部分，破坏很突然，具有明显的脆性破坏特征，如图 3-46（c）所示。

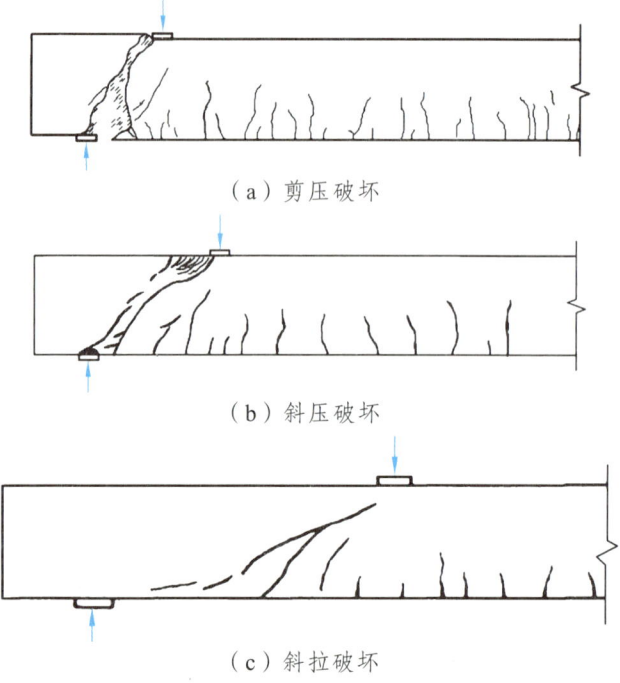

(a) 剪压破坏

(b) 斜压破坏

(c) 斜拉破坏

图 3-46 受弯构件斜截面破坏类型

斜截面的三种破坏形态中，只有剪压破坏充分发挥了箍筋和混凝土的强度，因此斜截面受剪承载力主要以剪压破坏为计算依据，而斜压和斜拉破坏则应避免。

（二）斜截面受剪承载力计算的基本公式及适用条件

1. 基本公式

受弯构件斜截面受剪承载力计算公式，是以剪压破坏的破坏特征为依据，在试验分析的基础上给出的。

对于矩形、T 形和工字形截面等一般受弯构件，当仅配置箍筋时，其斜截面受剪承载力计算公式为：

$$V \leqslant 0.7 f_t b h_0 + 1.25 f_{yv} \frac{A_{sv}}{s} h_0$$

式中 V——构件计算截面上的剪力设计值；

f_t——混凝土轴心抗拉强度设计值；

b——矩形截面的宽度，T 形、工字形截面的腹板宽度；

h_0——截面有效高度；

f_{yv}——箍筋的抗拉强度设计值；

s——箍筋间距；

A_{sv}——同一截面内箍筋的截面面积，$A_{sv} = n A_{sv1}$，其中 n 为同一截面内箍筋的肢数，A_{sv1} 为单肢箍筋的截面面积。

当矩形、T 形和工字形截面受弯构件符合 $V \leqslant 0.7 f_t b h_0$ 条件时，可不必进行斜截面受剪承载力计算，按构造配置箍筋。

2. 适用条件

（1）为防止配箍筋量过大而发生斜压破坏的条件，即最小截面尺寸限制。

当 $\dfrac{h_w}{b} \leqslant 4.0$ 时，应满足 $V \leqslant 0.25\beta_c f_c b h_0$；

当 $\dfrac{h_w}{b} \geqslant 6.0$ 时，应满足 $V \leqslant 0.2\beta_c f_c b h_0$；

当 $4.0 \leqslant \dfrac{h_w}{b} \leqslant 6.0$ 时，应满足 $V \leqslant 0.025\left(14 - \dfrac{h_w}{b}\right)\beta_c f_c b h_0$。

以上各式中，h_w 为截面的腹板高度，矩形截面取有效高度 h_0，T 形截面取有效高度减去翼缘高度，工字形截面取腹板净高。β_c 为混凝土强度影响系数，当混凝土强度等级 C≤C50 时，取 $\beta_c = -1.0$；当混凝土强度等级为 C80 时，取 $\beta_c = 0.8$，其间按线性内插法确定。

（2）为防止配箍量过小而发生斜拉破坏的条件：最小配箍率 $\rho_{sv\cdot min}$ 的限制。配箍率 ρ_{sv} 应满足：$\rho_{sv} = \dfrac{A_{sv}}{bs} = \dfrac{nA_{sv1}}{bs} \geqslant \rho_{sv\cdot min} = 0.24\dfrac{f_t}{f_{yv}}$。同时，箍筋还应满足最小直径和最大间距 s_{max} 的要求。梁中箍筋的最大间距要求如表 3-11 所示。

表 3-11 梁中箍筋的最大间距   单位：mm

梁高 h	$V \geqslant 0.7f_t b h_0$	$V \leqslant 0.7f_t b h_0$	梁高 h	$V \geqslant 0.7f_t b h_0$	$V \leqslant 0.7f_t b h_0$
$150 < h \leqslant 300$	150	200	$500 < h \leqslant 800$	250	350
$300 < h \leqslant 500$	200	300	$h > 800$	300	400

（三）斜截面受剪承载力计算步骤

已知：剪力设计值 V、截面尺寸 b 和 h、混凝土强度等级、箍筋级别。求：箍筋数量。计算步骤如下：

（1）复核截面尺寸。

截面尺寸应满足最小截面尺寸限制的要求，否则，应加大截面尺寸或提高混凝土强度等级。

（2）确定是否需要按计算配置箍筋。

如满足式 $V \leqslant 0.7f_t b h_0$ 的要求，则不必进行斜截面承载力计算，直接按构造要求配置箍筋，否则，应按计算配置箍筋。

（3）计算箍筋。

对于一般梁，由公式：

$$\dfrac{A_{sv}}{s} = n\dfrac{A_{sv1}}{s} \geqslant (V - 0.7f_t b h_0)/1.25f_{yv}h_0$$

计算出 $\dfrac{A_{sv}}{s}$ 后，现根据构造要求选定箍筋直径 d 和箍筋肢数 n，进而计算出箍筋间距 s，且箍筋间距应满足 $s \leqslant s_{max}$。

（4）验算配箍率。

配箍率 ρ_{sv} 应满足：$\rho_{sv} = \dfrac{A_{sv}}{bs} = n\dfrac{A_{sv1}}{bs} \geqslant \rho_{sv \cdot min} = 0.24\dfrac{f_t}{f_y}$。

【例 3-18】 某矩形截面简支梁，截面尺寸 $b \times h = 250 \text{ mm} \times 550 \text{ mm}$，净跨 $l_n = 5.16 \text{ m}$，混凝土强度等级 C25，箍筋 HPB235 级，纵向钢筋 HRB335 级，承受均布荷载设计值 $q = 80 \text{ kN/m}$（包括梁自重），$a_s = 35 \text{ mm}$，根据正截面受弯承载力计算配置的纵筋为 4B25。试求箍筋用量。

【解】 查表得：

$f_c = 11.9 \text{ N/mm}^2$，$f_t = 1.27 \text{ N/mm}^2$，$f_{yv} = 210 \text{ N/mm}^2$，$\beta_c = 1.0$。

（1）计算支座边缘剪力设计值。

$$V = \frac{ql_n}{2} = \frac{1}{2} \times 80 \times 5.16 = 206.4 \text{ kN}$$

（2）验算截面尺寸。

$$h_0 = h - a_s = 550 - 35 = 515 \text{ mm}$$

$$\frac{h_w}{b} = \frac{515}{250} = 2.06 < 4$$

由 $0.25\beta_c f_c b h_0 = 0.25 \times 1.0 \times 11.9 \times 250 \times 515 = 383 \text{ kN}$，大于剪力设计值 206.4 kN，得出截面尺寸满足要求。

（3）确定是否需按计算配置箍筋。

计算 $0.7 f_t b h_0 = 0.7 \times 1.27 \times 250 \times 515 = 114.5 \text{ kN}$，小于剪力设计值 206.4 kN，故需按计算配置箍筋。

（4）确定箍筋数量。

$$\frac{A_{sv}}{s} = n\frac{A_{sv1}}{s} \geqslant \frac{V - 0.7 f_t b h_0}{1.25 f_{yv} h_0} = \frac{206.4 - 114.5}{1.25 \times 210 \times 515} = 0.68 \text{ mm}$$

选用 A8 双肢箍筋，$n = 2$，$A_{sv1} = 50.3 \text{ mm}^2$，则箍筋间距为：$s \leqslant \dfrac{nA_{sv1}}{0.68} = \dfrac{2 \times 50.3}{0.68} = 148 \text{ mm}$，取 $s = 140 \text{ mm}$，小于 $s_{max} = 200 \text{ mm}$，即箍筋间距取 140 mm。

（5）验算配箍率。

计算配箍率：

$$\rho_{sv} = \frac{A_{sv}}{bs} = \frac{nA_{sv1}}{bs} = \frac{2 \times 50.3}{250 \times 140} = 0.29\%$$

计算最小配箍率：

$$\rho_{sv \cdot min} = 0.24\frac{f_t}{f_y} = 0.24 \times \frac{1.27}{210} = 0.15\%$$

得配箍率大于最小配箍率，故配箍率满足要求。所以，选用 A8@140 双肢箍筋，沿梁长均匀布置。

(四)保证斜截面受弯承载力的构造措施

受弯构件在配筋计算时,纵向受拉钢筋是根据梁的最大弯矩确定的,如果纵向受力钢筋沿通长配置,既不弯起,又不切断,则沿梁全长各截面的受弯承载力均能保证。但是这样的配筋不经济,因为在弯矩较小的截面上,纵向受力钢筋未被充分利用,在实际工程中常常在钢筋不需要处对钢筋进行截断,以节约钢筋用量。

当纵向受拉钢筋在跨中截断时,由于钢筋面积的突然减少,使混凝土中产生应力集中现象,在纵筋截断处将提前出现过宽的与纵向钢筋相交的斜裂缝,可能使斜截面的受弯承载力得不到保证,最终由于斜截面的受弯承载力不足而引起破坏。如截断钢筋的锚固长度不足,将导致黏结破坏,降低构件的承载力。因此,对于梁底部承受正弯矩的纵向受拉钢筋,一般不宜在跨中受拉区截断,而应将计算上不需要的钢筋弯起作为受剪的弯起钢筋,或作为支座截面承受负弯矩的钢筋。

对于悬臂梁、连续梁(板)、框架梁等构件,为了合理配筋,通常需将支座处负弯矩按弯矩图形的变化,在跨中受压区分批截断。为了保证钢筋强度的充分利用,截断的钢筋必须在跨中有足够的锚固长度。

当纵筋弯起时,弯起钢筋一般不宜放在梁的边缘,也不宜采用过粗直径的钢筋;为了防止弯起钢筋间距过大,以致可能出现不与弯起钢筋相交的斜裂缝使弯起钢筋无从发挥其抗剪作用,从支座边到第一排弯筋的弯上点以及从前一排弯筋的弯起点到后一排弯筋的弯上点的间距 s 均应满足箍筋最大间距 s_{max} 的要求,即 $s \leq s_{max}$;为了保证斜截面受弯承载力,弯起钢筋的弯起点可设在按正截面受弯承载力计算不需要该钢筋的截面之前,但弯起钢筋与梁中心线的交点应位于不需要该钢筋的截面之外;同时,弯起点与按计算充分利用该钢筋的截面之间的距离不应小于 $h_0/2$。

钢筋混凝土梁支座截面负弯矩纵向受拉钢筋不宜在受拉区截断。当必须截断时,符合以下规定:

(1)当 $V \leq 0.7f_tbh_0$ 时,应延伸至按正截面受弯承载力计算不需要该钢筋的截面以外不小于 $20d$ 处截断,且从该钢筋强度充分利用截面伸出的长度不应小于 $1.2l_a$。

(2)当 $V > 0.7f_tbh_0$ 时,应延伸至按正截面受弯承载力计算不需要该钢筋的截面以外不小于 h_0 且不小于 $20d$ 处截断,且从该钢筋强度充分利用截面伸出的长度不应小于 $1.2l_a + h_0$。

(3)若按上述规定确定的截断点仍位于负弯矩受拉区内,则应延伸至按正截面受弯承载力计算不需要该钢筋的截面以外不小于 $1.3h_0$,且不小于 $20d$ 处截断,且从该钢筋强度充分利用截面伸出的长度不应小于 $1.2l_a + 1.7h_0$。

任务三 钢筋混凝土梁、板的平法施工图识读

子任务一 钢筋混凝土梁的平法施工图识读

子任务一	钢筋混凝土梁的平法施工图识读
任务目标	1. 掌握钢筋混凝土梁平法制图规则。 2. 熟练识读钢筋混凝土梁平法施工图。 3. 掌握各种梁的纵向钢筋构造、箍筋构造及支座处钢筋构造。 4. 熟练识读钢筋混凝土梁标准构造详图
任务描述	如下图所示为某框架结构 8.350 m 层梁平法施工图（局部），请找出图中有哪些梁，并识读梁的施工图，描述出梁的编号、截面尺寸、梁的箍筋、梁的上部通长钢筋、梁的纵向受力筋、梁的构造筋等。 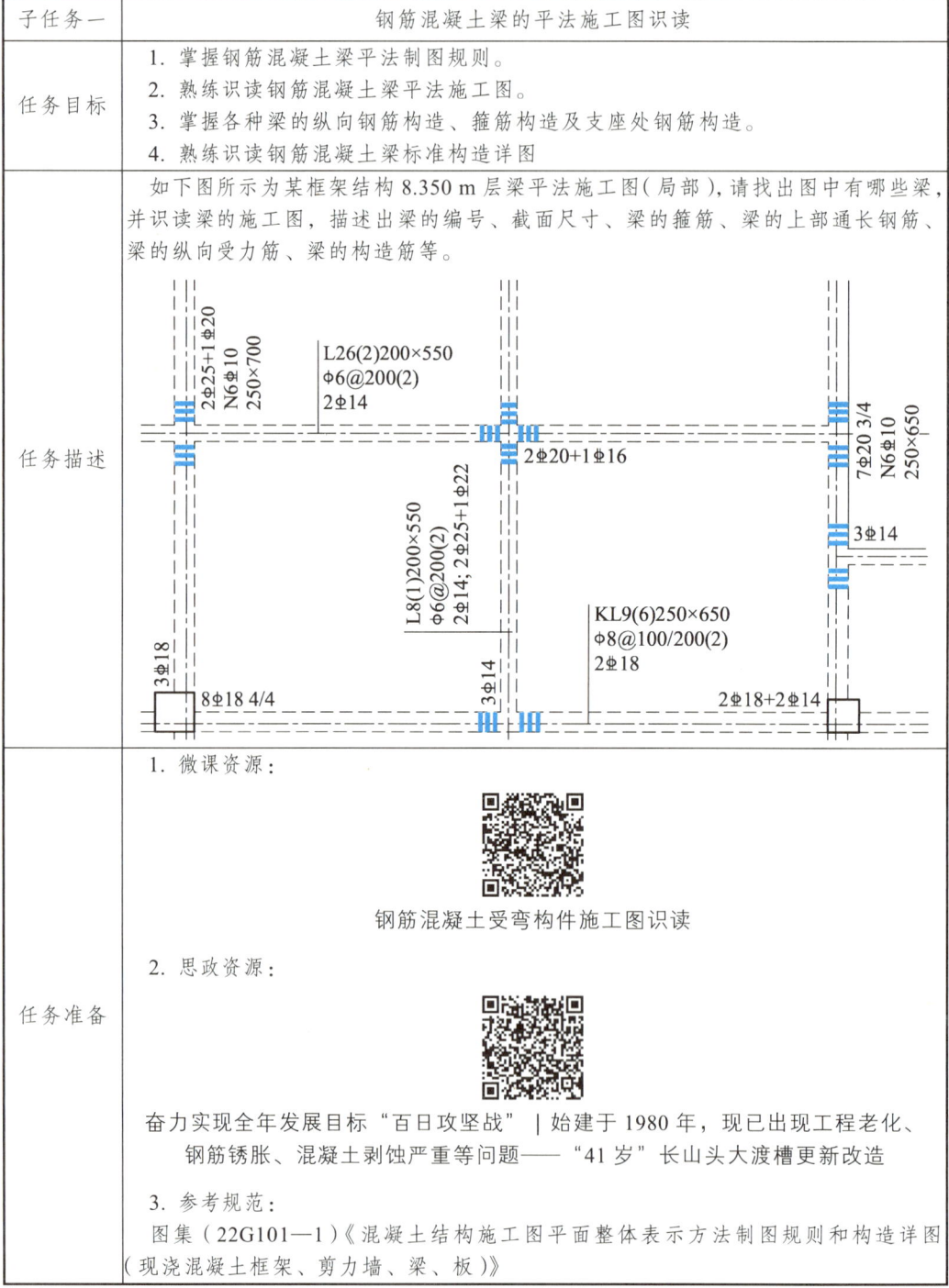
任务准备	1. 微课资源： 钢筋混凝土受弯构件施工图识读 2. 思政资源： 奋力实现全年发展目标"百日攻坚战" | 始建于 1980 年，现已出现工程老化、钢筋锈胀、混凝土剥蚀严重等问题——"41 岁"长山头大渡槽更新改造 3. 参考规范： 图集（22G101—1）《混凝土结构施工图平面整体表示方法制图规则和构造详图（现浇混凝土框架、剪力墙、梁、板）》

任务实施	梁平法施工图的表示方法			
	学习钢筋混凝土梁平法施工图的制图规则，掌握梁平面注写方式			
	识读钢筋混凝土梁的平法施工图			
	梁构件钢筋的构造要求			
总结反馈	你是否了解施工图的表示方法（平面注写法和截面注写法）？		是□	否□
	你是否了解梁的集中标注和原位标注的内容和规则？		是□	否□
	你是否掌握梁的纵向钢筋构造、箍筋构造及支座处钢筋构造？		是□	否□
	你是否了解识读梁平法施工图的内容、方法、步骤？是否能熟练识读梁的平法施工图？		是□	否□
	请用文字或者思维导图形式进行相关知识总结：			

知识链接

一、梁平法施工图的表示方法

梁平法施工图是在梁平面布置图上采用平面注写方式或截面注写方式表达梁的尺寸、配筋等相关信息,再与标准构造详图相配合,构成一套完整的梁的结构图。

表达房屋中各承重构件总体平面布置的图样,称为结构布置图。梁的平面布置图,应分别按梁的不同结构层(标准层),将全部梁以及与其相关的柱、墙、板一起用适当的比例绘制,图 3-47 所示为 15.870~26.670 m 梁平法施工图(局部)。

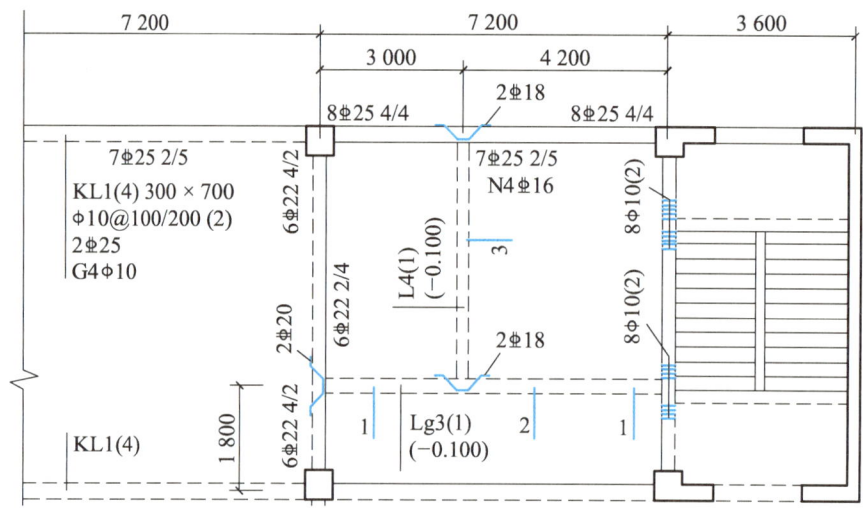

图 3-47　15.870~26.670 m 梁平法施工图(局部)

梁的平面注写方式是在梁平面布置图上,分别从不同编号的梁中各选一根,在其上注写截面尺寸和配筋等数值来表达梁平法施工图,如图 3-48 所示。

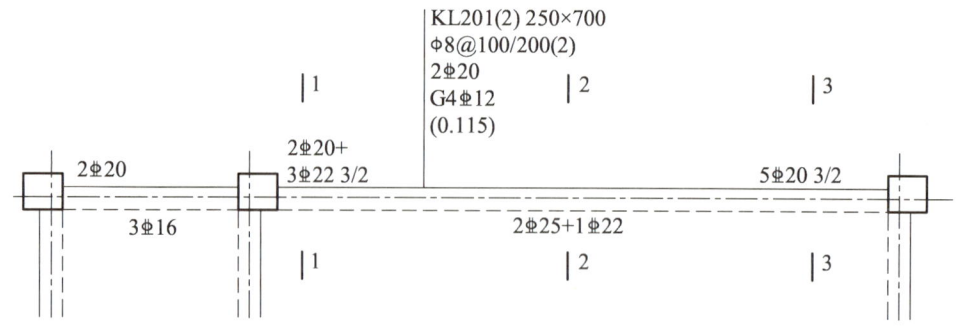

图 3-48　梁的平面注写方式

梁的截面注写方式是在梁平面布置图上,分别从不同编号的梁中各选一根,用剖面符号引出配筋图,并在其上面注写截面尺寸和配筋等具体数值来表达梁平法施工图,如图 3-49 所示。

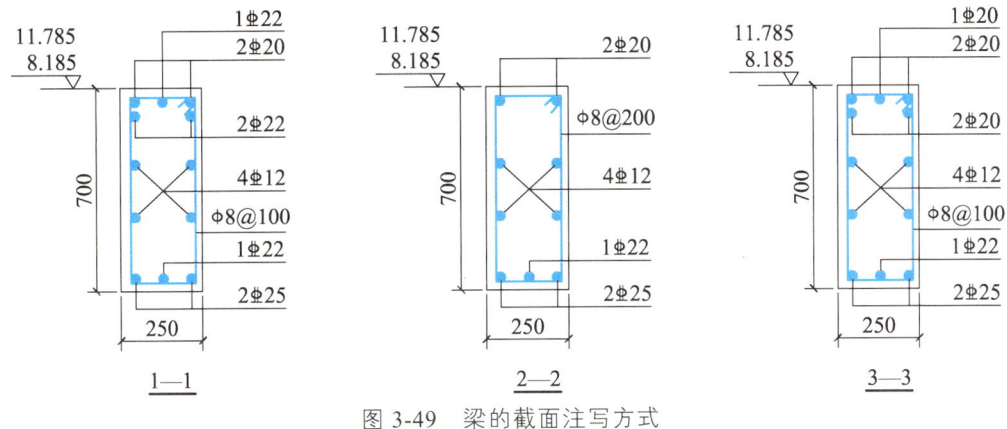

图 3-49 梁的截面注写方式

在实际工程中,梁的平法施工图大多数采用平面注写方式为主、截面注写方式为辅,这里主要介绍平面注写方式的内容。

梁平法施工图中,应注明各结构层的顶面标高及相应的结构层号,图中用层高表来表述。对于轴线未居中的梁,应标注其偏心定位尺寸(贴柱边的梁可不注)。

二、梁的平面注写方式

梁的平面注写包括"集中标注"与"原位标注"。集中标注表达梁的通用数值,原位标注表达梁的特殊数值。当集中标注中的某项数值不适用于梁的某部位时,则将该项数值原位标注,施工中,原位标注优先于集中标注,如图 3-50 所示。

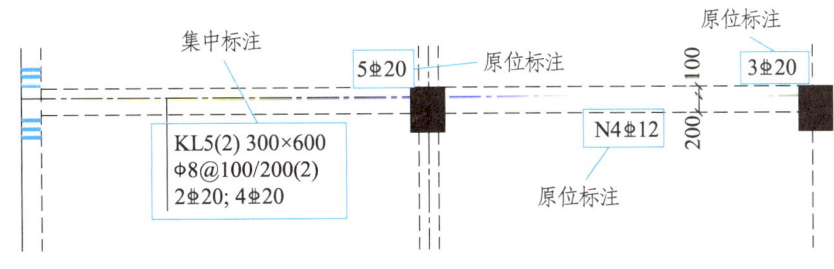

图 3-50 梁的平面注写方式

1. 梁的集中标注

梁的集中标注内容(可从梁的任意一跨引出),包含五项必注值和一项选注值:

① 梁编号(包括跨数);② 梁截面尺寸;③ 箍筋:钢筋级别、直径、加密区及非加密区、肢数;④ 梁上下通长筋或架立筋;⑤ 梁侧面纵筋:纵向构造腰筋或受扭腰筋;⑥ 梁顶面标高与结构层楼面标高的高差(该项为选注值)。梁集中标注的内容与规则见表 3-12。

表 3-12 梁集中标注的内容与规则

序号	标注内容	制图规则
1	梁编号	由梁类型代号、序号、跨数及有无悬挑这几项组成。 ① 梁类型代号：楼层框架梁——KL、屋面框架梁——WKL、悬挑梁——XL、非框架梁——L、框支梁——KZL、井字梁——JZL、托柱转换梁——TZL； ② 梁序号：加在梁代号的后面，用数字表示梁的顺序编号； ③ 梁的跨数及是否带悬挑：加在梁序号后面的括号里，括号里的数字表示梁的跨数（注：悬挑不计入跨数），（XXA）中括号里的字母 A 表示一端有悬挑，（XXB）中 B 表示两端有悬挑，没有字母则代表没有悬挑。梁编号示例如下图所示。 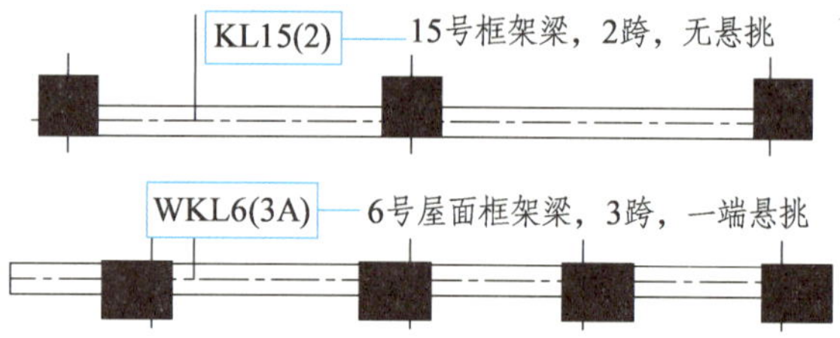 KL15(2)——15号框架梁，2跨，无悬挑 WKL6(3A)——6号屋面框架梁，3跨，一端悬挑 梁编号示例
2	梁的截面尺寸	等截面矩形梁：用"梁宽 b×梁高 h"表示； 不等高截面的悬挑梁：用"梁宽 b×梁根部高度 h_1/梁端部高度 h_2"表示，用斜线分隔梁的根部与端部的高度值。 如下图所示，悬挑梁梁宽 300 mm，梁的根部高度 700 mm，端部高度 500 mm。 300×700/500 悬挑梁 下图为垂直和水平加腋梁的空间展示。 垂直加腋 水平加腋 垂直和水平加腋梁的空间展示

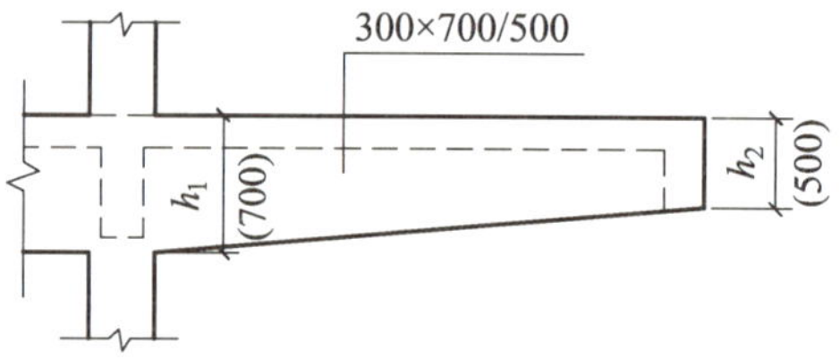

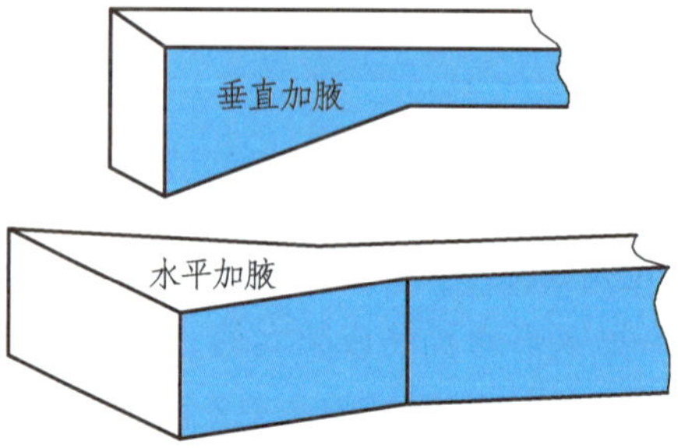

续表

序号	标注内容	制图规则
2	梁的截面尺寸	下图为竖向加腋梁，用"$b \times h \, Y c_1 \times c_2$"表示，$c_1$为腋长，$c_2$为腋高。 下图为水平加腋梁，用"$b \times h \, PY c_1 \times c_2$"表示，$c_1$为腋长，$c_2$为腋宽。
3	梁箍筋	箍筋信息：钢筋级别、直径、间距（加密区及非加密区）及肢数，箍筋肢数示意图、箍筋加密区及非加密区如下图所示。

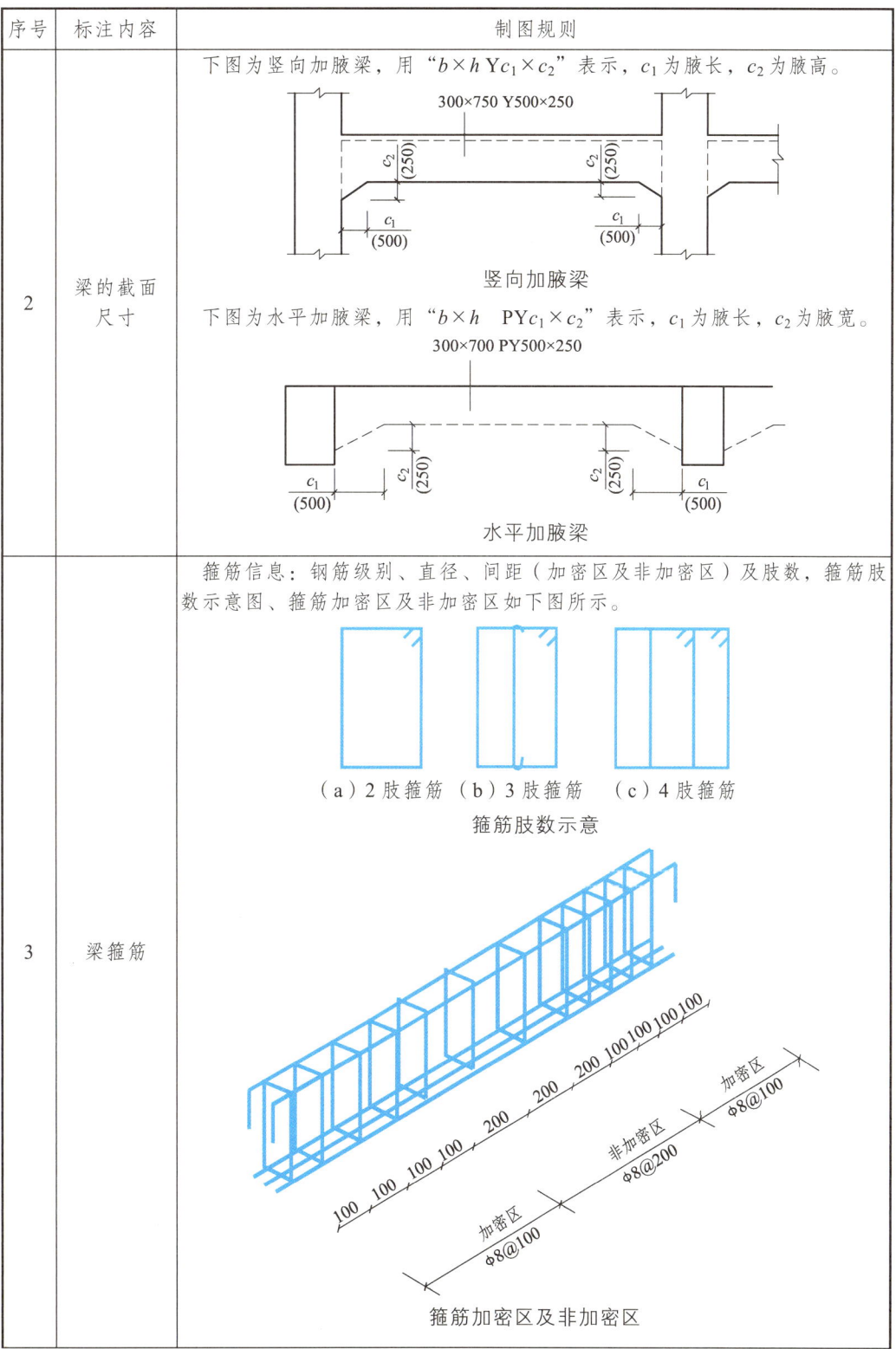

续表

序号	标注内容	制图规则
3	梁箍筋	① 当梁箍筋的间距及肢数相同时，不需用斜线，肢数仅注写一次，写在括号内。 例：Φ12@100(2)，表示箍筋为HPB300钢筋，直径为12 mm，间距为100 mm，双肢箍。 ② 箍筋加密区与非加密区间距不同，肢数相同。 例：Φ10@100/200(4)，表示箍筋为HPB300钢筋，直径为10 mm，加密区间距为100 mm，非加密区间距为200 mm，均为四肢箍。 ③ 箍筋加密区与非加密区的间距、肢数都不相同。不同间距及肢数需用斜线"/"分隔，箍筋肢数写在括号内。 例：Φ8@100(4)/150(2)，表示箍筋为HPB300钢筋，直径8 mm，加密区间距为100 mm，四肢箍；非加密区间距为150 mm，双肢箍。 ④ 在抗震设计中的非框架梁、悬挑梁、井字梁及各类梁，采用不同的箍筋间距及肢数时，也用斜线"/"将其分隔开来。例：18Φ12@150(4)/200(2)，表示箍筋为HPB300钢筋，直径12 mm，梁的两端各有18个四肢箍，间距150 mm；梁跨中部分间距为200 mm，双肢箍
4	梁上部通长筋或架立筋	通长筋指梁上部受力筋沿梁的长度方向不截断；架立筋的作用是和箍筋绑扎在一起形成钢筋骨架。 通长筋可以为相同或不同直径，通长筋所注规格与根数应根据结构受力要求及箍筋肢数等构造要求而定。 ① 当梁上部同排纵筋中，既有通长筋又有架立筋时，应用加号"+"将通长筋和架立筋相连，即"角部通长筋+（架立筋）"，角部纵筋写在加号前面，架立筋写在加号后面的括号内，以示区别，如下图所示。 例：2Φ22+(2Φ12)，用于四肢箍，其中2Φ22为通长筋，2Φ12为架立筋。 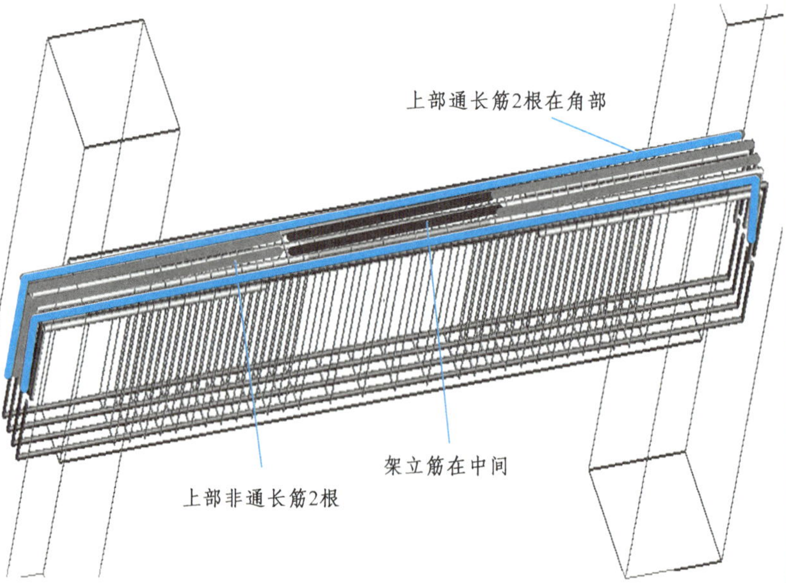 梁上部既有架立筋又有通长筋

续表

序号	标注内容	制图规则
4	梁上部通长筋或架立筋	② 当梁上部同排纵筋中,仅有通长筋而无架立筋时,仅写通长筋,如下图所示。 例:2Φ20,用于双肢箍,其中 2Φ20 为通长筋。 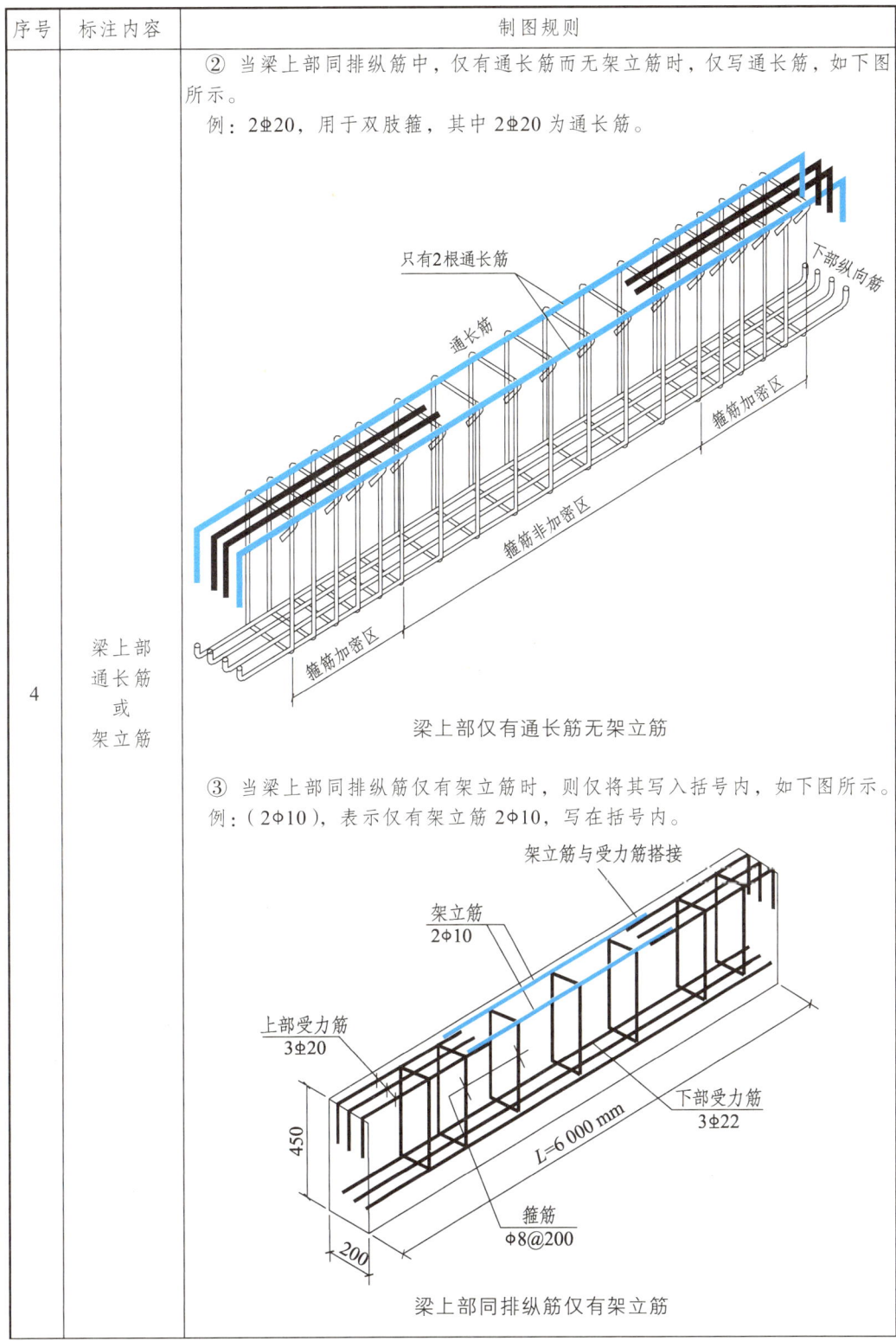 梁上部仅有通长筋无架立筋 ③ 当梁上部同排纵筋仅有架立筋时,则仅将其写入括号内,如下图所示。 例:(2Φ10),表示仅有架立筋 2Φ10,写在括号内。 梁上部同排纵筋仅有架立筋

177

续表

序号	标注内容	制图规则
4	梁上部 通长筋 或 架立筋	④ 上、下均有通长钢筋，表达为“上部通长筋；下部通长筋”。既有上部通长筋又有下部通长筋，且配筋全跨（或多数跨）相同，可将上部通长筋与下部通长筋用“;”分开，即“上部通长筋；下部通长筋”。少数跨不同时，则少数跨按原位标注来标注，如下图所示。 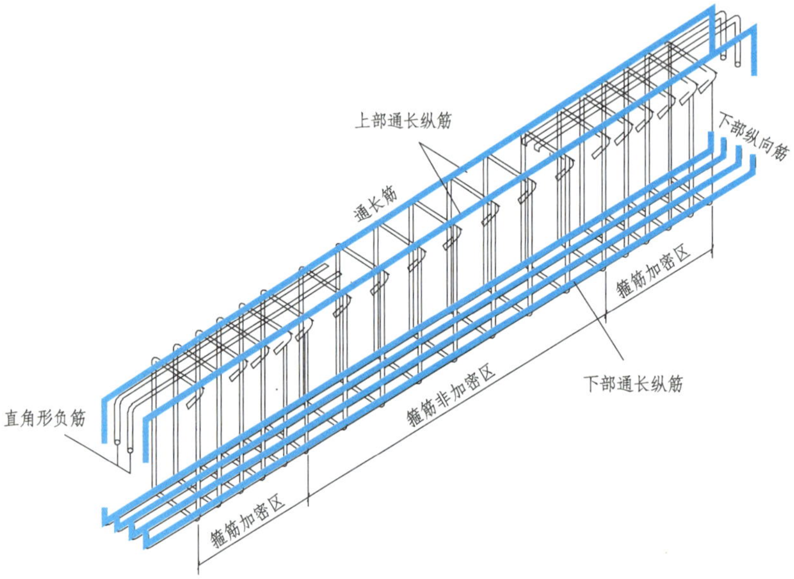 梁上、下均有通长纵筋 例：2Φ22；4Φ20 表明：上部通长筋为 2Φ22，下部通长筋为 4Φ20。 KL1(3) 200×400 Φ8@100/200(2) 2Φ20 上部2根通长筋，直径20 mm KL2(3) 350×600 Φ8@100/200(4) 2Φ20+(2Φ14) 上部2根通长筋，直径20 mm；2根架立筋，直径14 mm IKL3(4) 250×500 Φ8@100/200(2) 3Φ20; 3Φ22 上部3根通长筋，直径20 mm；下部3根通长筋，直径22 mm
5	梁侧面 纵向构造 钢筋或 受扭钢筋	① 当梁腹板高度 $h_w \geq 450$ mm 时，在梁的两个侧面对称配置纵向构造钢筋，纵向构造钢筋间距≤200 mm。注写时以大写字母 G 打头，接续注写梁两侧的总配筋值，如下图所示。 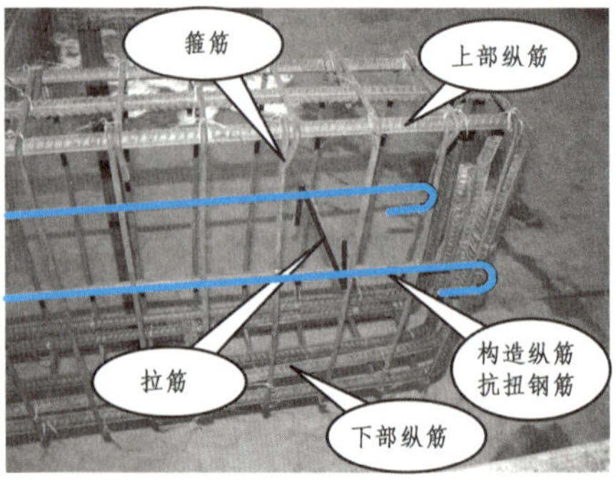 梁侧面纵筋及各种钢筋

续表

序号	标注内容	制图规则
5	梁侧面纵向构造钢筋或受扭钢筋	例：G2Φ10，表示梁的两个侧面共配置2Φ10的纵向构造钢筋，每侧各配置1Φ10。 ②当梁侧面需配置受扭纵向钢筋时，注写时以大写字母N打头，接着注写配置在梁两个侧面的总配筋量，且对称配置。受扭纵筋应满足梁侧面纵向构造钢筋的间距要求。 例：N4Φ16，表示梁的两个侧面共配置4Φ16的受扭纵向钢筋，每侧面各配置2Φ16。 注意：当梁侧面配有直径不小于构造纵筋的受扭纵筋时，受扭钢筋可以代替构造钢筋。梁侧受扭纵筋与纵向构造钢筋不重复配置
	梁顶面标高与结构层楼面标高的高差（选注项）	梁顶面标高相对于结构层楼面标高，有高差时，须将其写入括号内，无高差时不注。当某梁的顶面高于所在结构层的楼面标高时，其标高高差为正值；反之为负值。 例：某结构标准层的楼面标高为7.150 m，当某梁的梁顶面标高高差注写为（-0.050 m）时，即表明该梁顶面标高相对于7.150 m低0.050 m。
6	例：	11号框架梁，3跨，无悬挑　矩形截面梁，梁宽200 mm，梁高400 mm KL11(3)　200×400 Φ8@100/200(2)　箍筋为HRB400级钢筋，直径为8 mm，加密区间距为100 mm，非加密区间距为200 mm，双肢箍 3Φ14;2Φ16 上部3根HRB400级通长筋，直径14 mm；下部2根HRB400级通长筋，直径16 mm N2Φ12　梁两侧共2根HRB400级扭筋，直径12 mm，每侧各1根 (0.150)　梁顶面标高比结构层楼面标高高0.150 m

2. 梁的原位标注

梁的原位标注包括梁支座上部纵筋、梁下部纵筋、附加箍筋或吊筋、对集中标注的修正内容。

（1）梁支座上部纵筋（含通长筋）。

梁支座上部纵筋是该位置包含集中标注中的上部通长筋在内的所有纵筋，如图 3-51 所示。

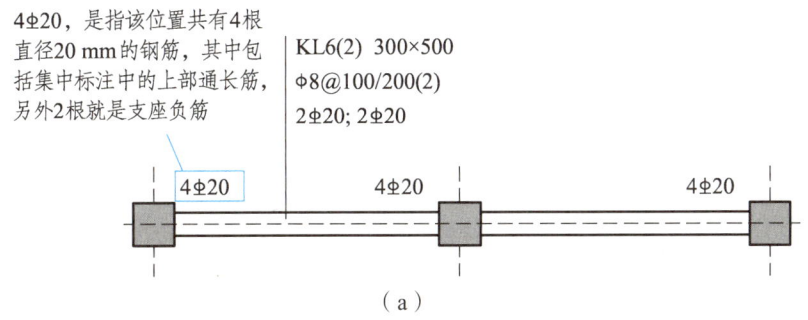

(a)

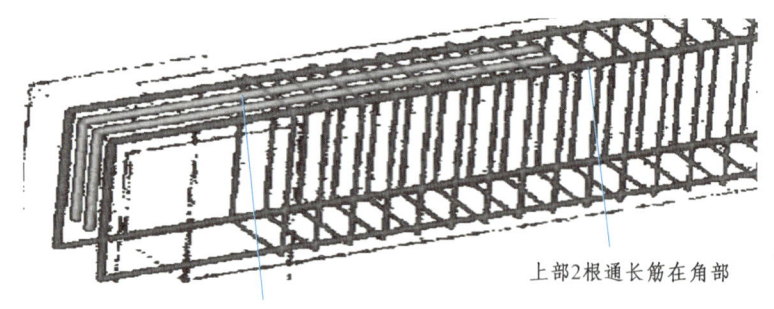

（b）

图 3-51 梁的上部纵筋

① "/"分隔：当上部纵筋多于一排时，用斜线"/"将各排纵筋自上而下分开。例：如图 3-52 所示，在第一跨左支座处的上部纵筋表示为：6⏀25 4/2，对应的截面注写为图 3-52（a）所示，该支座处的上部纵筋分为上下两排：

a. 上排纵筋：4⏀25 表示 4 根直径为 25 mm，包括集中标注中的 2 根直径为 25 mm 的通长筋（角部），以及 2 根直径为 25 mm 的支座负筋。b. 下排纵筋：2⏀25 表示 2 根直径为 25 mm 的支座负筋。

② "+"相连：当同排纵筋有两种直径时，用加号"+"将两种直径的纵筋相连，注写时角筋写在前面。

例：如图 3-52 所示，在第一跨右支座及第二跨左支座处的上部纵筋表示为：2⏀25+2⏀22，对应的截面注写为 3-52 中的（b）图所示，该支座处的上部纵筋为一排，由 2 根直径 25 mm 和 2 根直径 22 mm 钢筋组成，用"+"相连，其中 2 根直径 25 mm 的钢筋是集中标注中的通长筋，放在角部；2 根直径 22 mm 是支座负筋，放在截面的中间，如图 3-51（b）所示。

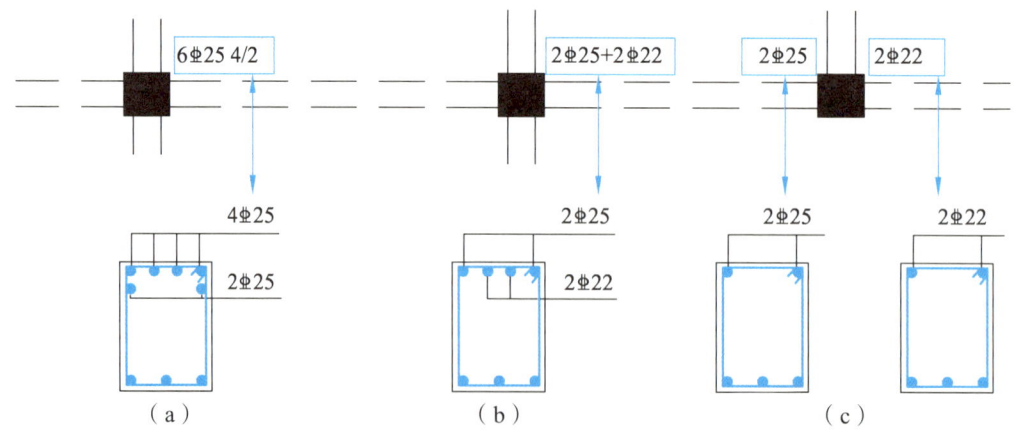

图 3-52 梁支座处的上部纵筋

③ 缺省标注：当梁中间支座两边上部纵筋不同时，需在支座的两边分别标注，如图 3-52（c）所示；当梁中间支座两边的上部纵筋相同时，可仅在支座一边标注配筋值，而另一边可以略去不注，如图 3-53 所示。

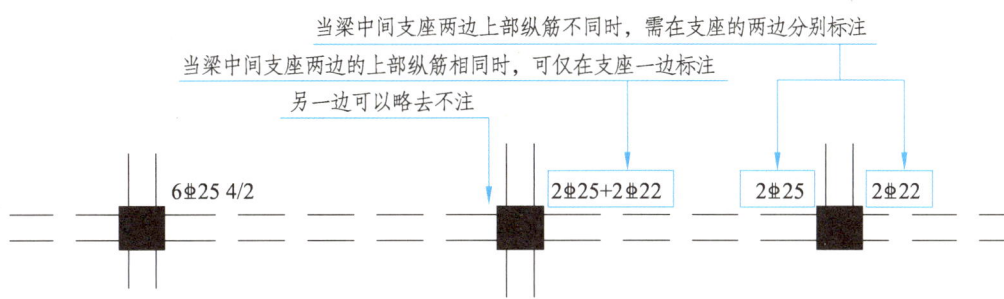

图 3-53 梁支座两边的上部纵筋

④ 小跨上部纵筋采取贯通全跨的布置。

当两大跨中间为小跨,且小跨净尺寸小于左、右两大跨净尺寸之和的 1/3 时,小跨上部纵筋采取贯通全跨方式,此时,应将贯通小跨的纵筋写在小跨中部。

如图 3-54 所示,两大跨中间为小跨时,上部支座钢筋标在第 2 跨(小跨)跨中,且与第 1 跨右支座和第 3 跨左支座相同,如图 3-54 中第 2 跨跨中的 4⌀20 表示:第 1 跨右支座负筋贯通第 2 跨,一直延伸到第 3 跨左支座,在整个第 2 跨是贯通拉通布置的情况。

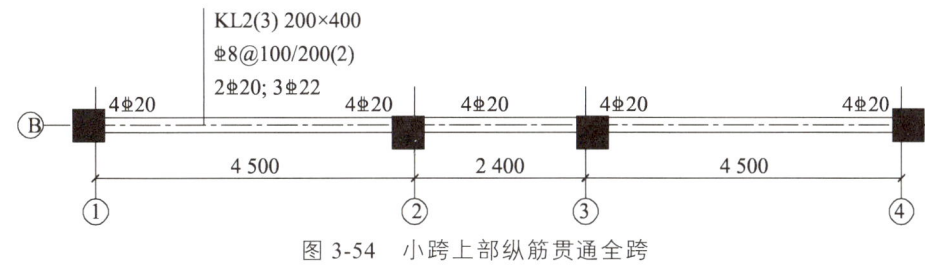

图 3-54 小跨上部纵筋贯通全跨

(2)梁下部纵筋。

① 注写在梁下部跨中位置。

② 当下部纵筋多于一排时,用斜线"/"将各排纵筋自上而下分开。

例:6⌀25 2/4 表示下部两排钢筋,最下排 4⌀25,其上一排 2⌀25,如图 3-55(a)所示。

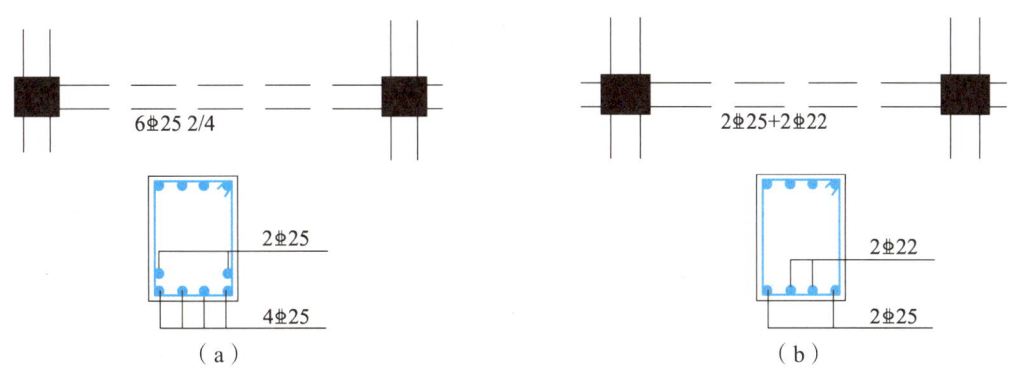

图 3-55 下部纵筋的布置

③ 当同排纵筋有两种直径时,用加号"+"将两种直径的纵筋相连,注写时角筋写在前面。

例：2⌀25 + 2⌀22 表示下部只有一排钢筋，角部 2⌀25，中间 2⌀22，如图 3-55（b）所示。

④ 当梁下部纵筋不全部伸入支座时，将梁下部不伸入支座的纵筋数量写在括号内。

例：6⌀20 2（-2）/4 表示下部一共两排钢筋，最下排 4⌀20 直接伸进支座，其上一排 2⌀20 不伸入支座，如图 3-56、图 3-57 所示。

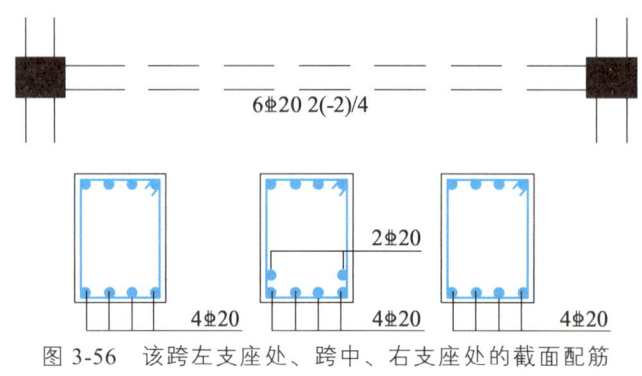

图 3-56　该跨左支座处、跨中、右支座处的截面配筋

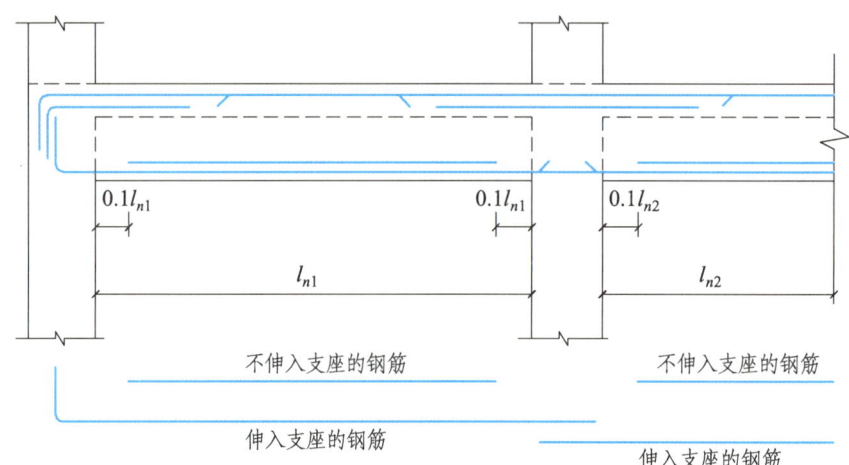

图 3-57　不伸入支座的梁下部纵筋示意

⑤ 当梁设置水平加腋时，水平加腋内上下部斜纵筋应在加腋支座上部以 Y 打头注写在括号内，上下部斜纵筋之间用"/"分隔。

例：如图 3-58 中第一跨左、右支座处：上部（Y2⌀25/2⌀25），表示配置的上部斜纵筋为 2⌀25，下部斜纵筋为 2⌀25。

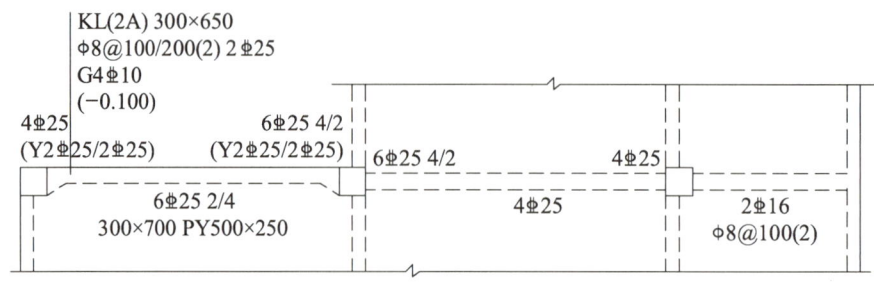

图 3-58　梁水平加腋平面注写方式表达示例

⑥ 当梁设置竖向加腋时,加腋部位下部斜纵筋应在支座下部以 Y 打头注写在括号里。

例:如图 3-59 中第一、三跨左、右支座下部(Y4⌀25),表示加腋部位下部斜纵筋为 4⌀25。

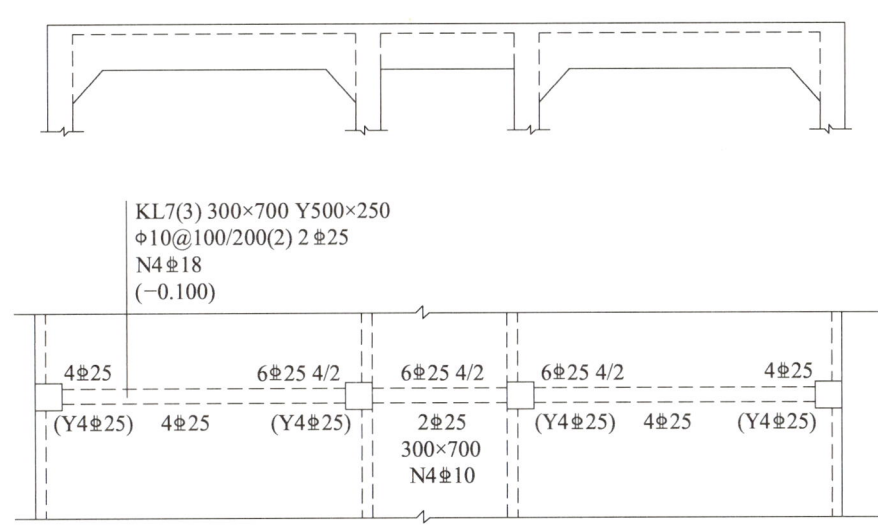

图 3-59 梁竖向加腋平面注写方式表达示例

(3)附加箍筋或吊筋。

在主次梁相交处,直接将附加箍筋或吊筋画在平面图中的主梁上,用线引注总配筋值。附加箍筋的肢数注写在括号内,如图 3.60 所示。

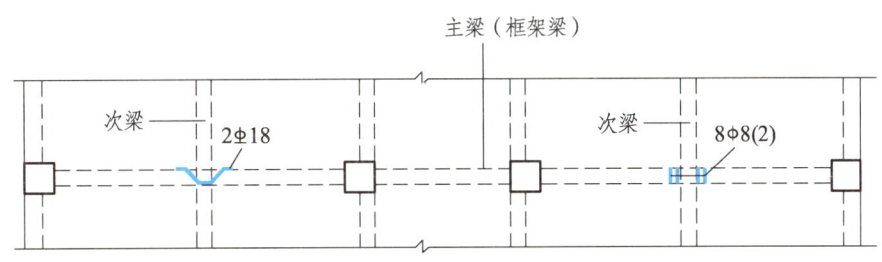

图 3-60 有集中力处(即主次梁相交处)的附加箍筋或吊筋

当多数附加箍筋或吊筋相同时,可在梁平法施工图上统一注明,少数不一致的再原位引注。

应注意:附加箍筋的间距、吊筋的几何尺寸等构造,应结合其所在位置的主梁和次梁的截面尺寸而定。

① 附加箍筋。例:8⌀8(2)表示在主梁上配置直径 8 mm 附加箍筋共 8 道,在次梁两侧各配置 4 道,为双肢箍,如图 3-60、图 3-61 所示。

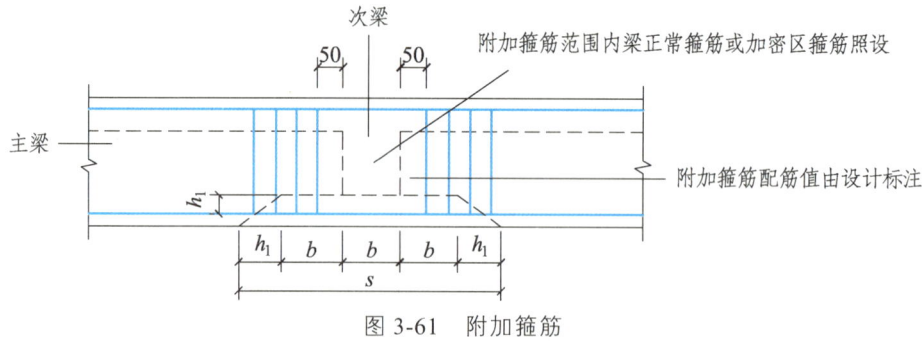

图 3-61 附加箍筋

② 吊筋。例：2Φ18 表示在主梁上配置直径 18 mm 吊筋两根，如图 3-60、图 3-62 所示。

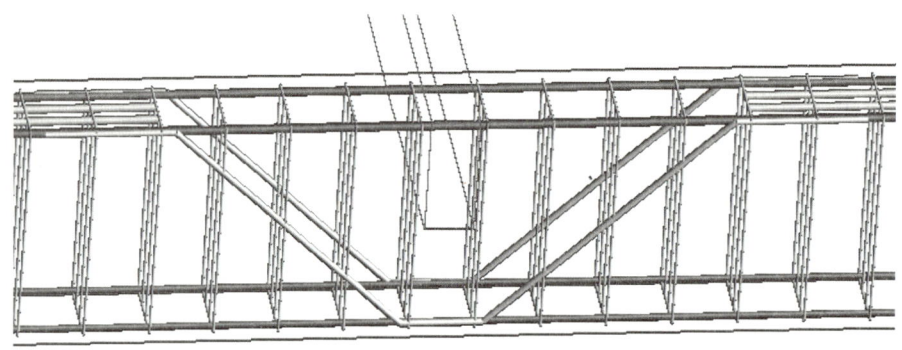

图 3-62 吊筋

当梁高>800 mm，吊筋弯起 60°；梁高≤800 mm，吊筋弯起 45°。

（4）注写修正集中标注中某项或某几项不适用于本跨的内容。

① 当在梁上集中标注的内容（即梁截面尺寸、箍筋、上部通长筋或架立筋，梁侧构造钢筋或受扭纵向钢筋，以及梁顶面标高高差中的某一项或几项数值）不适用于某跨或某悬挑部分时，应将其不同数值原位标注在该跨或该悬挑部分处，施工时，应以原位标注的数值为准，如图 3-63 所示。

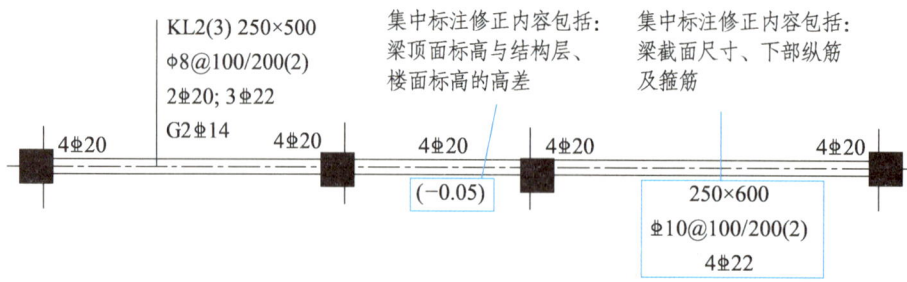

图 3-63 梁综合原位标注识读示例

② 对于多跨梁的集中标注中已注明加腋，而该梁某跨的根部却不需要加腋时，则应在该跨原位标注等截面的 $b \times h$，以修正集中标注中的加腋信息，如图 3-64 所示：中间跨下部注写 300×700，表示该跨不加腋，N4Φ10 表示此跨侧面共配置了 4 根 Φ10 的抗扭纵筋。

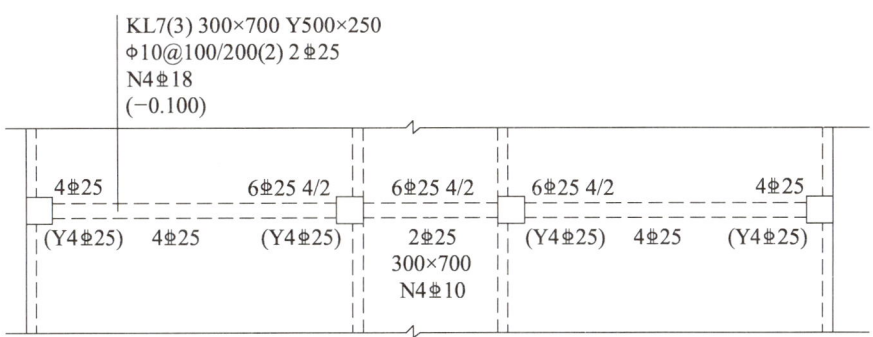

图 3-64 某跨加腋情况与集中标注中不同时注写示意

三、任务实施——梁平法施工图的识读

1. 楼层梁平法施工图识读（见表 3-13）

表 3-13 识读梁平法施工图步骤

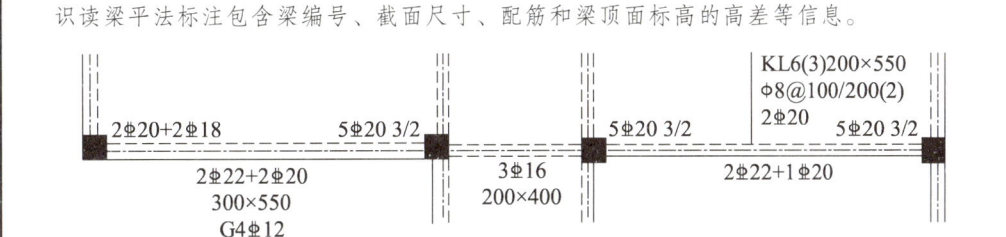

识读梁平法标注包含梁编号、截面尺寸、配筋和梁顶面标高的高差等信息。

（1）集中标注。

某综合楼 4.150 梁平法施工图（局部）如上图所示，该梁为楼面框架梁，编号为 6，有 3 跨，两端无悬挑，梁宽为 200 mm，梁高为 550 mm；配直径为 8 mm 的双肢箍筋，箍筋间距在梁两端加密区为 100 mm，非加密区为 200 mm；梁上部为 2 根直径 20 mm 的通长筋；梁顶面标高为 4.150 m。

（2）原位标注。

① 梁上部钢筋：

第一跨左支座共配 4 根钢筋，一排布置，其中角部 2 根直径 20 mm 的钢筋为集中标注所指的通长筋，另外 2 根直径 18 mm 的钢筋为支座负筋。

第一跨右支座左右两侧配筋相同，共配 5 根钢筋，分两排，上排 3 根，其中角部 2 根直径 20 mm 的钢筋为集中标注所指的通长筋，另外 1 根直径 20 mm 的钢筋为支座负筋；下排 2 根直径 20 mm 的钢筋为支座负筋。

中间跨为小跨，其上部钢筋全跨贯通，由第一跨右支座上部配筋 5⌀20 3/2。

穿过支座，中间跨贯通，一直延伸到第三跨的左支座。

第三跨右支座处的配筋情况与第一跨右支座配筋相同，为 5⌀20 3/2。

② 梁下部钢筋：

第一跨梁的下部为一排 4 根纵筋，2 根直径 22 mm 的纵筋在角部，2 根 20 mm 的纵筋在中间；并且第一跨的截面尺寸跟集中标注有不同，截面宽为 300 mm，高为 550 mm，该跨梁的 2 个侧面共配置了 4 根直径为 12 mm 的构造钢筋，每个侧面各自配置 2 根。

第二跨梁的下部配置了 3 根直径为 16 mm 的纵筋，截面尺寸与集中标注有不同，截面宽为 200 mm，截面高为 400 mm。

第三跨梁的下部配置了 3 根纵筋，2 根直径 22 mm 的纵筋在角部，1 根 20 mm 的纵筋在中间。

③ 钢筋的级别：

除了箍筋为 HPB300 级钢筋以外，其余所有钢筋均为 HRB400 级钢筋。

（3）描述该梁信息，某 KL1 平法标注如下图所示。

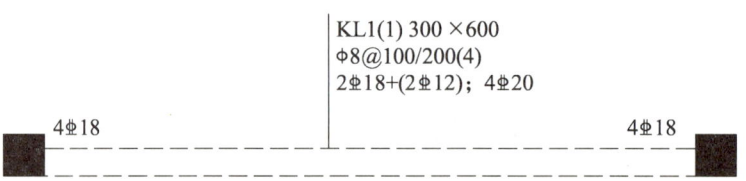

（4）根据提示给出的信息，补全下图（b）中的梁平法信息。

已知框架梁纵筋示意如下图（a）所示，编号为 1 号，1 跨，截面宽 300 mm，高 500 mm，箍筋直径为 10 mm，HPB300，加密区间距为 100 mm，非加密区间距为 150 mm。

将该梁标注为平法。

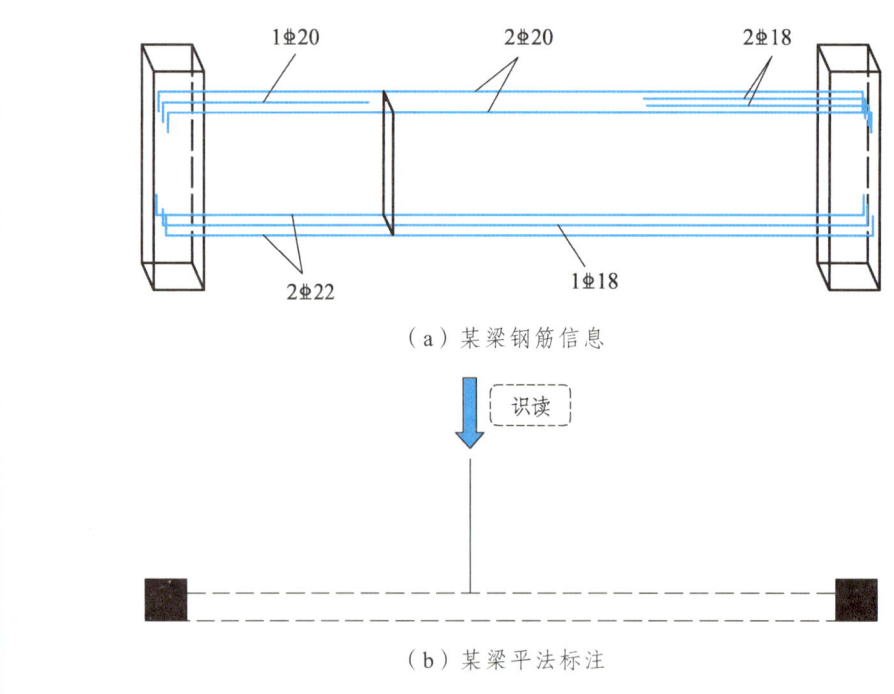

2. 屋面梁平法施工图识读

屋面梁平法施工图的识读方法同楼面梁平法施工图，同学们自主识读表 3-14 中屋面框架梁 WKL28 某办公楼 15.300 梁平法施工图，填写表 3-14。

表 3-14 屋面梁平法施工图标注内容识读

主要内容识读
（1）屋面框架梁 WKL28。 某办公楼 15.300 梁平法施工图（局部 WKL28）如下图所示： WKL28(3) 300×650 Φ10@100/200(4) 2Φ25 6Φ25 4/2　　　　　本跨为第三跨　8Φ25 左支座　2Φ20/4Φ25　　右支座 　　　　G4Φ12 ↓ 识读 集中标注：_____号_____梁，跨数_____；梁高_____，梁宽_____；箍筋采用_____级钢筋，直径_____，加密区间距_____，非加密区间距_____，_____肢箍；上部通长钢筋_____。 　　原位标注：识读第 3 跨梁信息，该梁左侧支座共配_____，其中_____为集中标注所指的通长钢筋，位于角部，另外_____为支座负筋；梁右侧支座共配_____，其中_____为集中标注所指的通长钢筋，位于角部。 　　梁的下部上排配筋为_____，下排配筋为_____。 　　梁侧构造钢筋_____，每侧_____根。 （2）屋面框架梁 WKL1。 某办公楼 15.300 梁平法施工图（局部 WKL1）如下图所示： WKL1(1) 300×500 Φ8@100/150(2) 2Φ14；2Φ16+1Φ14 G4Φ12 3Φ14　(0.600)　3Φ14 ↓ 识读 集中标注：_____号_____梁，跨数_____；梁高_____，梁宽_____；箍筋采用_____级钢筋，直径_____，加密区间距_____，非加密区间距_____，_____肢箍；上部通长钢筋_____；下部通长筋_____，角筋是_____。 　　原位标注：该梁左侧支座共配_____，其中_____为集中标注所指的通长钢筋，位于角部，另外_____为支座负筋；梁右侧支座共配_____，其中_____为集中标注所指的通长钢筋，位于角部，另外_____为支座负筋。 　　梁侧构造钢筋_____，每侧_____根。梁顶标高比结构层楼面标高高出_____m。 （3）屋面非框架梁 L1。 某办公楼 15.300 梁平法施工图（局部 L1）如下图所示：

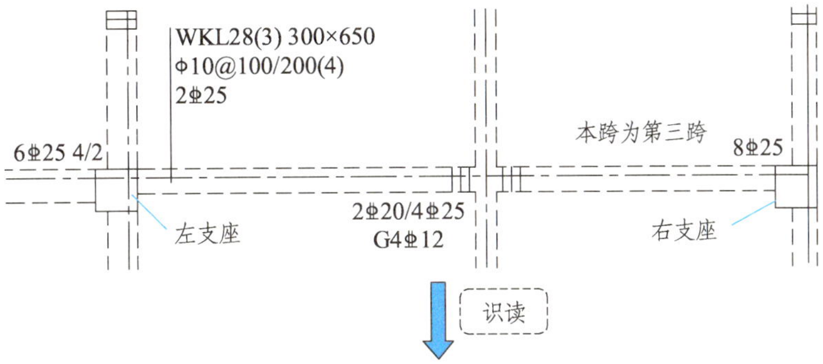

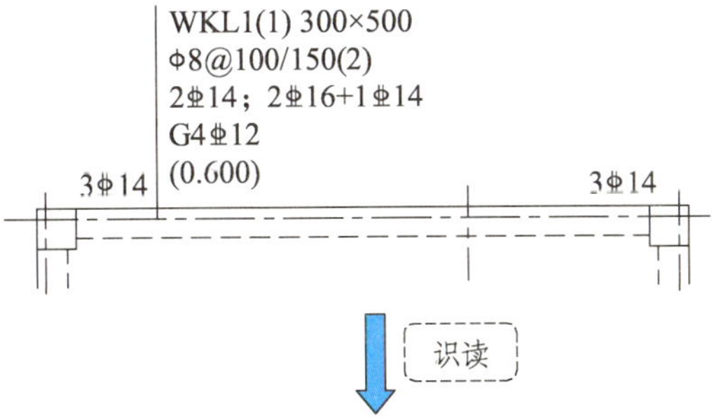

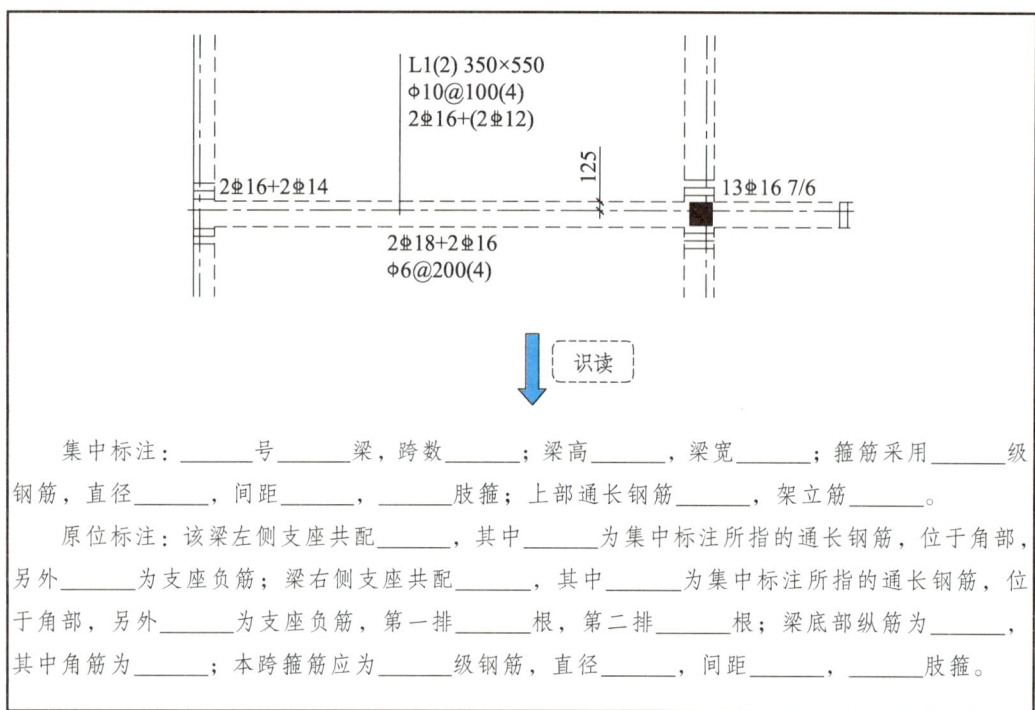

集中标注：_____号_____梁，跨数_____；梁高_____，梁宽_____；箍筋采用_____级钢筋，直径_____，间距_____，_____肢箍；上部通长钢筋_____，架立筋_____。

原位标注：该梁左侧支座共配_____，其中_____为集中标注所指的通长钢筋，位于角部，另外_____为支座负筋；梁右侧支座共配_____，其中_____为集中标注所指的通长钢筋，位于角部，另外_____为支座负筋，第一排_____根，第二排_____根；梁底部纵筋为_____，其中角筋为_____；本跨箍筋应为_____级钢筋，直径_____，间距_____，_____肢箍。

子任务二 钢筋混凝土板的平法施工图识读

子任务二	钢筋混凝土板的平法施工图识读
任务目标	1. 掌握有梁楼盖平法施工图的制图规则; 2. 熟练识读有梁楼盖楼（屋）面板平法施工图; 3. 掌握有梁楼盖板和悬挑板钢筋的构造要求; 4. 熟练识读有梁楼盖板和悬挑板钢筋标准构造详图
任务描述	1. 怎样识读一张板平法施工图？识读一张板平法施工图都有哪些步骤？识读内容有哪些？ 想要获得这些识图技能，首先就必须了解钢筋混凝土板平法施工图的制图规则，在此基础上，结合板的平法施工图，进行实操识图，以提高识图能力。 2. 钢筋混凝土板的钢筋有哪些种类？板钢筋的构造要求有哪些？如何识读有梁楼盖板和悬挑板的钢筋标准构造详图？识读的内容有哪些？ 想要得到确切的答案，我们可以先结合教材中关于楼面板的实物照片，仔细观察楼面板都有哪些钢筋，然后将这些实物照片和板的平法施工图做一比较，再结合实物照片，学习板钢筋的构造详图，最后再安排实操训练。通过理论-实操这样的方式，能够正确理解板钢筋的构造要求，正确识读板钢筋的构造详图，为今后的学习和工作打下良好基础
任务准备	1. 微课资源: 钢筋混凝土板平法识读 钢筋混凝土板的构造要求（一）　　钢筋混凝土板的构造要求（二） 2. 思政资源: 福建二建集团：党建引领　创新转型　智慧赋能 3. 参考规范: 图集（22G101—1）《混凝土结构施工图平面整体表示方法制图规则和构造详图（现浇混凝土框架、剪力墙、梁、板）》
任务实施	学习钢筋混凝土板平法施工图的制图规则。

	识读钢筋混凝土板平法施工图。			
	钢筋混凝土板的钢筋种类有哪些?			
	板构件的钢筋构造要求是什么?			
总结反馈	你是否熟悉板的平法施工图的制图规则?		是□	否□
	你是否了解识读板平法施工图的内容、方法和步骤?是否能熟练识读板的平法施工图?		是□	否□
	你是否掌握板构件中钢筋的种类?		是□	否□
	你是否清楚板构件的钢筋构造要求?		是□	否□
	请用文字或者思维导图形式进行相关知识总结:			

> 知识链接

现浇钢筋混凝土楼盖，具有整体性好、抗震性能强、防水性能好及适用于特殊布局楼盖等优点，因而被广泛应用。按组成形式分为：有梁式楼盖（见图 3-65）和无梁式楼盖（见图 3-66）等形式，这里主要讲解工程中大量应用的有梁式楼盖中板的平面表示法。

图 3-65 有梁式楼盖

图 3-66 无梁式楼盖

现浇楼盖中板的配筋图表达方式有两种：一种是传统表示法，如图 3-67 所示；另一种是平面表示法，如图 3-68 所示。

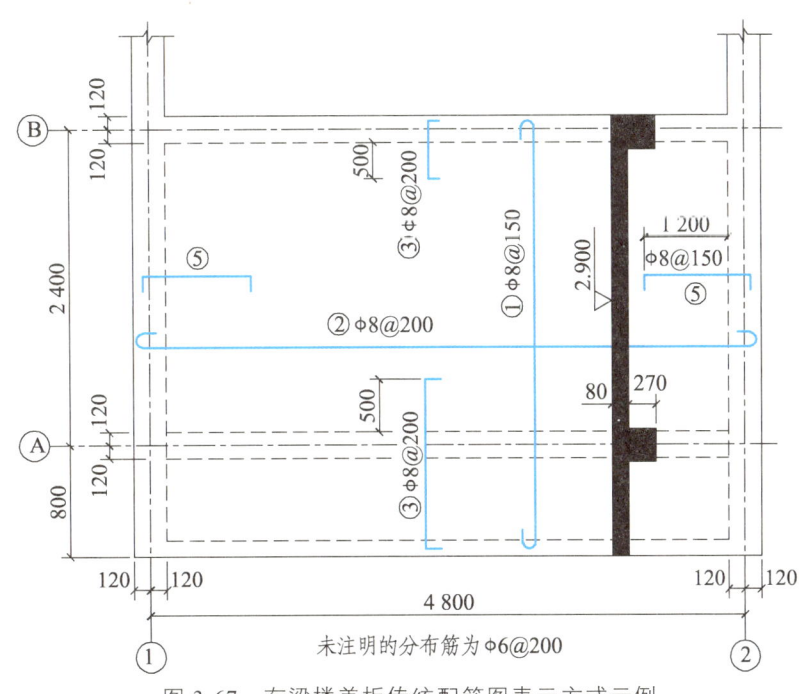
图 3-67 有梁楼盖板传统配筋图表示方式示例

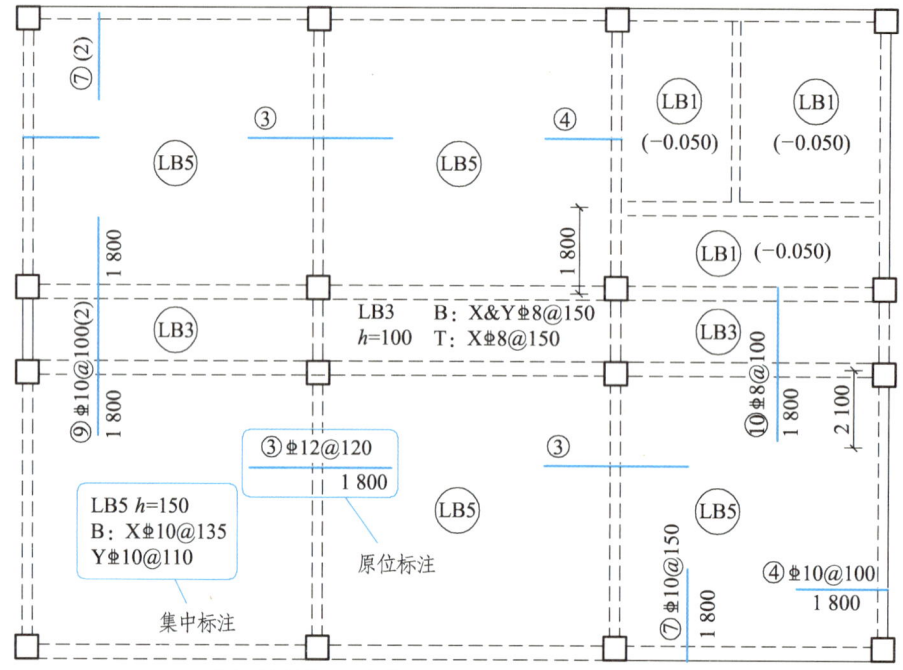

图 3-68 有梁楼盖板平法施工图（局部）平面注写表示方式示例

传统楼板的配筋表示中，用粗实线在原位画出板的钢筋原状，每一种钢筋只画一根代表，同时画出一个重合断面，表示板的形状、板厚及板的标高。也可不画重合断面，但需要在核实的位置写明板厚和板的结构标高等信息。另外图中画出的钢筋既有下部钢筋（1号和2号筋），又有上部钢筋（其余筋），这与板平法施工图的表达方式有很大的不同。

图 3-68 与图 3-67 比较要简洁得多，板的平面表示法与传统的板配筋图相比较具有板编号数量少、图面简洁等特点，但传统表示方法对于阅读者来讲更直观、更容易理解。两种表达方式各有特点，实际工程中两种表达方法应用均非常普遍，这里只讲解板平法施工图的相关内容。

一、板平法施工图的表示方法

（1）有梁楼盖的制图规则适用于以梁（墙）为支座的楼面与屋面板平法施工图设计。有梁楼盖平法施工图，是在楼面板和屋面板布置图上，采用平面注写表达方式。板平面注写主要包括板块集中标注和板支座原位标注两种方式。

（2）结构平面的坐标方向规定。

为了方便设计和表达施工识图，板平法施工图规定结构平面的坐标方向为：

① 当两向轴网正交布置时，图面从左至右为 X 向，从下至上为 Y 向。

② 当轴网转折时，局部坐标方向顺轴网转折角度做相应转折。

③ 当轴网向心布置时，切向为 X 向，径向为 Y 向。

（3）板的分类。

板的分类见表 3-15，板的类别和板平法标注如图 3-69、图 3-70 所示。

表 3-15 板的分类

分类依据	板的名称	特点
按板受力方式分	单向板	一个方向布置主筋，另一个方向布置分布筋
	双向板	两个互相垂直的方向均布置主筋
按板配筋方式分	单层布筋板	板下部布置贯通筋，板上部周边布置支座负筋
	双层布筋板	板的上部和下部均布置贯通纵筋
按板位置分	楼面板	各楼层面板
	屋面板	屋顶面板
	延伸悬挑板	悬挑板根部另一侧钢筋能贯通布置
	纯悬挑板	悬挑板上部钢筋锚固在根部梁内

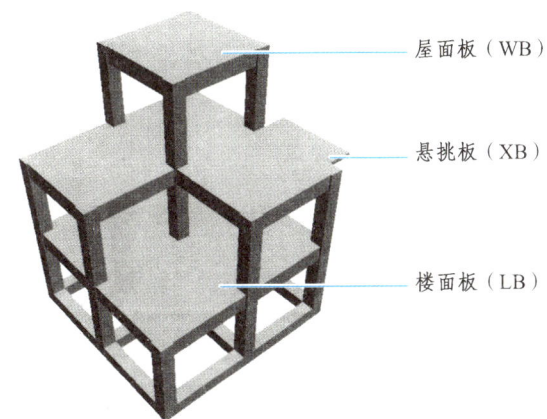

图 3-69 板的类别（按位置分）

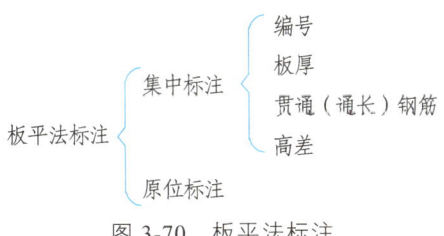

图 3-70 板平法标注

二、板块集中标注

对于普通楼面，两向均以一跨为一板块；对于密肋楼盖，两向主梁（框架梁）均以一跨为一板块（非主梁密肋不计）。

板块集中标注的内容：① 板块编号；② 板厚；③ 上部贯通纵筋、下部贯通纵筋；④ 板面标高高差。

所有板块应逐一编号，相同编号的板块可选择其中一块做集中标注，其他板块仅注写置于圆圈内的板编号，以及当板面标高不同时的标高高差，如图 3-68 所示。

板块集中标注的内容与规则见表 3-16。

表 3-16 板块集中标注的内容与规则

标注内容	制图规则
板块编号	代号：楼面板——LB、屋面板——WB、悬挑板——XB、延伸悬挑板——YXB、纯悬挑板——XB。 序号：用数字表示，加在代号之后
板厚	指垂直于板面的厚度，单位为 mm。 一般注写：$h=×××$； 特殊注写：当悬挑板的截面厚度有变化时： $h=×××/×××$，斜线前数值为板根部厚度，斜线后数值为板端部厚度。 当已在图中统一注明板厚时，则各板块中可不具体标注板厚
贯通纵筋	按板的下部和上部分别注写（当板上部不设贯通纵筋时可不注写）。 1. 一般标注方法 B——代表下部纵向贯通纵筋；T——代表上部纵向贯通纵筋； B&T——下部与上部双层配置（一般用于下部与上部贯通纵筋配置相同的情况）。 X 向贯通纵筋以 X 向打头，Y 向贯通纵筋以 Y 向打头，两向贯通纵筋配置相同时则以 X&Y 打头。 例 1：单层双向板如下图（a）所示： LB7 表示楼板 7，板厚为 110 mm，下部贯通纵筋为：X 方向为 ⊈8，间距 200 mm，Y 方向为 ⊈8，间距 150 mm。 注：由于没有"T"的钢筋标注，说明没有上部贯通钢筋，所以该例中的板配筋为"单层双向板"。 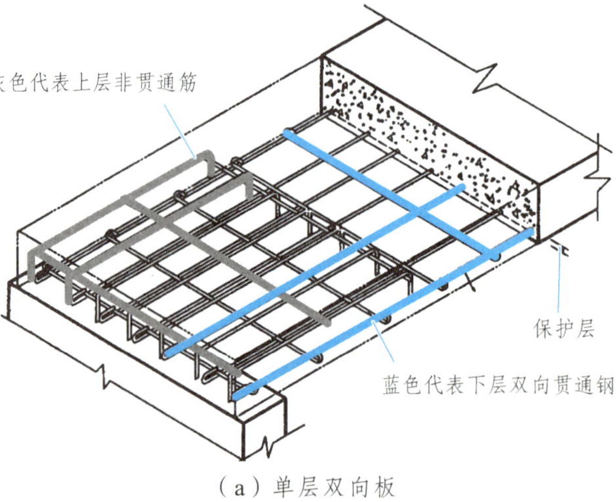 （a）单层双向板 LB7 $h=110$ B：X⊈8@200 　　Y⊈8@150 （b） 例 2：单层双向板如下图（a）所示： LB6 表示楼板 6，板厚为 110 mm，下部贯通纵筋为：X 方向与 Y 方向的钢筋用量均为 ⊈8，间距 200 mm。 注：由于没有"T"的钢筋标注，说明没有上部贯通钢筋，所以该例中的板配筋为"单层双向板"；

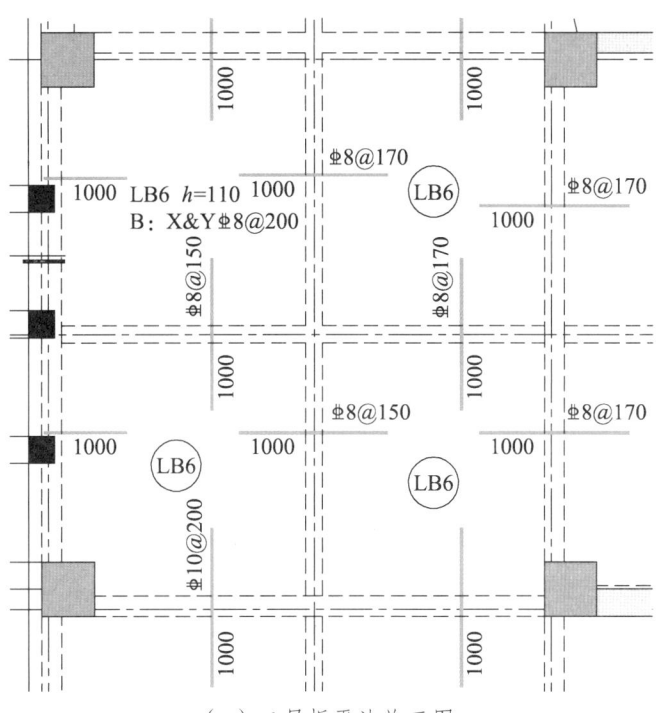

(a)二层板平法施工图

LB6 h=110
B：X&YΦ8@200

(b)

例3：双层双向板如下图所示：

LB5 h=120
B：XΦ8@150
　　YΦ8@200
T：X&YΦ8@200

LB5 表示楼板 5，板厚为 120 mm。配筋为双层双向布置：

B：XΦ8@150 下部贯通纵筋 X 方向为：Φ8，间距 150 mm；

　　YΦ8@200 下部贯通纵筋 Y 方向为：Φ8，间距 200 mm；

T：X&YΦ8@200 上部贯通纵筋 X 方向与 Y 方向均为 Φ8，间距 200 mm。

例4：双层双向板如下图所示：

LB2

LB2 h=120
B&T：X&YΦ8@200

LB2 表示楼板 2，板厚为 120 mm。配置双层双向钢筋，上部和下部的贯通钢筋均为：Φ8，间距 200 mm（且 X 方向与 Y 方向的钢筋用量亦相同）。双层双向配筋示意如下图（a）(b) 所示。

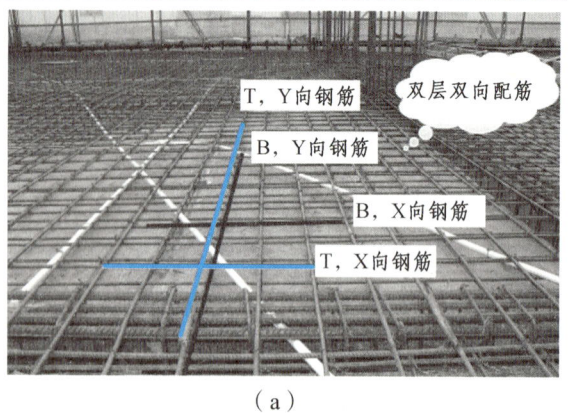

（a）

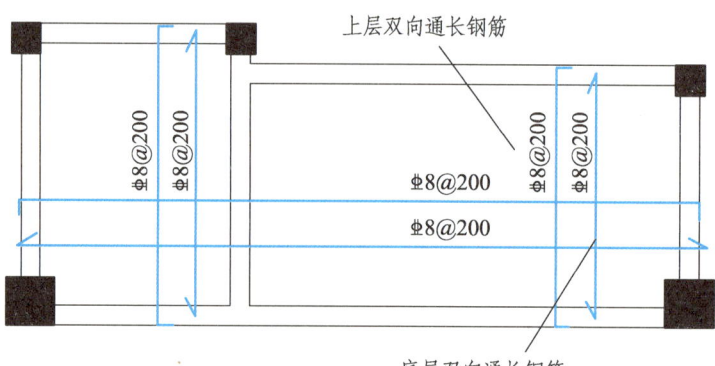

（b）

双层双向配筋

例5："隔一布一"。

当贯通筋采用两种规格的钢筋"隔一布一"时，表达为：

Φ8/10@110，表示Φ8和Φ10的钢筋间隔布置。所以，Φ8和Φ10的钢筋之间的间距为110 mm，而Φ8的钢筋间距为110 mm的2倍，Φ10的钢筋间距也为110 mm的2倍。

2. 单向板的标注方法

当为单向板时，因为仅一个方向（沿板的短边方向）有受力钢筋，而另一个方向是分布钢筋。故可仅标注受力方向的贯通纵筋用量，而另一个方向贯通的分布钢筋用量可以不注写，而在图中统一注明或说明。即：当板为单向板时，分布筋可以不必注写，而在图中统一注明。

例6：LB4 h = 100 mm

B：YΦ10@150

LB4表示编号为4的楼面板，厚度为100 mm；

板的下部Y向贯通纵筋Φ10间距150 mm；

板的下部X向布置的分布筋不必进行集中标注，而在施工图中统一注明。

注：由于没有"T"的钢筋标注，说明没有上部贯通钢筋，所以该例中的板配筋为"单层单向板"。

3. 走廊板的标注方法

例7：下图中，LB3为走廊板，其集中标注如下：

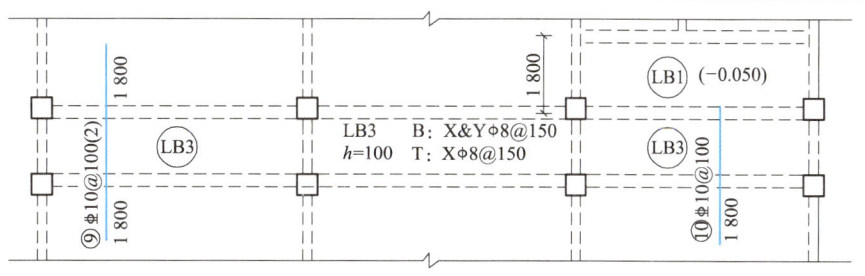

"走廊板"平法施工图

LB3 $h = 100$

B：X&Y Φ8@150　T：XΦ8@150

LB3 表示编号为 LB3 的楼面板，厚度为 100 mm；

板下部配置的贯通纵筋无论 X 向和 Y 向都是 Φ8@150；

板上部配置的 X 向贯通纵筋为 Φ8@150。

注意：板上部 Y 向没有标注贯通纵筋，但是并非没有配置钢筋，而是 Y 向的钢筋为支座负筋，在支座原位标注的横跨两道梁的负筋⑨Φ10@100。

另外，该 LB3 的集中标注虽然是注写在中间的走廊板上，但在其左右两边的走廊板 LB3 都执行上述标注的贯通纵筋，只是横跨这几块板的负筋规格和间距不同。

4. 悬挑板的标注方法

当在某些板内（如悬挑板 XB 的下部）配置有构造钢筋时，则 X 向的构造钢筋以 Xc 打头，Y 向构造钢筋以 Yc 打头注写，如下图所示。

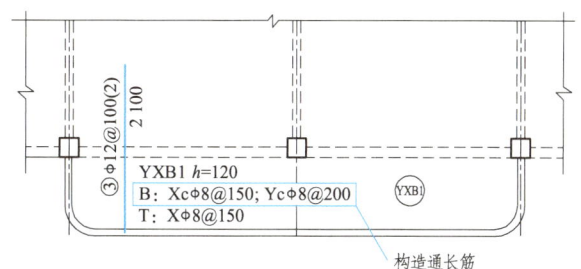

悬挑板的集中标注

例 8：有一悬挑板注写为：XB3 $h = 150/100$

B：Xc&YcΦ8@180

XB3 表示：3 号悬挑板，根部厚度为 150 mm，端部厚度为 100 mm，板下部配置构造钢筋，X 向和 Y 向的构造钢筋均为 Φ8@180，而悬挑板的受力钢筋在板上部，见板支座的原位标注。

例 9：有一悬挑板注写为：XB1　$h = 120/80$

B：XcΦ8@150 YcΦ8@200

T：XΦ8@150

XB1 表示 1 号悬挑板，板根部厚度为 120 mm，端部厚度为 80 mm；

B：Xc Φ8@150 YcΦ8@200 表示：板下部配置构造钢筋，X 向构造钢筋为 Φ8@150，Y 向构造钢筋为 Φ8@200；

T：X Φ8@150 表示这块悬挑板的上部设置 X 方向的贯通纵筋，也即为悬挑板受力主筋的分布筋。

在该例中，没有进行 Y 方向顶部贯通纵筋的集中标注（此方向是悬挑板的主要受力钢筋的方向），这个方向的钢筋由悬挑板的原位标注来布置

同一编号板块的类型、板厚和贯通纵筋均相同,但板面标高、跨度、平面形状以及板制作上部非贯通纵筋可以不同,同一编号板块的平面形状可为矩形、多边形及其他形状等。施工预算计算工程量时,应注意形状不同带来混凝土和钢筋用量的不同。

三、板支座原位标注

板支座原位标注的内容为:板支座上部非贯通纵筋(即支座负筋)和纯悬挑板上部受力钢筋,如图 3-71 所示。

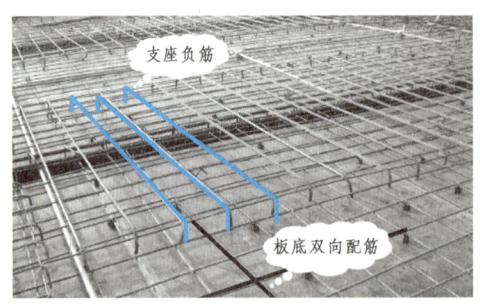

图 3-71 支座负筋

1. 板支座原位标注的基本方式

(1)板支座原位标注的钢筋应在配置相同跨的第一跨表达;当在梁悬挑部位单独配置时,则在原位表达。

在配置相同跨的第一跨(或梁的悬挑部位),采用垂直于板支座(梁或墙)的一段适宜长度的中粗实线来代表负筋,在负筋的上方注写:钢筋编号、配筋值、横向连续布置的跨数(注写在括号内,当为一跨时不注),以及是否横向布置到梁的悬挑端,如图 3-72 所示。

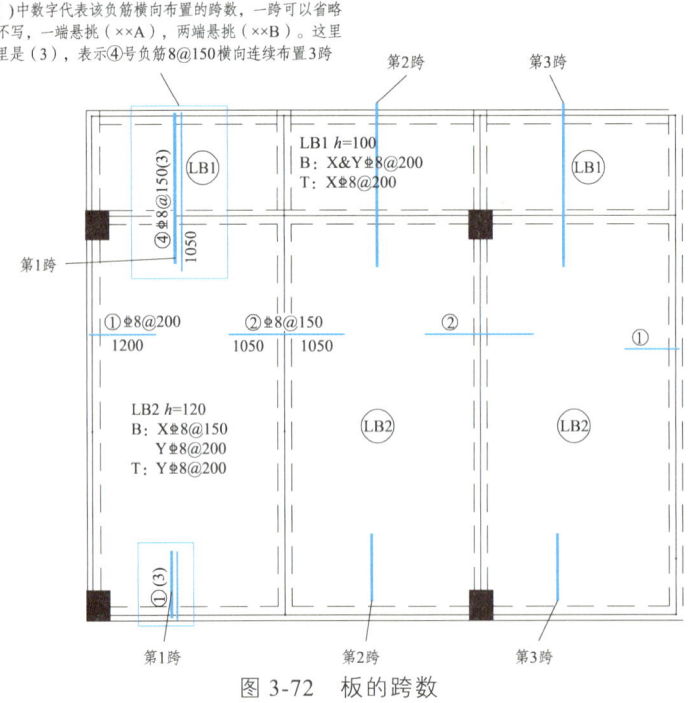

图 3-72 板的跨数

如图 3-72 所示：④⊕8@150（3）表示④号支座负筋横向连续布置 3 跨；①（3）表示①号支座负筋横向连续布置 3 跨。

（XXA）为横向布置的跨数及一端的悬挑部位；（XXB）为横向布置的跨数及两端的悬挑部位；（2A）表示板支座负筋连续布置到一端悬挑部分；（2B）表示板支座负筋连续布置到两端悬挑。

（2）在中粗线下方注写的内容表示的是：自支座边线向跨内的延伸长度。

（3）双侧负筋（向支座两侧对称延伸）。

当中间支座上部非贯通纵筋向支座两侧对称延伸时，可仅在支座一侧线段下方注长度，另一侧不注，保持空白，如图 3-73 中横跨一道框架梁的②号钢筋。

（4）双侧负筋（向支座两侧非对称延伸）。

当中间支座上部非贯通纵筋向支座两侧非对称延伸时，应分别在支座两侧线段下方注写延伸长度，如图 3-74 中的③号钢筋。

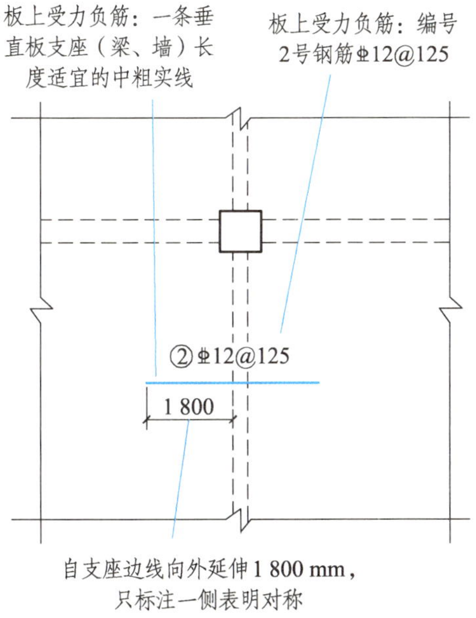

图 3-73　板支座上部非贯通纵筋对称伸出

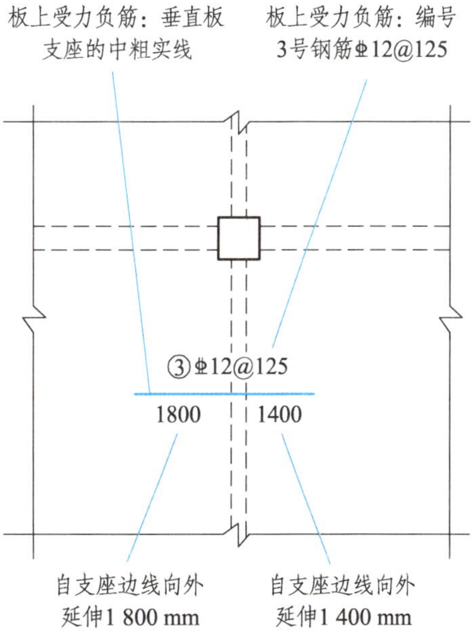

图 3-74　板支座上部非贯通纵筋非对称伸出

（5）单侧负筋。

如图 3-72 中的①号钢筋，标注为：①⊕8@200，在负筋的下部标注 1 200，表示：①号负筋，规格和间距为 ⊕8@200，从梁中线向跨内的延伸长度为 1 200 mm。

注意：该①号负筋后面没有带括号，说明该①号负筋只在当前一跨范围内进行布置。

（6）贯通短跨全跨的负筋。

对线段画至对边贯通全跨或贯通全悬挑长度的上部通长纵筋，贯通全跨或延伸至全悬挑一侧的长度值不注，只注明非贯通筋另一侧的延伸长度值。

对于贯通短跨全跨的负筋，规定贯通全跨的长度值不注。

例：图 3-75 中，③~④轴线之间横跨Ⓑ、Ⓒ轴线处两道梁的⑨号负筋；⑤~⑥轴线之间横跨Ⓑ、Ⓒ轴线处两道梁的⑩号负筋。

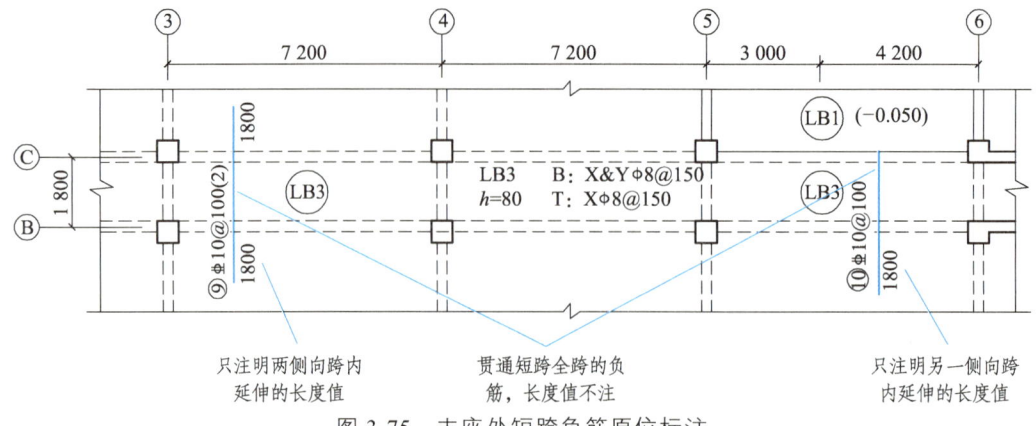

图 3-75 支座处短跨负筋原位标注

（7）贯通全悬挑长度的负筋。

覆盖悬挑板一侧的伸出长度不注，如图 3-76 所示。

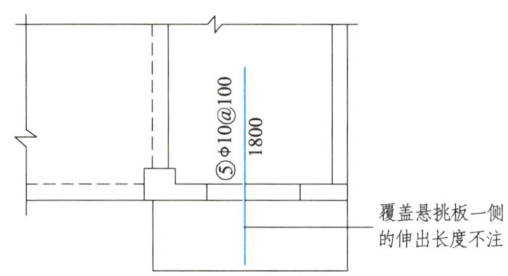

图 3-76 悬挑板负筋原位标注

（8）弧形支座上的负筋。

当板支座为弧形，支座上部非贯通纵筋呈放射分布时，应具体注明配筋间距的度量位置并加注"放射分布"四字，必要时应补绘平面配筋图，如图 3-77 所示。

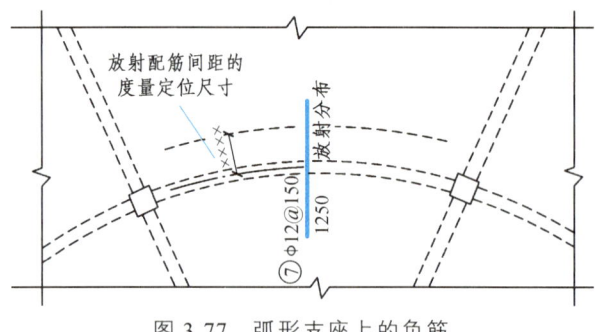

图 3-77 弧形支座上的负筋

（9）在板平面布置图中，不同部位的板支座上部非贯通纵筋及纯悬挑板上部受力钢筋，可仅在一个部位注写，对其他相同者则仅需在代表钢筋的线段上注写编号及横向连续布置的跨数（当为一跨时可不注）即可。

例：在图 3-72 中，布置在最左端的 Y 方向梁处的①号钢筋，标注为①$\underline{\Phi}$8@200 和 1 200 mm，表示该处支座上部的①号钢筋非贯通筋为 $\underline{\Phi}$8@200，沿支撑梁仅布置在本跨，该筋自支座中线向跨内延伸的长度为 1 200 mm；而在最右端的 Y 方向梁处的①号钢筋上，仅注有"①"字样，表示该筋也为①号非贯通筋，沿支撑梁仅布置在本跨。

2. 板上部构造钢筋或分布钢筋

与板支座上部非贯通纵筋垂直绑扎在一起的构造钢筋或分布钢筋，应由设计者在图中注明。

例：在结构施工图的总说明里规定板的分布钢筋为 ⌀8@250，或者在楼层结构平面图上规定板分布钢筋为 ⌀8@200 等。

四、任务实施——板平法施工图的识读

1. 楼面板平法施工图识读（见表 3-17）

表 3-17　识读楼面板平法

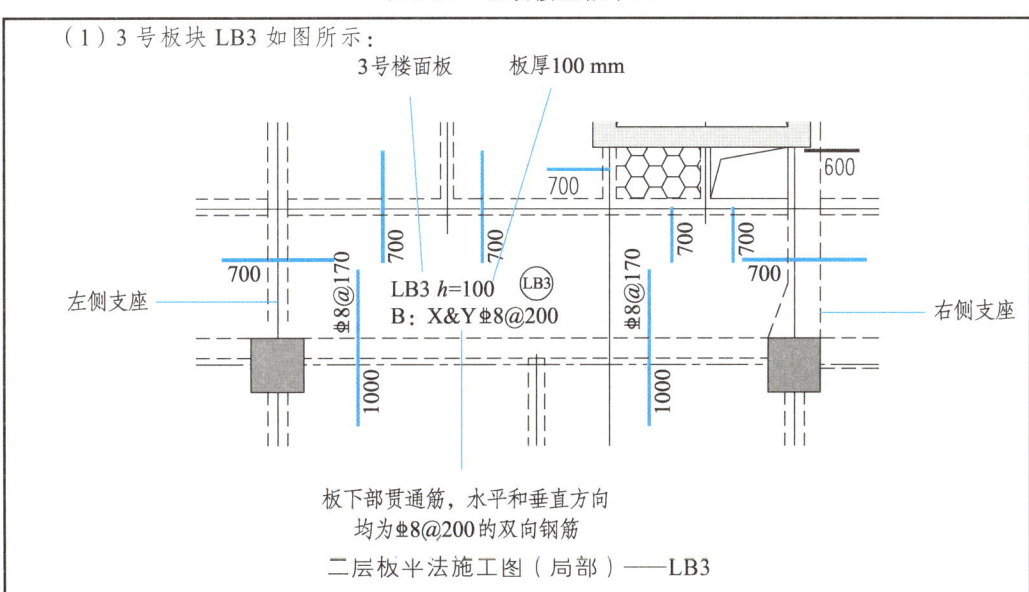

（1）3 号板块 LB3 如图所示：

① 集中标注：3 号楼面板、板厚 100 mm；下部贯通纵筋双向布置，X 方向、Y 方向布置均为 ⌀8@200 钢筋。

② 原位标注：

a. 分布在该块楼板的左侧支座（梁）和右侧支座（梁）的支座负筋，在负筋下方只在一侧注写了 700，表明支座负筋自相应梁中心线向左、右对称伸入板内长度均为 700 mm。但支座负筋的上方却没有注写钢筋，但在本张图纸的第 3 条文字说明中，对没有注写钢筋的情况做了说明："3. 图中未注明的板面负筋均为 ⌀8@200，板中分布筋详见结构设计总说明。"表明：左侧和右侧支座处的支座负筋应为 ⌀8@200。

b. 分布在该块楼板的上侧支座（梁）处的支座负筋，第 1 处和第 2 处的 Y 向支座负筋均为 ⌀8@200，从梁中心线向两侧跨内各自对称伸入 700 mm；第 3 处和第 4 处 Y 向支座负筋均为 ⌀8@200，由于这两处梁的另一侧为降板（图中蜂窝状）或为洞口，所以支座负筋只能伸入一侧板内，长度为 700 mm。

c. 分布在下侧支座（梁）两处 Y 向支座负筋，均为 ⌀8@170，均从梁中心线向两侧跨内各自对称伸入 1 000 mm。

（2）4号板块LB4如图所示：

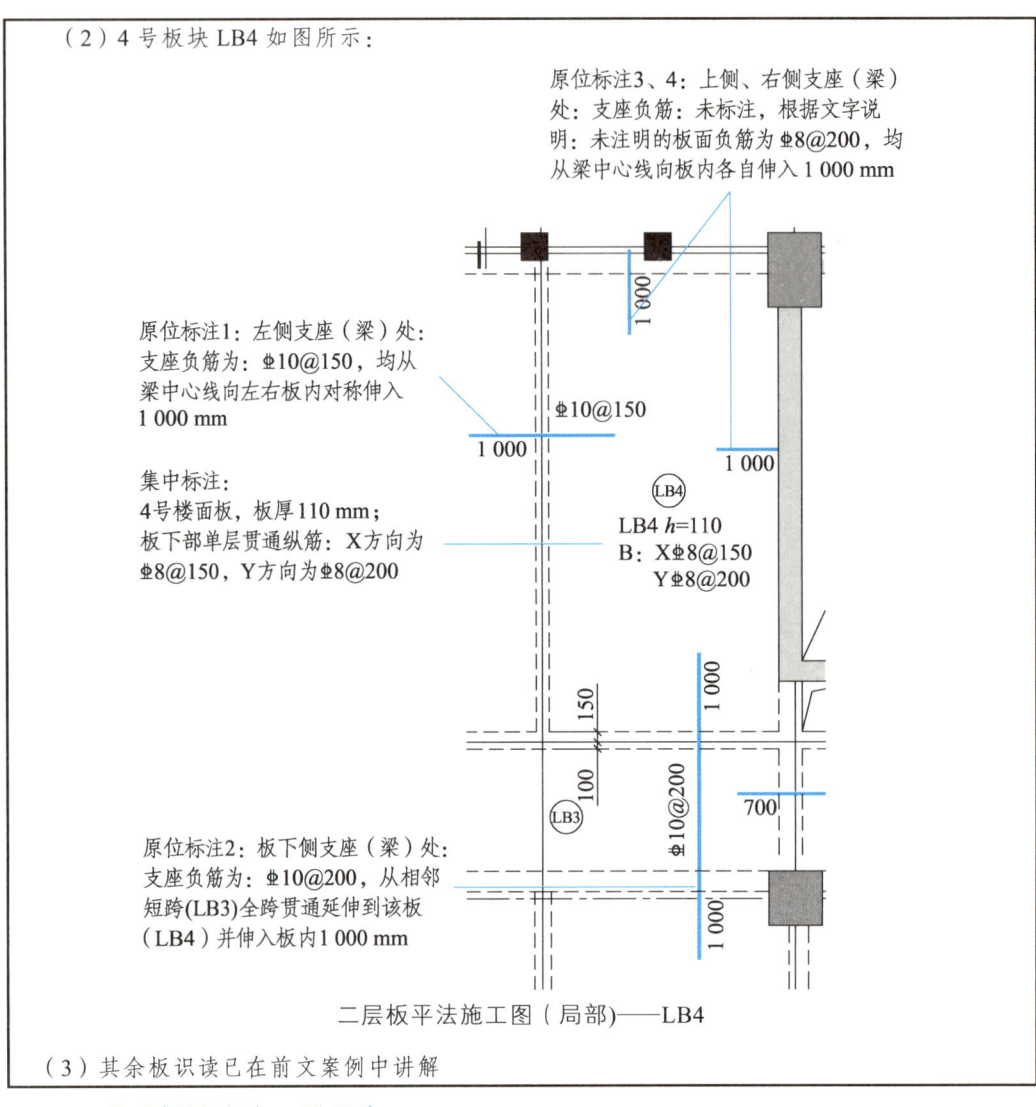

二层板平法施工图（局部）——LB4

（3）其余板识读已在前文案例中讲解。

2. 屋面板平法施工图识读

屋面板与楼面板平法施工图识读方法相似（见表3-18）。

表3-18 屋面板平法施工图平面标注内容识读

识读板的平法施工图，并填空。
1号板块WB1：
① 集中标注。
_____号_____板、板厚_____mm；
下部贯通纵筋为_____布置：X方向贯通纵筋为_____、钢筋等级为_____、直径为_____、间距为_____；Y方向贯通纵筋为_____；
上部贯通纵筋为_____布置，X方向、Y方向的贯通纵筋均为_____。
② 原位标注。
本张施工图即图纸中的文字说明第3条："3.图中仅示意，板面支座不足另加，未注明的另加钢筋均为 $\Phi 8@200$。"

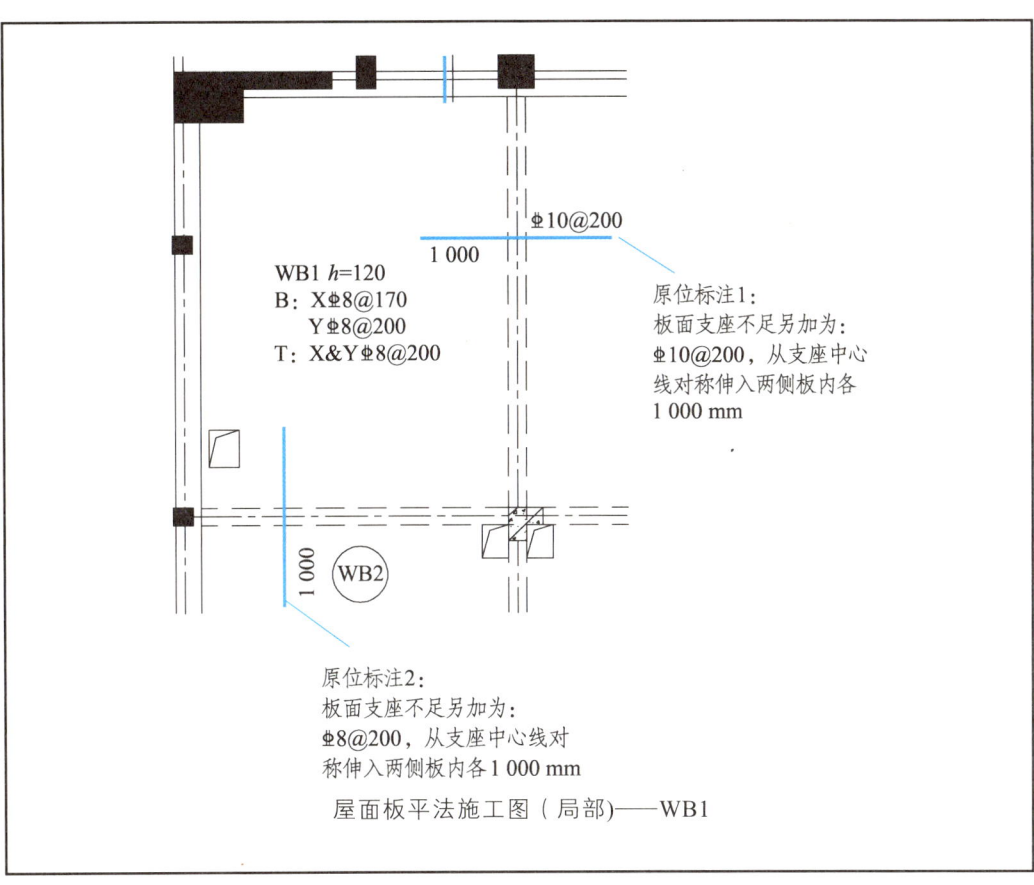

屋面板平法施工图（局部）——WB1

项目四

钢筋混凝土受扭构件力学分析与构造要求

在构件截面中有扭矩（T）作用的构件，称为受扭构件。常见的受扭构件有雨篷梁、平面折梁、框架边梁、吊车梁等。

某办公楼采用框架剪力墙结构，各构件多采用钢筋混凝土材料，截取二层梁平法施工图 KL7 结构平面图，如下图所示。本项目主要学习以框架梁 KL7 为代表的钢筋混凝土受扭构件的内力分析、构造分析和平法图识读。

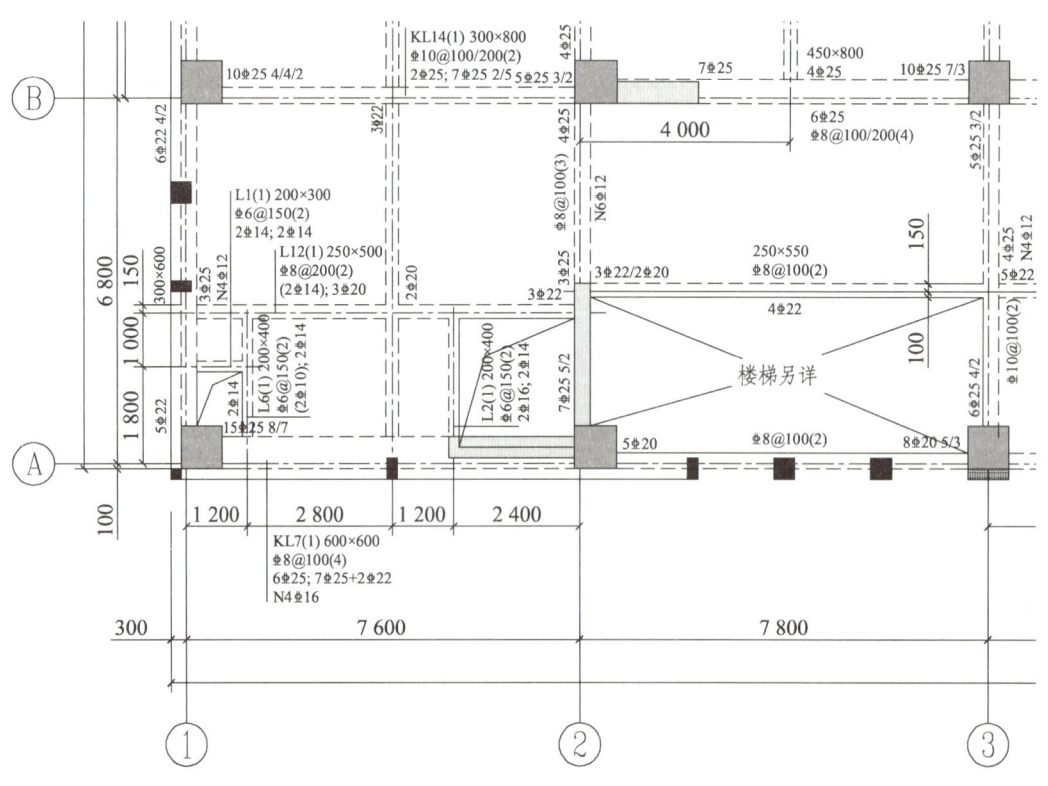

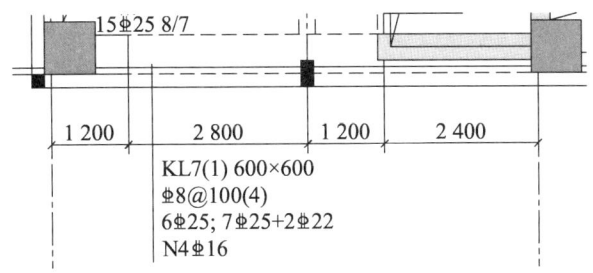

KL7 平法施工图

 教学目标

1. 知识目标

（1）明确扭转的基本概念。
（2）掌握外力偶矩的计算公式。
（3）掌握截面法求扭矩的规则。
（4）掌握扭矩图的绘制。
（5）学会识读受扭构件。
（6）理解并掌握受扭构件的受力特点。
（7）掌握受扭构件的构造要求。

2. 能力目标

（1）会绘制受扭构件的内力图。
（2）会根据受扭构件的扭矩大小情况来优化传动轴的布置方案。
（3）能够在实际工程中理解和运用受扭构件的构造知识。
（4）准确识读钢筋混凝土梁扭筋的平法施工图。

3. 素质目标

（1）培养学生严肃认真的工作态度。
（2）提升学生分析问题、思考问题、解决问题的能力。
（3）帮助学生树立严谨务实的规范意识。
（4）培养学生勇攀高峰的拼搏精神。

 **学习重点**

受扭构件的力学分析、内力图绘制、构造要求和扭筋平法施工图识读。

205

子任务一 扭转变形构件的内力分析

子任务一	扭转变形构件的内力分析
任务目标	1. 明确扭转的基本概念； 2. 掌握外力偶矩的计算公式； 3. 理解右手螺旋法则，掌握截面法求扭矩的规则； 4. 掌握扭矩图的绘制，会用扭矩图来表示受扭构件的扭矩大小情况
任务描述	一传动轴如下图所示，其转速 $n = 300$ r/min，主动轮 A 输入的功率为 $P_1 = 500$ kW。若不计轴承摩擦所耗的功率，三个从动轮输出的功率分别为 $P_2 = 150$ kW，$P_3 = 150$ kW，$P_4 = 200$ kW。试作扭矩图。 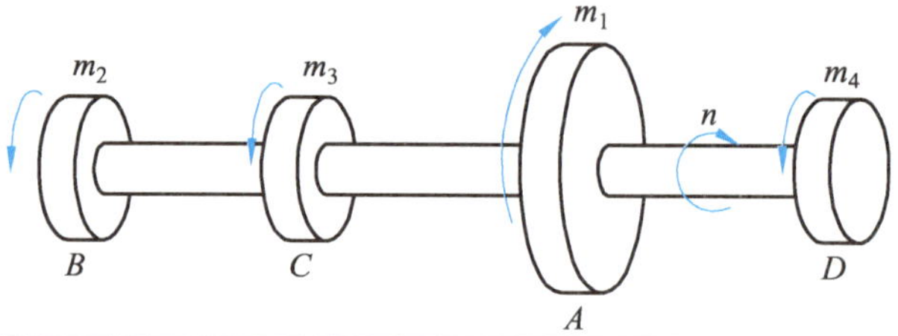
任务准备	1. 微课资源： 扭转变形的基本概念　　扭转的计算与扭矩图的绘制 2. 思政资源： 《超级工程》第一季　第二集　上海中心大厦

任务实施	外力偶矩的计算	
	扭矩的计算 （截面法求解）	1—1 截面：

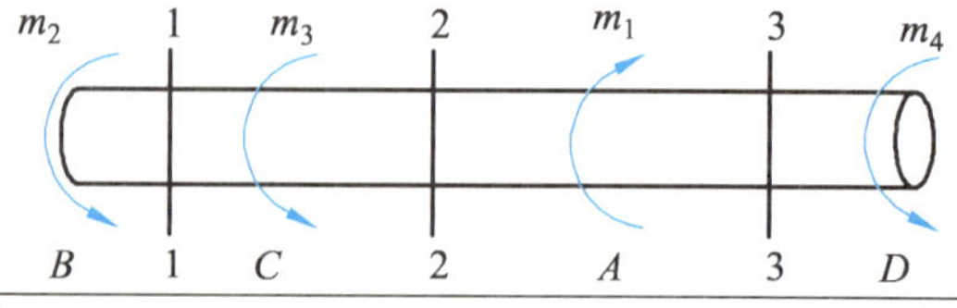

		2—2 截面：
		3—3 截面：
	绘制扭矩图	m_2 1 m_3 2 m_1 3 m_4 B 1 C 2 A 3 D
总结反馈	你是否了解外力偶矩的计算公式？	是□ 否□
	你能够准确说出扭矩的正负号规定吗？	是□ 否□
	你是否掌握了截面法的求解方法？	是□ 否□
	你是否掌握了扭矩图的绘制？	是□ 否□
	请用文字或者思维导图形式进行相关知识总结：	

知识链接

一、扭转变形的基本概念

1. 扭转的定义

在日常生活中,经常可接触到受扭构件。大家每天早上洗漱时双手拧紧的毛巾、扭紧螺钉的螺丝刀、开门时扭动的钥匙等,均属于受扭构件。此外,采用风力发电的大风车、汽车的传动轴,也是通过杆件进行动力传递,这些传递动力的杆件,也属于受扭构件,如图 4-1 所示。

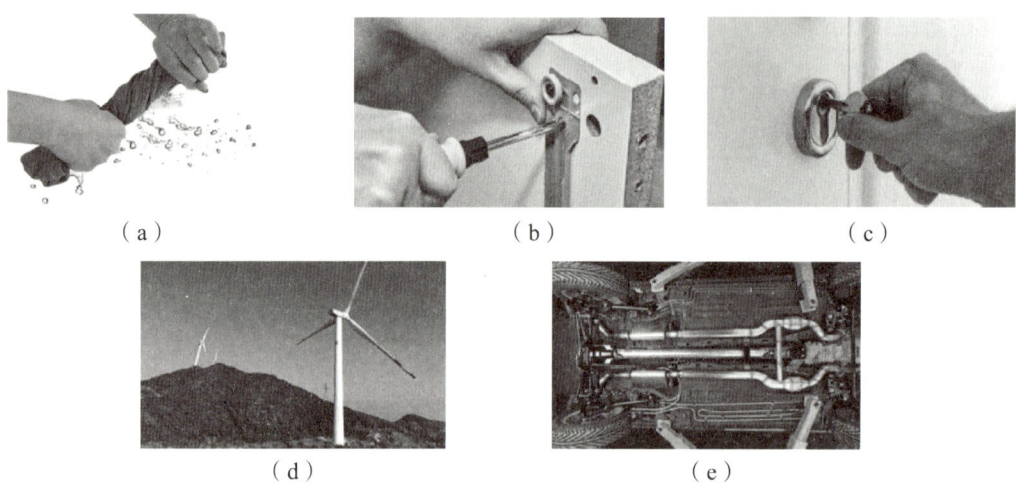

图 4-1 受扭构件

以横截面绕轴线做相对旋转为主要特征的变形形式,称为扭转。

在工程中,如图 4-2 所示的房屋中钢筋混凝土雨篷梁、现浇框架边梁等也是典型的受扭构件。

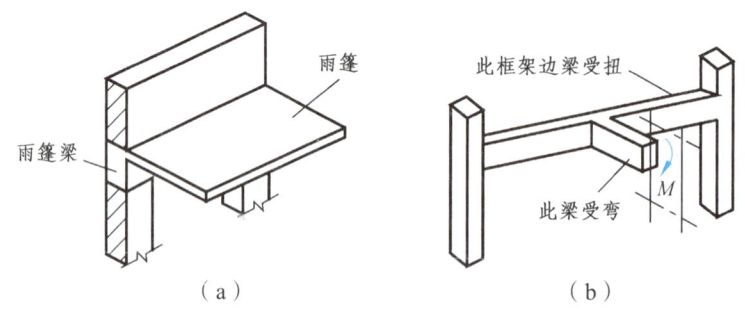

图 4-2 房屋中的受扭构件

扭转变形是杆件的基本变形之一。

受力特点:在垂直于杆件轴线的平面内,作用一对大小相等、转向相反的力偶。

变形特点:任意横截面绕杆轴相对转动。

扭转角:两横截面间相对转动的角度 φ 称为扭转角,如图 4-3 所示。

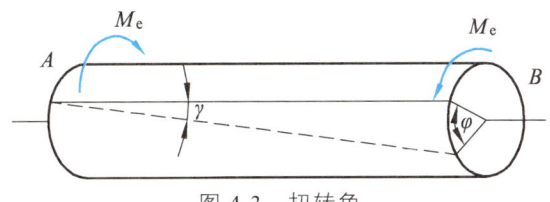

图 4-3 扭转角

工程中将扭转变形为主的杆件称为轴,如图 4-4 所示为齿轮轴传动装置。

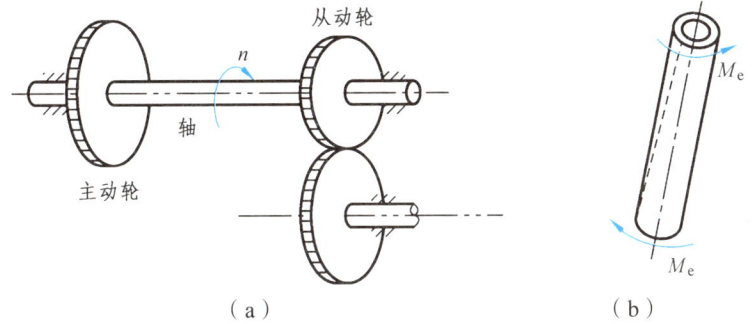

图 4-4 齿轮轴传动装置

2. 外力偶矩的计算

作用在圆轴上的外力偶的力偶矩往往不是直接给出的,而是根据所给定的轴传递的功率和轴的转速计算出来的。根据理论力学中的公式可推出:

$$M_e = \frac{P}{\omega} \tag{4-1}$$

$$M_e = \frac{P \times 1\,000}{n \times \frac{2\pi}{60}} = 9\,549.29\frac{P}{n} \tag{4-2}$$

$$M_e = 9\,549\frac{P}{n} \tag{4-3}$$

式中　P——功率(kW);

　　　n——转速(r/min);

　　　M_e——作用在轴上的外力偶矩(N·m)。

当功率的单位为马力时,外力偶矩的计算公式为:

$$M_e = 7\,024\frac{P}{n} \tag{4-4}$$

3. 扭矩的计算

圆轴扭转时求内力仍用截面法。

受扭转圆轴如图 4-5(a)所示,假想地将它沿任一横截面 m—m 切开,并取左边部分为研究对象。由于整个轴是平衡的,因此左边部分也处于平衡状态。

轴上已知的外力偶矩为 M_e,因为力偶只能用力偶来平衡,所以截面 m—m 上分布的内力必构成力偶,内力偶矩以符号 T 表示,方向如图 4-5(b)所示。

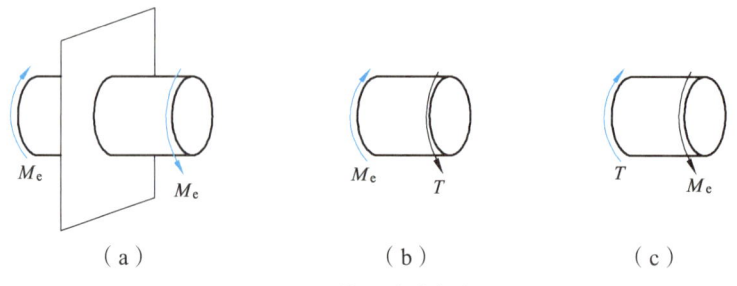

图 4-5　截面法求扭矩

其大小可由左边部分的平衡条件 $\sum M = 0$ 求得，即

$$T = M_e$$

由此可知，杆件扭转时，其横截面上的内力是一个在横截面平面内的力偶，其力偶矩称为该截面上的扭矩，其单位与外力偶矩的单位相同。

如图 4-5（c）所示，如取截面的右侧为研究对象，则求得的扭矩与以左段为研究对象求得的扭矩大小相等、转向相反。这是因为左侧和右侧的两个扭矩 T 是作用与反作用的关系。

4. 扭矩的正、负规定

为了使从左、右两段杆所求得的同一横截面上的扭矩 T 有相同的正负号，建筑力学中通常规定：扭矩的正负号用右手螺旋法则来判定。

右手螺旋法则的判定方法：弯曲右手，使四指与扭矩 T 的转向相同，此时，若大拇指的指向背离截面，则扭矩 T 为正；反之，则扭矩 T 为负。右手螺旋法则如图 4-6 所示。

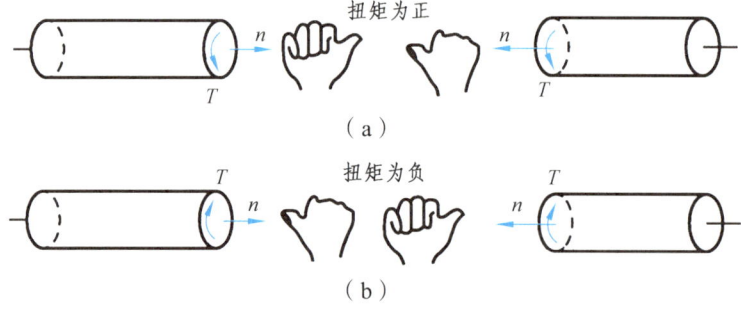

图 4-6　右手螺旋法则

右手螺旋法则主要是为了取分离体讨论时，无论取左边部分或右边部分，正负号规定均保持一致。

在做扭矩分析时，应当注意以下问题：

（1）在分析时，无论取哪一段为研究对象，其同一横截面上的扭矩大小与方向完全相同。

（2）当横截面上扭矩的实际转向未知时，一般先假设扭矩为正。若求得的结果为正，则表示扭矩的实际转向与假设相同；若求得的结果为负，则表示扭矩的实际转向与假设相反。

（3）规定扭矩的正负号只是为了区分构件发生扭转变形时，左右两个截面间相对转动的方向。而在进行强度和刚度计算时一般只代入扭矩的大小。

二、扭矩图的绘制

当杆件受到多个绕轴线转动的外力偶矩作用而处于平衡时，杆件各横截面上扭矩的大小、转向将有差异。为直观地表示各横截面上扭矩的变化情况，可画出扭矩沿轴线变化的图形，即扭矩图。扭矩图的作图步骤和要求同轴力图。

1. 扭矩图

反映轴各截面上扭矩随截面位置不同而变化的图形称为扭矩图。

2. 扭矩图的绘制方法

需先以轴线为横轴 x，以扭矩 T 为纵轴，建立 $T\text{-}x$ 坐标系，然后将各截面上的扭矩标在 $T\text{-}x$ 坐标系中，正扭矩在 x 轴上方，负扭矩在 x 轴下方。

知识拓展

世界高层建筑与都市人居学会（CTBUH）中对扭转式建筑的定义为：建筑的楼面或者立面随着建筑高度旋转而变化，使得建筑立面显得更纤细、富有更多的变化和建筑视野更为开阔。

通常对建筑体型进行一定的扭转，可以十分有效地减少建筑所受的风荷载，并且旋转不同的角度对减少风荷载的效果也不同。

图 4-7　上海中心大厦

如图 4-7 所示，上海中心大厦是一幢扭转式建筑，在经过多番投标及筛选后上海中心大厦的建筑设计方案最终被确定为"龙形方案"，从外观上看，上海中心大厦像一条盘旋上升的巨龙，"龙尾"在大厦顶部盘旋上翘，成为上海新高度。在这座建筑的背后，需要的是前所未有的胆识和谨慎的态度。

扭转式的设计不仅造型美观独特，同时兼顾了减少风荷载的效果，建筑师们这种认真严谨的工作态度和不服输的拼搏精神值得我们学习。

大楼的建造者们运用他们的汗水、脑力和胆识，将一个20年前的梦想变为现实。而且，他们在建造过程中使用了19种绿色技术，可以让大厦每年节省四分之一的能源费用，上海中心大厦也成为最高的绿色建筑。

任务拓展

拓展任务描述	传动轴如下图所示。主动轮 A 的输入功率 $P_A=120$ kW，从动轮 B、C、D 的输出功率分别为：$P_B=30$ kW、$P_C=40$ kW、$P_D=50$ kW，轴的转速 $n=300$ r/min，试作出该轴的扭矩图。 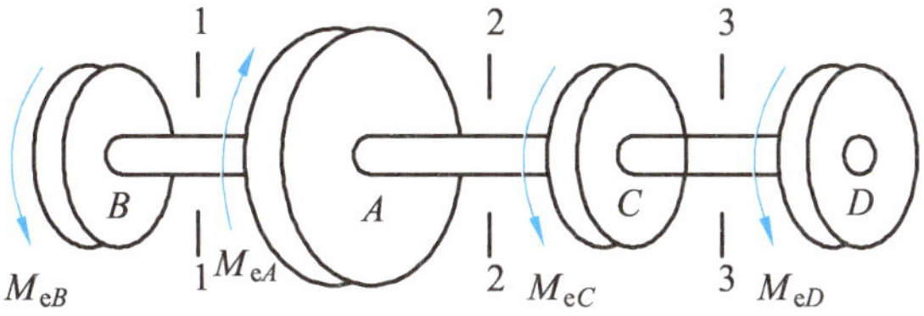	
任务实施	外力偶矩的计算	$M_{eA}=9549\dfrac{P_A}{n}=9549\times\dfrac{120}{300}=3819.6$ N·m $M_{eB}=9549\dfrac{P_B}{n}=9549\times\dfrac{30}{300}=954.9$ N·m $M_{eC}=9549\dfrac{P_C}{n}=9549\times\dfrac{40}{300}=1273.2$ N·m $M_{eD}=9549\dfrac{P_D}{n}=9549\times\dfrac{50}{300}=1591.5$ N·m
	扭矩的计算 （用截面法求解）	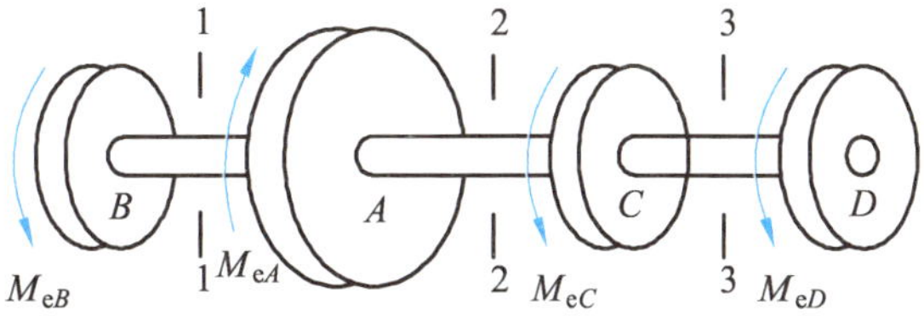 1—1 截面：$T_1=-M_{eB}=-954.9$ N·m
		2—2 截面：$T_2=M_{eA}-M_{eB}=3819.6-954.9=2864.7$ N·m
		3—3 截面：$T_3=M_{eD}=1591.5$ N·m
	绘制扭矩图	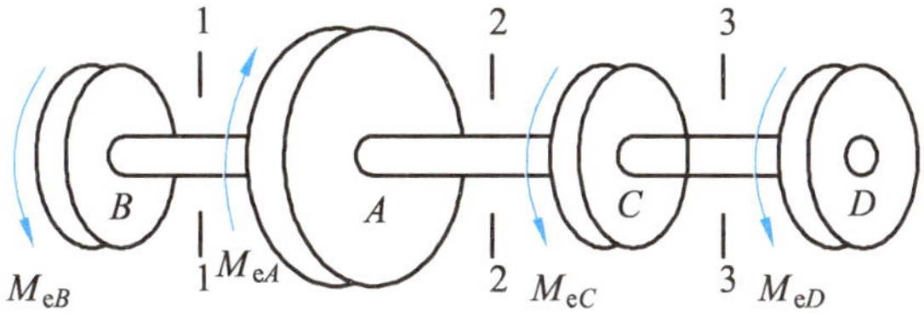

子任务二　钢筋混凝土受扭构件的构造要求

子任务二	钢筋混凝土受扭构件的构造要求
任务目标	1. 学会识读受扭构件； 2. 理解并掌握受扭构件的受力特点； 3. 掌握受扭构件的构造要求
任务描述	仔细阅读某办公建筑的二层梁平法施工图，查找并思考KL7的配筋情况，掌握受扭构件的破坏形态。 15⽄25 8/7 1 200　2 800　1 200　2 400 KL7(1) 600×600 ⽄8@100(4) 6⽄25；7⽄25+2⽄22 N4⽄16
任务准备	1. 微课资源： 钢筋混凝土受扭构件的构造要求 2. 思政资源： "长安花"开待君来　西安奥体中心体育场惊艳世界 3. 参考规范： （1）《建筑结构荷载规范》（GB 50009—2012）； （2）《混凝土结构设计规范》（GB 50010—2010）
任务实施	受扭构件分类	

	纯扭构件	开裂前特点：		
		破坏形态：		
	弯剪扭复合受扭构件破坏形态及特点（三种）			
	分析JLL12的受扭钢筋			
总结反馈	你是否了解受扭构件的分类？		是□	否□
	你是否能够准确表达纯扭构件开裂前的特点？		是□	否□
	你是否掌握了弯剪扭复合受扭构件的破坏形态？		是□	否□
	请用文字或者思维导图形式进行相关知识总结：			

知识链接

一、受扭构件

在构件截面中有扭矩（T）作用的构件，称为受扭构件。常见的受扭构件有雨篷梁、平面折梁、框架边梁、吊车梁等，如图4-8所示。

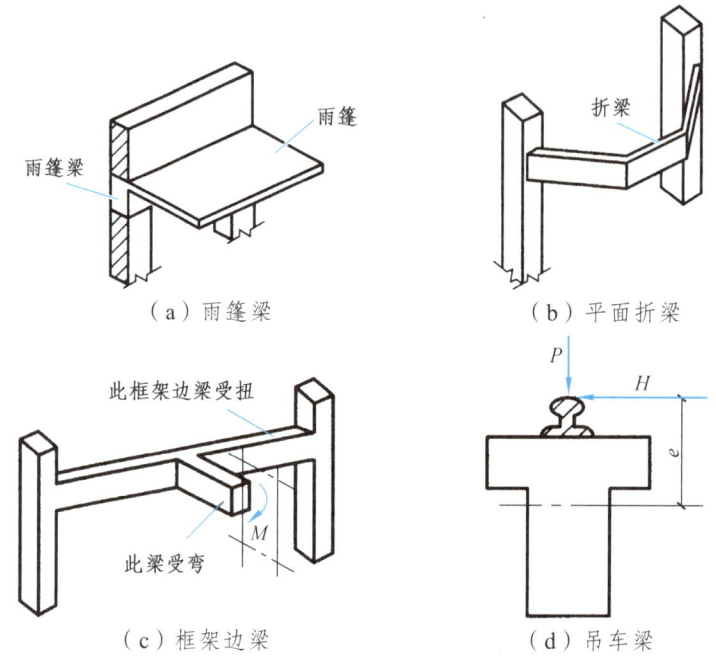

图4-8 常见受扭构件示例

受扭构件分为四类：纯扭构件、剪扭构件、弯扭构件、弯剪扭构件。

二、受扭构件的受力特点

1. 素混凝土纯扭构件

（1）开裂前的受力性能。

构件在扭矩作用下主要产生剪应力。最大剪应力发生在截面长边中点，与该点剪应力作用相对应的主拉应力 σ_{tp} 和主压应力 σ_{cp} 分别与构件轴线成45°角，其大小为：$\sigma_{tp} = \sigma_{cp} = \tau_{max}$。当主拉应力超过混凝土的抗拉强度时，混凝土将首先在截面长边中点处，垂直于主拉应力方向开裂，在纯扭构件中，构件裂缝与轴线成45°角，如图4-9所示。

对于理想的弹塑性材料而言，截面上某点的应力达到强度极限时并不会立即破坏，该点能保持极限应力不变而继续变形，整个截面仍能继续承受荷载，直到截面上各点的应力都达到极限值 f_t 时，构件才达到极限抗扭能力。

当截面长边中点附近最大主拉应变达到混凝土的极限拉应变时，构件就会开裂，此时在截面四角点处剪应力为零。随着扭矩的增加，裂缝与构件纵轴线成45°角向相邻两个面延伸,最后构件三面开裂,一面受压,形成一空间扭曲斜裂面而破坏。自开裂至构件破坏的过程短暂,破坏突然,属于脆性破坏,抗扭承载力很低。

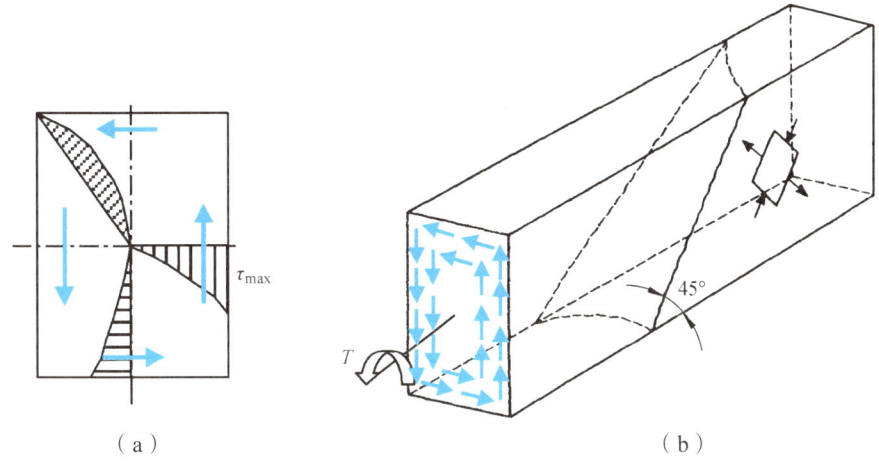

(a)　　　　　　　　　　　　　　　　　(b)

图4-9　素混凝土纯扭构件开裂前的截面受力情况

(2)矩形截面开裂扭矩。

素混凝土既非完全弹性,又非理想塑性,是介于两者之间的弹塑性材料。因而受扭时的极限应力分布将介于上述两种情况之间。素混凝土构件的受扭承载力即开裂扭矩。

$$T_{cr} = 0.7 f_t W_t \qquad (4-5)$$

式中　f_t——混凝土抗拉强度设计值;

　　　W_t——受扭构件的截面抗扭塑性抵抗矩。对矩形截面;$W_t = b^2(3h-b)/6$。

2. 钢筋混凝土纯扭构件

(1)配筋方式。

配置受扭钢筋对提高受扭构件抗裂性能的作用不大,当混凝土开裂后,可由钢筋继续承担拉力,最合理的配筋方式是在构件靠近表面处设置呈45°走向的螺旋形钢筋。但这种配筋方式不便于施工,且当扭矩改变方向后则将完全失去效用。在实际工程中,一般是采用由靠近构件表面设置的横向箍筋和沿构件周边均匀对称布置的纵向钢筋共同组成的抗扭钢筋骨架,如图4-10所示。

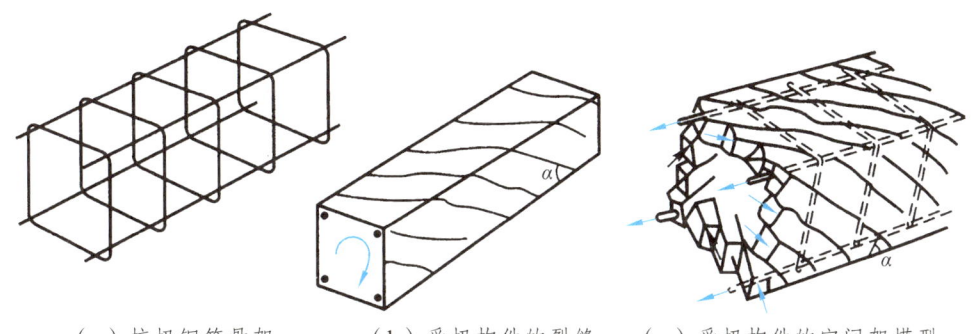

(a)抗扭钢筋骨架　　　(b)受扭构件的裂缝　　　(c)受扭构件的空间架模型

图4-10　钢筋混凝土受扭构件的受力性能

（2）破坏形态。

① 适筋受扭构件。

配置了适量受扭钢筋的构件，在裂缝出现以后不会立即破坏。随着外扭矩的不断增大，在构件表面逐渐形成多条大致沿 45°方向呈螺旋形发展的裂缝，如图 4-10（b）所示。

在裂缝处，原来由混凝土承担的主拉应力主要改由与裂缝相交的钢筋来承担。随着其中一条裂缝所穿越的纵筋和箍筋达到屈服时，该裂缝不断加宽，直到最后形成三面开裂一边受压的空间扭曲破坏面，进而受压边混凝土被压碎，构件破坏（见图 4-11）。整个破坏过程具有一定延性和较明显的预兆，类似受弯构件适筋破坏。

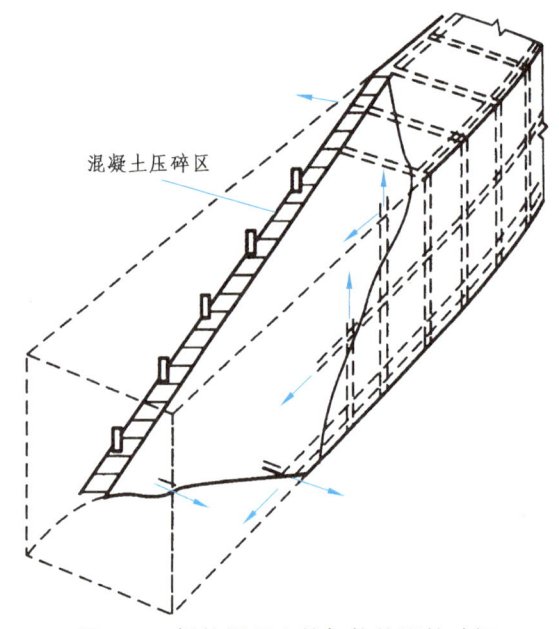

图 4-11　钢筋混凝土纯扭构件适筋破坏

② 少筋受扭构件。

构件的受扭承载力与素混凝土没有实质差别，破坏过程迅速而突然，类似于受弯构件的少筋破坏。

③ 超筋受扭构件。

钢筋未达到屈服强度，构件即由于斜裂缝间混凝土被压碎而破坏，这种破坏与受弯构件的超筋梁类似。

少筋受扭构件和超筋受扭构件均属脆性破坏，设计中应予避免。

3. 钢筋混凝土弯剪扭构件

（1）弯型破坏。

构件破坏开始于底面及两侧的混凝土开裂，底部钢筋屈服，然后顶部混凝土压碎，如图 4-12 所示。这类破坏主要因弯矩引起。

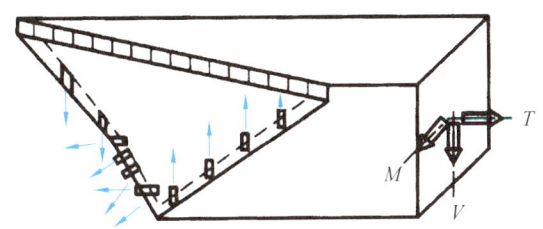

图 4-12 弯剪扭构件弯型破坏

（2）扭型破坏。

构件破坏开始于构件顶面及两侧面的混凝土开裂，顶部钢筋因受扭而先屈服，最后底部混凝土压碎，如图 4-13 所示。此类破坏主要因扭矩引起。

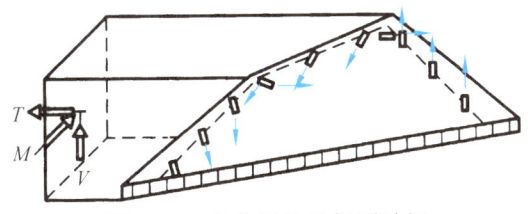

图 4-13 弯剪扭构件扭型破坏

（3）剪扭破坏。

构件破坏开始于截面长边的一侧开裂和该侧的受扭纵筋和受扭、受剪箍筋屈服，最后另一长边压区混凝土压碎，如图 4-14 所示。此类破坏主要因剪力和扭矩引起。

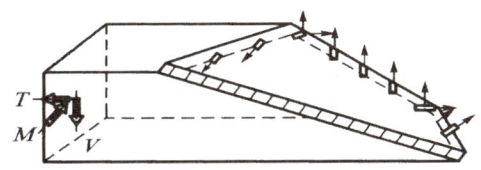

图 4-14 弯剪扭构件剪扭破坏

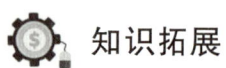 知识拓展

一、受扭构件的构造要求

(一)受扭纵筋

梁内受扭纵向钢筋的最小配筋率 $\rho_{tl,min}$ 应符合下列规定：

$$\rho_{tl,min} = 0.6\sqrt{\frac{T}{Vb}}\frac{f_t}{f_y} \tag{4-6}$$

式中 $\rho_{tl,min}$ ——受扭纵向钢筋的最小配筋率，取 $A_{stl}/(bh)$；

　　　b ——受剪的截面宽度，对 T 形或 I 形截面取腹板宽度；对箱形截面构件，b 应以 b_h 代替，b_h 为箱形截面的宽度；

　　　A_{stl} ——沿截面周边布置的受扭纵向钢筋总截面面积。

当 $T/(Vb)>2.0$ 时，取 $T/(Vb) = 2.0$。

沿截面周边布置受扭纵向钢筋的间距不应大于 200 mm 及梁截面短边长度；除应在梁截面四角设置受扭纵向钢筋外，其余受扭纵向钢筋宜沿截面周边均匀对称布置。受扭纵向钢筋应按受拉钢筋锚固在支座内。

在弯剪扭构件中，配置在截面弯曲受拉边的纵向受力钢筋，其截面面积不应小于受弯构件受拉钢筋最小配筋率计算的钢筋截面面积与受扭纵向钢筋配筋率计算并分配到弯曲受拉边的钢筋截面面积之和。

(二)受扭箍筋

梁中箍筋的配置应符合下列规定：

（1）按承载力计算不需要箍筋的梁，当截面高度大于 300 mm 时，应沿梁全长设置构造箍筋；当截面高度 $h = 150 \sim 300$ mm 时，可仅在构件端部 $l_0/4$ 范围内设置构造箍筋，l_0 为跨度。但当在构件中部 $l_0/2$ 范围内有集中荷载作用时，则应沿梁全长设置箍筋。当截面高度小于 150 mm 时，可以不设置箍筋。

（2）截面高度大于 800 mm 的梁，箍筋直径不宜小于 8 mm；截面高度不大于 800 mm 的梁，箍筋直径不宜小于 6 mm。梁中配有计算需要的纵向受压钢筋时，箍筋直径尚不应小于 $d/4$，d 为受压钢筋最大直径。

（3）梁中箍筋的最大间距应符合表 4-1 的规定。当 V 大于 $0.7f_t bh_0 + 0.05N_{p0}$ 时，箍筋的配筋率 $\rho_{sv}[\rho_{sv} = A_{sv}/(bs)]$ 不应小于 $0.24f_t/f_{yv}$。

表 4-1 梁中箍筋的最大间距　　　　　　　单位：mm

梁高 h	$V > 0.7f_t bh_0 + 0.05N_{p0}$	$V \leqslant 0.7f_t bh_0 + 0.05N_{p0}$
$150 < h \leqslant 300$	150	200
$300 < h \leqslant 500$	200	300
$500 < h \leqslant 800$	250	350
$h > 800$	300	400

（4）当梁中配有按计算需要的纵向受压钢筋时，箍筋应符合以下规定：

① 箍筋应做成封闭式，且弯钩直线段长度不应小于 5d，d 为箍筋直径。

② 箍筋的间距不应大于 15d，并不应大于 400 mm。当一层内的纵向受压钢筋多于 5 根且直径大于 18 mm 时，箍筋间距不应大于 10d，d 为纵向受压钢筋的最小直径。

③ 当梁的宽度大于 400 mm 且一层内的纵向受压钢筋多于 3 根时，或当梁的宽度不大于 400 mm 但一层内的纵向受压钢筋多于 4 根时，应设置复合箍筋。

在弯剪扭构件中，箍筋的配筋率 ρ_{sv} 不应小于 $0.28f_t/f_{yv}$。

箍筋间距应符合表 4-1 的规定，其中受扭所需的箍筋应做成封闭式，且应沿截面周边布置。当采用复合箍筋时，位于截面内部的箍筋不应计入受扭所需的箍筋面积。受扭所需箍筋的末端应做成 135° 弯钩，弯钩端头平直段长度不应小于 10d，d 为箍筋直径。

二、雨篷的构造

雨篷由雨篷梁和雨篷板组成。

雨篷梁一方面支承雨篷板，另一方面又兼作门过梁，除承受自重及雨篷板传来的荷载外，还承受着上部墙体的重量以及楼面梁、板可能传来的荷载。雨篷可能发生的破坏形态见图 4-15。

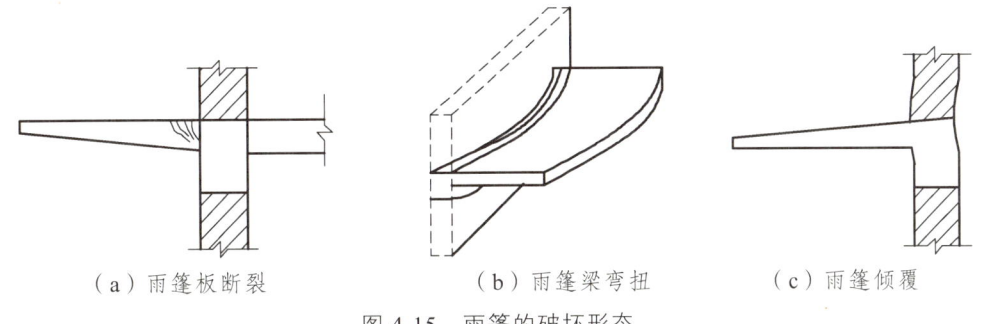

（a）雨篷板断裂　　（b）雨篷梁弯扭　　（c）雨篷倾覆

图 4-15　雨篷的破坏形态

1. 雨篷梁

雨篷梁的宽度一般与墙厚相同，梁高应符合砖的模数。为防止雨水沿墙缝渗入墙内，通常在梁顶设置高过板顶 60 mm 的凸块。雨篷梁嵌入墙内的支承长度不应小于 370 mm。

雨篷梁的配筋按弯、剪、扭构件计算配置纵筋和箍筋，雨篷梁的箍筋必须满足抗扭箍筋的要求，如图 4-16 所示。

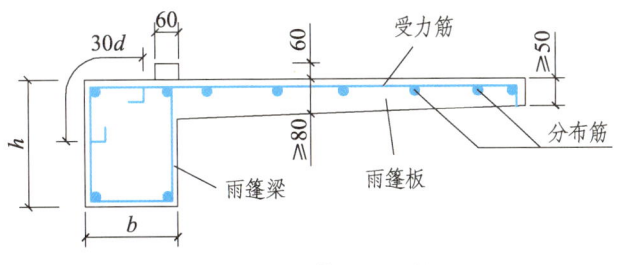

图 4-16　雨篷截面及配筋图

2. 雨篷板

雨篷板通常都做成变厚度板，根部厚度通常不小于 70 mm，而端部厚度不小于 50 mm。雨篷板按悬臂板计算配筋，计算截面在板的根部。

雨篷板的受力钢筋应布置在板的上部，且不少于 Φ6@200，伸入雨篷梁的长度应满足受拉钢筋锚固长度 l_a 的要求。分布钢筋应布置在受力钢筋的内侧，一般不少于 Φ6@300。

任务拓展

拓展任务描述	仔细阅读如下图所示某办公建筑的承台及基础梁平法施工图，查找并思考 JLL12、JCL1 的配筋情况，掌握受扭钢筋的构造要求。 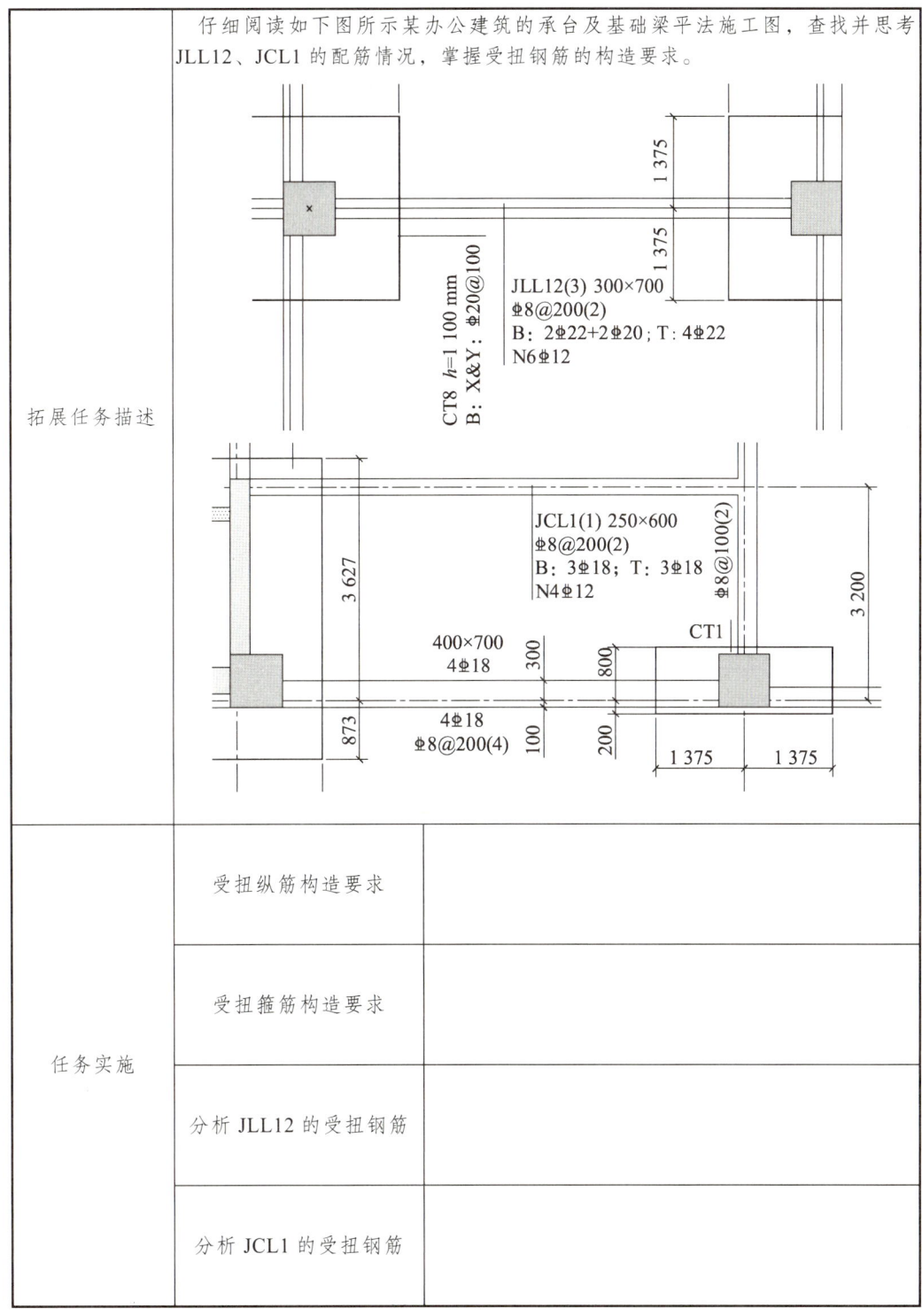
任务实施	受扭纵筋构造要求
	受扭箍筋构造要求
	分析 JLL12 的受扭钢筋
	分析 JCL1 的受扭钢筋

项目五
钢结构力学分析与构造要求

随着我国国民经济的迅速发展，钢结构由于其自身的特点和结构形式的多样性，应用范围也越来越广，在建筑中的应用领域非常广阔，涉及大跨结构、工业厂房、高层建筑及高耸结构、轻型钢结构等多个方面。钢结构是由钢制材料组成的结构，是主要的建筑结构类型之一。钢结构主要由型钢和钢板等制成的钢梁、钢柱等构件组成，常见的钢结构连接方法有焊缝连接、螺栓连接和铆钉连接三种。

某商业建筑采用钢框架结构，各构件采用螺栓连接，截取主次梁刚接连接节点，如下图所示。本项目主要学习以螺栓为代表的钢结构连接件的内力分析、强度校核，以及钢结构的连接方法和钢结构构件识读。

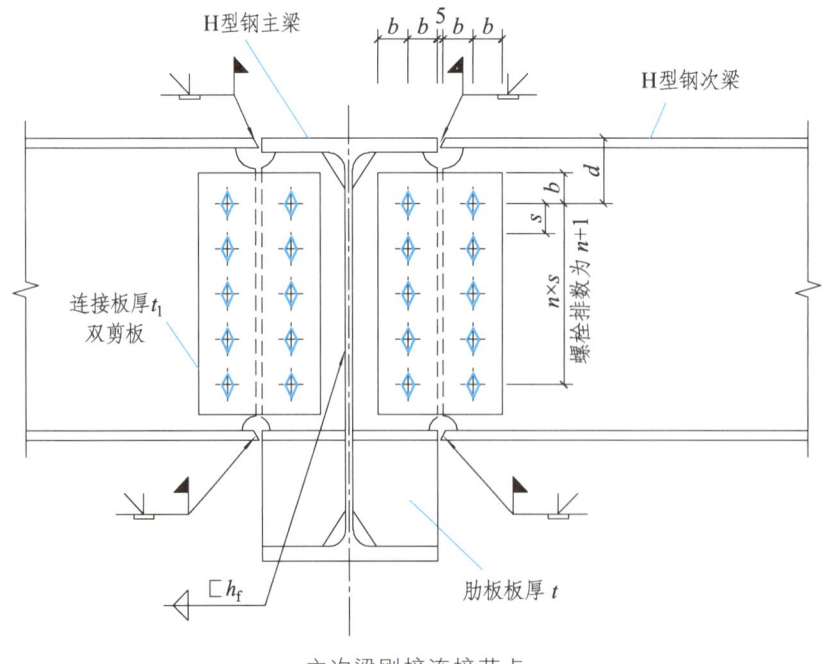

主次梁刚接连接节点

 **教学目标**

1. 知识目标

（1）掌握剪切与挤压的概念及连接处三种破坏形式。
（2）理解并掌握剪切及挤压的实用计算。
（3）掌握剪切与挤压的强度条件公式的应用。
（4）掌握钢结构的连接方法。
（5）理解并掌握钢结构焊接连接。
（6）理解并掌握钢结构螺栓连接。
（7）掌握钢结构的几种结构形式，并学会识读钢结构构件。

2. 能力目标

（1）能找出构件的剪切面与挤压面。
（2）能进行连接件的强度校核。
（3）能够在实际工程中理解和运用钢结构的结构与构造知识。
（4）识读钢结构构件，会找出连接方式及具体参数。

3. 素质目标

（1）培养学生综合解决问题的能力。
（2）强化和培养学生独立思考的能力。
（3）培养学生拼搏奋斗的职业精神及精益求精的匠人精神。

 **学习重点**

钢结构连接件的内力分析、强度校核，钢结构的连接方法和钢结构构件识读。

子任务一 剪切与挤压变形内力分析

子任务一	剪切与挤压变形内力分析
任务目标	1. 掌握剪切与挤压的概念及连接处三种破坏形式； 2. 理解并掌握剪切与挤压的实用计算； 3. 熟练运用剪切与挤压的强度条件公式进行强度校核
任务描述	某商业建筑采用钢结构，其中一接头处用四个螺栓连接两块钢板，如下图所示。钢板与螺栓材料相同。螺栓直径 $d=16$ mm，钢板的尺寸为：$b=100$ mm，$h=10$ mm，$F=90$ kN，螺栓的许用应力 $[\tau]=140$ MPa，$[\sigma_{bs}]=150$ MPa。钢板的许用拉应力 $[\sigma]=120$ MPa。试校核螺栓接头的强度。 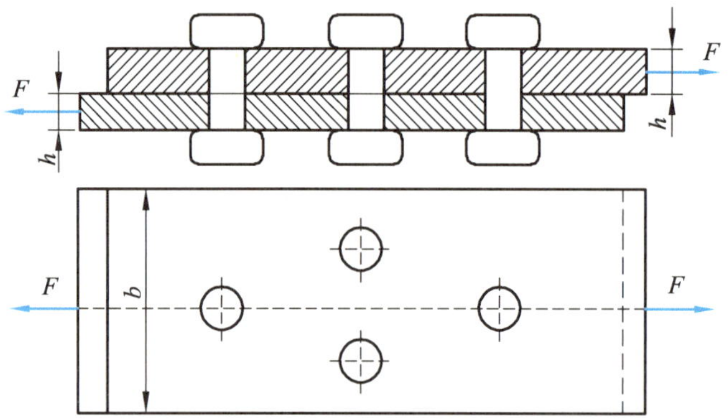
任务准备	1. 微课资源： 剪切与挤压变形内力计算 2. 思政资源： 《艺术里的奥林匹克》"冰丝带"国家速滑馆 3. 参考规范： （1）《建筑结构荷载规范》（GB 50009—2012）； （2）《钢结构通用规范》（GB 55006—2021）
任务实施	绘制某个螺栓的剪切面与挤压面（画出螺栓受剪面上的剪力）

	螺栓的剪切强度校核	
	螺栓的挤压强度校核	
	绘制上部钢板的轴力图	
	钢板的拉伸强度校核	
总结反馈	你是否能找出连接件的剪切面与挤压面？	是☐ 否☐
	你能够准确说出剪切与挤压的受力、变形特点吗？	是☐ 否☐
	你是否掌握了连接处破坏的三种形式？	是☐ 否☐
	你是否掌握了剪切的实用计算？	是☐ 否☐
	你是否掌握了挤压的实用计算？	是☐ 否☐
	请用文字或者思维导图形式进行相关知识总结：	

知识链接

一、剪切与挤压

1. 概 念

在工程结构或机械中，构件之间通常通过铆钉、螺栓、销钉等连接件相连接，这类连接件的主要变形破坏形式是剪切与挤压，如图 5-1 所示。

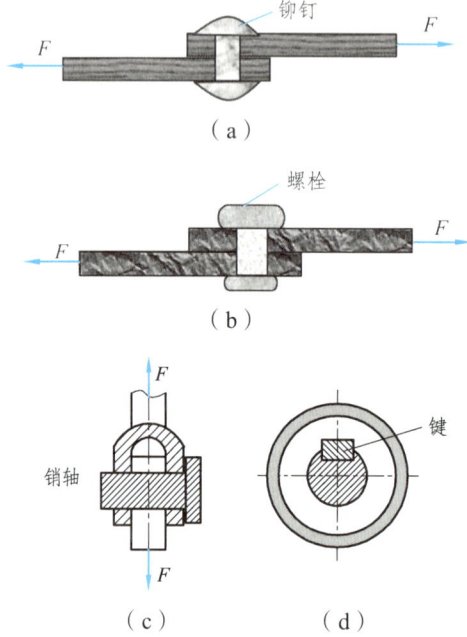

图 5-1 剪切与挤压破坏的连接件类型

2. 剪切、挤压的受力特点

构件在两侧面受到大小相等、方向相反、作用线相距很近的外力（外力合力）的作用。

3. 剪切的变形特点

构件沿位于两侧外力之间的截面发生相对错动，称剪切变形。发生错动的截面称为剪切面，如图 5-2 所示。

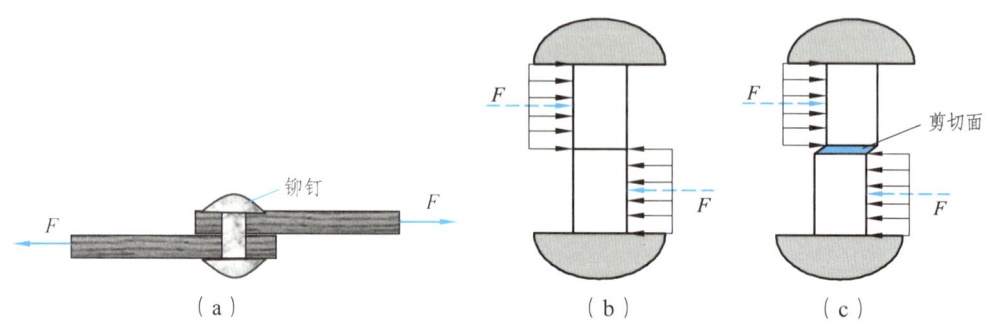

图 5-2 剪切面

4. 挤压的变形特点

连接件在受到剪切变形的同时，往往还要受到挤压变形。在外力作用下，连接件与被连接件之间在侧面互相压紧、传递压力。由于一般接触面较小而传递的压力较大，就有可能在接触面局部被压溃或发生塑性变形。这种变形破坏形式就称为挤压变形。传递压力的接触面称为挤压面，如图 5-3 所示。

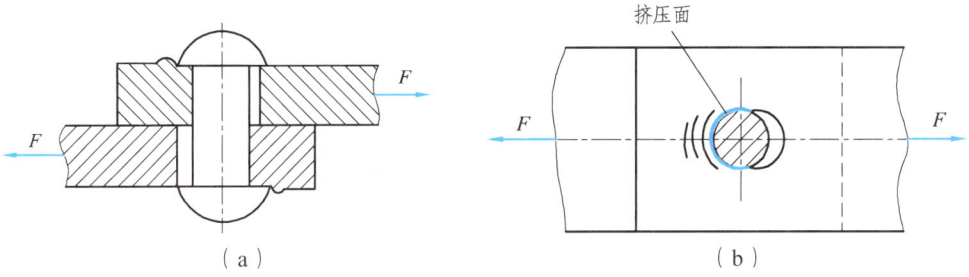

图 5-3 挤压面

二、连接处破坏的三种形式

1. 剪切破坏

沿连接件的剪切面剪断。

2. 挤压破坏

连接件与钢板在相互接触面上因挤压而使连接松动，发生破坏。

3. 拉伸破坏

钢板在连接件孔削弱的截面处，应力增大，易在连接处拉断，如图 5-4 所示。

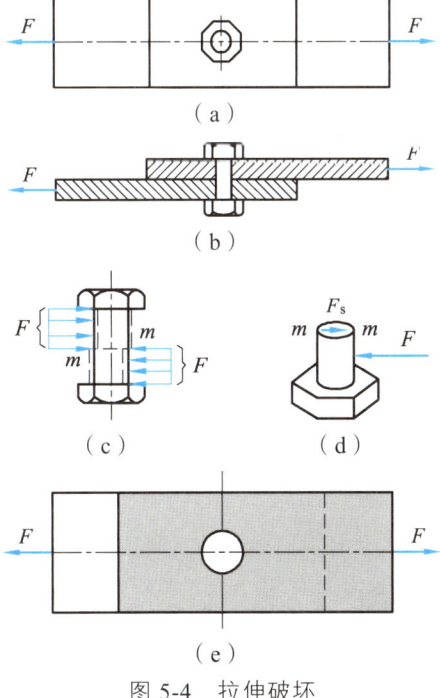

图 5-4 拉伸破坏

三、剪切的实用计算

1. 剪切面上的内力

剪切面上的内力为一个切向力,称为剪力,记作 F_s,如图 5-5 所示。

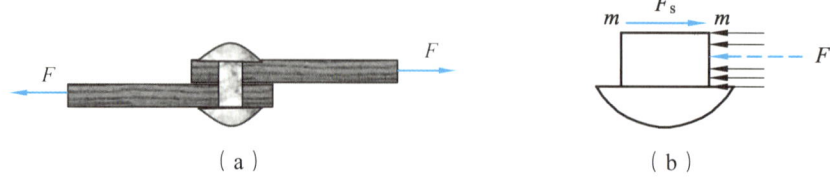

图 5-5 剪力

2. 剪切面上的应力

在剪切面上,只存在切应力,如图 5-6 所示,工程中假设剪切面上的切应力平均分布,即有:

$$\tau = \frac{F_s}{A_s} \tag{5-1}$$

式中　F_s——剪切面上的剪力,用截面法由平衡方程确定;
　　　A_s——剪切面的面积。

图 5-6 剪切应力

3. 剪切强度条件

$$\tau = \frac{F_s}{A_s} \leqslant [\tau] \tag{5-2}$$

式中　$[\tau]$——材料的许用切应力。

四、挤压的实用计算

1. 挤压面上的挤压力

在挤压面上存在着法向的力,称为挤压力,记作 F_{bs},如图 5-7 所示。

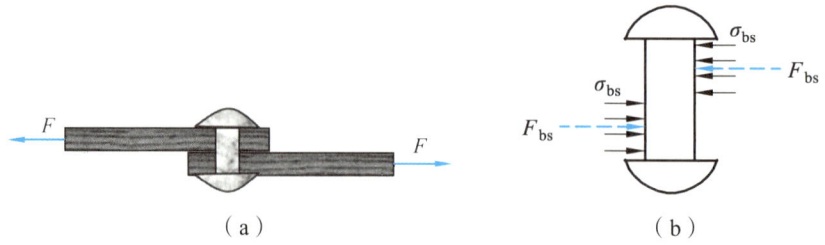

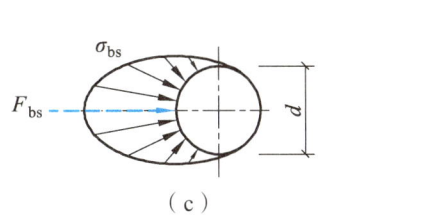 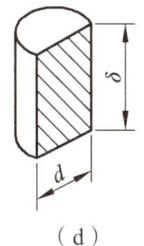

（c） （d）

图 5-7 挤压力与挤压应力

2. 挤压面上的应力

在挤压面上，存在着法向的挤压应力，记作：

$$\sigma_{bs} = \frac{F_{bs}}{A_{bs}} \tag{5-3}$$

式中　F_{bs}——挤压面上的挤压力；

　　　A_{bs}——挤压面的计算面积，取实际挤压面在垂直于挤压力的平面上投影的面积。

3. 挤压强度条件

挤压强度条件公式如下：

$$\sigma_{bs} = \frac{F_{bs}}{A_{bs}} \leqslant [\sigma_{bs}] \tag{5-4}$$

式中　$[\sigma_{bs}]$——材料的许用挤压应力。

 **知识拓展**

为了紧跟国家发展步伐，弘扬丝路精神，中国中西部最大的展览中心——西安国际会展中心（见图5-8），成为了"一带一路"国内外重要的交流合作平台。设计团队应用BIM技术，从零开始、反复试验，为所有构件都搭建起三维模型，并完成现场桁架拼装的受力校核及施工模拟分析，提前20天完成深化出图工作，为优化施工方案提供了科学指导。施工单位面对项目建设过程中的重重挑战，发起冲锋奋勇前进，克服了艰难的项目条件，扎根岗位、协同作战、互相鼓励，破解桁架滑移技术难题，不断推进项目建设，并提前30天完成项目履约。正是匠人们精益求精的工作态度和拼搏奋斗的工作热情，缔造了西安国际会展中心。

项目一期于2021年荣获重量级国家奖项"中国钢结构金奖"，项目二期于2023年5月再次斩获"中国钢结构金奖"。而钢结构中的连接件受力特点是怎么样的？

图 5-8 西安国际会展中心（钢结构）

任务拓展

拓展任务描述	两块厚度 $t=10$ mm、宽度 $b=60$ mm 的钢板，用两个直径 $d=18$ mm 的螺栓搭接在一起，钢板受拉力 $P=60$ kN，设每个螺栓受力相等。已知螺栓的许用应力 $[\tau]=140$ MPa，钢板的许用拉应力 $[\sigma]=140$ MPa。试校核螺栓接头的强度。

任务实施	绘制某个螺栓的剪切面与挤压面（画出螺栓受剪面上的剪力）	
	螺栓的剪切强度校核	
	绘制上部钢板的轴力图	
	钢板的拉伸强度校核	

子任务二　钢结构的构造要求

<table>
<tr><td>子任务二</td><td>钢结构的构造要求</td></tr>
<tr><td>任务目标</td><td>1. 掌握钢结构的连接方法；
2. 理解并掌握钢结构焊接连接及螺栓连接；
3. 学会识读钢结构构件；
4. 掌握钢结构的常见结构形式</td></tr>
<tr><td>任务描述</td><td>仔细阅读某商业建筑的施工图，结合主次梁刚接连接节点的图示，如下图所示，请思考钢结构的连接方法及钢结构的构造要求。

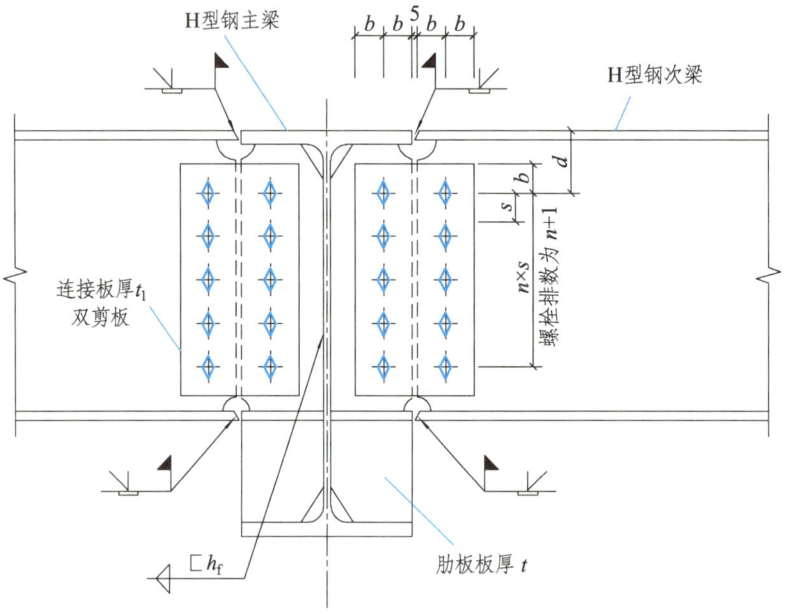
H型钢主梁
b b 5 b b
H型钢次梁
d
b
s
n×s
螺栓排数为n+1
连接板厚t1
双剪板
hf
肋板板厚 t
</td></tr>
<tr><td>任务准备</td><td>1. 微课资源：
钢结构焊缝连接　钢结构螺栓连接
钢结构构造要求（一）　钢结构构造要求（二）
2. 思政资源：
陕西西安国际会展中心通过竣工验收</td></tr>
</table>

	3. 参考规范： （1）《建筑结构荷载规范》（GB 50009—2012）； （2）《钢结构通用规范》（GB 55006—2021）； （3）《钢结构焊接规范》（GB 50661—2011）			
任务实施	钢结构的连接方法			
	焊接方法			
	焊接形式			
	普通螺栓连接的排列			
	普通螺栓连接的受力特点			
	高强螺栓连接的受力特点			
	钢结构受压构件的构造要求			
	钢结构受弯构件的构造要求			
	梁的拼接方式			
	梁的连接方式			
总结反馈	你是否了解钢结构的连接方法？		是□	否□
	你是否能够准确表达普通螺栓连接的受力特点？		是□	否□
	你是否能够准确表达高强螺栓连接的受力特点？		是□	否□
	你是否掌握钢结构受压构件的构造要求？		是□	否□
	你是否掌握钢结构受弯构件的构造要求？		是□	否□
	你是否了解应用最广泛的钢结构的几种形式？		是□	否□
	请用文字或者思维导图形式进行相关知识总结：			

知识链接

一、钢结构的连接方法

钢结构的连接方法有焊缝连接、螺栓连接和铆钉连接三种，如图 5-9 所示。

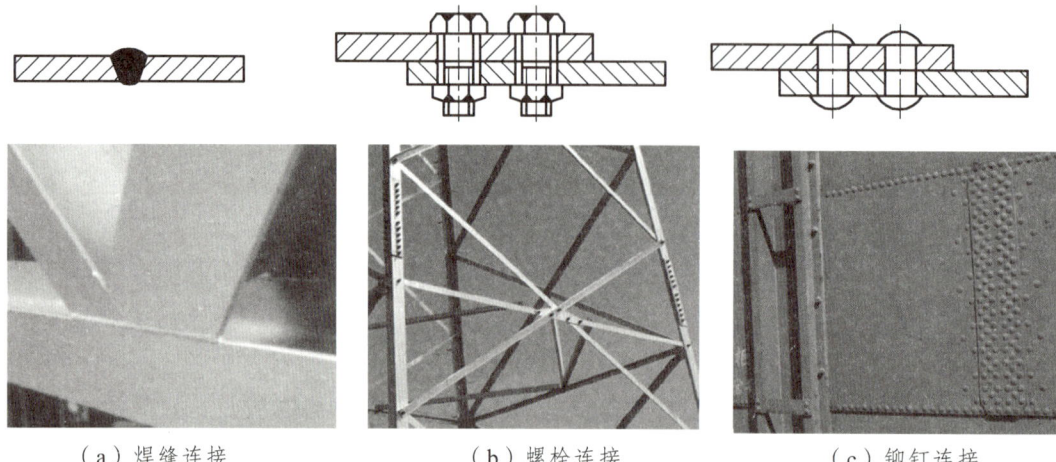

（a）焊缝连接　　　（b）螺栓连接　　　（c）铆钉连接

图 5-9　钢结构的连接方法

1. 焊缝连接

焊缝连接是通过电弧产生的热量使焊条和焊件局部熔化，经冷却凝结成焊缝，从而将焊件连接成为一体，如图 5-10 所示。

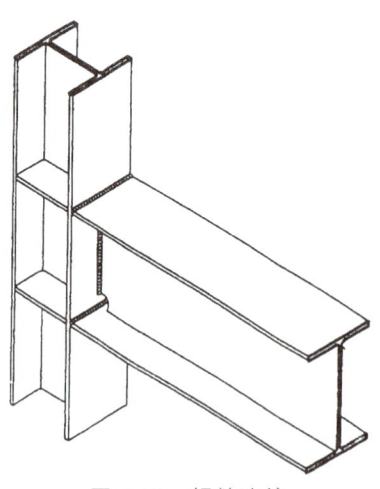

图 5-10　焊缝连接

优点：不削弱构件截面，节约钢材，构造简单，制造方便，连接刚度大，密封性能好，在一定条件下易于采用自动化作业，生产效率高。

缺点：焊缝附近钢材因焊接高温作用形成的热影响区可能使某些部位材质变脆；焊接过程中钢材受到分布不均匀的高温和冷却，使结构产生焊接残余应力和残余变形，对结构的承载力、刚度和使用性能有一定影响；焊接结构由于刚度大，局部裂纹一经发生，很容易扩展到整体，尤其是在低温下易发生脆断；焊缝连接的塑性和韧性较差，施焊时可能产生缺陷，使疲劳强度降低。

2. 螺栓连接

螺栓连接是通过螺栓这种紧固件把连接件连接成为一体。螺栓连接分普通螺栓连接和高强度螺栓连接两种，如图 5-11 所示。

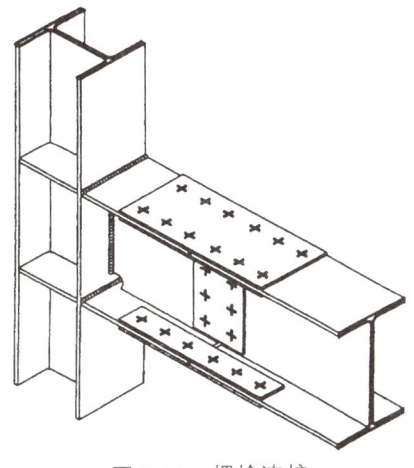

图 5-11　螺栓连接

优点：施工工艺简单、安装方便，特别适用于工地安装连接，也便于拆卸，适用于需要装拆结构和临时性连接。

缺点：需要在板件上开孔和拼装时对孔，增加制造工作量，且对制造的精度要求较高；螺栓孔还使构件截面削弱，且被连接件常需相互搭接或增设辅助连接板（或角钢），因而构造较繁且多费钢材。

3. 铆钉连接

铆钉连接是将一端带有半圆形预制钉头的铆钉，将钉杆烧红后迅速插入连接件的钉孔中，然后用铆钉枪将另一端也打铆成钉头，以使连接达到紧固，如图 5-12 所示。

图 5-12　铆钉连接

优点：铆接传力可靠，塑性、韧性均较好，质量易于检查和保证，可用于重型和直接承受动力荷载的结构。

缺点：铆接工艺复杂、制造费工费料，且劳动强度高，故已基本被焊接和高强度螺栓连接所取代。

二、焊接连接

1. 焊接方法

钢结构常用的焊接方法是电弧焊，包括手工电弧焊、自动或半自动电弧焊以及气体保护焊等。

手工电弧焊是钢结构中最常用的焊接方法，其设备简单，操作灵活方便。但劳动条件差，生产效率比自动或半自动电弧焊低，焊缝质量的变异性大，在一定程度上取决于焊工的技术水平，如图 5-13 所示。

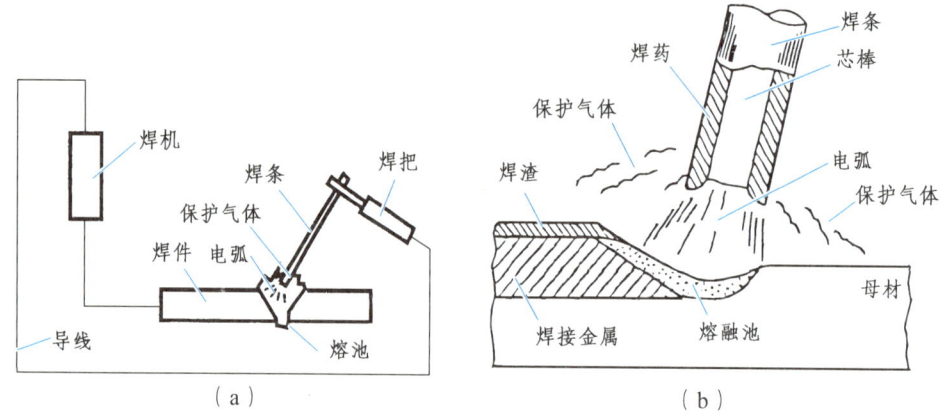

图 5-13 手工电弧焊

自动焊的焊缝质量稳定，焊缝内部缺陷较少，塑性好，冲击韧性好，适合于焊接较长的直接焊缝。半自动焊因人工操作，适用于焊曲线或任意形状的焊缝。自动和半自动焊应采用与主体金属相适应的焊丝和焊剂，焊丝应符合国家标准的规定，焊剂应根据焊接工艺要求确定，如图 5-14 所示。

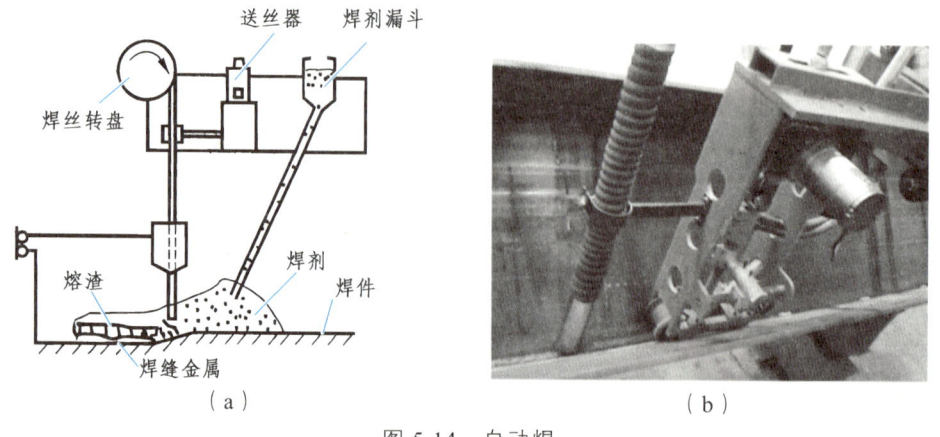

图 5-14 自动焊

气体保护焊是用惰性气体（或 CO_2）气体作为电弧的保护介质，使熔化金属与空气隔绝，以保持焊接过程稳定。气体保护焊电弧加热集中，焊接速度快，熔深大，故焊缝强度比手工焊的高，且塑性和抗腐蚀性好，适合于厚钢板的焊接，如图 5-15 所示。

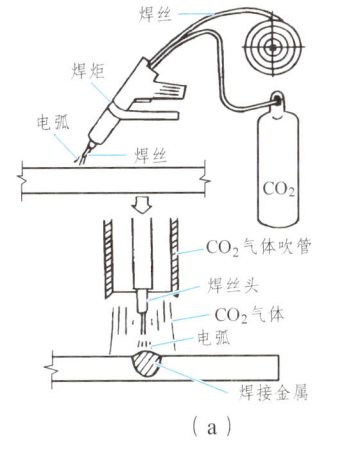

（a）　　　　　　　　　　　　　　（b）

图 5-15　气体保护焊

2. 焊缝形式

焊缝连接形式根据被连接构件间的相互位置可分为对接、搭接、T 形连接和角接等四种形式，如图 5-16 所示。

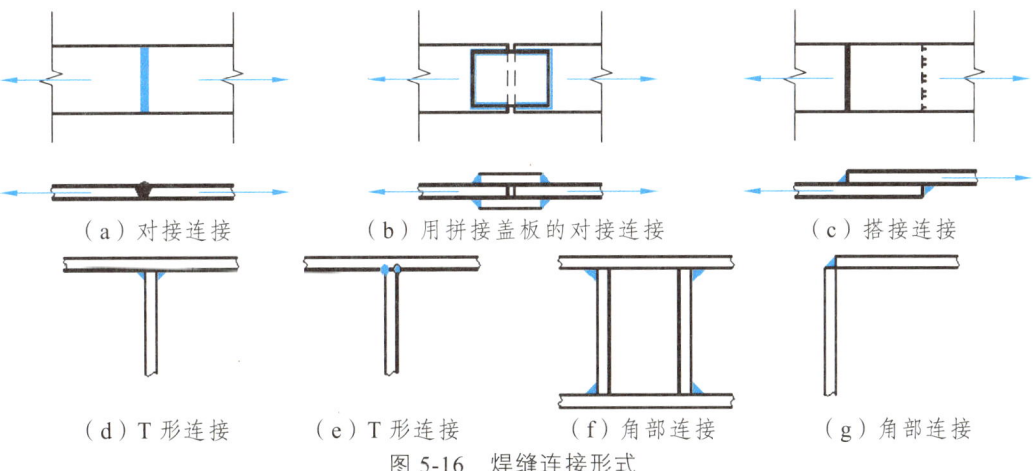

图 5-16　焊缝连接形式

焊缝按其工作性质来分有强度焊缝和密强焊缝两种。

焊缝按施焊位置分有平焊、横焊、立焊和仰焊四种，如图 5-17 所示。

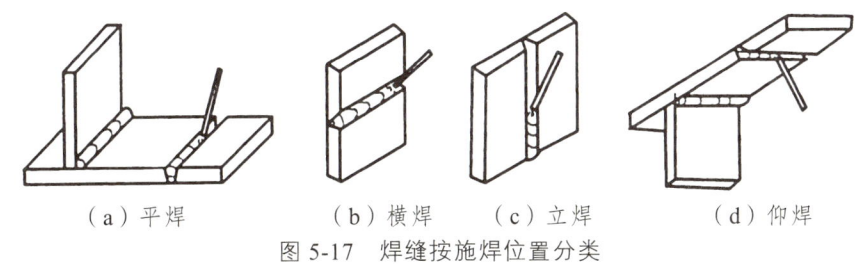

图 5-17　焊缝按施焊位置分类

3. 焊接构造

根据焊缝截面，焊接构造可分为对接焊缝和角焊缝两种基本形式。

（1）对接焊缝。

对接焊缝传力直接、平顺，没有显著的应力集中现象，因而受力性能良好，对于承受静、动荷载的构件连接都适用。但由于对接焊缝的质量要求较高，焊件之间施焊间隙要求较严，一般多用于工厂制造的连接中。

对接焊缝又称坡口焊缝，因为在施焊时应对板件边缘加工成适当形式和尺寸的坡口，以便焊接时有焊条运转的必要空间，保证对接焊缝内部有足够的熔透深度。坡口基本形式可分为 I 形、单边 V 形、V 形、X 形、U 形和 K 形等，如图 5-18 所示，坡口形式随板厚和焊接方法而不同。采用手工焊时，当板厚 $t \leqslant 10$ mm 时，可采用不切坡口的 I 形缝，只需保持间隙 0.5~2 mm，$t \leqslant 5$ mm 时可采用单面焊；当板厚 $t = 10 \sim 20$ mm 时，采用 V 形或半 V 形坡口；对于较厚的板件 $t \geqslant 20$ mm 时，采用 X 形、U 形或 K 形。对于 V 形和 U 形缝的根部还需要清除焊根，并进行补焊。

没有条件清根和补焊者，要事先加垫板。当采用自动焊时，因所用电流强、熔深大，只在 $t \geqslant 16$ mm 时，才采用 V 形坡口。

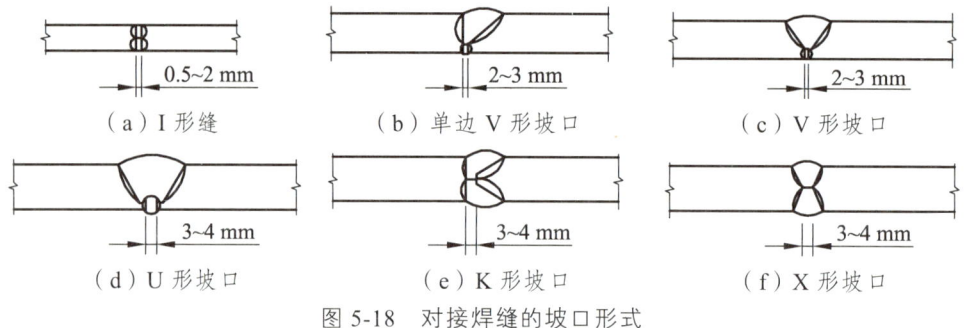

图 5-18 对接焊缝的坡口形式

（2）角焊缝。

① 角焊缝的形式。

角焊缝按其长度方向和外力作用方向的不同，可分为平行于力作用方向的侧面角焊缝、垂直于力作用方向的正面角焊缝、与力作用方向斜交的斜向角焊缝以及围焊缝。

角焊缝截面形式又分为普通式、平坡式和深熔式。图 5-19 中 h_f 称为角焊缝的焊脚尺寸。普通式截面焊脚边比例为 1∶1，近似于等腰直角三角形，其传力线弯折较剧烈，故应力集中严重。对直接承受动力荷载的结构，为使传力平顺，正面角焊缝宜采用两焊角边尺寸比例 1∶1.5 的平坡式（长边顺内力方向），侧面角焊缝宜采用比例为 1∶1 的深熔式。

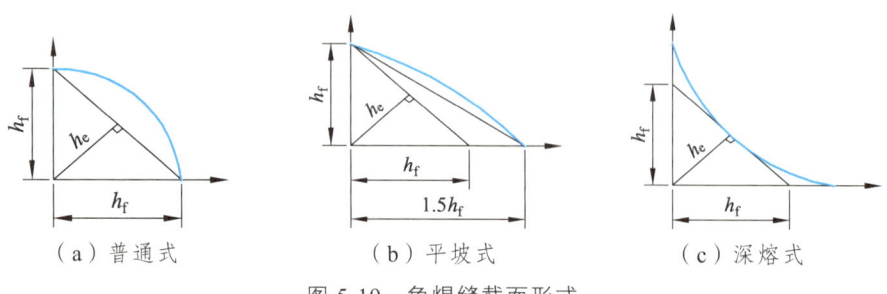

图 5-19 角焊缝截面形式

② 角焊缝的尺寸。

角焊缝的尺寸应符合下列规定：

a. 角焊缝的最小计算长度应为其焊脚尺寸（h_f）的 8 倍且不应小于 40 mm；焊缝计算长度应为扣除引弧、收弧长度后的焊缝长度。

b. 角焊缝的有效面积应为焊缝计算长度与计算厚度（h_e）的乘积。对任何方向的荷载，角焊缝上的应力应视为作用在这一有效面积上。

c. 断续角焊缝焊段的最小长度不应小于最小计算长度。

d. 角焊缝最小焊脚尺寸宜按表 5-1 取值。

e. 被焊构件中较薄板厚度不小于 25 mm 时，宜采用开局部坡口的角焊缝。

f. 采用角焊缝焊接接头，不宜将厚板焊接到较薄板上。

表 5-1　角焊缝最小焊脚尺寸　　　　　　　　　　　　　　单位：mm

母材厚度 t[①]	角焊缝最小焊脚尺寸 h_f[②]
$t \leq 6$	3[③]
$6 < t \leq 12$	5
$12 < t \leq 20$	6
$t > 20$	8

注：① 采用不预热的非低氢焊接方法进行焊接时，t 等于焊接接头中较厚件厚度，宜采用单道焊缝；采用预热的非低氢焊接方法或低氢焊接方法进行焊接时，t 等于焊接接头中较薄件厚度；
　　② 焊缝尺寸不要求超过焊接接头中较薄件厚度的情况除外；
　　③ 承受动荷载的角焊缝最小焊脚尺寸为 5 mm。

4. 常用焊缝的标注方法

《焊缝符号表示法》规定：焊缝符号一般由基本符号与引出线组成，必要时还可加上辅助符号，如表 5-2 所示。

表 5-2　焊缝符号

	角焊缝			
	单面焊缝	双面焊缝	安装焊缝	相同焊缝
形式				
标注方式	h_f	h_f	h_f	h_f

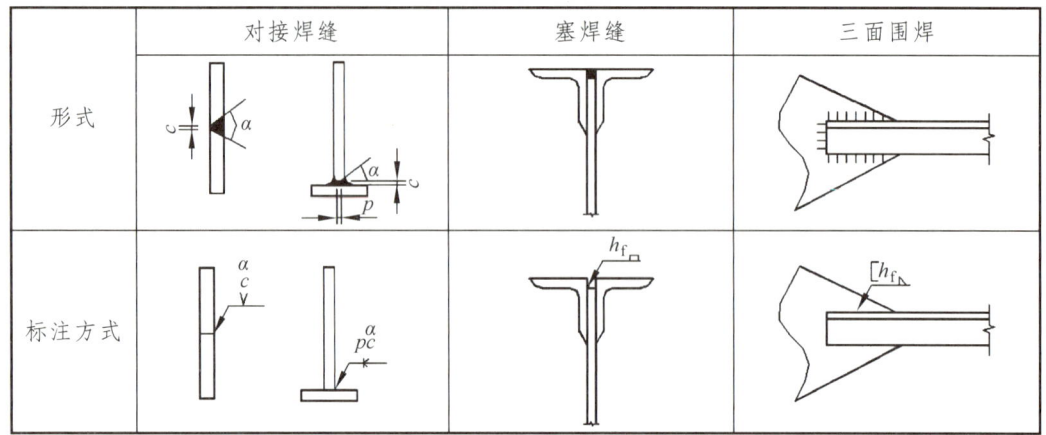

基本符号：表示焊缝的横截面形状，如用"△"表示角焊缝，用"‖"表示I形坡口的对接焊缝，用"V"表示V形坡口的对接焊缝。

引出线：一般由横线和带箭头的斜线组成，箭头指向图形相应焊缝处，横线上方和下方用来标注基本符号和焊缝尺寸等。

采用对接焊缝连接时，焊缝金属将成为焊件截面的组成部分。其中 α 是坡口角度；p 是钝边长度，可起到托住焊液的作用；c 是间隙宽度，与坡口一起为焊条提供施焊空间。

三、螺栓连接

1. 普通螺栓连接

（1）普通螺栓连接的构造。

钢结构采用的普通形式为大六角头型，其代号用字母 M 与公称直径（mm）表示。工程中常用 M18、M20、M22、M24。按国际标准，螺栓统一用螺栓的性能等级来表示，如"4.6级""8.8级"等。小数点前的数字表示螺栓材料的最低抗拉强度，如"4"表示 400 N/mm², "8"表示 800 N/mm²。小数点后的数字（0.6、0.8）表示螺栓材料的屈强比，即屈服点与最低抗拉强度的比值。

根据螺栓的加工精度，普通螺栓又分为 A、B、C 三级。

钢结构连接最常用 4.6 级或 4.8 级普通螺栓，为 C 级螺栓；而 5.6 级与 8.8 级普通螺栓为 A 级或 B 级螺栓，A 级、B 级螺栓属精制螺栓，工程中较少采用，C 级普通螺栓在钢结构工程中有广泛的应用。

C 级螺栓宜用于沿其杆轴方向受拉的连接，在下列情况下可用于抗剪连接：

① 承受静力荷载或间接承受动力荷载结构中的次要连接；
② 承受静力荷载的可拆卸结构的连接；
③ 临时固定构件用的安装连接。

直接承受动力荷载构件的螺栓连接应符合下列规定：

① 抗剪连接时应采用摩擦型高强度螺栓；
② 普通螺栓受拉连接应采用双螺帽或其他能防止螺帽松动的有效措施。

（2）普通螺栓连接的排列。

螺栓的排列应简单、统一而紧凑，满足受力要求，构造合理又便于安装。排列方式有并列和错列两种排列，如图5-20所示。并列较简单，错列较紧凑。

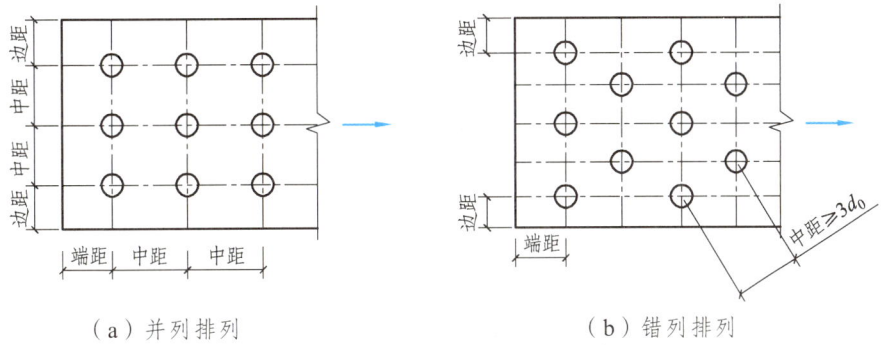

（a）并列排列　　　　　　（b）错列排列

图5-20　螺栓的排列及间距

螺栓在构件上的排列要满足以下三方面的要求。

① 受力要求。

在受力方向螺栓的端距过小时，钢材有剪断或撕裂的可能。各排螺栓距和线距太小时，构件有沿折线或直线破坏的可能。对受压构件，当沿作用力方向螺栓栓距过大时，被连接板件间易发生鼓曲和张口现象。

② 构造要求。

螺栓中距及边距不宜太大，否则钢板间不能紧密贴合，潮气易侵入缝隙使钢材锈蚀。

③ 施工要求。

螺栓间距不能太近，要保证有一定的空间，便于转动螺栓扳手拧紧螺帽。

（3）普通螺栓连接的受力特点，如图5-21所示。

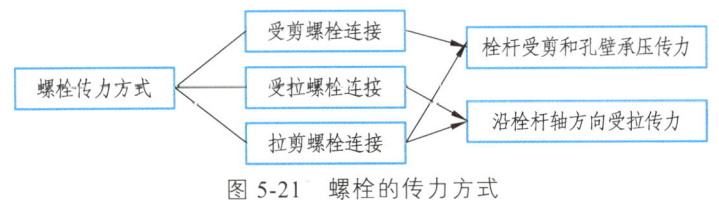

图5-21　螺栓的传力方式

① 受剪螺栓连接（见图5-22）。

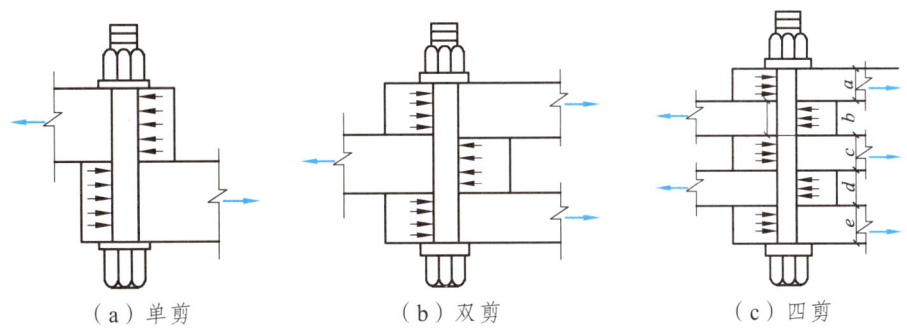

（a）单剪　　　　　（b）双剪　　　　　（c）四剪

图5-22　单个受剪螺栓的受力情况

受剪螺栓连接在达到极限承载力时，可能出现如下五种破坏形式：

a. 栓杆剪断[见图 5-23（a）]：当螺栓直径较小、钢板相对较厚时，可能发生。

b. 孔壁挤压坏[见图 5-23（b）]：当螺栓直径较大、钢板相对较薄时，可能发生。

c. 钢板拉断[见图 5-23（c）]：当钢板因螺孔削弱过多时，可能发生。

d. 端部钢板剪断[见图 5-23（d）]：当顺受力方向的端距过小时，可能发生。

e. 栓杆受剪破坏[见图 5-23（e）]：当螺栓过于细长时，可能发生。

上述破坏形式中的后两种在选用最小容许端距 $2d_0$ 和使螺栓的夹紧长度不超过 $5d_0$ 的条件下，均不会发生。前三种形式的破坏，则需要通过计算来防止。

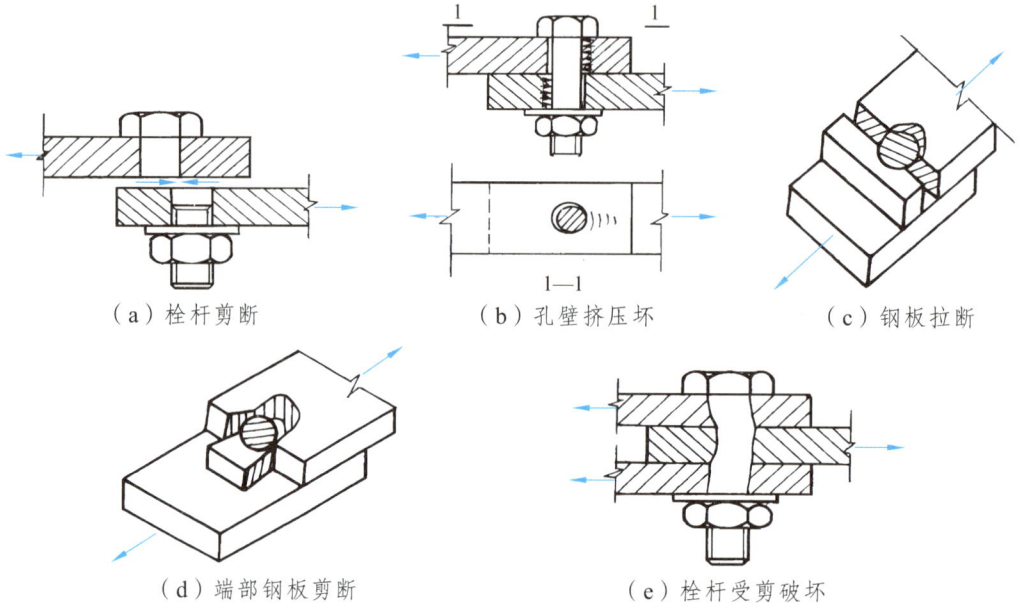

图 5-23 受剪螺栓连接的破坏形式

② 受拉螺栓连接。

受拉螺栓连接中，在外力 N 作用下，构件相互间有分离趋势，从而使螺栓沿杆轴方向受拉。受拉螺栓的破坏形式是栓杆被拉断，其部位多在被螺纹削弱的截面处，如图 5-24 所示。

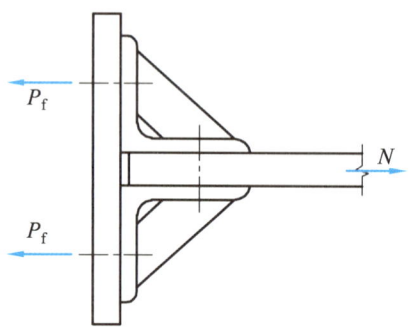

图 5-24 受拉螺栓连接的受力情况

③ 拉剪螺栓连接。

由于 C 级螺栓的抗剪能力差，故对重要连接一般均应在端板下设置支托，以承受剪力。对次要连接，若端板下不设支托，则螺栓将同时承受剪力和沿杆轴方向的拉力的作用，如图 5-25 所示。

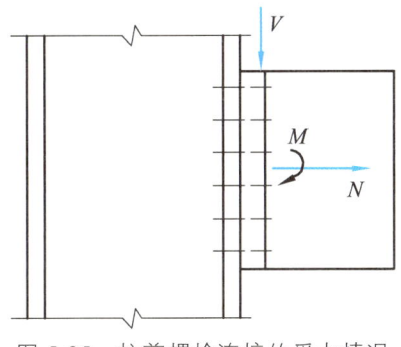

图 5-25　拉剪螺栓连接的受力情况

2. 高强度螺栓的受力特点

高强度螺栓连接按设计和受力要求可分为摩擦型和承压型两种。

摩擦型连接在承受剪切时，以外剪力达到板件间可能发生的最大摩阻力为极限状态；当超过时板件间发生相对滑移，即认为连接已失效而破坏。摩擦型高强度螺栓只利用接触面间的摩擦阻力传递剪力，其整体性能好、抗疲劳能力强，适用于承受动力荷载和重要的连接。

承压型连接在受剪时，则允许摩擦力被克服并发生板件间相对滑移，然后外力可以继续增加，并以此后发生的螺杆剪切或孔壁承压的最终破坏为极限状态。允许外力超过构件接触面间的摩擦力，利用螺栓杆与孔壁直接接触传递剪力，承载能力比摩擦型提高较多。可用于不直接承受动力荷载的情况。

四、钢结构构件

1. 轴心受力构件

轴心受力构件是指承受通过截面形心的轴向力作用的构件，分为轴心受拉构件和轴心受压构件。它们广泛地应用于柱、桁架、网架、塔架和支撑等结构中。

（1）轴心受力构件的受力特点。

轴心受拉构件设计时，应满足强度和刚度的要求。按承载力极限状态的要求，轴心受拉构件包括毛截面屈服和净截面断裂，分别满足以下规定：

毛截面屈服：

$$\sigma = \frac{N}{A} \leqslant f$$

净截面断裂：

$$\sigma = \frac{N}{A_n} \leqslant 0.7 f_u$$

式中　N——所计算截面处的拉力设计值（N）；

f——钢材的抗拉强度设计值（N/mm²）；

A——构件的毛截面面积（mm²）；

A_n——构件的净截面面积，当构件多个截面有孔时，取最不利的截面（mm²）；

f_u——钢材的抗拉强度最小值（N/mm²）；

按正常使用极限状态的要求，轴心受拉构件应具有必要的刚度，否则在制造、运输和安装过程中容易产生弯扭变形，在自重的作用下会产生较大挠度，在承受动力荷载时会引起较大的振动等。轴心受拉构件的刚度是以它的长细比来控制的。

轴心受压构件的受力性能与受拉构件不同，除有些短粗或截面有较大削弱的构件其承载力由强度条件起控制作用外，一般情况下，轴心受压构件的承载能力是由稳定条件决定的。因此轴心受压构件设计时除满足强度和刚度的条件外，还应满足整体稳定性和局部稳定性的要求。

（2）轴心受压柱的构造。

轴心受压柱由柱头、柱身、柱脚三部分组成。按柱身的构造型式可分为实腹式和格构式两类。

① 实腹式轴心受压柱。

A. 截面形式。

实腹式轴心受压柱一般选用双轴对称的型钢截面或组合截面。在选择截面形式时，主要考虑等稳定性、肢宽壁薄、制造省工、构造简便等原则。

B. 设置加劲肋。

设置加劲肋是为了提高构件的抗扭刚度，防止构件在施工和运输过程中发生变形，如图 5-26 所示。

C. 柱头的构造。

轴心受压柱主要承受与其相连的梁传来的荷载（梁的支承反力），梁与柱的连接构造与梁的端部构造有关。连接设计应传力可靠，便于制作、运输、安装和经济合理。轴心受压柱与梁为铰接，一般有两种构造方案：一种是将梁支承于柱顶，另一种是将梁支承于柱的侧面。

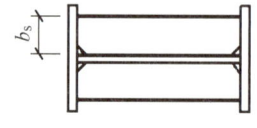

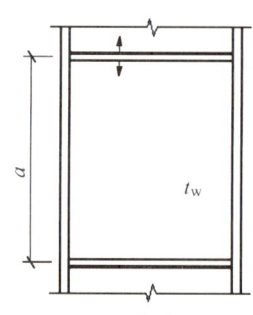

图 5-26 实腹柱的横向加劲肋加强

a. 柱顶支承梁的构造。

梁的反力通过柱的顶板传给柱，顶板一般可以取 16~20 mm 厚，与柱用焊缝相连，梁与顶板用普通螺栓相连，以便安装定位。

图 5-27（a）中，梁支承加劲肋应对准柱的翼缘，使梁的支承反力通过支承加劲肋及垫板传递给柱的翼缘。为了便于安装，相邻梁之间留一空隙，最后用夹板和构造螺栓相连，以防止单个梁的倾斜。这种连接形式传力明确、构造简单、施工方便，但当两相邻反力不等时即引起柱的偏心受压，一侧梁传递的反力很大时，还可能引起柱翼缘的局部屈曲。

图 5-27（b）中，梁通过端板连接于柱的轴线附近，这样即使相邻反力不等，柱仍接近轴心受压。突缘加劲肋底部应刨平顶紧于柱顶板；柱的腹板是主要受力部分，其厚

度不能太薄，同时在柱顶板之下，腹板两侧应设置加劲肋，两相邻梁之间应留一定空隙便于安装时调节，最后嵌入合适的填板并用构造螺栓相连。

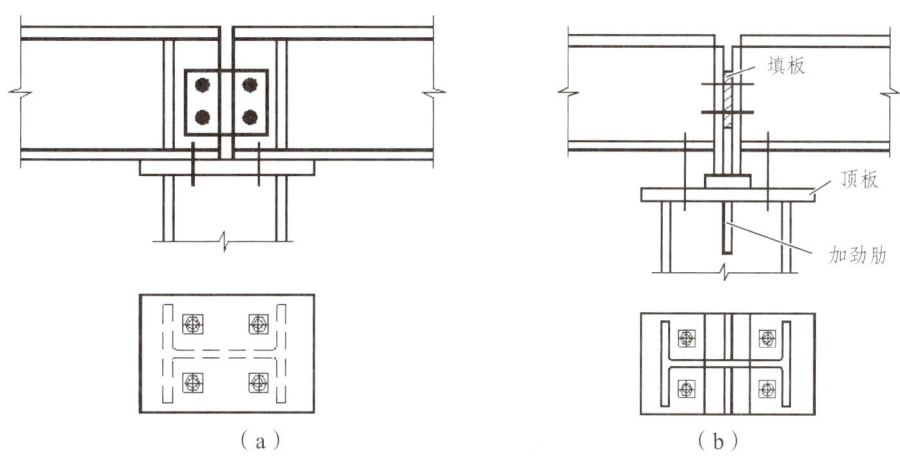

图 5-27 柱顶支承梁的构造

b. 柱侧支承梁的构造。

梁连接在柱的侧面，当梁的反力较小时，可采用如图 5-28（a）所示的连接，直接将梁搁置在柱的承托上，用普通螺栓连接，梁与柱侧间留一空隙，用角钢和构造螺栓相连。这种连接形式比较简单，施工方便。

当梁反力较大时，可采用如图 5-28（b）所示的方案，用厚钢板作承托，承托与柱侧面用焊缝相连，这种连接方式制造与安装的精度要求较高，承托板的端面必须刨平顶紧以便直接传递压力。梁与柱侧仍留一定空隙，梁吊装就位后，用填板和构造螺栓将柱翼缘和梁端板连接起来。

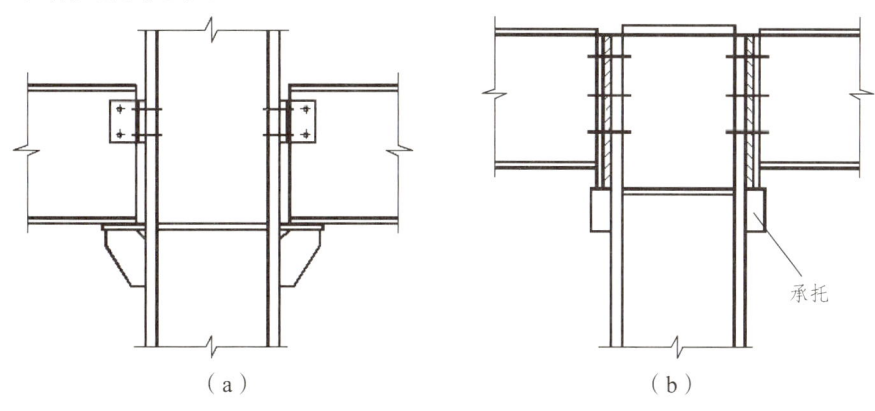

图 5-28 柱侧支承梁的构造

D. 柱脚的构造。

柱脚的作用是将柱身的压力均匀地传给基础，并和基础牢固地连接起来。在整个柱中，柱脚是比较费钢费工的部分。设计时应力求简明，并尽可能符合结构的计算简图，便于安装固定。

柱脚按其与基础连接方式的不同可分为铰接和刚接两类，轴心受压柱、框架柱或压

247

弯构件，这两种形式均有采用。其中铰接主要承受轴心压力，刚接主要承受压力和弯矩。

柱脚通过锚栓固定于基础。铰接柱脚只沿着一条轴线设置两个连接于底板上的锚栓，锚栓的直径一般为 20~25 mm。为了便于安装，底板上的锚栓孔径取为锚栓直径的 1.5~2 倍。待柱就位并调整到设计位置后，再用垫板套住锚栓并与底板焊牢。

图 5-29 所示是常用的铰接柱脚的几种形式，主要用于轴心受压柱。当柱轴力很小时，可采用图 5-29（a）的形式，在柱的端部只焊一块不太厚的底板，柱身的压力经过焊缝传到底板，底板再将柱身的压力传到基础上。当柱轴力较大时，可采用图 5-29（b）、（c）的形式，柱端通过竖焊缝将力传给靴梁，靴梁通过底部焊缝将压力传给底板。靴梁不仅增加了传力焊缝的长度，同时也将底板分成较小的区格，减小了底板在反力作用下的最大弯矩值。当采用靴梁后，底板的弯矩值仍较大时，可再采用隔板和肋板，如图 5-29（c）所示。

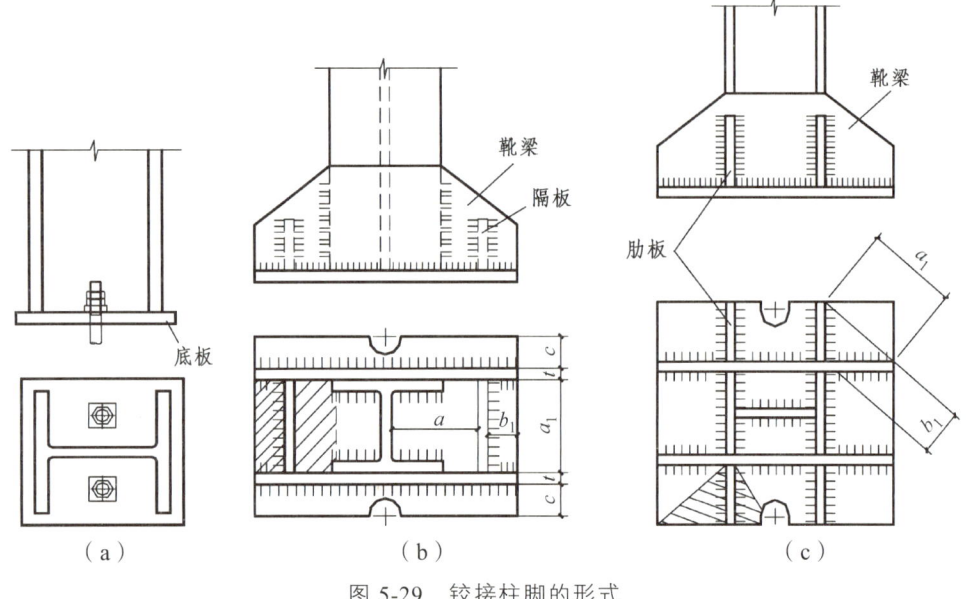

图 5-29　铰接柱脚的形式

② 格构式轴心受压柱。

图 5-30 所示是常用的轴心受压格构柱的截面形式。由于柱肢布置在距截面形心一定距离的位置上，通过调整肢间距离可以使两个方向具有相同的稳定性。与实腹柱相比，在用料相同的情况下可增大截面惯性矩，提高柱的刚度和稳定性。

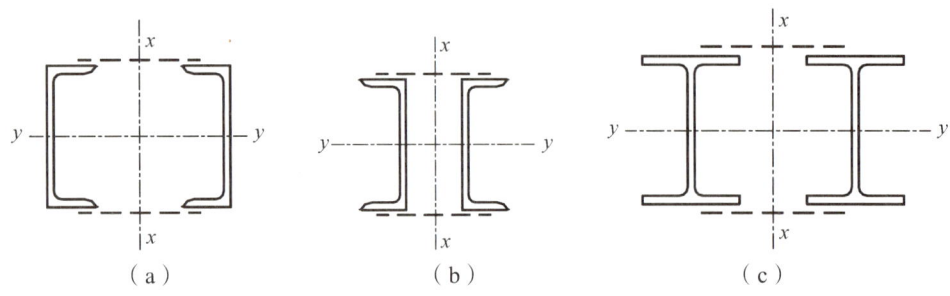

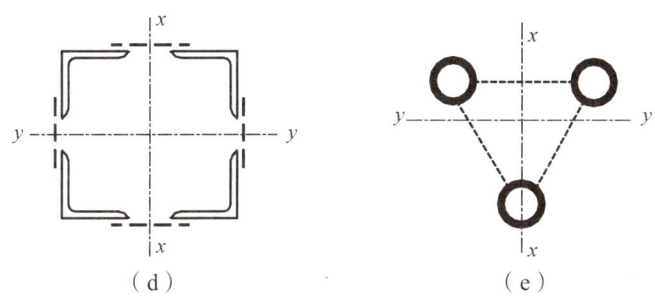

图 5-30 格构式轴心受压柱的截面形式

格构式轴心受压柱常用两槽钢组成，通常使翼缘朝内，这样缀材长度较小，外部平整。当荷载较大时，也常用两工字钢组成的双肢截面柱。对于轴向力较小但长度较大的杆件，也可以采用钢管或角钢组成的三肢或四肢截面形式。肢件通过缀材连成一体，根据缀材的不同可分为缀条柱和缀板柱两种。缀条常采用单角钢，一般与构件轴线成 $α = 40° \sim 70°$ 夹角斜放，此称为斜缀条，如图 5-31（a）所示，也可同时增设与构件轴线垂直的横缀条。缀板用钢板制造，一律按等距离垂直于构件轴线横放，如图 5-31（b）所示。

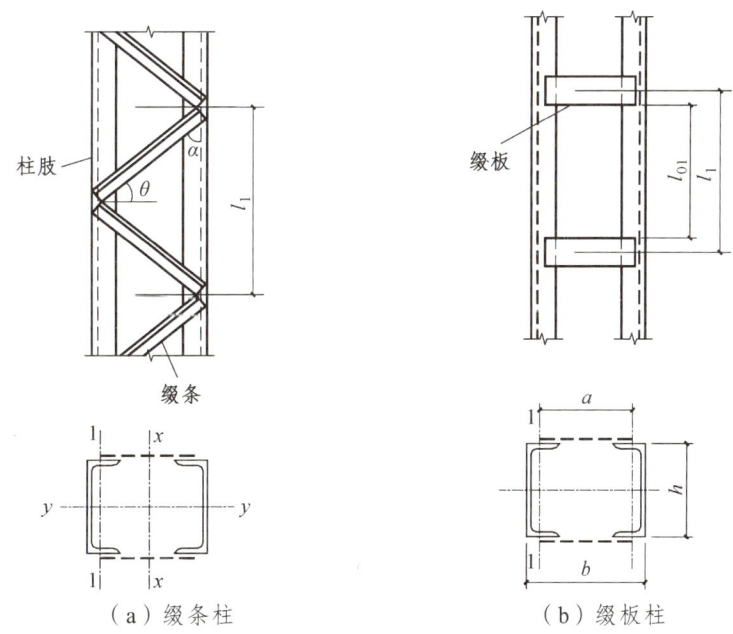

（a）缀条柱　　　　　　　　　（b）缀板柱

图 5-31 格构式轴心受压柱根据缀材分类

2. 受弯构件

承受横向荷载的实腹式受弯构件通常称为梁，它是组成钢结构的基本构件之一，应用广泛，例如房屋建筑中的楼盖梁、工作平台梁（见图 5-32）、屋面檩条和墙架横梁、吊车梁以及桥梁、水工闸门、起重机、海上采油平台中的梁等。

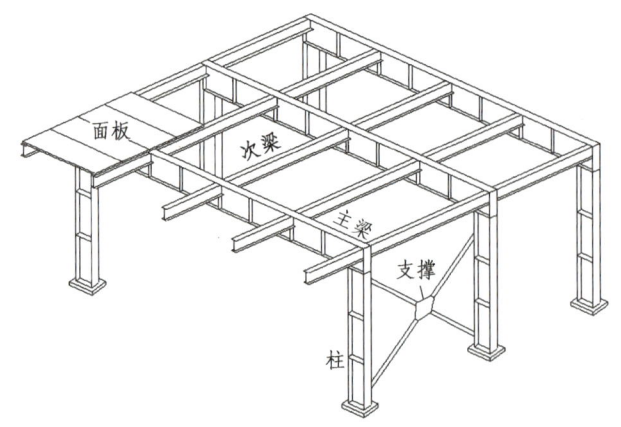

图 5-32　工作平台梁布置示例

（1）类型与应用。

钢梁按截面的形式分为型钢梁和组合梁两大类。型钢梁构造简单，制造省工，成本较低，故应用较多。但在荷载较大或构件的跨度较大时，所需梁的截面尺寸较大，由于轧制条件的限制，型钢的尺寸、规格不能满足梁承载力和刚度的要求，这时常采用组合梁，如图 5-33 所示。

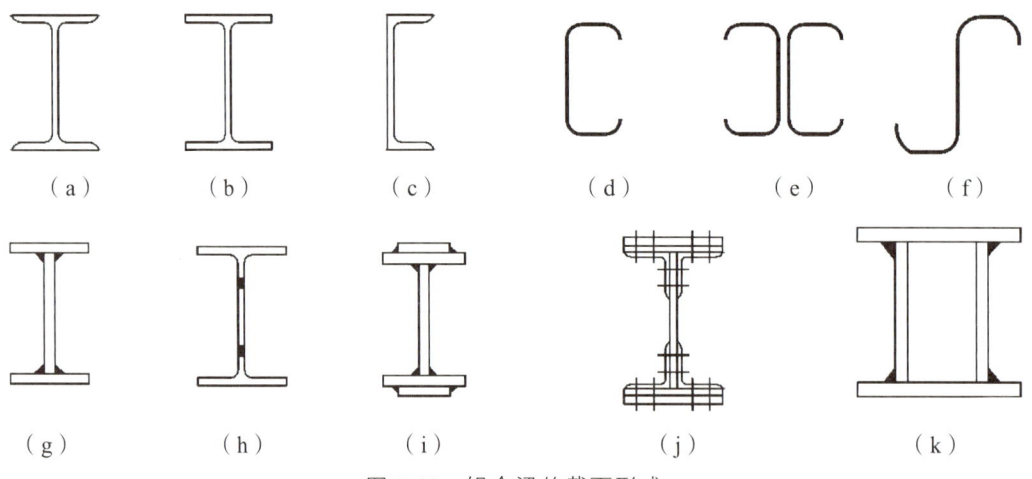

图 5-33　组合梁的截面形式

钢梁按支承情况可分为简支梁、连续梁、悬伸梁等。简支梁不受温度变化和支座沉陷的影响，并且制造、安装、维修、拆换较方便，因而受到广泛的应用。

钢梁按荷载作用情况不同，还可分为仅在一个主平面内受弯的单向弯曲梁和在两个主平面内受弯的双向弯曲梁。

（2）受弯构件（梁）的稳定性。

① 整体稳定性。

为了提高抗弯强度，节省钢材，钢梁截面一般做成高而窄的形式，受荷方向刚度大而侧向刚度较小，如果梁的侧向支承较弱（比如仅在支座处有侧向支承），梁的弯曲会随荷载大小的不同而呈现两种截然不同的平衡状态。

如图 5-34 所示的工字形截面梁，荷载作用在其最大刚度平面内，当荷载较小时，梁的弯曲平衡状态是稳定的。虽然外界各种因素会使梁产生微小的侧向弯曲和扭转变形，但外界影响消失后，梁仍能恢复原来的弯曲平衡状态。然而，当荷载增大到某一数值后，梁在向下弯曲的同时，将突然发生侧向弯曲和扭转变形的破坏，这种现象称之为梁的整体失稳，为侧向弯扭屈曲。因此钢梁设计时不仅要满足强度、刚度要求，还应保证梁的整体稳定性。

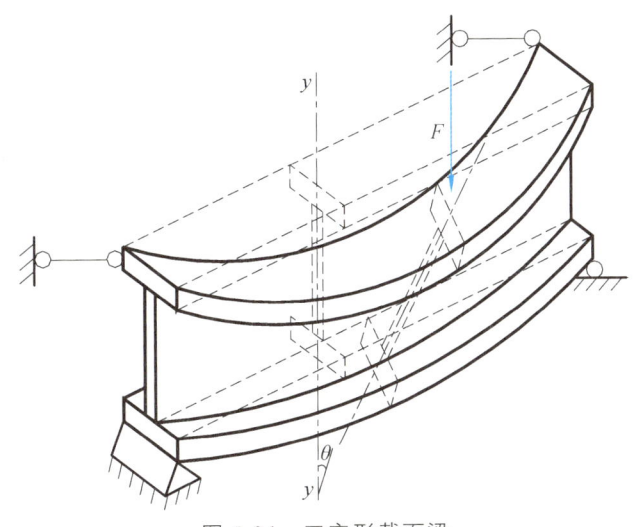

图 5-34　工字形截面梁

② 局部稳定性。

组合梁一般由翼缘和腹板等板件组成，如果将这些板件不适当地减薄加宽，板中压应力或剪应力达到某一数值后，腹板或受压翼缘有可能偏离其平面位置，出现波形鼓曲，如图 5-35 所示，这种现象称为局部失稳。

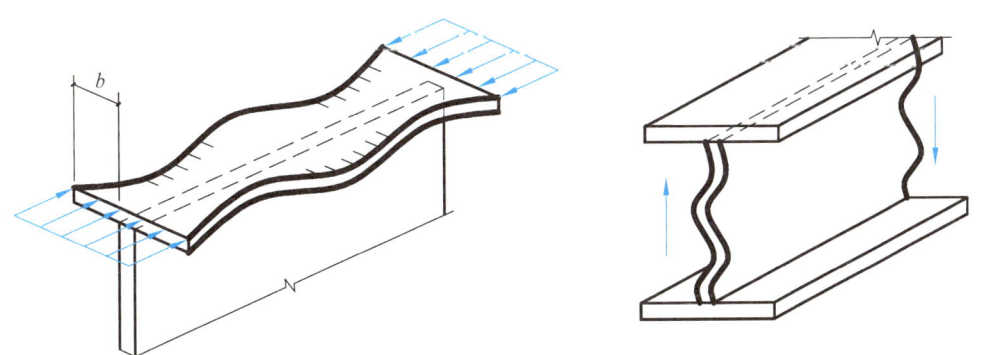

图 5-35　梁局部失稳

3. 梁的拼接和连接

（1）梁的拼接：有工厂拼接和工地拼接两种。

（2）次梁与主梁的连接：次梁和主梁的连接形式有叠接和平接两种。

叠接（见图 5-36）是将次梁直接搁在主梁上面，用螺栓或焊缝连接，构造简单，但需要的结构高度大，其使用常受到限制，且连接刚性差一些。图 5-36（a）所示是次梁为简支梁时与主梁连接的构造，而图 5-36（b）所示是次梁为连续梁时与主梁连接的构造。如次梁截面较大时，应另采取构造措施防止支承处截面的扭转。

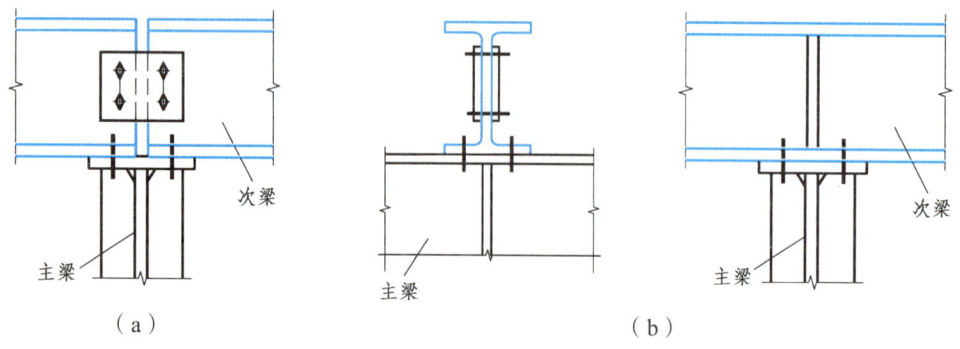

图 5-36 叠接

平接也称侧面连接，如图 5-37 所示，它是使次梁顶面与主梁相平和略高、略低于主梁顶面，从侧面与主梁的加劲肋或腹板上设的短角钢或支托相连接。图 5-37（a）、（b）、（c）是次梁为简支梁时与主梁连接的构造，图 5-37（d）是次梁与主梁刚连接的构造。平接虽构造复杂，但可降低结构高度，故在实际工程中应用较广泛。

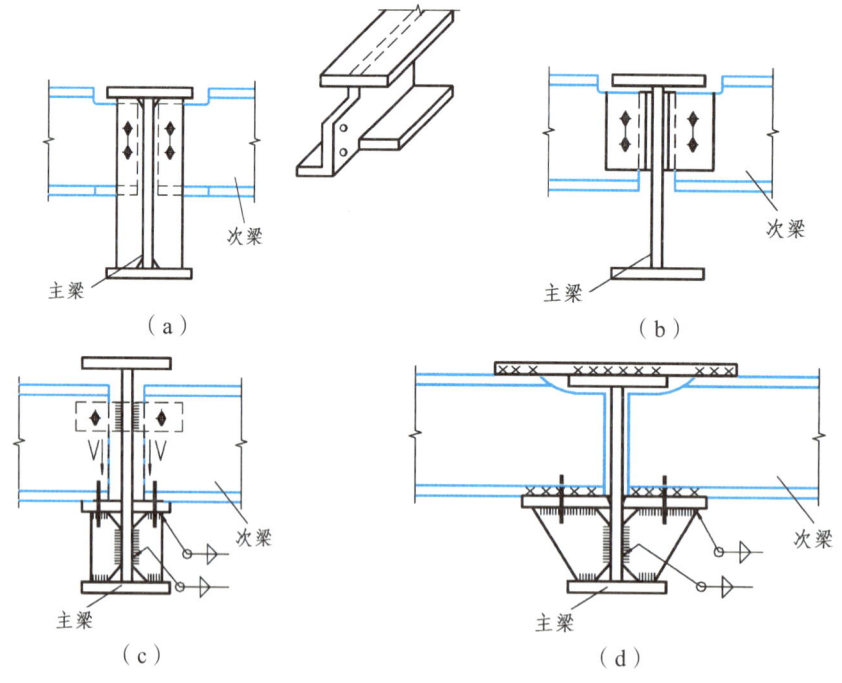

图 5-37 平接

> 知识拓展

随着我国国民经济的迅速发展，钢结构由于其自身的特点和结构形式的多样性，应用范围也越来越广，在建筑中的应用领域非常广阔，涉及大跨结构、工业厂房、高层建筑及高耸结构、轻型钢结构等多个方面。

四种应用最为广泛的钢结构形式，分别是轻钢门式刚架结构、钢框架结构、管桁架结构和网架结构。本部分主要对轻钢门式刚架结构和钢框架结构进行基本介绍。

一、轻钢门式刚架结构

以柱、梁组成的横向刚架为主受力结构，具有轻质、高强，工厂化、标准化程度较高，现场施工进度快等特点，在厂房、车间等大跨度单层钢结构建筑中被广泛应用，其造型类似门形，称为轻钢门式刚架结构。而其中一榀一榀的刚架为平面受力体系，如图5-38所示。

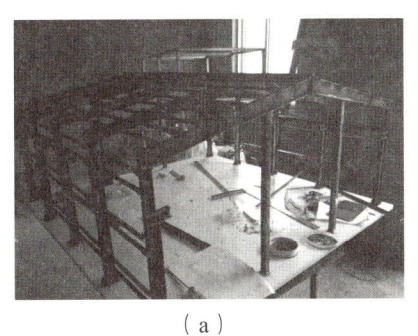
（a）

（b）

图5-38 轻钢门式刚架结构

1. 轻钢门式刚架结构的组成及采光措施

（1）组成。

轻钢门式刚架结构的组成，分别为主结构、次结构、连接件以及围护结构，如图5-39所示。

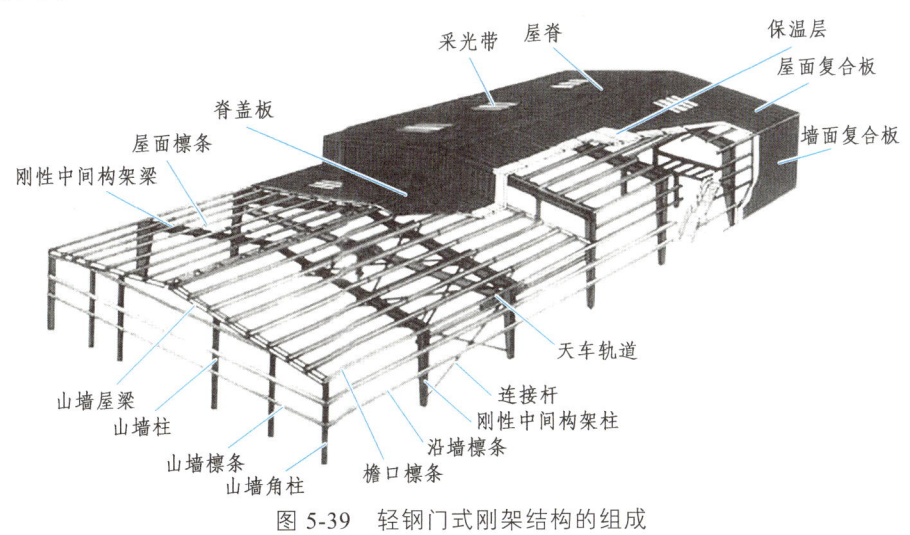

图5-39 轻钢门式刚架结构的组成

① 主结构：由柱、主梁、楼面梁、托梁、山墙抗风柱、吊车梁（行车梁）、女儿墙立柱等组成。

这里需要注意的是，在整个轻钢门式刚架的端头，例如图 5-39 中的最左侧端头，我们可以看到这里主要是由山墙屋梁、山墙柱、山墙檩条以及山墙角柱组成。在轻钢门式刚架结构中，为什么要设置山墙呢？这主要是因为梁和柱构成的横向刚架体系是平面体系。当遇到风荷载的时候，整个体系稳定性较差，因此我们需要设置山墙抗风柱来抵抗风荷载。

② 次结构：由支撑体系（包括水平支撑、柱间支撑、系杆、制动桁架）、天沟、屋面檩条、墙面檩条、拉条、撑管等组成。

③ 连接件：由高强螺栓、普通螺栓、花篮螺栓、自攻螺丝、铆钉等组成。

④ 围护结构：由屋面板、墙面板、包边等组成。

（2）采光措施。

轻钢门式刚架结构的采光措施：

图 5-40（a）中，工业厂房上面设置了条形窗，这个窗位于整个墙板上，通长设置，这种形式在平常的住宅中采用较少。而在轻钢门式刚架中，由于梁和柱已经构成了基本承重体系，所以条形窗位于整个墙板上，挂在刚架柱的外侧，既不影响受力，还能增加开窗率，从而提高采光率。

图 5-40（b）中，最上侧在屋脊上面设置了采光带，也同样是提高采光率的一种方式。

（a）

（b）

图 5-40　采光措施

2. 轻钢门式刚架结构的特点

（1）重量轻。

由于钢材强度高，结构需要的构件截面小，结构自重轻。对于冷弯薄壁型钢，还可以利用其后继强度，因此轻钢结构的重量更轻。屋面刚架用钢量仅为普通钢屋架用钢量的 1/5～1/10，是一种经济可靠的结构形式。

(2)地震反应小。

众所周知,地震是以波的形式作用到建筑物上的,相当于给了建筑物一定的加速度。因此,建筑物在地震作用下的影响大小,还跟建筑自身的重量有关。轻钢门式刚架结构重量轻,故地震反应小。

(3)梁柱变截面。

图5-41(a)是简支梁在均布荷载作用下的弯矩图,图5-41(b)是多跨梁在均布荷载作用下的弯矩图。由于多跨梁多了一个支座,那么相应的弯矩图中跨中出现负弯矩,而弯矩出现的最大值也随之会变小。

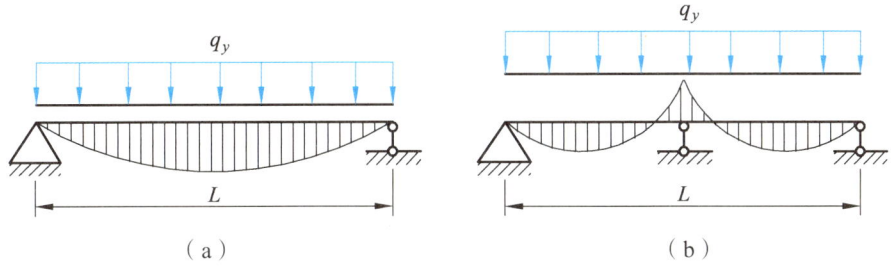

图 5-41 梁的弯矩图对比

那么对于轻钢门式刚架结构来说,通过弯矩图可以分析出它所承受的弯矩值也在梁和柱上有变化。根据它的弯矩图受力特点,来布置梁和柱的截面尺寸,弯矩大的部位截面增大,弯矩小的部位截面减小,这样也可以更加地节省钢材,获得更大的经济效益,如图5-42所示。

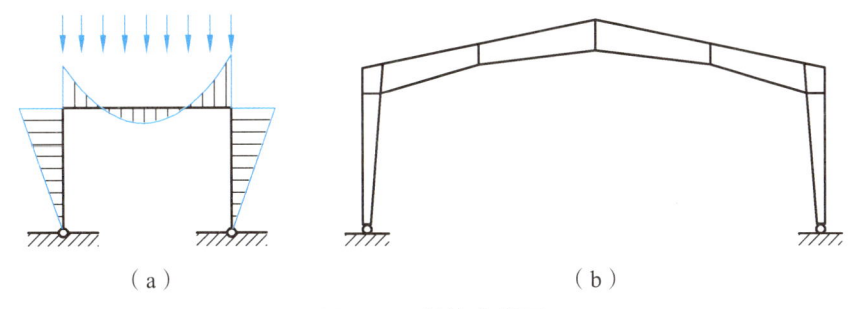

图 5-42 梁柱变截面

(4)柱网布置灵活。

跨度:一般为 9~24 m。

高度:取地坪柱轴线与斜梁轴线交点高度,宜取 4.5~9 m。

柱距:应综合考虑刚架跨度、荷载条件及使用要求等因素,宜取 6 m、7.5 m、或 9 m。

(5)工业化程度高、施工速度快。

对于建筑工业化,主要包括:设计标准化、构配件生产工厂化、施工机械化,而轻钢门式刚架结构刚好满足以上特点,很多的钢构件可以在工业厂房直接制作,完成后现场进行装配。因此,工业化程度高,施工速度快。

（6）综合经济效益高。

轻钢门式刚架结构通常采用计算机辅助设计，设计周期短、原材料种类单一、构件采用先进自动化设备制造、运输方便等。故工程周期短，资金回报快，投资效益相对较高。

3. 轻钢门式刚架结构的分类及受力特点

轻钢门式刚架结构按受力条件来进行分类，分为无铰刚架、两铰刚架以及三铰刚架。

对于图 5-43（a）无铰刚架来说，无论是在柱脚的位置，或者是在屋脊的位置，它的节点都是刚节点。无铰门式刚架为三次超静定结构，刚度好，结构内力分布比较均匀，但柱底弯矩比较大，对基础和地基的要求较高。在地基条件较差时需慎用。

图 5-43（b）两铰刚架在下面柱角的两个位置变成了铰节点。两铰门式刚架为一次超静定结构，在竖向荷载或水平横向荷载作用下，刚架内弯矩均比无铰门式刚架大。它的优点是构造简单，省料省工；当基础有转角时，对结构内力没有影响。

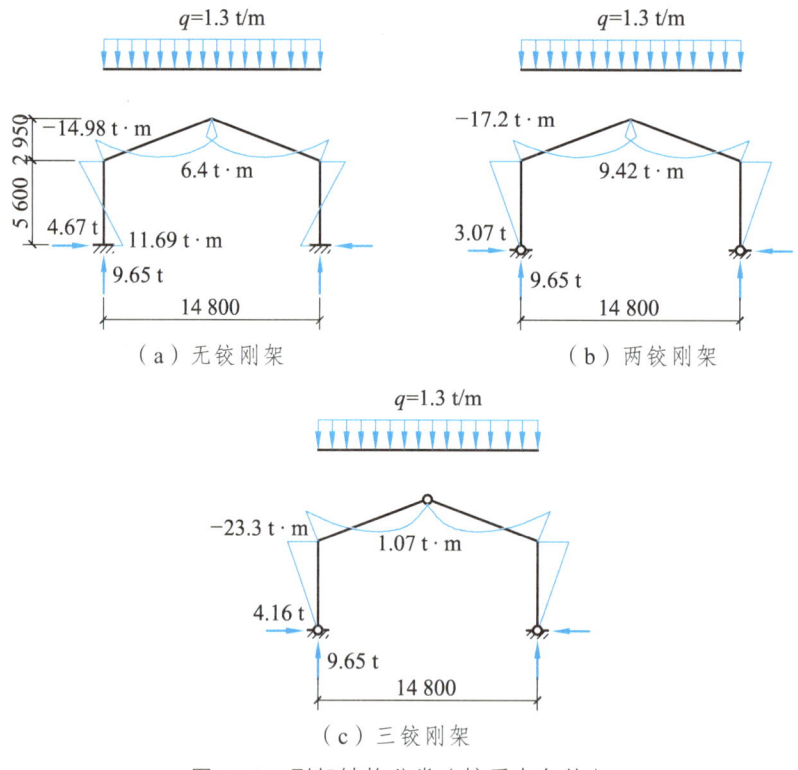

图 5-43 刚架结构分类（按受力条件）

图 5-43（c）三铰刚架是在柱角的两个位置以及屋脊的位置都变成了铰节点。三铰门式刚架为静定结构，温度差、地基的变形或基础的不均匀沉降对结构内力没有影响。但三铰刚架的梁柱节点弯矩略大，刚度较差，不适合用于有桥式吊车的厂房，仅用于无吊车或小吨位悬挂吊车的建筑。

4. 轻钢门式刚架结构的应用

轻钢门式刚架结构主要可以应用在工业厂房、仓库、冷库、保鲜库、温室、旅馆、别墅、商场、超市、娱乐活动场所、体育设施、车站候车室、码头建筑等。

二、钢框架结构

提及框架结构，相信大家并不陌生，之前在按受力特点分类的建筑结构介绍时学习过。框架结构，是由纵梁、横梁和柱组成的结构，这种结构是梁和柱刚性连接而成骨架的结构。

而对于钢框架结构，其实就是指利用钢材为主要材料建造而成的结构形式，如图5-44 所示，结构中的钢梁是 H 型钢，钢柱是圆钢管柱。

图 5-44　钢框架结构施工

钢框架结构属于框架结构，因此具备平面布置灵活、造型活泼、易于形成大空间和满足多功能要求等特点。

1. 钢框架结构与钢筋混凝土框架结构的对比

同样都是框架结构，那么钢框架结构与钢筋混凝土框架结构又有什么样的不同点呢？接下来通过对比钢筋混凝土框架结构，我们从以下的优点和缺点来探讨钢框架结构。

优点：① 截面尺寸更小。由于钢材的强度比钢筋混凝土更高，同等强度要求时它的截面尺寸更小。② 施工工期短。对于钢构件，是在工厂进行预制，现场拼装，用螺栓连接或者焊接完成，因此施工工期短。③ 施工时作业少，材料可重复利用，利于环保。

缺点：① 用钢量大，造价较高。② 抗腐蚀性差。③ 耐火性差。④ 维护成本高。

对于钢框架结构和钢筋混凝土框架结构，它们各有各的优势。大家在进行材料选择和结构选型的时候，也可以结合优缺点来进行选择与研判。

2. 钢框架结构的组成

框架结构主要是由梁和柱为主要构建物组成地承受竖向和水平作用的结构。如图 5-45 所示，钢框架结构的主要承重体系，也就是由钢柱和钢梁组成。还有柱间支撑，即图片中斜撑部分。此外，钢框架结构的组成，还包括了楼板、屋面板、基础等这些部位。

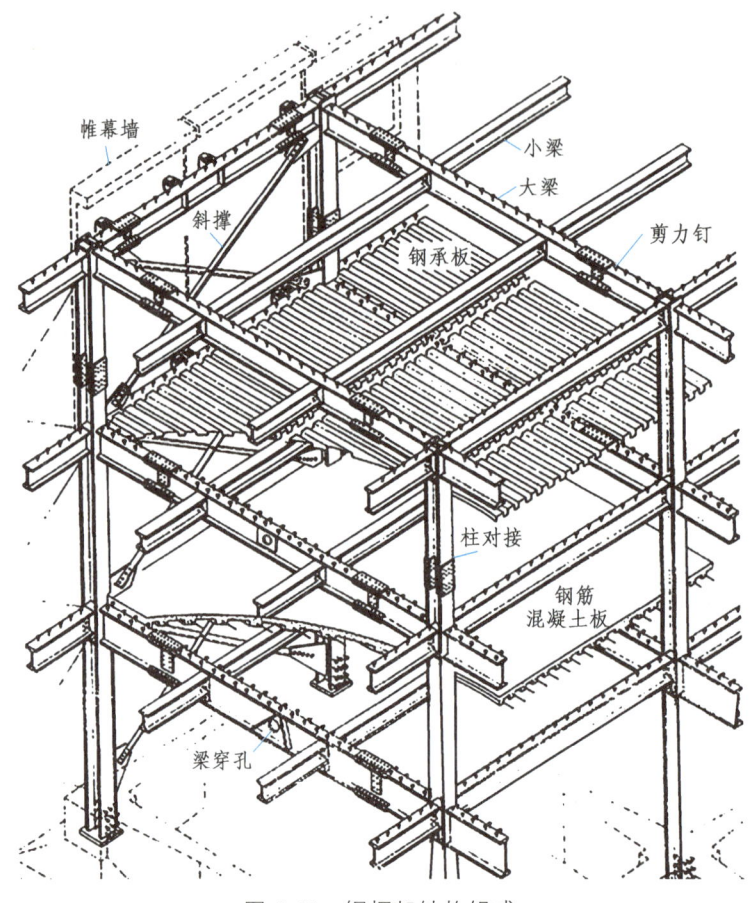

图 5-45 钢框架结构组成

在钢框架结构施工中，钢梁和钢柱由于提前预制而成，所以它的尺寸往往不能直接做到这么大，因此就有柱对接的部位。那对于梁和柱在进行分段的时候，分段的位置也有区别。一般先绘制构件的受力图，在弯矩较小的部位再进行柱或者梁的对接。

（1）钢柱。

① H 型钢柱。

H 型钢柱是由三块钢板组成的 H 形截面承重构件。

如图 5-46 所示，我们首先利用三块钢板来进行板材下料，然后将三块钢板组成 H 型组立，最后，按本图中演示的①②③④顺序，通过四个部位来对三块钢板进行焊接。焊接完成后，我们需要对 H 型钢进行校正、二次加工，最后进行除锈涂装的处理。

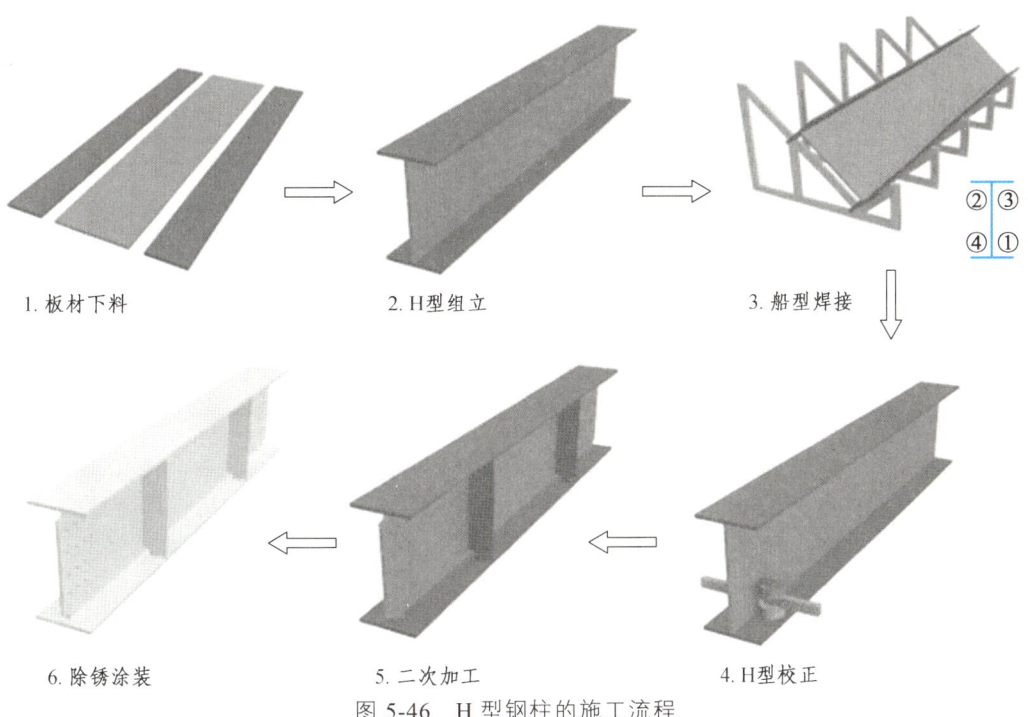

图 5-46 H 型钢柱的施工流程

H 型钢柱,一般在开间较小时可以采用。因为 H 型柱的结构特点,有强轴和弱轴之分,在进行施工时,我们需要注意放置的方向。

② 焊接箱型或方钢管截面柱。

焊接箱型截面柱是由四块钢板组成的承重构件,在它与梁连接部位还设有加劲隔板,每节柱子顶部要求平整。对于箱型柱,它的内部不是中空的。在相应的距离,我们应该设置隔板,而特别是在梁柱节点处,均需做隔板处理,这个主要起加劲的作用。其他位置按照构造要求来进行设置,如图 5-47 所示。

(a)   (b)

图 5-47 焊接箱型或方钢管截面柱

③ 钢管及钢管混凝土柱。

如图 5-48 所示,柱有两种形式:一种是直接做成中空的钢管柱;另一种是在钢管柱的内侧浇筑混凝土,形成了钢管混凝土柱。

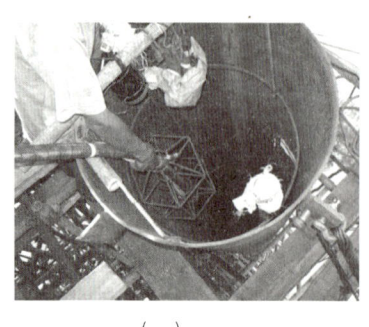 

(a) (b)

图 5-48 钢管及钢管混凝土柱

钢管混凝土柱的施工步骤如下:

当钢管柱吊装好以后,把端部密封好,振捣棒放下去,浇筑混凝土,浇筑时必须确保混凝土浇筑密实。等内部混凝土成型以后,柱子完成。在施工完成后,需通过仪器来进行超声波的检测,如图 5-49 所示,来确保混凝土的施工质量。

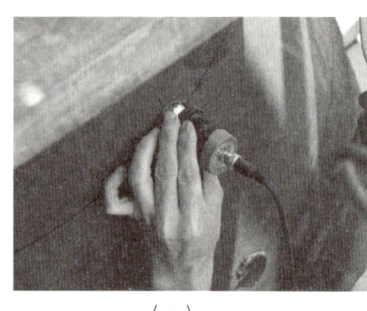 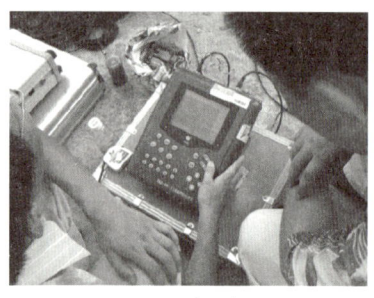

(a) (b)

图 5-49 超声波检测混凝土的施工质量

其基本原理是借助钢管对核心混凝土的套箍约束作用,使核心混凝土处于三向受压状态,能够充分发挥两种材料的优点,使混凝土的强度、塑性和韧性大为改善,可以避免或延缓钢管发生局部屈曲,从而使钢管混凝土具有强度高、重量轻、延性好、耐疲劳、耐冲击等优越的力学性能以及省工省料、架设轻便、施工快速等优点。

④ 十字柱。

每根十字柱采用一根 H 型钢柱与两根由 H 型钢剖分形成的"⊥"型钢焊接而成,其截面形式如图 5-50 所示。

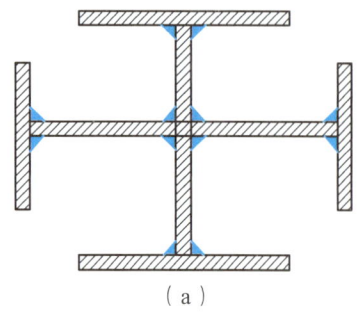 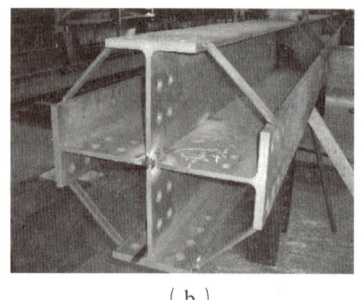

(a) (b)

图 5-50 十字柱

对于高层建筑的柱，可采用十字柱外包钢筋混凝土形成的劲性柱，为确保十字柱与钢筋混凝土协同工作和变形，沿着十字柱高度方向应焊有栓钉，其拼接如图 5-51 所示。

(a)   (b)   (c)

图 5-51 劲性柱

（2）钢梁。

① H 型钢梁。

对于柱距较小的钢框架结构，其钢梁一般采用 H 型钢，其强轴平行于水平面设置。

② 焊接箱型截面梁。

对于柱距特别大的钢框架结构，其钢梁一般采用焊接箱型截面，其强轴平行于水平面设置。

任务拓展

拓展任务描述	根据钢结构的定义及特点,探讨钢结构的基本形式	
任务实施分类	四种应用最为广泛的钢结构形式	
	轻钢门式刚架	组成:
		特点:
		分类:
	钢框架结构	组成:
		钢柱:
		钢梁:

项目六

剪力墙结构

剪力墙结构是用钢筋混凝土墙板来代替框架结构中的梁柱,能承担各类荷载引起的内力,并能有效控制结构的水平力,是用钢筋混凝土墙板来承受竖向和水平力的结构。剪力墙包含剪力墙柱(简称墙柱)、剪力墙身(简称墙身)和剪力墙梁(简称墙梁),它们是一个共同工作的整体。

某办公楼采用框架剪力墙结构,各构件多采用钢筋混凝土材料,截取二层墙柱平面图,如下图所示。本项目主要学习剪力墙抗震构造措施和平法施工图识读。

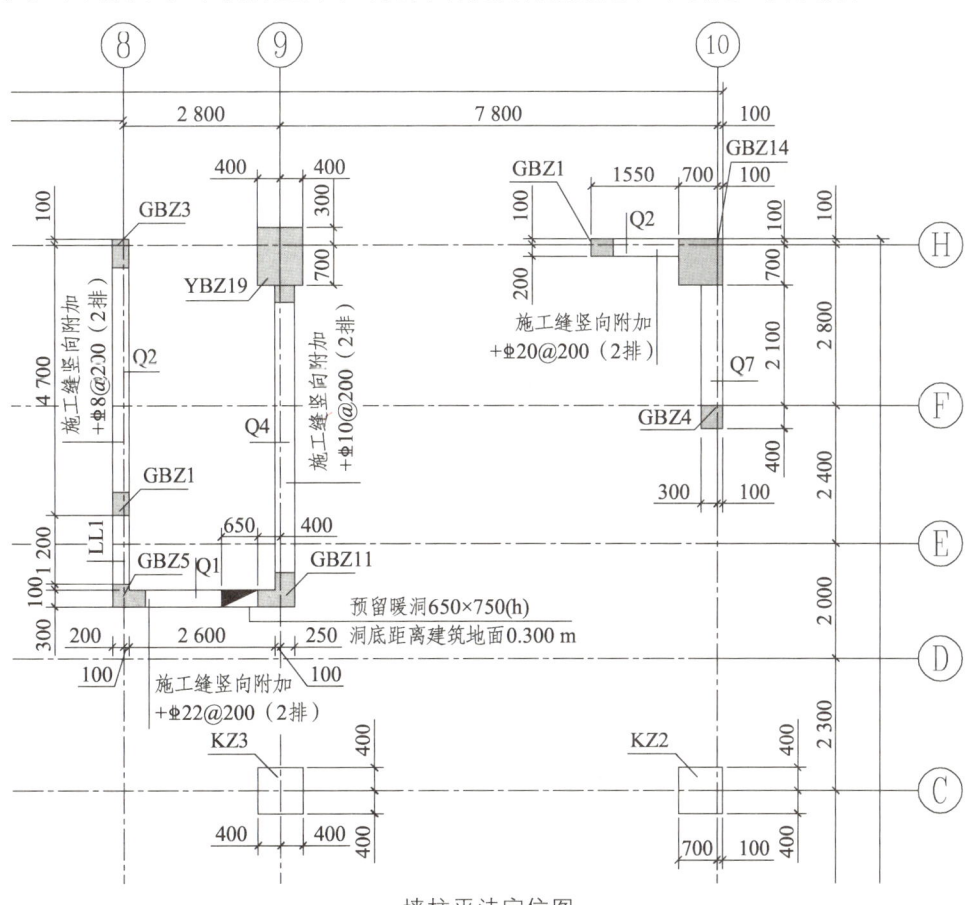

墙柱平法定位图

 **教学目标**

1. 知识目标

（1）掌握剪力墙的基本知识。
（2）掌握剪力墙的抗震构造措施。
（3）掌握剪力墙平法施工图列表注写方式。
（4）掌握剪力墙平法施工图截面注写方式。
（5）掌握剪力墙洞口及地下室外墙表示方法。
（6）掌握剪力墙墙身、墙柱、墙梁钢筋的构造。

2. 能力目标

（1）能够明确剪力墙的各组成部分。
（2）能够明确剪力墙的受力特征、识读剪力墙的构造措施。
（3）能够根据标准图集，识读案例化图纸剪力墙列表平法标注。
（4）能够根据标准图集，识读案例化图纸剪力墙截面平法标注。
（5）能够根据标准图集，识读案例化图纸剪力墙洞口及地下室外墙。
（6）能够根据标准图集和案例图纸，计算剪力墙墙身、墙柱、墙梁钢筋工程量。

3. 素质目标

（1）培养学生的民族自信和民族自豪感。
（2）培养学生的观察、思考和解决问题的能力。
（3）培养学生细致严谨、一丝不苟的工作作风和学习态度。
（4）培养学生的团队协作精神、精益求精的工匠精神。

 **学习重点**

钢筋剪力墙的抗震构造措施和平法施工图识读。

任务一　剪力墙抗震构造措施

子任务一　剪力墙抗震构造措施

子任务一	剪力墙抗震构造措施
任务目标	1. 掌握剪力墙的基本知识； 2. 掌握剪力墙的抗震构造措施
任务描述	某剪力墙结构，抗震设防类别为标准设防类，抗震设防烈度为 8 度，房屋结构层高如下图所示。 36.900　机房屋面 33.900　大屋面　3.000 30.550　9　3.350 27.250　8　3.300　C30 23.950　7　3.300　C30 20.650　6　3.300 17.350　5　3.300　C35 14.050　4　3.300　C40 10.750　3　3.300 5.350　2　5.400　C45　C35 　　　　1　按实际 层号　层高/m　墙、柱　梁、板 　　　　　混凝土强度等级 上部结构嵌固部位：-0.050
任务准备	1. 微课资源： 剪力墙抗震构造措施（一）　　剪力墙抗震构造措施（二） 2. 思政资源： 像"造汽车"一样"建房子" 3. 参考规范： （1）图集（22G101）《混凝土结构施工图平面整体表示方法制图规则和构造详图》关于剪力墙平法制图规则和构造详图； （2）《建筑抗震设计规范》（GB 50011—2010）（2016 年版）； （3）《建筑工程抗震设防分类标准》（GB 50223—2008）

任务实施	该结构房屋抗震等级为几级？			
	墙身中分布钢筋最小配筋率为多少？			
	底层墙肢底截面的轴压比最小值为多少？			
	剪力墙结构抗震等级怎么确定？			
总结反馈	你是否会确定房屋的抗震等级？		是□	否□
	你能够明确分布钢筋最小配筋率的要求吗？		是□	否□
	你能根据设防类别、烈度、结构类型和房屋高度等确定剪力墙的抗震等级吗？		是□	否□
	你能识读剪力墙的抗震构造吗？		是□	否□
	请用文字或者思维导图形式进行相关知识总结：			

知识链接

一、剪力墙的基本知识

1. 剪力墙的组成

当房屋层数较多或高宽比较大时,框架结构的梁、柱截面将增大到不经济的程度,这时则宜采用现浇钢筋混凝土墙片代替框架。墙片的抗侧力刚度很大,其抗剪能力大大提高,故这种墙片称为剪力墙。剪力墙又称抗风墙或结构墙,房屋或构筑物中主要承受风荷载或地震作用引起的水平荷载和竖向荷载(重力)的墙体,防止结构剪切(受剪)破坏。剪力墙的主要作用是抵抗水平地震力。在水平荷载作用下,剪力墙处于压、弯、剪的复合受力状态。

剪力墙包含剪力墙柱(简称墙柱)、剪力墙身(简称墙身)和剪力墙梁(简称墙梁),它们是一个共同工作的整体。

墙身就是一道混凝土墙,常见厚度在 200 mm 以上,一般配置两排钢筋网。

墙柱分为:非边缘暗柱、扶壁柱、约束边缘构件和构造边缘构件。非边缘暗柱的宽度等于墙的厚度,所以暗柱隐藏在墙内看不见;扶壁柱是指为了增加墙的强度或刚度,紧靠墙体并与墙体同时施工的柱;约束边缘构件是根据抗震等级要求来设计的,截面和墙长、墙高有关系,配筋是要进行受力计算的。约束边缘构件分为:约束边缘暗柱、约束边缘端柱、约束边缘翼墙、约束边缘转角墙。构造边缘构件是根据规范做的剪力墙增强构件,根据构造要求设计截面和配筋。构造边缘构件分为构造边缘暗柱、构造边缘端柱、构造边缘翼墙、构造边缘转角墙。

墙梁分为:连梁、暗梁和边框梁。连梁其实是一种特殊的墙身,它是上下楼层窗(门)洞口之间的那部分窗间墙,一般都是跨层的;暗梁是墙身的一个水平性"加强带",一般设置在楼板之下;边框梁与暗梁有很多共同之处,一般设置在楼板以下部位,边框梁的截面宽度大于墙身厚度,因而形成了凸出剪力墙面的一个边框。

2. 剪力墙的受力特点

剪力墙主要承受两类荷载:一类是楼板传来的竖向荷载;另一类是水平荷载,包括水平风荷载和水平地震作用。剪力墙的内力分析包括竖向荷载作用下的内力分析和水平荷载作用下的内力分析。在竖向荷载作用下,剪力墙所受的内力比较简单,剪力墙所受的竖向荷载一般是结构自重和楼面荷载,通过楼面传递到剪力墙,竖向荷载除了在连梁内产生弯矩以外,在墙内可近似地认为各片剪力墙只承受轴向力,其弯矩和剪力等于零。可以按照剪力墙的受荷面积简单计算,各片剪力墙承受的轴力以洞口中线作为荷载分界线,计算时应扣除门洞部分。在水平荷载作用下剪力墙的受力计算比较复杂,相对于整个剪力墙而言,基础是剪力墙的支座。可根据不同类型剪力墙的受力特点进行简化计算。

剪力墙的受力特性与变形状态主要取决于剪力墙上的开洞情况。是否存在洞口,洞口的大小、形状及位置的不同都将影响剪力墙的受力性能。剪力墙按受力特性的不同主要可分为整体剪力墙、整体小开口剪力墙、联肢剪力墙和壁式框架等几种类型。不同类型的剪力墙，其相应的受力特点、计算简图和计算方法也不相同。

（1）整体剪力墙。

无洞口的剪力墙或剪力墙上开有一定数量的洞口，但洞口的面积不超过墙体面积的15%，且洞口至墙边的净距及洞口之间的净距大于洞孔长边尺寸时，可以忽略洞口对墙体的影响，这种墙体称为整体剪力墙（或称为悬臂剪力墙）。整体剪力墙的受力状态如同竖向悬臂梁，截面上正应力呈直线分布，沿墙肢的高度方向上弯矩既不发生突变，也不出现反弯点，变形属弯曲型。

（2）整体小开口剪力墙。

当剪力墙上所开洞口面积稍大且超过墙体面积的15%，墙肢中的局部弯矩不超过墙体整体弯矩的15%时，其截面变形仍接近于整体截面剪力墙，这种剪力墙称之为整体小开口剪力墙。整体小开口剪力墙的通口很小，连梁刚度很大，墙肢的刚度又相对较小时，此时连梁的约束作用很强，墙的整体性很好。水平荷载作用产生的弯矩主要由墙肢的轴力承担，墙肢自身弯矩很小，弯矩图有突变，但基本上没有反弯点。截面上正应力接近直线分布。弯曲仍以弯曲型为主。

（3）联肢剪力墙。

洞口开得比较大，截面的整体性已经破坏，横截面上正应力的分布远不是遵循沿一根直线的规律，但墙肢的线刚度比同列两孔间所形成的连梁的线刚度大得多，每根连梁中部有反弯点，各墙肢单独弯曲作用较为显著，但仅在个别或少数层，墙肢出现反弯点。这种剪力墙可视为由连梁把墙肢联结起来的结构体系，故称为联肢剪力墙。其中，仅由一列连梁把两个墙肢联结起来的称为双肢剪力墙；由两列以上的连梁把三个以上的墙肢联结起来的称为多肢剪力墙。联肢墙介于整体小开口墙和独立悬臂墙之间，连梁对墙肢有一定的约束作用，墙肢弯矩图有突变，并有反弯点存在，墙肢局部弯矩较大，整个截面上正应力已不再呈直线分布。变形曲线为弯曲型。

（4）壁式框架。

洞口开得比联肢剪力墙更宽，墙肢宽度较小，连梁的线刚度接近于墙肢的线刚度时，剪力墙的受力性能已接近于框架，这种剪力墙称为壁式框架。其弯矩图不仅在楼层处有突变，而且在大多数楼层中都出现反弯点。它的变形已很接近剪切型。

二、剪力墙抗震构造措施

剪力墙的主要作用是抵抗水平地震力，顾名思义"剪力墙"的主要受力方式是抗剪。剪力墙抗剪的主要受力钢筋是水平分布钢筋，剪力墙水平分布钢筋配置是按总墙肢长度考虑，不扣除暗柱长度。剪力墙身主要配置竖向分布筋、水平分布钢筋和拉结筋，水平分布钢筋是剪力墙身的主筋，水平分布钢筋放在竖向分布钢筋的外侧，因此剪力墙的保护层是针对墙身水平分布钢筋而言的；剪力墙梁主要配置上部纵筋、下部纵筋和箍筋；剪力墙柱主要配置纵向钢筋和箍筋。

1. 剪力墙结构房屋的最大适用高度和抗震等级

（1）现浇钢筋混凝土房屋的最大高度应符合表 6-1 要求，平面和竖直均不规则的结构适用的最大高度宜适当降低。

表 6-1　现浇钢筋混凝土房屋适用的最大高度

结构类型	设防烈度				
	6	7	8（0.2g）	8（0.3g）	9
剪力墙/m	140	120	100	80	60

（2）钢筋混凝土房屋应根据设防类别、烈度、结构类型和房屋高度采用不同的抗震等级，并应符合相应计算和构造措施要求。丙类建筑的抗震等级应按表 6-2 确定。甲类、乙类建筑应按高于本地区抗震设防烈度提高一度的要求加强其抗震措施，但抗震设防烈度为 9 度时应按比 9 度更高的要求采取抗震措施；建筑场地为 I 类时，除 6 度外应允许按表内降低一度所对应的抗震等级采取抗震构造措施，但相应的计算要求不应降低。

表 6-2　现浇钢筋混凝土房屋的抗震等级

结构类型		设防烈度								
		6		7			8			9
剪力墙结构	高度/m	≤80	>80	≤24	25～80	>80	≤24	25～80	>80	≤24	25～60
	剪力墙	四	三	四	三	二	三	二	一	二	一

2. 剪力墙的厚度

剪力墙的厚度，抗震等级为一、二级时不应小于 160 mm 且不宜小于层高或无支长度的 1/20，抗震等级为三、四级时不应小于 140 mm 且不宜小于层高或无支长度的 1/25；无端柱或翼墙时，抗震等级为一、二级时不宜小于层高或无支长度的 1/16，抗震等级为三、四级不宜小于层高或无支长度的 1/20。

底部加强部位的墙厚，抗震等级为一、二级时不应小于 200 mm 且不宜小于层高或无支长度的 1/16，抗震等级为三、四级时不应小于 160 mm 且不宜小于层高或无支长度的 1/20；无端柱或翼墙时，抗震等级为一、二级时不宜小于层高或无支长度的 1/12，抗震等级为三、四级时不宜小于层高或无支长度的 1/16。

3. 剪力墙墙身构造

（1）抗震等级为一、二、三级剪力墙的竖向和水平向分布钢筋最小配筋率均不应小于 0.25%，四级剪力墙分布钢筋最小配筋率不应小于 0.20%；高度小于 24 m 且剪压比很小的四级剪力墙，其竖向分布筋的最小配筋率应允许按 0.15% 采用。剪力墙的竖向和水平向分布钢筋的间距不宜大于 300 mm，直径均不宜大于墙厚的 1/10 且不应小于 8 mm；竖向钢筋直径不宜小于 10 mm。

（2）部分框支剪力墙结构的落地剪力墙底部加强部位，竖向和水平向分布钢筋配筋率均不应小于 0.3%。竖向和水平分布钢筋的间距不宜大于 200 mm。

（3）剪力墙厚度大于 140 mm 时，其竖向和水平向分布钢筋应双排布置，双排分布钢筋间拉筋的间距不宜大于 600 mm，直径不应小于 6 mm。

（4）抗震等级为一、二、三级剪力墙在重力荷载代表值作用下墙肢的轴压比：一级时，9 度不宜大于 0.4，7、8 度不宜大于 0.5；二、三级时不宜大于 0.6。

4. 剪力墙柱构造

剪力墙两端和洞口两侧应设置边缘构件，边缘构件应符合下列要求。

（1）对于剪力墙结构，底层墙肢底截面的轴压比不大于表 6-3 规定的抗震等级为一、二、三级剪力墙，墙肢两端可设置构造边缘构件，构造边缘构件的范围可按图 6-1 采用，构造边缘构件的配筋除应满足受弯承载力要求外，并应符合表 6-4 的要求。

表 6-3　剪力墙设置构造边缘构件的最大轴压比

抗震等级或烈度	一级（9度）	一级（7、8度）	二、三级
轴压比	0.1	0.2	0.3

表 6-4　剪力墙构造边缘构件的配筋要求

抗震等级	底部加强部位			其他部位		
	纵向钢筋最小量（取较大值）	箍筋		纵向钢筋最小量（取较大值）	拉筋	
		最小直径/mm	沿竖向最大间距/mm		最小直径/mm	沿竖向最大间距/mm
一	$0.010A_c$，6Φ16	8	100	$0.008A_c$，6Φ14	8	150
二	$0.008A_c$，6Φ14	8	150	$0.006A_c$，6Φ12	8	200
三	$0.006A_c$，6Φ12	6	150	$0.005A_c$，4Φ12	6	200
四	$0.005A_c$，4Φ12	6	200	$0.004A_c$，4Φ12	6	250

注：A_c 为边缘构件的截面面积。

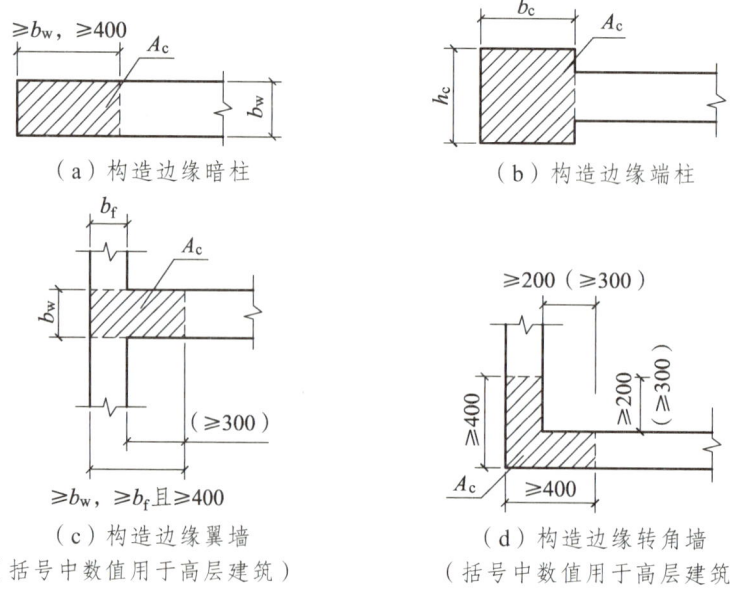

（a）构造边缘暗柱　　　　　（b）构造边缘端柱

（c）构造边缘翼墙
（括号中数值用于高层建筑）

（d）构造边缘转角墙
（括号中数值用于高层建筑）

图 6-1　剪力墙构造边缘构件范围

（2）底层墙肢底截面的轴压比大于表 6-3 规定的抗震等级为一、二、三级剪力墙，以及部分框支剪力墙结构的剪力墙，应在底部加强部位及相邻的上一层设置约束边缘构件，在以上的其他部位可设置构造边缘构件。约束边缘构件沿墙肢的长度、配箍特征值、箍筋和纵向钢筋宜符合表 6-5 的要求。约束边缘构件的范围可按图 6-2 采用。

表 6-5　剪力墙约束边缘构件的范围及配筋要求

项目	一级（9度）		一级（7、8度）		二、三级	
	$\lambda \leqslant 0.2$	$\lambda > 0.2$	$\lambda \leqslant 0.3$	$\lambda > 0.3$	$\lambda \leqslant 0.4$	$\lambda > 0.4$
l_c（暗柱）	$0.20h_w$	$0.25h_w$	$0.15h_w$	$0.20h_w$	$0.15h_w$	$0.20h_w$
l_c（翼墙或端柱）	$0.15h_w$	$0.20h_w$	$0.10h_w$	$0.15h_w$	$0.10h_w$	$0.15h_w$
λ_v	0.12	0.2	0.12	0.2	0.12	0.2
纵向钢筋（取较大值）	$0.012A_c$，8Φ16		$0.012A_c$，8Φ16		$0.010A_c$，6Φ16（三级 6Φ14）	
箍筋或拉筋沿竖向间距	100 mm		100 mm		150 mm	

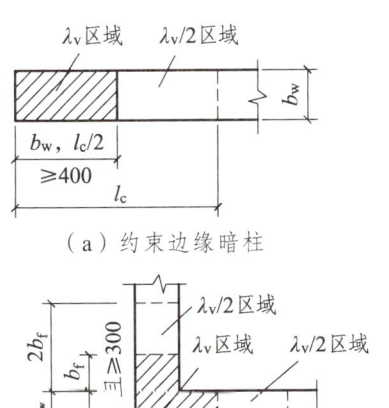
（a）约束边缘暗柱

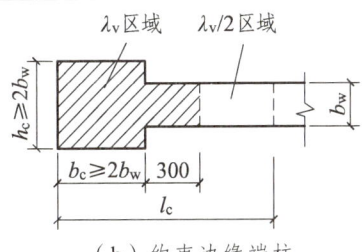
（b）约束边缘端柱

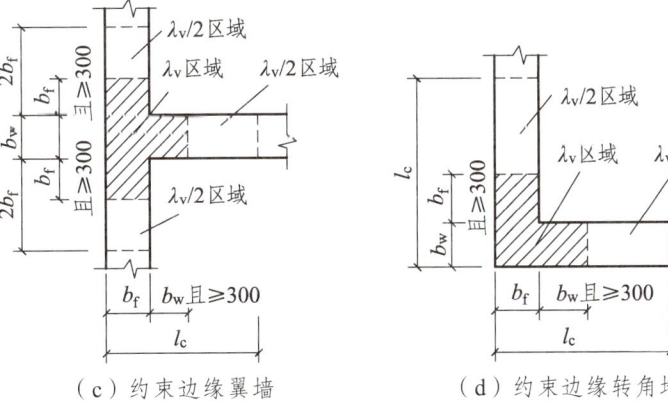
（c）约束边缘翼墙　　　　（d）约束边缘转角墙

图 6-2　剪力墙约束边缘构件

（3）抗震墙的墙肢长度不大于墙厚的 3 倍时，应按柱的有关要求进行设计；矩形墙肢的厚度不大于 300 mm 时，尚宜全高加密箍筋。

5. 剪力墙梁构造

跨高比较小的高连梁，可设水平缝形成双连梁、多连梁或采取其他加强受剪承载力的构造。顶层连梁的纵向钢筋伸入墙体的锚固长度范围内，应设置箍筋。

任务二 剪力墙结构施工图识读

子任务一 剪力墙平法识图

子任务一	剪力墙平法识图							
任务目标	1. 掌握剪力墙平法施工图列表注写方式; 2. 掌握剪力墙平法施工图截面注写方式; 3. 掌握剪力墙洞口及地下室外墙表示方法							
任务描述	仔细阅读剪力墙平法施工图,查找 LL3 和 GBZ2,并结合图纸按要求找出 LL3 和 GBZ2 在 5.350~10.750 标高处纵筋和箍筋的具体配置。 剪力墙梁表							
	编号	标高	梁截面	上部纵筋	下部纵筋	腰筋	箍筋	斜向钢筋
	LL1	10.750	300×2 100	5⌀22 3/2	5⌀22 2/3	N18⌀12	⌀10@100(3)	对角斜筋 5⌀25×2
	LL2	10.750	200×450	2⌀16	2⌀16	N2⌀14	⌀10@100(2)	
	LL3	H/H−2.850	250×400	5⌀22 3/2	5⌀22 2/3		⌀10@100(2)	
	LL4	H/H−2.850	200×400	5⌀20 3/2	5⌀20 2/3		⌀10@100(2)	
	截面	400×300		400×350 (2⌀12)			500×300	
	编号	GBZ1		GBZ2			GBZ3	
	标高	5.350~10.750		5.350~10.750			5.350~10.750	
	纵筋	8⌀18		6⌀16+2⌀12			10⌀22	
	箍筋	⌀8@100		⌀8@100			⌀8@100	
任务准备	1. 微课资源: 剪力墙结构施工图识读 2. 思政资源: 在山的那边、海的那边 有一群"气墩墩"							

	3. 参考规范： 图集（22G101）《混凝土结构施工图平面整体表示方法制图规则和构造详图》关于剪力墙平法制图规则和构造详图		
任务实施	剪力墙梁中钢筋的主要类型有哪些？		
	墙梁注写都有哪些内容？		
	墙柱注写都有哪些内容？		
	利用列表注写方式绘制LL3截面图。		
总结反馈	你是否了解剪力墙梁中钢筋的主要类型？	是□	否□
	你是否能够准确识读剪力墙柱的平法图？	是□	否□
	你是否能正确识读出墙柱中各种钢筋？	是□	否□
	你能否理解剪力墙截面注写方式中的各项数据的含义？	是□	否□
	请用文字或者思维导图形式进行相关知识总结：		

知识链接

1. 剪力墙平法施工图的表示方法

剪力墙平法施工图的表示方法是在剪力墙平面布置图上采用列表注写方式或截面注写方式表达。

剪力墙平面布置图可采用适当比例单独绘制，也可与柱或梁平面布置图合并绘制。当剪力墙较复杂或采用截面注写方式时，应按标准层分别绘制剪力墙平面布置图。在剪力墙平法施工图中，应注明各结构层的楼面标高、结构层高及相应的结构层号。对于轴线未居中的剪力墙（包括端柱），应标注其偏心定位尺寸。

2. 剪力墙列表注写方式

列表注写方式是分别在剪力墙柱表、剪力墙身表和剪力墙梁表中，对应于剪力墙平面布置图上的编号，用绘制截面配筋图并注写几何尺寸与配筋具体数值的方式，来表达剪力墙平法施工图。

（1）剪力墙柱列表注写方式。

① 注写墙柱编号、绘制截面配筋图，标注墙柱几何尺寸。

墙柱编号由墙柱类型代号和序号组成，表达形式见表6-6的规定。

表6-6 墙柱编号

墙柱类型	代号	序号
约束边缘构件	YBZ	××
构造边缘构件	GBZ	××
非边缘暗柱	AZ	××
扶壁柱	FBZ	××

约束边缘构件和构造边缘构件需注明阴影部分尺寸，扶壁柱和非边缘暗柱需标注几何尺寸。

② 注写各段墙柱的起止标高。自墙柱根部往上以变截面位置或截面未变但配筋改变处为界分段注写。墙柱根部标高一般指基础顶面标高（部分框支剪力墙结构则为框支梁顶面标高）。

③ 注写各段墙柱的纵向钢筋和箍筋。注写值应与在表中绘制的截面配筋图对应一致。纵向钢筋注总配筋值；墙柱箍筋的注写方式与柱箍筋相同。

（2）剪力墙身列表注写方式。

① 注写墙身编号（含水平与竖向分布钢筋的排数）。

墙身编号由墙身代号、序号以及墙身所配置的水平与竖向分布钢筋的排数组成，其中，排数注写在括号内。表达形式：Q××（××排）。当墙身所设置的水平与竖向分布钢筋的排数为 2 时可不注。

对于分布钢筋网的排数规定如图 6-3 所示：剪力墙厚度≤400 mm，应配置双排；400 mm<剪力墙厚度≤700 mm 时，宜配置三排；剪力墙厚度>700 mm 时，宜配置四排。各排水平分布钢筋与竖向分布钢筋的直径与间距应保持一致。剪力墙配置的分布钢筋多于两排时，剪力墙拉筋两端应同时钩住外排水平纵筋和竖向纵筋，还应与剪力墙内排水平纵筋和竖向纵筋绑扎在一起。

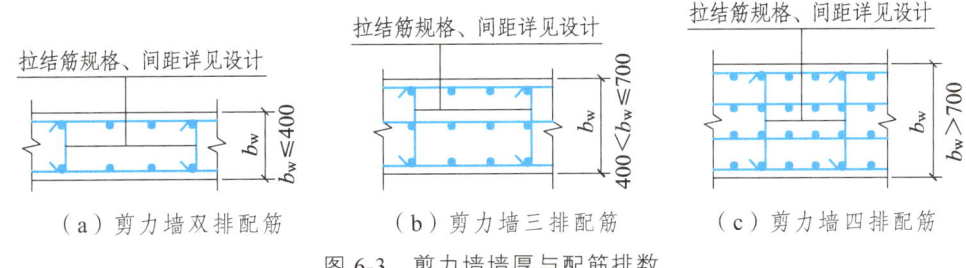

（a）剪力墙双排配筋　　（b）剪力墙三排配筋　　（c）剪力墙四排配筋

图 6-3　剪力墙墙厚与配筋排数

② 注写各段墙身起止标高。自墙身根部往上以变截面位置或截面未变但配筋改变处为界分段注写。墙身根部标高一般指基础顶面标高（部分框支剪力墙结构则为框支梁的顶面标高）。

③ 注写水平分布钢筋、竖向分布钢筋和拉结筋的具体数值。注写数值为一排水平分布钢筋和竖向分布钢筋的规格与间距，具体设置几排已经在墙身编号后面表达。

拉结筋应注明布置方式是"矩形"或"梅花"，见图 6-4。

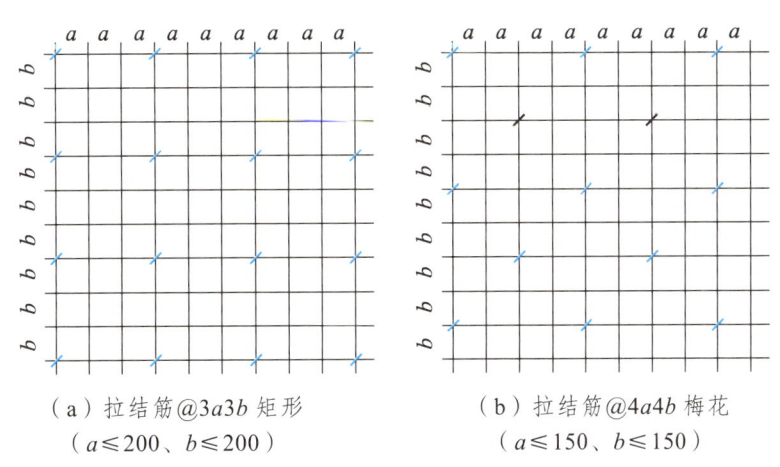

（a）拉结筋@3a3b 矩形　　　　（b）拉结筋@4a4b 梅花
（a≤200、b≤200）　　　　　（a≤150、b≤150）

图 6-4　拉结筋设置示意图

（3）剪力墙梁列表注写方式。

① 注写墙梁编号。

墙梁编号由墙梁类型代号和序号组成，表达形式应符合表 6-7 的规定。

表 6-7　墙梁编号

墙梁类型	代号	序号	特　征
连梁	LL	××	设置在剪力墙洞口上方，宽度与墙厚相同
连梁（对角暗撑配筋）	LL（JC）	××	在一、二级抗震墙跨高比≤2且墙厚≥300 mm的连梁中设置
连梁（交叉斜筋配筋）	LL（JX）	××	在一、二级抗震墙跨高比≤2且墙厚≥200 mm的连梁中设置
连梁（集中对角斜筋配筋）	LL（DX）	××	在一、二级抗震墙跨高比≤2且墙厚≥200 mm的连梁中设置
连梁（跨高比不小于5）	LLk	××	跨高比不小于5的连梁按框架梁设计时
暗　梁	AL	××	设置在剪力墙楼面和屋面位置并嵌入墙身内
边框梁	BKL	××	设置在剪力墙楼面和屋面位置且部分凸出墙身

注：① 在具体工程中，当某些墙身需设置暗梁或边框梁时，宜在剪力墙平法施工图中绘制暗梁或边框梁的平面布置图并编号，以明确其具体位置。② 跨高比不小于5的连梁，按框架梁设计时（代号为LLk）。

② 注写墙梁所在楼层号。

③ 注写墙梁顶面标高高差。该高差指相对于墙梁所在结构层楼面标高的高差值，高于者为正值，低于者为负值，无高差时不注。

④ 注写墙梁截面尺寸 $b×h$、上部纵筋、下部纵筋和箍筋的具体数值。

⑤ 当连梁设有对角暗撑[LL（JC）××]时，注写暗撑的截面尺寸（箍筋外皮尺寸）；注写一根暗撑的全部纵筋，并标注×2，表明有两根暗撑相互交叉；注写暗撑箍筋的具体数值。

⑥ 当连梁设有交叉斜筋[LL（JX）××]时，注写连梁一侧对角斜筋的配筋值，并标注×2表明对称设置；注写对角斜筋在连梁端部设置的拉筋根数、规格及直径，并标注×2表明对称设置。

⑦ 当连梁设有集中对角斜筋[LL（DX）××]时，注写一条对角线上的对角斜筋，并标注×2表明对称设置。

3. 剪力墙截面注写方式

截面注写方式是在分标准层绘制的剪力墙平面布置图上，以直接在墙柱、墙身、墙梁上注写截面尺寸和配筋具体数值的方式来表达剪力墙平法施工图。

选用适当比例原位放大绘制剪力墙平面布置图，其中对墙柱绘制配筋截面图；对所有墙柱、墙身、墙梁分别按规定进行编号，并分别在相同编号的墙柱、墙身、墙梁中选择一根墙柱、一道墙身、一根墙梁进行注写，其注写方式按以下规定进行。

（1）从相同编号的墙柱中选择一个截面，标注全部纵筋及箍筋的具体数值。

（2）从相同编号的墙身中选择一道墙身，按顺序引注的内容为：墙身编号（应包括注写在括号内墙身所配置的水平与竖向分布钢筋的排数）、墙厚尺寸，水平分布钢筋、竖向分布钢筋和拉筋的具体数值。

（3）从相同编号的墙梁中选择一根墙梁，按顺序引注的内容为：注写墙梁编号、墙

梁截面尺寸 $b×h$、墙梁箍筋、上部纵筋、下部纵筋和墙梁顶面标高高差的具体数值。

当连梁设有对角暗撑、交叉斜筋、集中对角斜筋时应按规定注写。当墙身水平分布钢筋不能满足连梁、暗梁及边框梁的梁侧面纵向构造钢筋的要求时，应补充注明梁侧面纵筋的具体数值，注写时，以大写字母 N 打头，接续注写直径与间距。其在支座内的锚固要求同连梁中受力钢筋。

4. 剪力墙洞口的表示方法

无论采用列表注写方式还是截面注写方式，剪力墙上的洞口均可在剪力墙平面布置图上原位表达。

（1）在剪力墙平面布置图上绘制洞口示意，并标注洞口中心的平面定位尺寸。

（2）在洞口中心位置引注：洞口编号、洞口几何尺寸、洞口中心相对标高和洞口每边补强钢筋，共四项内容。具体规定如下：

① 洞口编号：矩形洞口为 JD××（××为序号）；圆形洞口为 YD××（××序号）。

② 洞口几何尺寸：矩形洞口为洞宽×洞高（$b×h$）；圆形洞口为洞直径 D。

③ 洞口中心相对标高，系相对于结构层楼（地）面标高的洞口中心高度。当其高于结构层楼面时为正值，低于结构层楼面时为负值。

④ 洞口每边补强钢筋，分以下几种不同情况：

a. 当矩形洞口的洞宽、洞高均不大于 800 mm 时，此项注写为洞口每边补强钢筋的具体数值。当洞宽、洞高方向补强钢筋不一致时，分别注写洞宽方向、洞高方向补强钢筋，以"/"分隔。

b. 当矩形或圆形洞口的洞宽或直径大于 800 mm 时，在洞口的上、下需设置补强暗梁，此项注写为洞口上、下每边暗梁的纵筋与箍筋的具体数值（补强暗梁梁高一律定为 400 mm，设计不注。当设计者采用与该构造详图不同的做法时，应另行注明），圆形洞口尚需注明环向加强钢筋的具体数值。当洞口上、下边为剪力墙连梁时，此项免注。洞口竖向两侧设置边缘构件时，也不在此项表达（当洞口两侧不设置边缘构件时，设计者应给出具体做法）。

c. 当圆形洞口设置在连梁中部 1/3 范围（且圆洞直径不应大于 300 mm 且不大于 1/3 梁高）时，需注写在圆洞上下水平设置的每边补强纵筋与箍筋。

d. 当圆形洞口设置在墙身或暗梁、边框梁位置，且洞口直径不大于 300 mm 时，此项注写洞口上下左右每边布置的补强纵筋的具体数值。

e. 当圆形洞口直径大于 300 mm 且不大于 800 mm 时，此项注写洞口上下左右每边布置的补强纵筋的具体数值，同时注写圆形洞口周围设置的环向加强钢筋的具体数值。

5. 地下室外墙的表示方法

本节地下室外墙指仅适用于起挡土作用的地下室外围护墙。地下室外墙中墙柱、连梁及洞口等的表示方法同地上剪力墙。

地下室外墙编号，由墙身代号、序号组成，表达为：DWQ××。

地下室外墙平面注写方式，包括集中标注墙体编号、厚度、贯通筋、拉筋等和原位标注附加非贯通筋等。当仅设置贯通筋，未设置附加非贯通筋时，则仅做集中标注。

（1）地下室外墙集中标注。

地下室外墙集中标注，规定如下：

① 注写编号，包括代号、序号、墙身长度（注为××~××轴）。

② 注写厚度 b_w =××。

③ 注写外侧贯通筋、内侧贯通筋、拉筋。

a. OS——外侧贯通筋，其中：H 打头——外侧水平贯通筋，V 打头——外侧竖向贯通筋。

b. IS——内侧贯通筋，其中：H 打头——内侧水平贯通筋，V 打头——内侧竖向贯通筋。

c. tb 打头注写拉筋直径、强度等级及间距，并注明"矩形"或"梅花双向"。

（2）地下室外墙原位标注。

地下室外墙原位标注主要表示在外墙外侧配置的水平非贯通筋或竖向非贯通筋。

当配置水平非贯通筋时，在地下室墙体平面图上原位标注。在地下室外墙外侧绘制粗实线段代表水平非贯通筋，在其上注写：① 钢筋编号；② 以 H 打头注写钢筋强度等级、直径、分布间距；③ 自支座中线向两边跨内的伸出长度值。当自支座中线向两侧对称伸出时，可仅在单侧标注跨内伸出长度，另一侧不注。此种情况下非贯通筋总长度为标注长度的 2 倍。边支座处非贯通筋的伸出长度值从支座外边缘算起。

地下室外墙外侧非贯通筋通常采用"隔一布一"方式与集中标注的贯通筋间隔布置，其标注间距应与贯通筋相同，两者组合后的实际分布间距为各自标注间距的 1/2。

当在地下室外墙外侧底部、顶部、中层楼板位置配置竖向非贯通筋时，应补充绘制地下室外墙竖向剖面图并在其上原位标注。表示方法为在地下室外墙竖向剖面图外侧绘制粗实线段代表竖向非贯通筋，在其上注写：① 钢筋编号；② 以 V 打头注写钢筋强度等级、直径、间距；③ 向上（下）层的伸出长度值，并在外墙竖向截面图名下注明分布范围（××~××轴）。

注：① 外墙底部非贯通筋向层内的伸出长度值从基础底板顶面算起。② 外墙顶部非贯通筋向层内的伸出长度值从板底面算起。③ 中层楼板处非贯通筋向层内的伸出长度值从板中间算起，当上下两侧伸出长度值相同时可仅注写一侧。

地下室外墙外侧水平、竖向非贯通筋配置相同者，可仅选择一处注写，其他可仅注写编号。当在地下室外墙顶部设置水平通长加强钢筋时应注明。

任务拓展

拓展任务描述	仔细阅读剪力墙平法施工图，查找墙柱，并结合图纸按要求找出墙柱GBZ2在5.350~10.750标高处纵筋和箍筋的具体配置。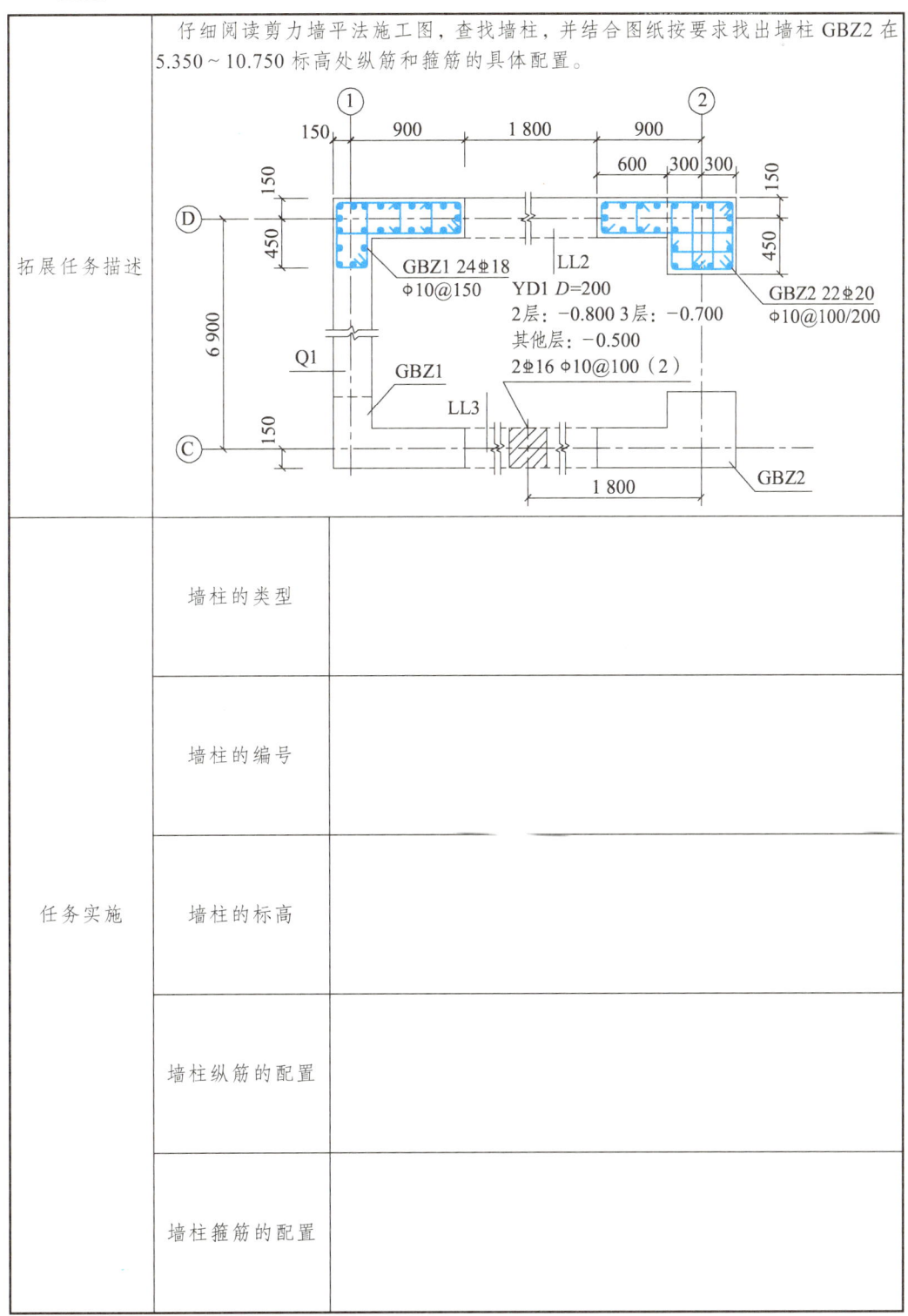	
任务实施	墙柱的类型	
	墙柱的编号	
	墙柱的标高	
	墙柱纵筋的配置	
	墙柱箍筋的配置	

子任务二 剪力墙钢筋构造

子任务二	剪力墙钢筋构造
任务目标	1. 掌握剪力墙墙身钢筋的构造； 2. 掌握剪力墙墙柱钢筋的构造； 3. 掌握剪力墙墙梁钢筋的构造
任务描述	仔细阅读剪力墙平法施工图，查找 Q4，并结合图纸按要求找出 Q4 在 5.350～10.750 标高处纵筋和箍筋的具体配置。

编号	标高	墙厚/mm	水平分布筋	垂直分布筋	拉筋
Q1（2排）	5.350～10.750	300	⊈16@200	⊈10@200	⊈6@600
Q2（2排）	5.350～10.750	300	⊈14@200	⊈10@200	⊈6@600
Q3（2排）	5.350～10.750	300	⊈10@200	⊈10@200	⊈6@600
Q4（2排）	5.350～10.750	350	⊈16@200	⊈12@200	⊈6@600
Q5（2排）	5.350～10.750	350	⊈12@200	⊈12@200	⊈6@600
Q6（2排）	5.350～10.750	400	⊈12@200	⊈12@200	⊈6@600
Q7（2排）	5.350～10.750	400	⊈16@200	⊈12@200	⊈6@600
Q8（2排）	5.350～10.750	250	⊈10@200	⊈10@200	⊈6@600
Q9（2排）	5.350～10.750	200	⊈8@200	⊈10@200	⊈6@600

任务准备	参考规范：图集（22G101）《混凝土结构施工图平面整体表示方法制图规则和构造详图》关于剪力墙平法制图规则和构造详图
任务实施	墙身钢筋的主要类型有哪些？

总结反馈	墙身注写都有哪些内容？	
	Q4 墙身水平分布筋长度计算。	
	Q4 墙身竖向分布筋长度计算。	
	你是否了解剪力墙身中钢筋的主要类型？	是□	否□
	你是否能够准确识读剪力墙身的平法图？	是□	否□
	你是否能正确计算墙身水平分布筋长度？	是□	否□
	你是否能正确计算墙身竖向分布筋长度？	是□	否□
	请用文字或者思维导图形式进行相关知识总结：		

知识链接

一、剪力墙构件钢筋构造的基本知识

剪力墙构件钢筋构造是指剪力墙构件在实际工程中可能出现的各种构造情况,包含墙身、墙柱、墙梁中的各类钢筋,剪力墙钢筋构造知识体系如图6-5所示。

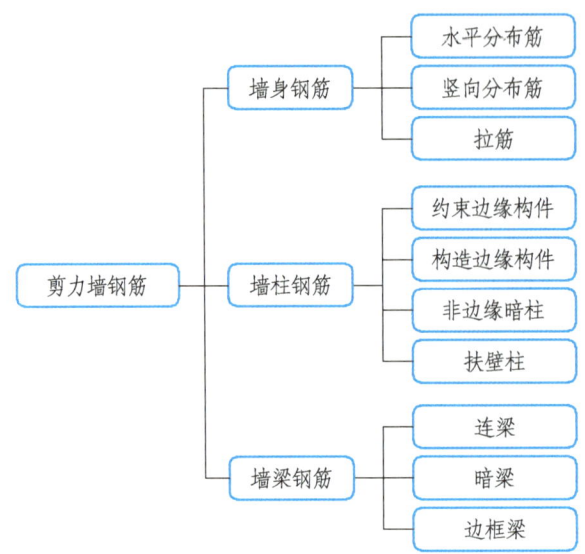

图6-5 剪力墙钢筋构造知识体系

二、剪力墙身钢筋构造

1. 墙身水平钢筋构造

(1) 端部有暗柱的构造。

墙身端部有暗柱时剪力墙身水平钢筋标准构造详图,如图6-6所示。墙身水平分布筋伸到暗柱对边角筋内侧贴角筋弯折 $10d$。

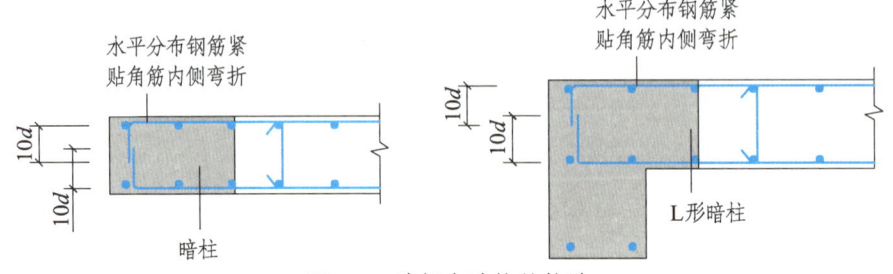

图6-6 端部有暗柱的构造

(2) 剪力墙水平分布钢筋交错搭接构造。

墙身水平分布钢筋交错搭接的标准构造详图,如图6-7所示。剪力墙上下、左右相邻两排水平钢筋交错搭接连接,搭接长度 $\geqslant 1.2 l_{aE}$,搭接范围错开距离 $\geqslant 500$ mm。

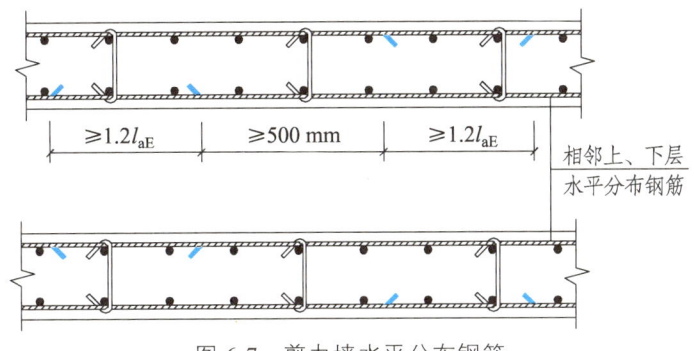

图 6-7 剪力墙水平分布钢筋

（3）端部有转角墙的构造。

水平分布筋在转角墙中的标准构造详图，如图 6-8 所示。

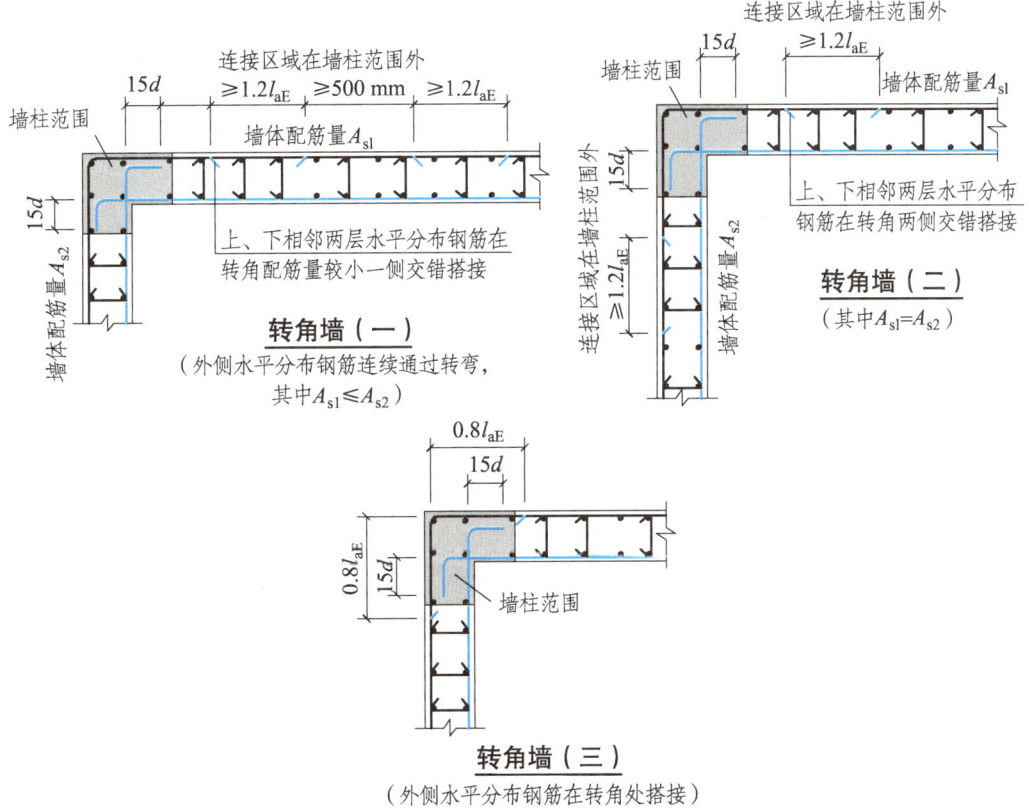

图 6-8 转角墙构造

墙身水平筋在转角墙处有三种构造。前两种构造是外侧水平筋在转角墙处连续通过转弯，而第三种构造是外侧水平筋在转角处搭接。内侧水平钢筋应避免内折角，都是伸至端头墙竖筋内侧弯钩 $15d$，水平钢筋沿高度每隔一根错开搭接，连接区域宜在暗柱范围外。拉筋应与剪力墙每排的竖向筋和水平筋绑扎。剪力墙钢筋配置若多于两排，中间排水平筋端部构造同内侧钢筋。

转角墙（一）适用于上下相邻两层水平分布筋在转角配筋量较小一侧交错搭接。配筋较大的外侧水平分布筋连续通过转角墙柱，在转角墙柱以外与另一侧剪力墙的外侧水平分布筋交错搭接，搭接长度$\geqslant 1.2l_{aE}$，搭接范围错开距离$\geqslant 500$ mm。

转角墙（二）适用于两墙水平分布筋配筋量相同，上下相邻两层水平分布筋在转角两侧交错搭接。外侧水平分布筋连续通过转角墙柱，在转角墙柱以外的两侧交错搭接，搭接长度$\geqslant 1.2l_{aE}$。

转角墙（三）适用于外侧水平分布筋在转角处搭接。外侧水平分布筋伸至转角墙柱对边，弯折长度为$0.8l_{aE}$。

（4）斜交转角墙中的构造

水平分布筋在斜交转角墙中的构造详图，如图6-9所示。外侧水平分布筋连续通过阳角，内侧水平分布筋伸至暗柱对边纵筋内侧后弯折$15d$。剪力墙分布钢筋配置若多于两排，中间排水平分布钢筋端部构造同内侧钢筋。

（5）翼墙中的构造。

水平分布筋在翼墙中的标准构造详图，如图6-10所示。

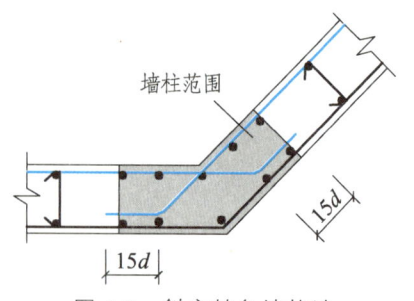

图6-9 斜交转角墙构造

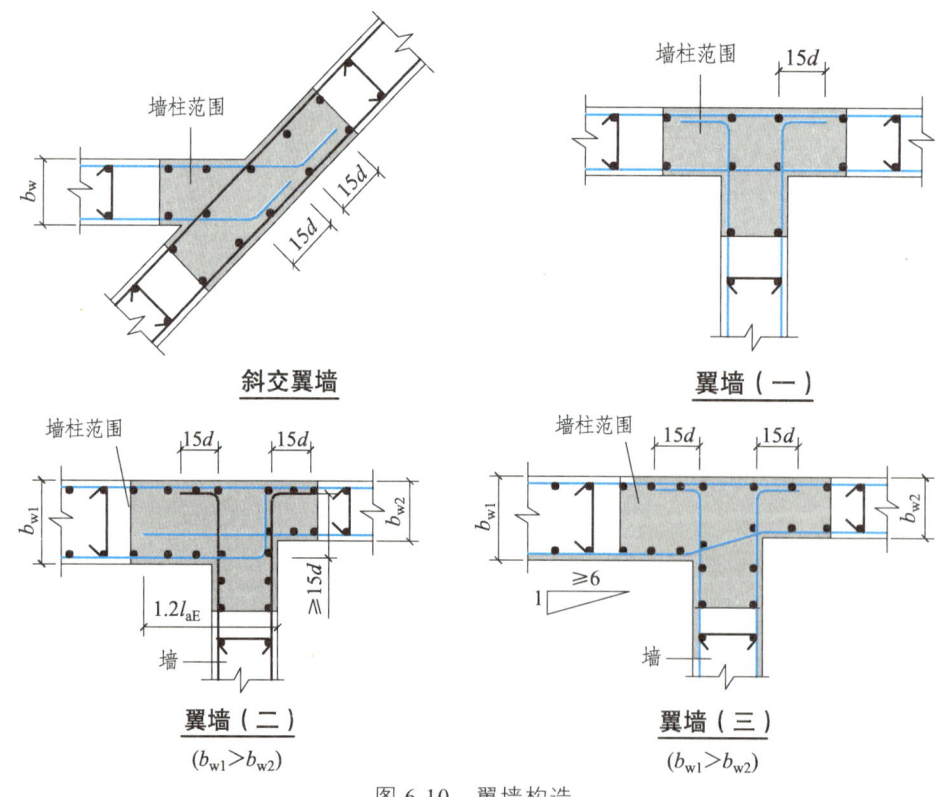

图6-10 翼墙构造

翼墙（一）、斜交翼墙构造，翼墙两翼的水平分布筋连续通过翼墙。翼墙肢部的水平分布筋伸至翼墙暗柱对边纵筋内侧弯折$15d$。

翼墙（二）构造，平齐一侧水平分布筋连续通过。不平齐一侧窄墙的水平分布筋伸入宽墙内 $1.2l_{aE}$，宽墙的水平分布筋伸至翼墙对边弯折 $15d$。

翼墙（三）构造，平齐一侧水平分布筋连续通过。不平齐一侧，水平分布筋斜弯后连续通过，钢筋斜率≤1/6。

（6）端柱转角墙中的构造。

水平分布筋在端柱转角墙中的标准构造详图，如图 6-11 所示。

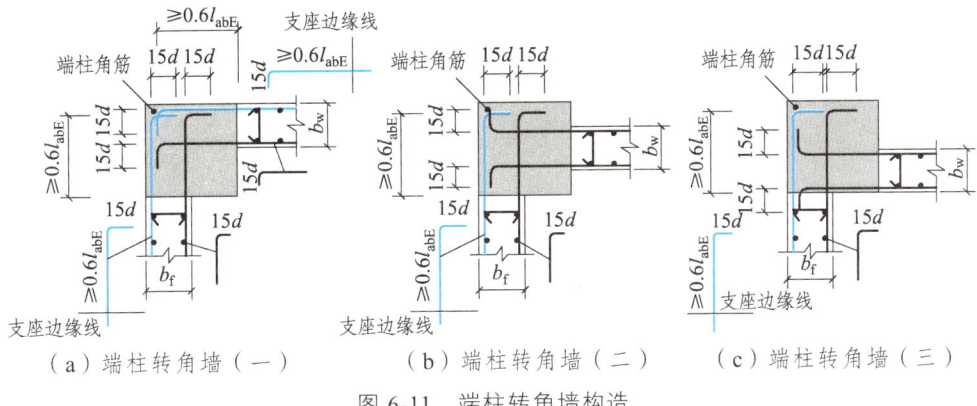

图 6-11 端柱转角墙构造

外侧（剪力墙边与端柱边平齐的一侧）水平分布筋伸至端柱对边纵筋内侧紧贴角筋弯折 $15d$，且伸入端柱的平直段长度≥$0.6l_{abE}$。内侧水平分布筋伸至端柱对边纵筋内侧弯折 $15d$，若伸入端柱的长度≥l_{aE}，可直锚。

（7）端柱翼墙中的构造。

水平分布筋在端柱翼墙中的标准构造详图，如图 6-12 所示。

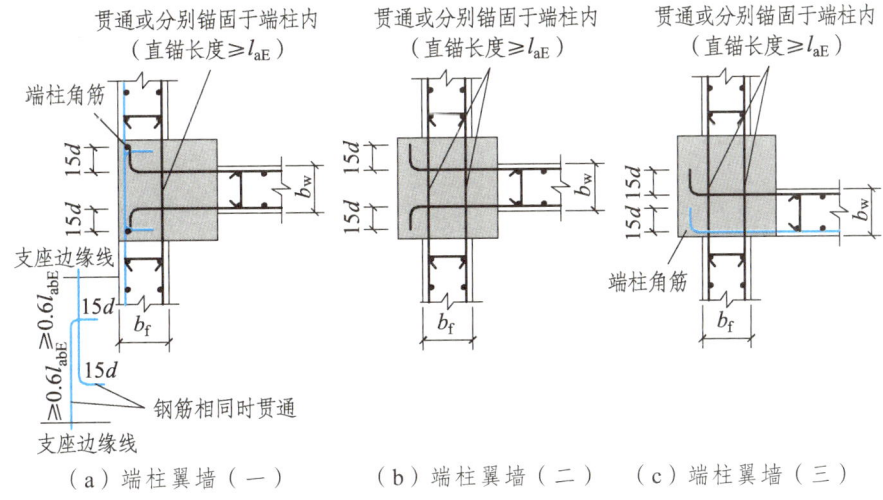

图 6-12 端柱翼墙构造

端柱翼墙（一）构造，两翼外侧（剪力墙边与端柱边平齐的一侧）的水平分布筋贯通端柱，翼墙内侧的水平分布筋贯通或分别锚固于端柱内，锚固于端柱的直锚长度≥l_{aE}，肢部的水平分布筋伸至端柱对边纵筋内侧弯折 $15d$，若伸入端柱的长度≥l_{aE}，可直锚。

端柱翼墙（二）构造，两翼的水平分布筋贯通或分别锚固于端柱内，锚固于端柱的直锚长度≥l_{aE}，肢部的水平分布筋伸至端柱对边纵筋内侧弯折15d，若伸入端柱的长度≥l_{aE}，可直锚。

端柱翼墙（三）构造，两翼的水平分布筋贯通或分别锚固于端柱内，锚固于端柱的直锚长度≥l_{aE}，肢部墙外侧（剪力墙边与端柱边平齐的一侧）水平分布筋伸至端柱对边纵筋内侧紧贴角筋弯折15d，若伸入端柱的长度≥l_{aE}，可直锚。

（8）端柱端部墙中的构造。

水平分布筋在端柱端部墙中的标准构造详图，如图6-13所示。

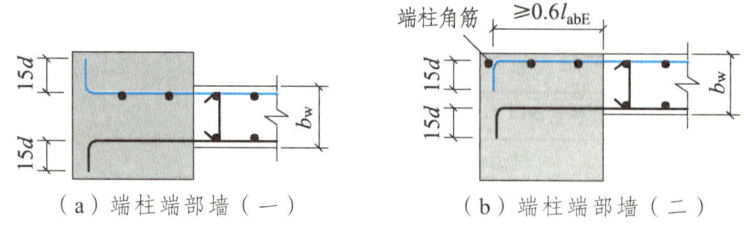

图6-13 端柱端部墙构造

端柱端部墙（一）构造，水平分布筋伸至端柱对边纵筋内侧弯折15d，若伸入端柱的长度≥l_{aE}，可直锚。

端柱端部墙（二）构造，外侧（剪力墙边与端柱边平齐的一侧）水平分布筋伸至端柱对边纵筋内侧紧贴角筋弯折15d，且伸入端柱的平直段长度≥$0.6l_{abE}$。内侧水平分布筋伸至端柱对边纵筋内侧弯折15d，若伸入端柱的长度≥l_{aE}，可直锚。

2. 墙身竖向钢筋构造

（1）墙身竖向分布筋在基础中的构造。

墙身竖向分布筋在基础中的构造详图，如图6-14所示。

图6-14（a）适用于保护层厚度>5d。当基础高度满足直锚时，按1—1剖面要求，竖向分布筋"隔二下一"伸到基础底部钢筋网（或筏形基础中间层钢筋网）上，弯折6d且≥150 mm，其余竖向分布筋伸入基础≥l_{aE}。当基础高度不满足直锚时，按1a—1a剖面要求，竖向分布筋均伸到基础底部钢筋网上弯折15d，伸入基础内竖直段长度≥$0.6l_{abE}$且大于等于20d。基础内水平分布筋与拉筋间距≤500 mm，且不少于两道。基础内第一道水平分布筋与拉筋距离基础顶面100 mm，基础外第一道水平分布筋与拉筋距离基础顶面50 mm。

图6-14（b）适用于墙外侧竖向分布筋保护层厚度≤5d，墙内侧竖向分布筋保护层厚度>5d。墙内侧钢筋构造同图6-14（a）。墙内外侧钢筋构造：当基础高度满足直锚时，按2—2剖面要求，竖向分布筋均伸到基础底部钢筋网上，弯折6d且大于等于150 mm。当基础高度不满足直锚时，按2a—2a剖面要求，竖向分布筋均伸到基础底部钢筋网上弯折15d，伸入基础内竖直段长度≥$0.6l_{abE}$且大于等于20d。基础内设置锚固区横向钢筋，横向钢筋直径≥d/4（d为纵筋最大直径），间距≤10d（d为纵筋最小直径），且小于等于100 mm。当墙身竖向分布钢筋在基础中保护层厚度不一致（如分布筋部分位于梁中，部分位于板内），保护层厚度<5d的部分应设置锚固区横向钢筋。

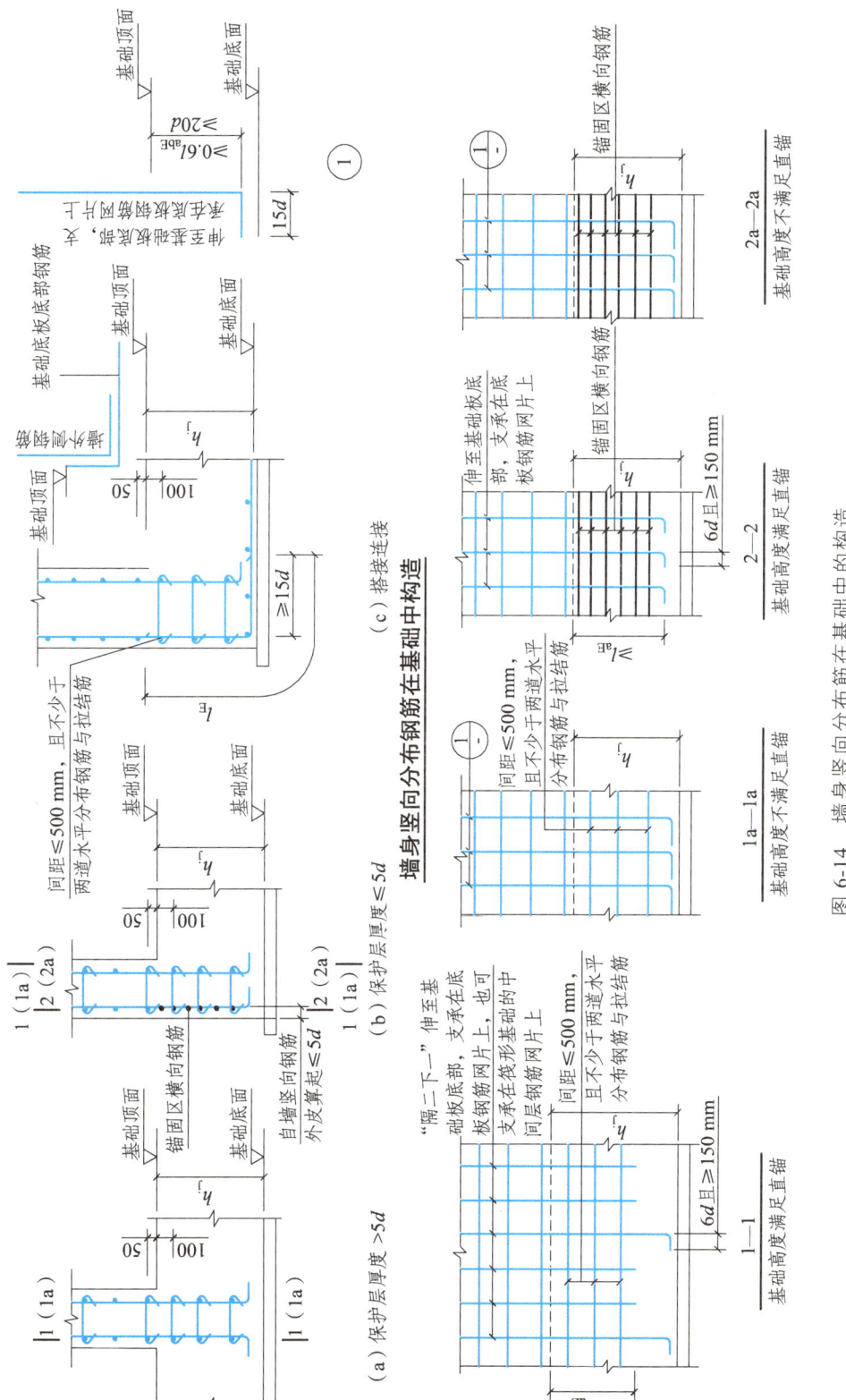

图 6-14 墙身竖向分布筋在基础中的构造

图 6-14（c）适用于墙身外侧竖向分布筋与基础底部钢筋搭接连接。墙外侧竖向分布筋与基础底部钢筋搭接 l_{lE}，且弯折长度≥15d。其余钢筋构造同图 6-14（a）。

（2）墙身竖向分布筋连接构造。

墙身竖向分布筋连接构造详图，如图 6-15 所示。

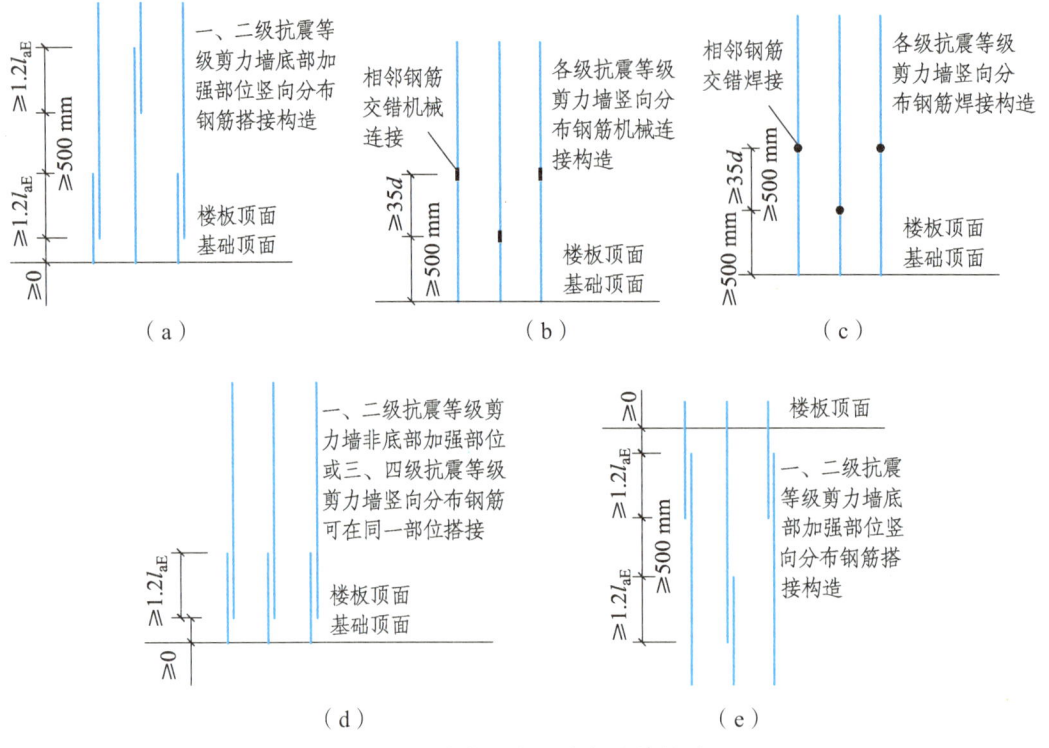

图 6-15 墙身竖向分布筋连接构造

图 6-15（a）适用于一、二级抗震等级剪力墙底部加强部位的竖向分布钢筋搭接连接构造。相邻竖向钢筋交错搭接，拼接长度为 $1.2l_{aE}$，相邻竖向钢筋搭接范围错开距离为 500 mm。图 6-15（b）适用于各级抗震等级的竖向分布钢筋机械连接构造。相邻竖向钢筋交错机械连接，相邻竖向钢筋机械连接接头错开距离为 35d（d 为较小钢筋直径），连接点距离楼板顶面（或基础顶面）不小于 500 mm。图 6-15（c）适用于各级抗震等级的竖向分布钢筋焊接连接构造，相邻竖向钢筋交错焊接连接，相邻竖向钢筋焊接连接接头错开距离为 35d（d 为较小钢筋直径）且不小于 500 mm，连接点距离楼板顶面（或基础顶面）不小于 500 mm。图 6-15（d）适用于一、二级抗震等级剪力墙非底部加强部位或三、四级抗震等级剪力墙的竖向分布钢筋搭接连接构造。搭接长度为 $1.2l_{aE}$，可在同一高度位置搭接连接。图 6-15（e）适用于一、二级抗震等级剪力墙竖向分布钢筋，上层钢筋直径大于下层钢筋直径时搭接连接构造。相邻竖向钢筋交错搭接，拼接长度为 $1.2l_{aE}$，相邻竖向钢筋搭接范围错开距离为 500 mm。

（3）剪力墙竖向钢筋顶部构造。

剪力墙竖向钢筋顶部的标准构造详图，如图 6-16 所示。

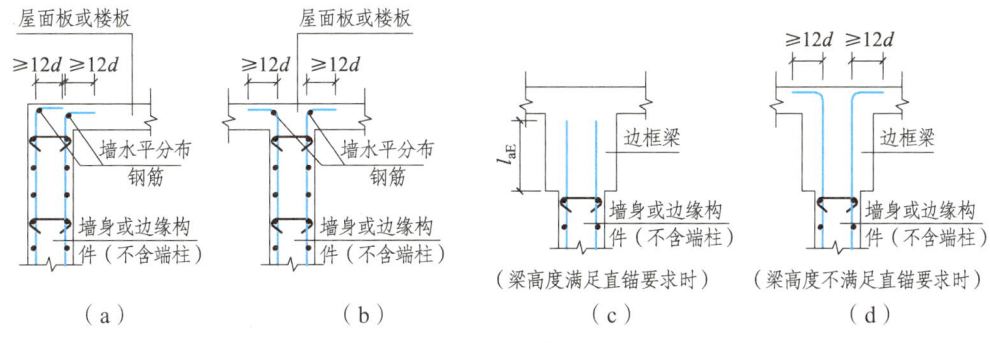

图 6-16 剪力墙竖向钢筋顶部构造

当剪力墙顶部为屋面板或楼板时,竖向钢筋伸至板顶或梁顶后弯折,弯折长度≥12d。当剪力墙顶部为边框梁时,如果边框梁高度满足直锚,竖向钢筋可伸入边框梁直锚;如果边框梁高度不满足直锚,竖向钢筋伸至边框梁顶弯折,弯折长度≥12d。

(4)墙身变截面处竖向钢筋构造。

墙身变截面处竖向钢筋的标准构造详图,如图 6-17 所示。

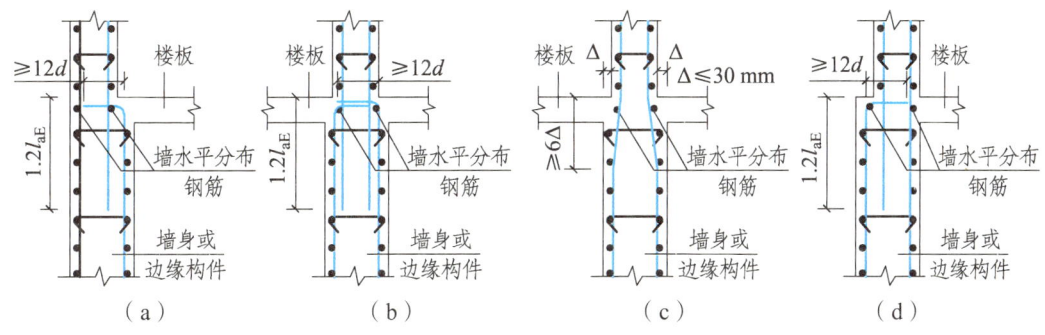

图 6-17 墙身变截面处竖向钢筋构造

图 6-17(a)、(b)、(d)都适用于变截面处竖向钢筋非直通构造,其中,图(a)、(d)用于边墙,图(b)、(c)用于中墙。墙平齐一侧的竖向钢筋直通伸至上一层连接区,变截面一侧的下层墙身竖向钢筋伸至变截面处向内弯折,弯折长度≥12d,上层竖向钢筋插入下层墙内 1.2l_{aE}。图(c)适用于截面单侧内收尺寸Δ≤30 mm,变截面处竖向钢筋向内斜弯贯通构造,下层钢筋在距离结构层楼板≥6Δ处,以 1/6 斜率向内弯曲伸到上一楼层。

(5)剪力墙竖向分布筋锚入连梁构造。

剪力墙竖向分布筋锚入连梁构造,如图 6-18 所示。墙身竖向钢筋从楼板面直锚入连梁内。

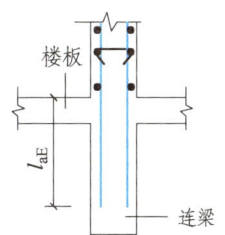

图 6-18 剪力墙竖向分布筋锚入连梁构造

（6）剪力墙多排配筋构造。

剪力墙多排配筋的标准构造详图，如图6-19所示。

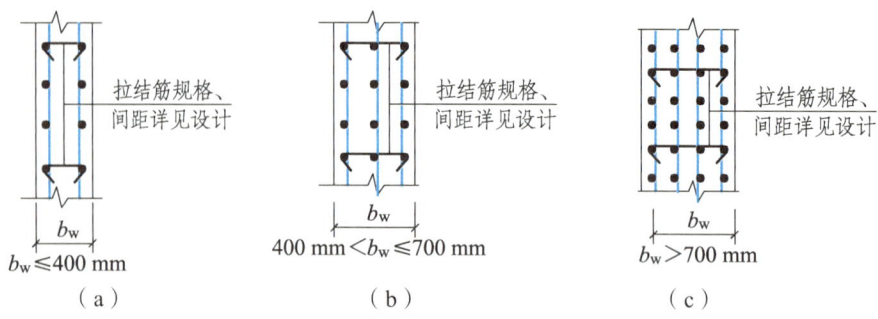

图6-19　剪力墙多排配筋构造

剪力墙分布钢筋网的排数规定，当剪力墙厚度≤400 mm时，应配置双排；当剪力墙厚度>400 mm，但小于等于700 mm时，宜配置三排；当剪力墙厚度>700 mm时，宜配置四排。水平分布筋放在外侧，竖向分布筋放在内侧。

3. 剪力墙拉结筋构造

剪力墙拉结筋构造详图，如图6-20所示。

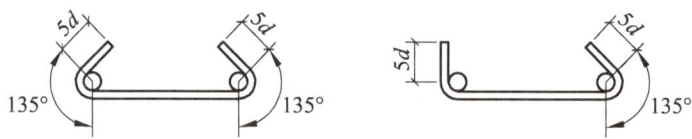

用于剪力墙分布钢筋的拉结，宜同时
勾住外侧水平及竖向分布钢筋

图6-20　剪力墙拉结筋构造

拉结筋有两种做法：一种是两端都弯135°弯钩，另一种是一端弯135°弯钩、另一端弯90°直钩，弯钩的平直段均为$5d$，放置时弯钩朝下。拉结筋宜同时勾住外侧水平及竖向分布筋。拉结筋按设计要求选择"矩形"或"梅花"布置方式。

三、剪力墙柱钢筋构造

1. 剪力墙边缘构件纵筋在基础中的构造

边缘构件纵筋在基础中的构造详图，如图6-21所示。

图6-21（a）适用于保护层厚度>$5d$，且基础高度满足直锚。角筋伸至基础底部钢筋网（或筏形基础中间层钢筋网）上，弯折$6d$且大于等于150 mm；其余纵筋伸入基础l_{abE}。伸至钢筋网上的角筋间距≤500 mm，不满足时将其他纵筋伸至钢筋网上。基础内箍筋间距≤500 mm，且不少于两道矩形封闭箍筋（外箍）。基础内第一道箍筋距离基础顶面100 mm，基础外第一道箍筋距离基础顶面50 mm。

图6-21（b）适用于保护层厚度≤$5d$，且基础高度满足直锚。墙柱纵筋均伸至基础底部钢筋网上，弯$6d$且大于等于150 mm。基础内设置锚固区横向箍筋，横向箍筋直径≥$d/4$（d为纵筋最大直径），间距≤$10d$（d为纵筋最小直径），且小于等于100 mm。当

柱纵筋在基础中保护层厚度不一致（如纵筋部分位于梁中，部分位于板内），保护层厚度<5d 的部分应设置锚固区横向钢筋。基础内第一道箍筋距离基础顶面 100 mm，基础外第一道箍筋距离基础顶面 50 mm。

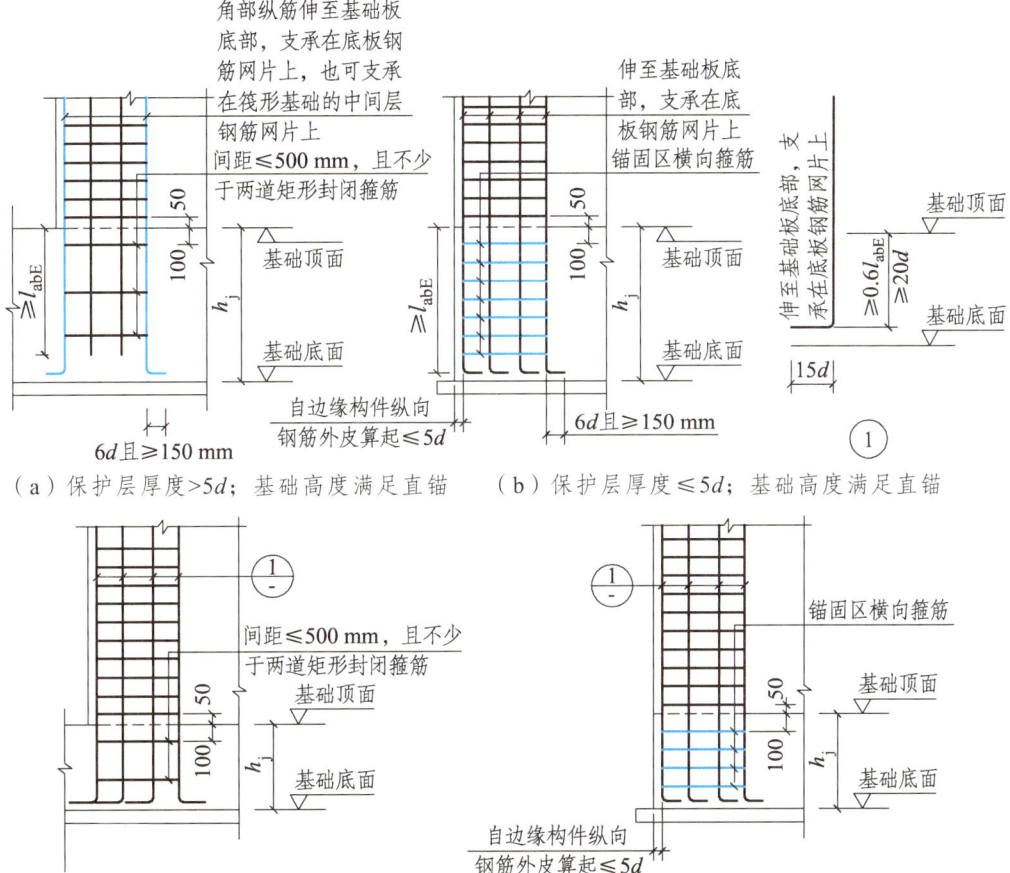

图 6-21 剪力墙边缘构件纵筋在基础中的构造

图 6-21（c）适用于保护层厚度>5d，且基础高度不满足直锚。墙柱纵筋均伸至基础底部钢筋网上，弯 15d，伸入基础内竖直段长度≥0.6l_{abE} 且大于等于 20d。基础内箍筋间距≤500 mm，且不少于两道矩形封闭箍筋。基础内第一道箍筋距离基础顶面 100 mm，基础外第一道箍筋距离基础顶面 50 mm。

图 6-21（d）适用于保护层厚度≤5d，且基础高度不满足直锚。墙柱纵筋均伸至基础底部钢筋网上，弯 15d，伸入基础内竖直段长度≥0.6l_{abE} 且大于等于 20d。基础内设置锚固区横向箍筋，横向箍筋直径≥d/4（d 为纵筋最大直径），间距≤10d（d 为纵筋最小直径），且小于等于 100 mm。基础内第一道箍筋距离基础顶面 100 mm，基础外第一道箍筋距离基础顶面 50 mm。

2. 剪力墙边缘构件纵筋连接构造

剪力墙边缘构件纵筋连接构造详图，如图 6-22 所示。

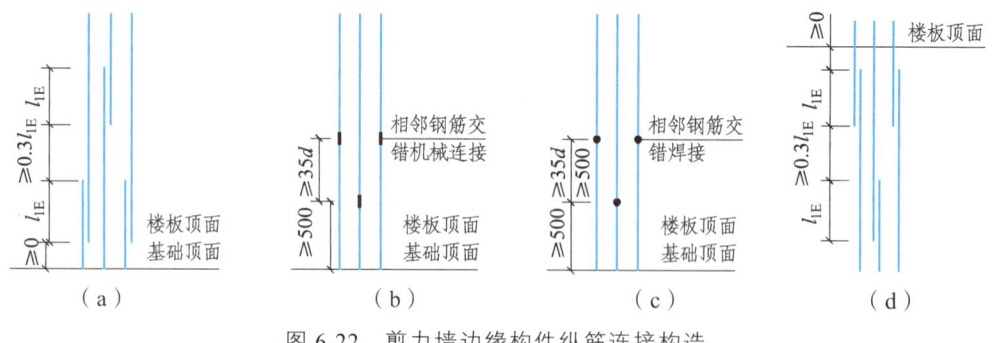

图 6-22 剪力墙边缘构件纵筋连接构造

采用搭接连接时，相邻纵向钢筋交错搭接，搭接长度为 l_{lE}，相邻纵向钢筋搭接范围错开距离为 $0.3l_{lE}$，连接点在楼板顶面（或基础顶面）。约束边缘构件阴影部分，构造边缘构件、扶壁柱及非边缘暗柱的纵筋搭接长度范围内，箍筋直径应不小于纵向搭接钢筋最大直径的 0.25 倍，箍筋间距不大于 100 mm。采用机械连接时，相邻纵向钢筋交错机械连接，相邻纵向钢筋机械连接接头错开距离为 $35d$（d 为较小钢筋直径），连接点距离楼板顶面（或基础顶面）不小于 500 mm。采用焊接连接时，相邻纵向钢筋交错焊接连接，相邻纵向钢筋焊接连接接头错开距离为 $35d$（d 为较小钢筋直径）且不小于 500 mm，连接点距离楼板顶面（或基础顶面）不小于 500 mm。上层钢筋直径大于下层钢筋直径时搭接连接构造。相邻纵向钢筋交错搭接，搭接长度为 l_{lE}，相邻纵向钢筋搭接范围错开距离为 $0.3l_{lE}$。

3. 约束边缘构件构造

约束边缘构件的标准构造详图，如图 6-23 所示。

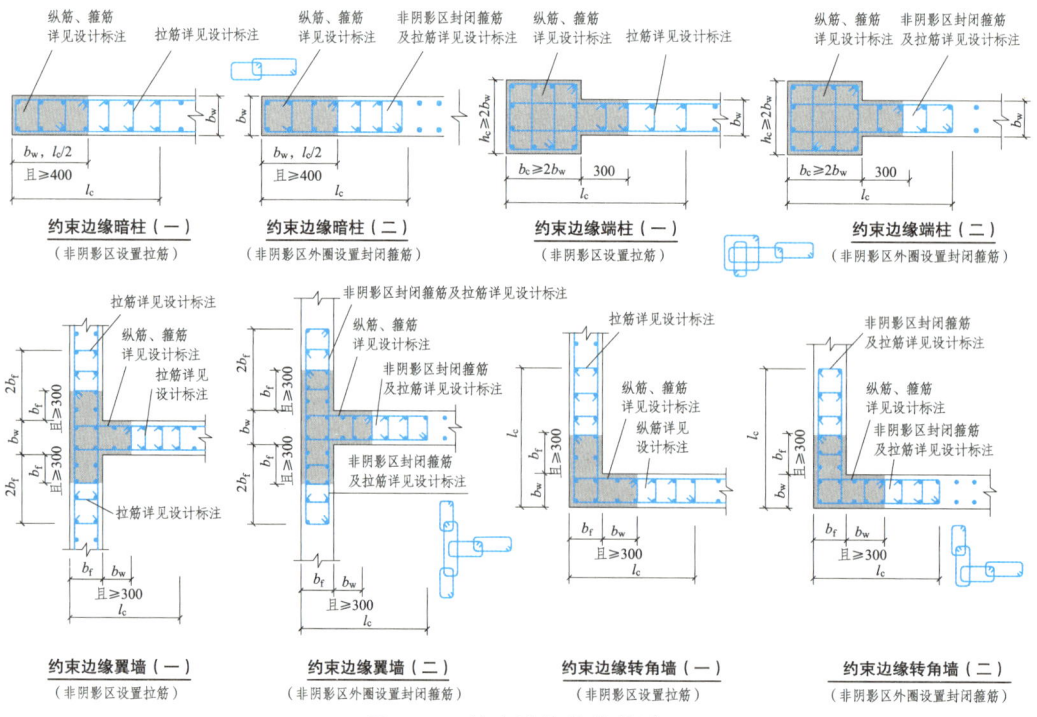

图 6-23 约束边缘构件构造

图 6-23 所示的拉筋、箍筋由设计人员标注。几何尺寸 l_c 见具体工程设计，非阴影区箍筋、拉筋竖向间距同阴影区。当约束边缘构件内箍筋、拉筋位置（标高）与墙体水平分布筋相同时可采用详图（一）或（二）；当约束边缘构件内箍筋、拉筋位置（标高）与墙体水平分布筋不同时应采用详图（二）。

4. 构造边缘构件构造

构造边缘构件的标准构造详图，如图 6-24 所示。

构造边缘构件（二）、（三）用于非底部加强部位，当构造边缘构件内箍筋、拉筋位置（标高）与墙体水平分布筋相同时采用，此构造做法应由设计者指定后使用。墙体水平分布筋宜错开搭接，上下、左右相邻两排水平钢筋交错搭接连接，搭接长度 $\geq 1.2 l_{aE}$，搭接范围错开距离 $\geq 500\,\mathrm{mm}$。当施工条件受限时，构造边缘暗柱（二）、构造边缘翼墙（二）中墙体水平分布筋可在同一截面搭接，搭接长度不应小于 l_{lE}。

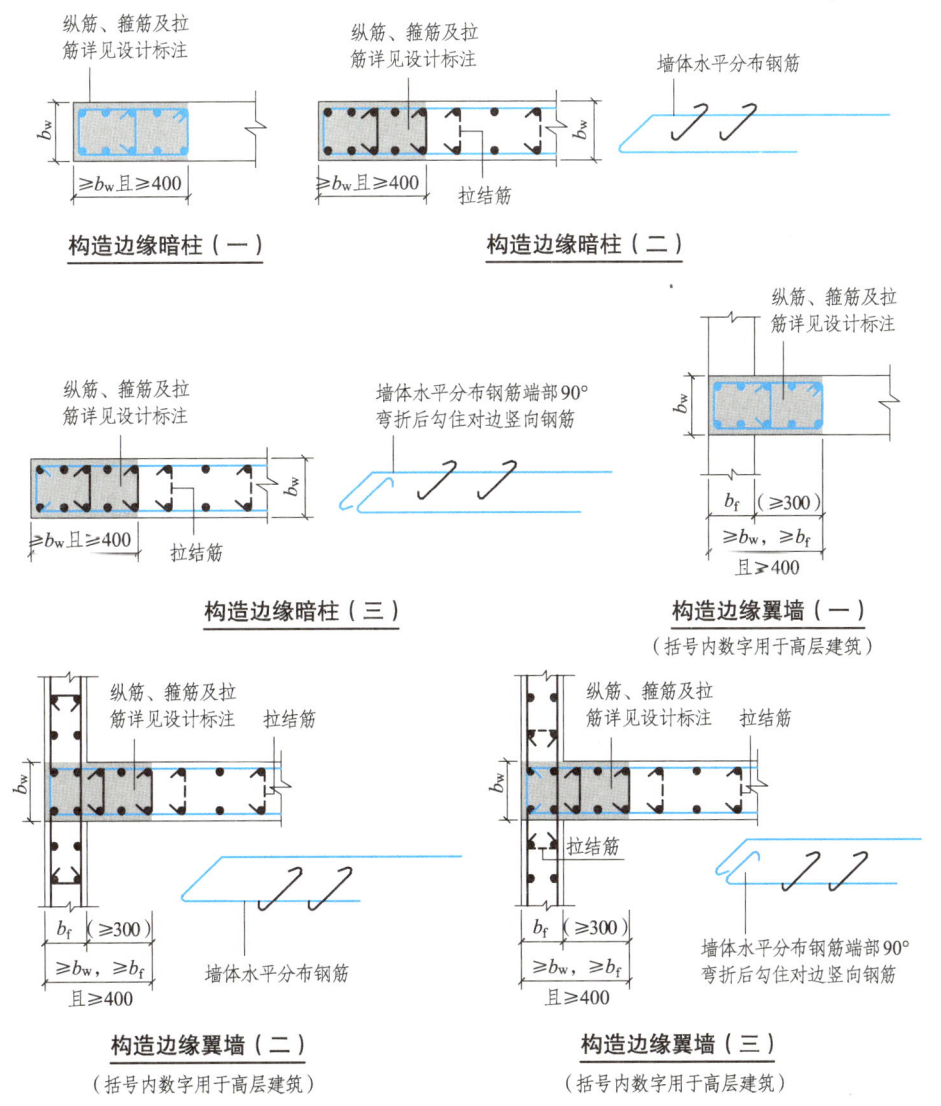

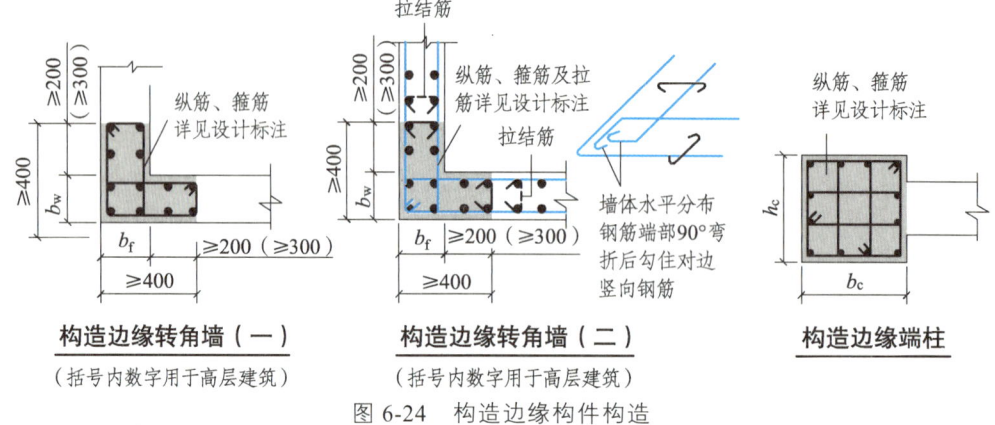

图 6-24 构造边缘构件构造

5. 扶壁柱和非边缘暗柱构造

扶壁柱和非边缘暗柱构造详图,如图 6-25 所示。

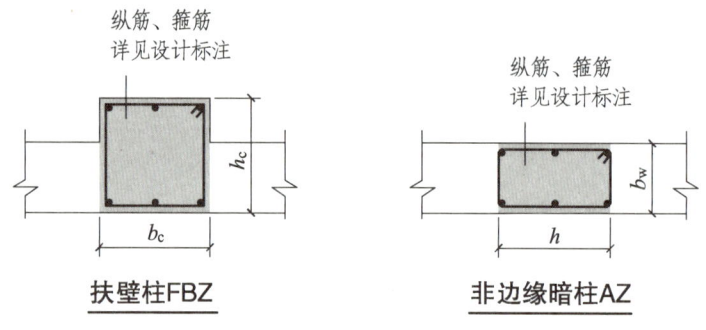

图 6-25 扶壁柱和非边缘暗柱构造

扶壁柱和非边缘暗柱为剪力墙的非边缘构件。纵筋、箍筋详见设计标注,扶壁柱、非边缘暗柱的纵筋锚固要求同边缘构件纵筋。

四、剪力墙连梁钢筋构造

1. 剪力墙连梁配筋构造(见图 6-26)

连梁的纵筋在墙内直锚时,从洞口边算起伸入墙肢长度≥l_{aE}且大于等于 600 mm。若端部墙肢水平长度<l_{aE}或小于 600 mm,则连梁的纵筋伸至墙外侧纵筋内侧弯折 15d(d 为纵筋直径)。当端部洞口连梁的纵筋在端支座的直锚长度≥l_{aE}且大于等于 600 mm 时,可不必往上(下)弯折。连梁、暗梁及边框梁拉筋直径,当梁宽≤350 mm 时为 6 mm,梁宽>350 mm 时为 8 mm,拉筋间距为 2 倍箍筋间距。当设有多排拉筋时,上下两排拉筋竖向错开设置。剪力墙的竖向钢筋连续贯穿边框梁和暗梁。连梁的侧面纵向钢筋单独设置时,侧面纵向钢筋沿梁高度方向均匀布置。其他形式的连梁可参考 22G101—1 图集查阅具体构造。

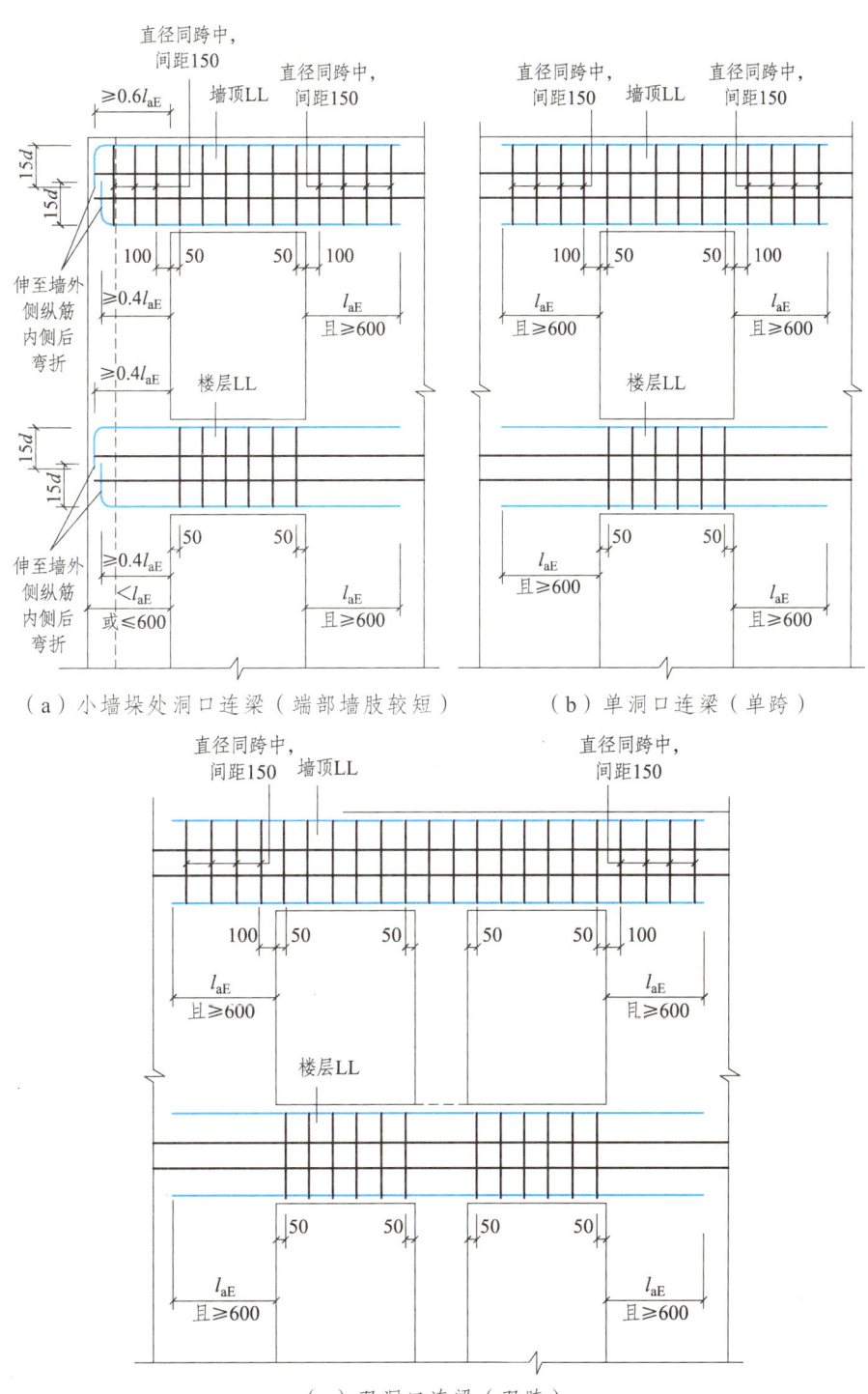

图 6-26 剪力墙连梁配筋构造

2. 边框梁或暗梁与连梁重叠时配筋构造

边框梁或暗梁与连梁重叠时配筋的标准构造详图,如图 6-27 所示。

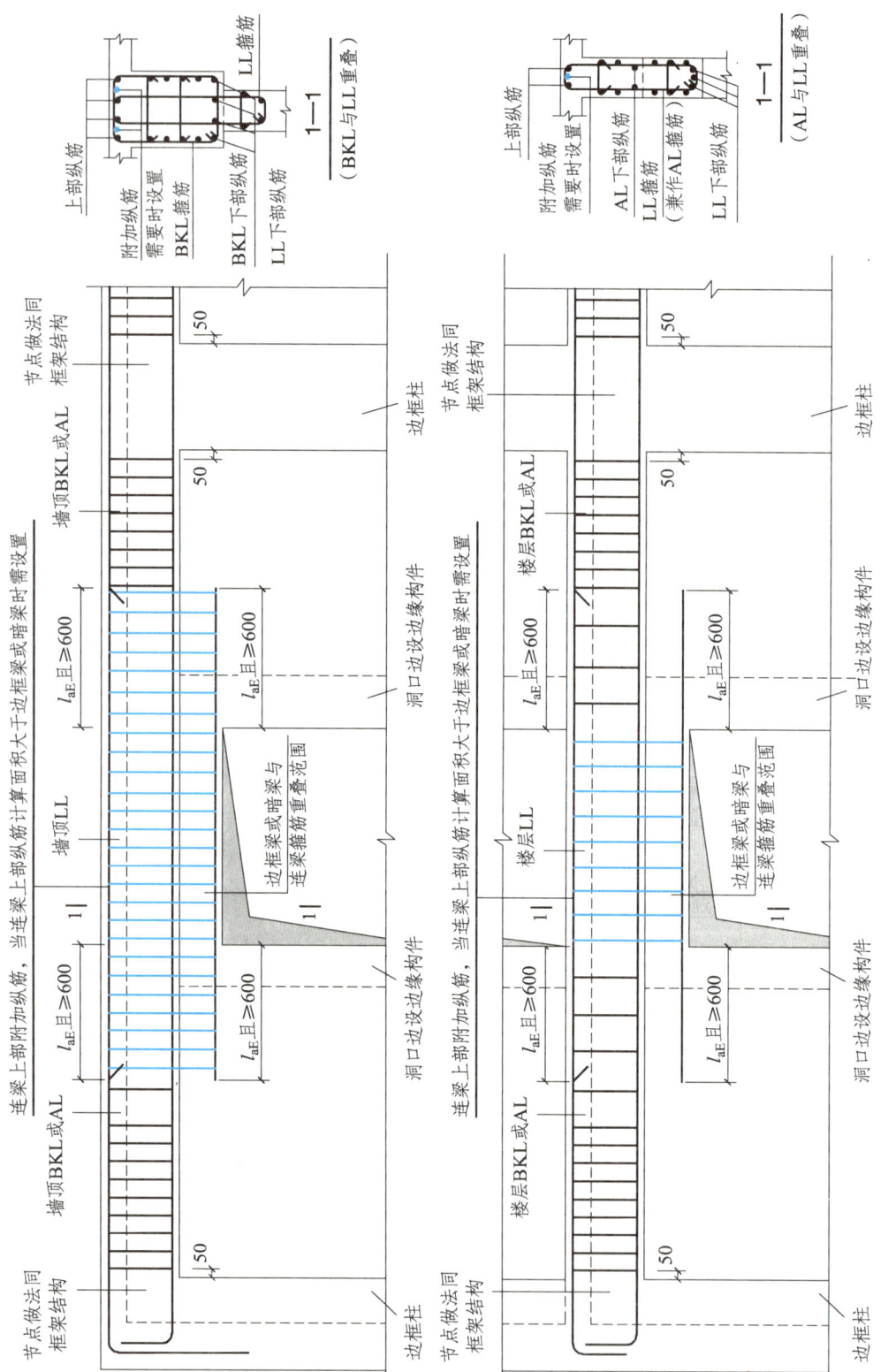

图 6-27 边框梁或暗梁与连梁重叠时配筋构造

当连梁上部纵筋计算面积大于边框梁或暗梁时,需设置连梁上部附加纵筋,附加纵筋从洞边伸入连梁内 l_{aE} 且大于等于 600 mm;当连梁上部纵筋计算面积小于等于边框梁或暗梁时,边框梁或暗梁上部纵筋兼作连梁上部纵筋。连梁下部纵筋、边框梁或暗梁下部纵筋照常设置。连梁箍筋兼作暗梁的箍筋。暗梁和边框梁,端部构造铜框架梁。

五、剪力墙洞口补强钢筋构造

剪力墙洞口补强钢筋的标准构造详图,如图 6-28 所示。

当剪力墙矩形洞口的洞宽、洞高均不大于 800 mm 时,洞口每侧需设置补强钢筋,洞口每侧补强钢筋按设计注写值,从洞口边算起补强钢筋两端分别锚固、入墙内的长度为 l_{aE},墙身钢筋延伸到洞口边弯直钩,补强钢筋固定在弯钩内侧。

当剪力墙矩形洞口的洞宽和洞高均大于 800 mm 时,在洞口的上、下需设置补强暗梁,补强暗梁配筋按设计标注,补强暗梁梁高一律定为 400 mm,设计不注。从洞口边算起补强暗梁纵筋两端分别锚入墙内的长度为 l_{aE}。当洞口的上边或下边为剪力墙连梁时,不再重复设置补强暗梁。洞口竖向两侧设置剪力墙边缘构件,当设计者采用与该构造详图不同的做法时,应另行注明。

当剪力墙圆形洞口的直径大于 800 mm 时,在洞口的上、下需设置补强暗梁,补强暗梁配筋按设计标注,补强暗梁梁高一律定为 400 mm,设计不注。从洞口直径边算起补强暗梁纵筋两端分别锚入墙内的长度为 l_{aE}。当洞口的上边或下边为剪力墙连梁时,不再重复设置补强暗梁。洞口竖向两侧设置剪力墙边缘构件,当洞口竖向两侧不设置边缘构件时,设计者应给出具体做法。同时在圆形洞口周围设置环向加强钢筋,环向加强钢筋配筋按设计标注,环向加强钢筋的首尾搭接长度 $\geq l_{aE}$ 且大于等于 300 mm。墙身钢筋延伸至洞口边弯直钩,环向加强钢筋固定在弯钩内侧。

当剪力墙圆形洞口的直径大于 300 mm 且不大于 800 mm 时,洞口的上下左右均需设置补强钢筋,每侧补强钢筋按设计注写值,从洞口直径边算起补强钢筋两端分别锚入墙内的长度为 l_{aE}。同时在圆形洞口周围设置环向加强钢筋,环向加强钢筋配筋按设计标注,环向加强钢筋的首尾搭接长度 $\geq l_{aE}$ 且大于等于 300 mm。墙身钢筋延伸至洞口边弯直钩,环向加强钢筋固定在弯钩内侧。

当剪力墙圆形洞口的直径不大于 300 mm 时,洞口的上下左右均需设置补强钢筋,每侧补强钢筋按设计注写值,从洞口直径边算起补强钢筋两端分别锚入墙内的长度为 l_{aE}。

当圆形洞口设置在连梁中部、洞口直径不大于 300 mm 且不大于 1/3 梁高时,在圆洞的上下设置补强纵筋与补强箍筋,每侧补强纵筋与补强箍筋按设计注写值,从洞口直径边算起补强纵筋两端分别锚入连梁内的长度为 l_{aE}。

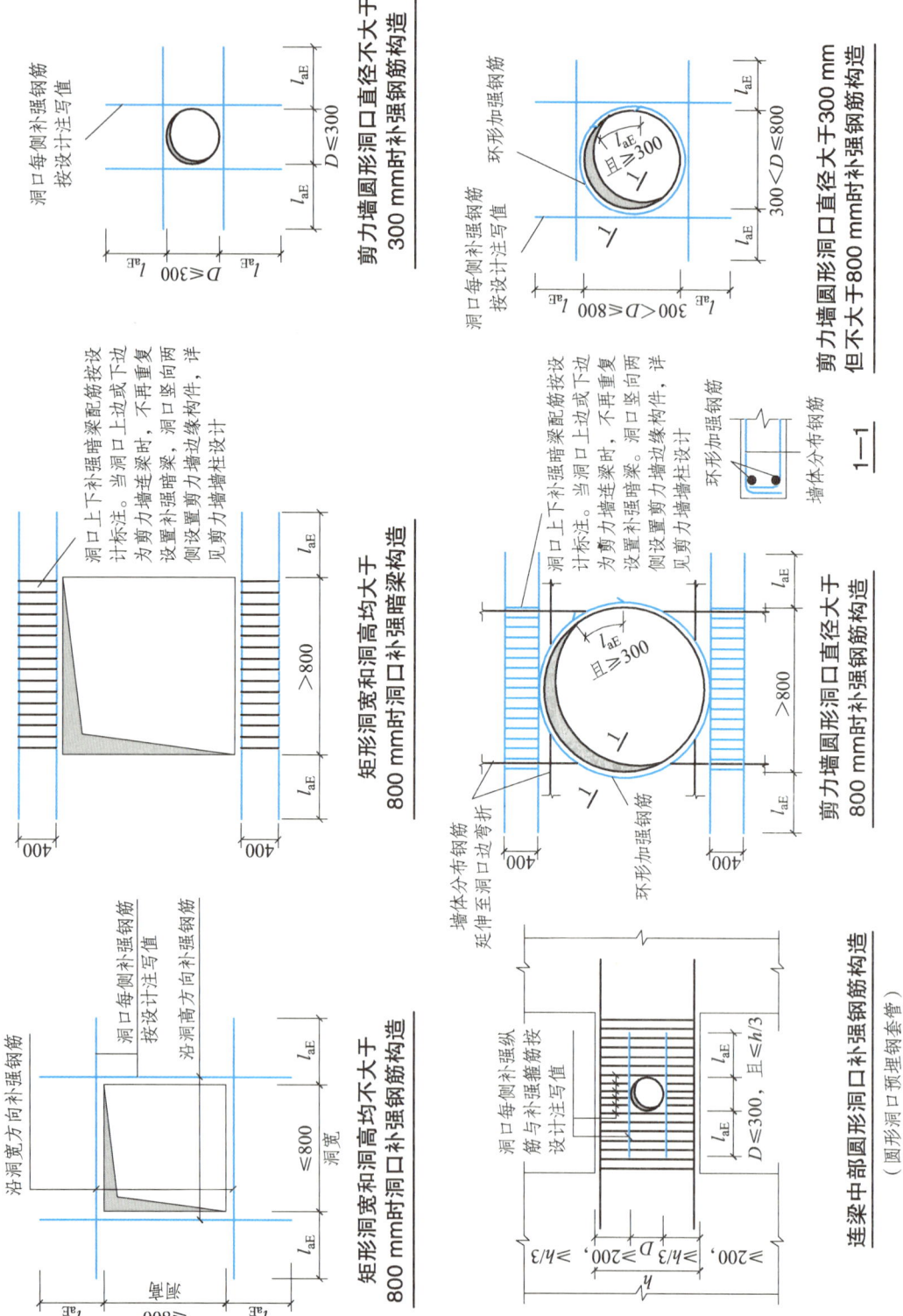

图 6-28 剪力墙洞口补强钢筋构造

六、地下室外墙钢筋构造

地下室外墙钢筋构造详图,如图6-29所示。

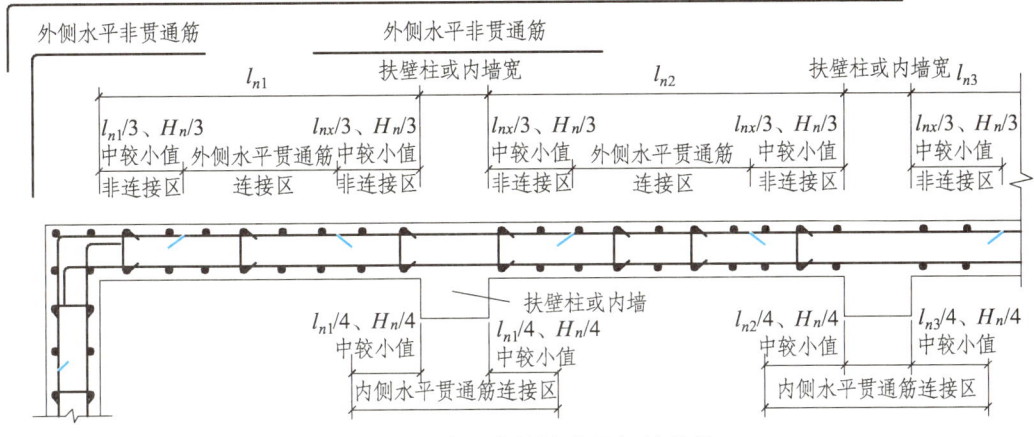

地下室外墙水平钢筋构造

($l_{nx}/3$ 为相邻水平跨的较大净跨值,H_n 为本层净高)

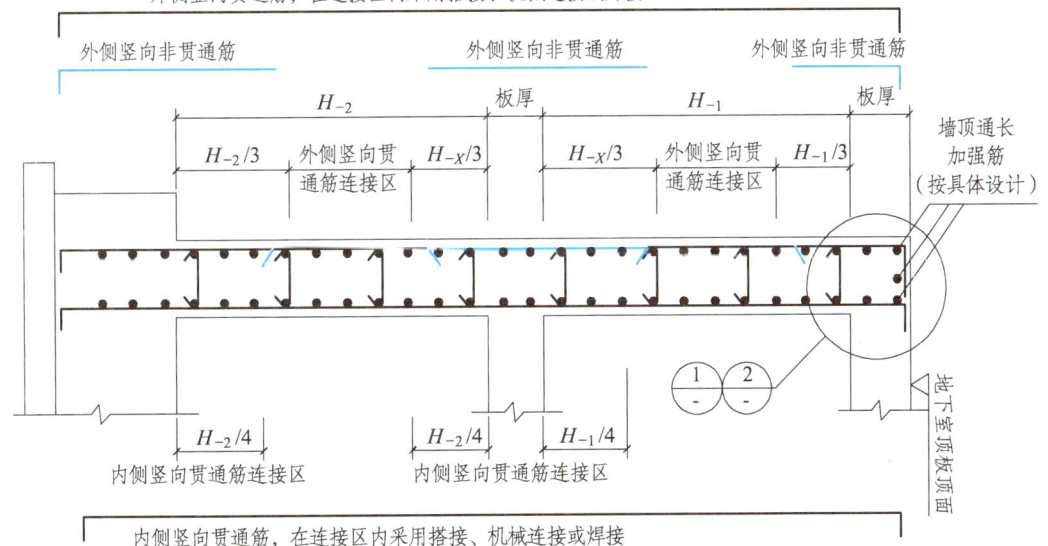

地下室外墙竖向钢筋构造

(H_{-x} 为 H_{-1} 和 H_{-2} 的较大值)

图6-29 地下室外墙钢筋构造

外侧水平贯通筋非连接区长度:端支座取 $l_{n1}/3$ 和 $H_n/3$ 中的较小值,中间跨取 $l_{nx}/3$ 和 $H_n/3$ 中的较小值。

内侧水平贯通筋连接区长度：从扶壁柱或内墙边取 $l_{ni}/4$ 和 $H_n/4$ 中的较小值（l_{n1} 为端跨的净跨值，H_n 为本层净高，l_{ni} 为本跨净跨值）。

外侧竖向贯通筋非连接区：基础顶面往上 $H_{-2}/3$（H_{-2} 为地下二层净高），地下室顶板底面往下 $H_{-1}/3$（H_{-1} 为地下一层净高），中间层楼板底面往下 $H_{-X}/3$（H_{-X} 为相邻两层净高的较大值），中间层楼板顶面往上 $H_{-X}/3$。

内侧竖向贯通筋连接区：基础顶面往上 $H_{-2}/4$，中间层楼板底面往下 $H_{-1}/4$，中间层楼板顶面往上 $H_{-2}/4$。

任务拓展

拓展任务描述	仔细阅读剪力墙平法施工图,纵筋采用机械连接,在标高为 5.350~10.750 剪力墙平法施工图中查找墙柱 GBZ1,并结合图纸计算 GBZ1 墙柱钢筋的长度。 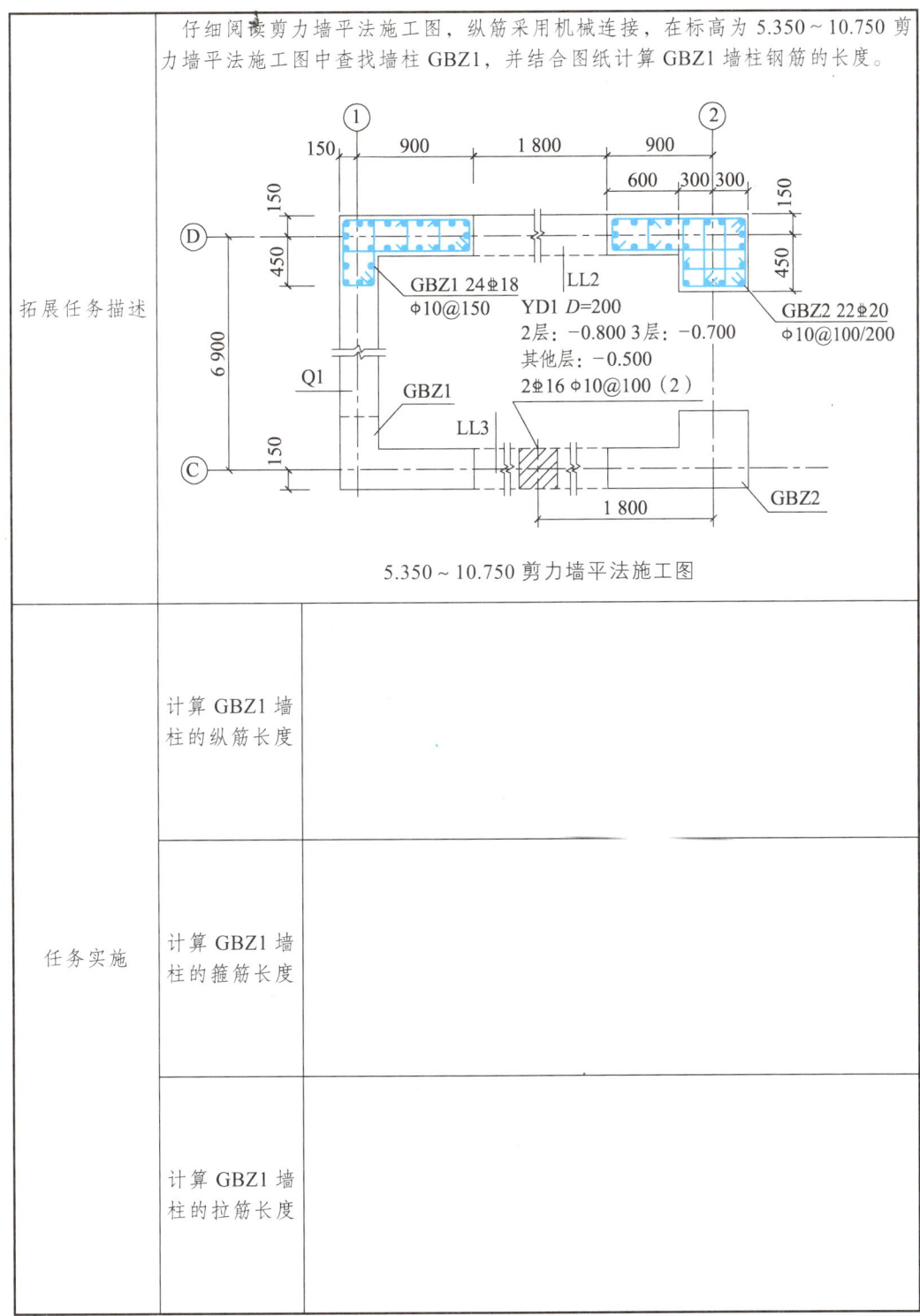 5.350~10.750 剪力墙平法施工图	
任务实施	计算 GBZ1 墙柱的纵筋长度	
	计算 GBZ1 墙柱的箍筋长度	
	计算 GBZ1 墙柱的拉筋长度	

参考文献

[1] 张巨璟. 建筑力学[M]. 武汉：武汉理工大学出版社，2017.

[2] 今舜卿，李蔚英. 土木工程力学[M]. 南京：南京大学出版社，2021.

[3] 牛少儒，李永光. 建筑力学与结构[M]. 北京：机械工业出版社，2022.

[4] 中国建筑标准设计研究院. 混凝土结构施工图平面整体表示方法制图规则和构造详图（现浇混凝土框架、剪力墙、梁、板）：22G101—1[S]. 北京：中国标准出版社，2022.

[5] 中国建筑标准设计研究院. 混凝土结构施工图平面整体表示方法制图规则和构造详图（现浇混凝土板式楼梯）：22G101—2[S]. 北京：中国标准出版社，2022.

[6] 中国建筑标准设计研究院. 混凝土结构施工图平面整体表示方法制图规则和构造详图（独立基础、条形基础、筏形基础、桩基础）：22G101—3[S]. 北京：中国标准出版社，2022.

[7] 中国建筑标准设计研究院. 混凝土结构施工图钢筋排布规则与构造详图（现浇混凝土框架、剪力墙、梁、板）：18G901—1[S]. 北京：中国计划出版社，2018.

[8] 中国建筑标准设计研究院. 混凝土结构施工图钢筋排布规则与构造详图（现浇混凝土板式楼梯）：18G901—2[S]. 北京：中国计划出版社，2018.

[9] 中国建筑标准设计研究院. 混凝土结构施工图钢筋排布规则与构造详图（独立基础、条形基础、筏形基础、桩基础）：18G901—3[S]. 北京：中国计划出版社，2018.

[10] 中华人民共和国国家质量监督检验检疫总局，中国国家标准化管理委员会. 中国地震动参数区划图：GB18306—2015[S]. 北京：中国标准出版社，2016.

[11] 中华人民共和国住房和城乡建设部. 混凝土结构设计规范（2015年版）：GB 50010—2010[S]. 北京：中国建筑工业出版社，2011.

[12] 中华人民共和国住房和城乡建设部，中华人民共和国国家质量监督检验检疫总局. 建筑抗震设计规范（附条文说明2016年版）：GB 50011—2010[S]. 北京：中国建筑工业出版社，2016.

[13] 庞毅玲，余连月. 快速平法识图与钢筋计算[M]. 北京：中国建筑工业出版社，2023.

附录　结构图纸

结构设计总说明(一)

1. 工程概况
本工程位于西安市未央区广运潭大道和灞浦四路十字西北角。主要功能为地上住宅，地下为设备用房。概况见下表：

子项名称	建筑层数	大屋面标高	主楼结构形式	基础形式	室内外高差	±0.000绝对高程
主楼	11号楼 26/2	78.00	剪力墙+装配式	筏形基础	0.150	详总图

2. 结构设计等级及类型

抗震设防分类	标准设防类	建筑防火分类	一类高层	黄土地区建筑物分类	—
结构安全等级	二级	建筑物耐火等级	一级	黄土地区场地湿陷类型	—
设计工作年限	50年	地下室防水等级	一级	黄土地区建筑防水措施	—
设计基准期	50年	地基基础设计等级	甲级		
结构环境类别	二b类：与土接触的基础、地下室顶板、挡土墙外侧和地上外露构件(女儿墙、雨蓬)、水池； 二a类：室内卫生间内侧、厨房、游泳池、水池、设备用房区；其余为一类				

3. 建筑结构设计相关参数

基本风压(n=50)	0.35 kN/m²	抗震设防烈度	8度	结构抗震等级	
基本雪压(n=50)	0.25 kN/m²	地震分组	第二组	抗震墙	砼框架
标准冻土深度	<0.60 m	基本地震加速度值	0.20g		
场地土类别	Ⅲ类	水平地震影响系数最大值(多遇)	0.16	-2F~屋面：二级	-2F~屋面：二级
抗浮设计水位	367.0 m	水平地震影响系数最大值(罕遇)	0.90		
地面粗糙度类别	C类	特征周期Tg	0.498s		
结构重要性系数	地上1.0；地下1.0	阻尼比(多遇)	0.05		

4. 地基概况
4.1 根据陕西xxx工程勘察院有限公司2022年06月提供《西安xxx发展集团有限公司 西安xxx生态区上庄片区综合开发项目EPC——上庄安置小区项目岩土工程勘察报告》(详勘)。拟建场地地貌单元属渭河右岸一级阶地和灞河高漫滩交汇处，土层从上到下依次为：(1)素填土；(2)中砂；(3)圆砾；(4)粉质黏土；(5)中砂；(6)粉质黏土；(7)中砂；(8)中砂；(9)中砂
4.2 根据本次勘察结果，拟建场地无湿陷性黄土层分布
4.3 勘察期间地下水稳定水位埋深为362.80~363.76 m，距自然地面9.60~12.20 m，地下水位变化幅度为2.0~3.0 m，属潜水类型
4.4 拟建场地在8度地震烈度条件下均不会产生液化，可不考虑地基土的地震液化问题。场地抗震地段类别为一般场地，适宜建筑

5. 本工程设计采用的主要标准、规范、规程、标准图集

全文强制性标准：
	标准图集：
GB 55001-2021 工程结构通用规范	a.砼结构施工图平面整体表示方法制图规则和构造详图
GB 55002-2021 建筑与市政工程抗震通用规范	(22G101-1；22G101-2；22G101-3)
GB 55003-2021 建筑与市政地基基础通用规范	b.混凝土结构施工图钢筋排布规则与构造详图
GB 55004-2021 组合结构通用规范	(18G901-1；18G901-2；18G901-3)
GB 55007-2021 砌体结构通用规范	c.施工常见问题答疑图解(17G101-11)
GB 55008-2021 混凝土结构通用规范	d.防空地下室结构设计(07FG01~05)
GB 55018-2021 工程测量通用规范	人民防空工程防护设备选用图集(RFJ01-2008)
GB 55030-2022 建筑与市政工程防水通用规范	f.22G614-1 砌体填充墙结构构造
GB 55037-2022 建筑防火通用规范	

全文非强制性技术性标准：
建筑结构可靠性设计统一标准(GB 50068-2018)　地下工程防水技术规范(GB 50108-2008)
建筑结构荷载规范(GB 50009-2012)
混凝土结构设计规范(2015年版)(GB 50010-2010)　人民防空地下室设计规范(GBJ 50038-2005)
建筑地基基础设计规范(GB 50007-2011)
建筑工程抗浮技术标准(JGJ 476-2019)
建筑工程抗震设防分类标准(GB 50223-2008)　建筑桩基技术规范(JGJ 94-2008)
建筑抗震设计规范(2016年局部修订)(GB 50011-2010) 建筑地基处理技术规范(JGJ 79-2012)
砌体结构设计规范(GB 50003-2011)　建筑场地基坑探查与处理技术规范(DBJ61-57-2010)
高层建筑混凝土结构技术规程(JGJ 3-2010)　墙体材料应用统一技术规范(GB 505745-2010)
高层建筑筏形与箱形基础技术规范(JGJ 6-2011)　建筑设计防火规范(2018年版)(GB 50016-2014)

6. 主要楼面、屋面荷载标准值

建筑面层恒荷载表（未注明工程做法均选用图集：陕09J01-03）

部位	住宅	卫生间	阳台、前室、连廊	风机房 电梯机房	水箱间	上人屋面	非上人屋面
荷载	2.30	2.80	1.50	1.2	0.4	5.0	4.0

活荷载表

部位	卧室、餐厅 厨房	卫生间 阳台	楼梯 电梯前室	上人屋面 水箱间	非上人屋面	电梯机房	地下一层	消防车道、消防扑救面	一层	施工荷载 裙房屋面
荷载	2.00	2.50	3.50	2.00	0.50	8.00	4.00	(50-5.0L)×1.35 (L为板跨短边)	5.00	4.00

挑檐(雨蓬)检修荷载1.0 kN/m²
栏杆水平荷载1.0 kN/m（中小学1.5 kN/m），竖向荷载不小于1.2 kN/m
其余未注活荷载详见建筑结构荷载规范(GB 50009-2012)，若施工荷载大于上述值，均应采取临时支撑

7. 结构计算程序
整体计算：盈建科软件YJK，版本(v4.3.0.0)；补充计算：无；嵌固端位置：基础顶

8. 材料技术指标（所有材料必须符合现行规范对质量的要求）

8.1 钢筋：
8.1.1 热轧钢筋强度设计值：HPB300(Φ)：f_y=270 N/mm²；HRB400(Φ)：f_y=360 N/mm²；HRB500钢筋强度设计值：f_y=435 N/mm²
8.1.2 钢筋使用前应按<<混凝土结构工程施工质量验收规范>>(GB50204-2015)的相关规定进行检验，钢筋的强度标准值应具有不小于95%的保证率，当以强度等级较高钢筋替代原设计的纵向受力钢筋时，应按等拉承载力设计值相等原则换算，并应满足最小配筋率要求和抗震构造措施，并办理设计变更文件。吊钩吊环做法见附图二十八
8.1.3 对于抗震等级一、二、三级的框架和斜撑构件(含楼梯)，其纵向受力钢筋采用普通钢筋时，钢筋抗拉强度实测值与屈服强度实测值的比值不应小于1.25，钢筋的屈服强度实测值与强度标准值的比值不应大于1.3，且钢筋在最大拉力下的总伸长率实测值不应小于9%
8.1.4 焊接钢筋网应符合<<钢筋焊接网混凝土结构技术规程>>(JGJ/T 114-2014)
8.1.5 型钢均为Q235-B；预埋件钢板Q235-B；栓钉Q235-B。应符合屈服强度实测值与抗拉强度实测值的比值不应大于0.85；钢材应有明显的屈服台阶，且伸长率不应小于20%；钢材应有良好的焊接性和合格的冲击韧性；承重的钢材应具有抗拉强度、屈服强度、伸长率和硫、磷含量的合格保证；对焊接钢结构尚应具有碳含量及冷弯试验的合格保证
8.1.6 焊条：应满足<<钢筋焊接及验收规程>>(JGJ18-2012)的3.0.3和3.0.5条要求
8.1.7 型钢及钢板焊接
（1）两种不同钢材连接时，采用与低强度钢材相适应的焊接材料
（2）熔透焊缝按二级焊缝检验标准，焊缝符号按<<建筑钢结构焊接规程>>(JCJ 81-2011)执行

8.2 现浇结构构件钢筋锚固与搭接长度详见22G101-1的2-3，2-5，2-6页

8.3 现浇构件应满足预拌混凝土GB/T 14902-2012，预拌砂浆JGJ/T223-2010相关要求，用料见下表：

图名：结构设计总说明（一）

工程编号：JZ2022002　图别：结施　图号：01

结构设计总说明(二)

填充墙砌块和砂浆、成品墙板要求

位置	厚度	砌块材料	砌块强度等级	砂浆材料	砂浆强度等级	砌块允许容重
直接与土接触	详建施图	烧结普通砖	≥MU20	水泥砂浆	M7.5	≤18 kN/m³
外围护墙	详建施图	混凝土空心砌块	≥MU5.0	混合砂浆	Mb5.0	≤12 kN/m³
内隔墙	详建施图	预制轻质混凝土墙板		混合砂浆	Mb5.0	≤8 kN/m³
	详建施图	混凝土加气块	≥MU5.0	专用砂浆	Ma5.0	≤8 kN/m³

注:1.砌体施工质量控制等级为B级;2.混凝土空心砌块的灌孔砂浆严格按照《混凝土小型空心砌块和混凝土砌筑砂浆》JC 860-2008执行

上部结构混凝土强度等级

子项名称	标高范围	墙、柱、连梁混凝土等级	梁、板混凝土等级	通用部位混凝土强度等级		基础	基础垫层
主楼	基础顶~标高11.890 m	C40	C30	部位或构件	强度等级	C35	C20
	标高11.890~29.890 m	C35	C30	部位或构件	强度等级	圈梁、构造柱、过梁	
	标高29.890 m以上	C30	C30			C25	

其他混凝土构件施工要求

基础垫层为100厚C20,宽出基础100   楼梯砼标号同楼层板;其他构件为C30
建筑防水层(含砼保护层)厚度70 mm   现浇砼构件均采用预拌砼施工
防水砼抗渗等级:基础、外墙、地下室顶板(直接与土接触)P8

8.4 构件耐久性要求按照附图一表格内容执行。结构构件受力纵筋砼保护层厚度按22G101-1的2-1页和22G101-3的2-1页相关要求取值和附图二十四。建筑耐火等级为一级时,梁的砼保护层厚不应小于25 m。建筑耐火等级、防火分类、防水等级均按配建筑图施工。设计使用年限100年时,其砼耐久性要求应符合GB 50010-2010第3.5.5和3.5.6条的规定

附图一

结构混凝土耐久性的基本要求

环境等级	最大水胶比	最低混凝土强度等级	最大氯离子含量/%	最大碱含量/(kg/m³)
一	0.60	C20	0.30	不限制
二 a	0.55	C25	0.20	3.0
二 b	0.50(0.55)	C30(C25)	0.15	3.0
三 a	0.45(0.50)	C35(C30)	0.15	3.0
三 b	0.40	C40	0.10	3.0

1.氯离子含量系指其占胶凝材料总量的百分比,预应力砼中最大氯离子含量为0.06%,相应选用收缩徐变小、早强、快硬、耐久性好的砼,不得含有氯化物、硫化物、硝酸盐。外加剂不应引起预应力筋和钢筋腐蚀。
2.素混凝土构件的最小水胶比及最低强度可适当放松。
3.砼结构在设计使用年限内应定期检测、维修;当出现可见的缺陷时,应及时处理、更换。抗渗、抗冻融和腐蚀要求的砼构件应满足《混凝土耐久性设计规范》GB/T 50476-2019和《工业建筑防腐蚀设计规范》GB 50046-2018规范。
4.二、三类构件预埋件、吊钩、连接件应采取可靠防锈措施

8.5 受力钢筋接头应符合下列规范、规程的要求:

8.5.1 受力钢筋接头宜设置在受力较小处,在同一根受力钢筋上宜少设接头,接头位置错开。焊接接头的类型及质量应符合《混凝土结构工程施工质量验收规范》(GB 50204-2015)及《钢筋焊接及验收规程》(JGJ 18-2012)的要求,试焊接头见4.1.3条。机械连接时接头的适用范围、构造和质量等级应符合《钢筋机械连接技术规程》(JGJ 107-2016)的要求

8.5.2 框架柱、边框柱、暗柱竖筋宜优先采用直螺纹机械连接。冷轧带肋钢筋的连接严禁采用焊接接头

8.5.3 框架柱、框架梁、框支柱、框支梁及基础底板纵向钢筋d>20,接头采用机械连接;16<d≤20接头采用焊接连接;剪力墙暗柱纵向钢筋d≥16,接头采用焊接。其他情况可采用搭接连接

8.5.4 结构构件钢筋连接规定
a.轴心受拉及小偏心受拉杆件(如桁架和拱的拉杆)的纵向钢筋不应采用搭接接头
b.当采用搭接接头时,在任一1.3倍钢筋搭接长度区段内受拉钢筋搭接接头面积百分率:对梁类、板类、墙类构件不宜大于25%,对柱类构件不宜大于50%;当工程中确有必要增大受力钢筋搭接接头面积百分率时,应符合22G101-1的2-5、2-6要求,对梁类构件不得大于50%,对板、柱类构件可根据实际情况放宽。在纵向受拉钢筋搭接范围内应配置箍筋,箍筋间距不应大于搭接钢筋较小直径的5倍且不应大于100 mm,当采用机械连接时,任一接头中心至35d(d为纵向受力钢筋的较大直径)的区段内,受力钢筋机械连接接头的面积百分率不宜大于50%,纵向受压钢筋的接头百分率可不受限制。机械连接套筒的保护层厚度宜满足有关钢筋最小保护层厚度的规定。机械连接套筒的

横向净间距不宜小于25 mm;套筒处箍筋的间距仍应满足相应的构造要求。当采用焊接连接时,任一接头中心至35d(d为纵向受力钢筋的较大直径)并不小于500的区段内受力钢筋焊接接头的面积百分率不宜大于50%

9. 基础及地下工程

9.1 按照《建筑基坑支护技术规程》JGJ/120-2012要求,基坑工程应由业主另行委托有相应设计资质的专业公司进行基坑支护专项设计。施工单位基坑降水,应采取必要措施,以避免因地下水位降低而影响邻近建筑物、构筑物、地下设施的正常使用和安全。开挖深度不小于5 m或开挖深度虽小于5 m但现场地质和周围环境比较复杂的基坑工程,应按照《建筑基坑工程监测技术规范》GB 50497-2009的相关规定进行基坑工程监测,实施动态设计和信息化施工

9.2 基坑开挖前应进行普探和验槽,并将普探资料送交设计单位备案;验槽情况当与地质报告和设计文件不符时,应由地质勘察单位和设计单位结合地质条件提出处理意见。基坑开挖应均衡分层进行,对流塑状软土基坑开挖高差不应超过1 m

9.3 当采用桩基或人工地基时,应将检测报告送至设计院,经认可后方可进行下一道工序

9.4 基础、地下室施工完后基础应及时回填,确保建筑物地基承载力、变形和稳定要求

9.5 基坑回填前,应排除积水,清除虚土和建筑垃圾,应按设计要求选料,分层夯实,对称进行。室外素土回填(压实系数≥0.94)和室内素土回填(压实系数≥0.93),回填范围见建施图

9.6 基础梁及筏板的钢筋接头位置应选择在受力较小的部位,采用搭接或机械接头,不应采用现场电弧焊。上部钢筋应在梁支座三分之一跨度范围内,下部钢筋应在跨中,墙跨中三分之一范围内

9.7 筏板上下双层钢筋网片应用马凳筋拉结,除特殊要求外马凳筋由施工单位确定

9.8 湿陷性黄土、膨胀土、盐渍土、压实填土地基在施工和使用过程中,应采取防止施工用水、场地雨水和临近管道渗漏水渗入地基的处理措施;对建筑物和管道应经常进行维护和检修,并确保所有防水措施发挥有效作用,防止建筑物和管道的地基浸水湿陷

9.9 开挖及基础施工时,若遇有地下水,应组织降水,确保施工质量及安全。地下工程施工时,地下水位应降至工程底部最低高程500 mm以下

9.10 施工时如水位较高采取降水措施,当停止降水时,确保结构不会因水浮力而上浮。除注明外,一般应在地下室顶板砼完成且后浇带满足封闭要求进行封闭后方可完全停止降水。如果提前停止降水,应征得设计院同意。在停止降水之后,应采取措施防止雨水及施工用水水位标高超过抗浮设计水位标高

9.11 换填垫层、压实地基、夯实地基采用分层施工时,每完成一道工序,应按设计要求进行验收检验,未经检验或检验不合格时,不得进行下一道工序施工

9.12 地基槽(坑)验槽后,应及时对基槽(坑)进行封闭,并采取防止水浸、暴雨和扰动基底土的措施

9.13 地基施工和使用过程中,应采取防止施工用水、场地雨水和邻近管道渗漏水渗入地基的处理措施

9.14 基坑基槽严禁超挖,施工单位应采取防止地表水侵入基槽基底的措施,避免因为地表水侵入基坑基槽导致地下室上浮;施工单位应编制地表水侵入基坑基槽的应急预案

9.15 处理地基工程施工验收检验应符合《建筑与市政地基基础通用规范》第4.4.8条的相关规定

9.16 桩基工程施工验收应符合《建筑与市政地基基础通用规范》第5.4.3条的相关规定

9.17 桩基所用材料、桩身之间的连接、桩基构造等应满足其所处场地地质类别中的耐久性要求

9.18 工程桩应进行承载力和桩身质量检验;单桩抗压极限承载力标准值通过单桩静载荷试验确定;单桩竖向抗拔静载荷试验应采用慢速法

9.19 地下室隔墙直接砌于筏板上;无基础地板后砌隔墙按附图二施工

9.20 砼墙柱插筋做法详见22G101-3页2-8~2-10,并应按电施图防雷接地要求与底板钢筋联网焊接

9.21 沉降观测点平面位置见一层墙平面布置图,以符号▲表示。建筑变形测量等级为二等。观测点布置以勘测单位提出具体的沉降观测方案为准。具体做法按《建筑变形测量规程》JGJ8-2016的要求执行,也可参考附图三。沉降若有发现异常情况时,应及时通知单位,并将各个阶段的沉降观测结果及时提交给设计部门

10. 构造要求

10.1 板与次梁

10.1.1 梁、板钢筋接头位置,上部钢筋在跨中1/3范围内,底筋不得在跨中1/3范围内,并避开梁端加密区

结构设计总说明(三)

10.1.2 板配筋构造见22G101-1的2-50~2-58页。板上小于300x300洞口，本图未标注，施工时应配合有关专业图纸预留，洞口配筋构造见22G101-1的2-62,2-63页和附图二十六。板上砌隔墙时按附图四要求在隔墙板底附加钢筋。板配筋长度标注尺寸按附图五施工。板底钢筋短跨方向筋放在下层。板面和单向板底的分布钢筋，除注明外按下表施工。150>板厚>120且无板面通长钢筋时，板顶增配6@200抗裂抗温度钢筋网片，做法见22G101-1的2-53页

楼板厚度	60~80	90~110	120~170	180~200
分布钢筋	Φ6@250	Φ8@250	Φ8@200	Φ10@250

10.1.3 楼板当其短边跨度>4200 mm时，按附图六在楼板四角设置板面构造钢筋防板角裂缝。楼面阳角加筋见附图七

10.1.4 楼板垫层内埋管线上面无钢筋时，要沿板长方向加设钢筋网，见附图八。现浇板中的机电暗管管径不得大于1/3板厚，管外皮距板面净距不小于25 mm

10.1.5 水、暖管道井楼板砼不与楼面同时浇注，钢筋同步铺设，待管道安装完成后再二次浇捣板砼

10.1.6 外露现浇挑檐板、女儿墙及通长阳台板，每隔12 m必须设置温度缝，温度缝宽20 mm。缝处分布钢筋断开，温度缝的构造见建施图和附图九

10.1.7 嵌固层、屋面层、凹凸拉板和外廊、角窗处楼板通长钢筋应按受拉L_{aE}进行搭接或支座锚固。梁式或板式转换层转换范围内楼板，上下通长钢筋应按L_{aE}进行搭接或支座锚固

10.1.8 次梁配筋构造见22G101-1的2-40~2-42页和附图二十五。当次梁与主梁同高时，按附图十施工

10.1.9 悬挑构件上部钢筋严禁踩踏，浇筑砼前须对钢筋进行修整，底部支撑须待砼达到设计强度100%且上部板施工完一层或屋面施工完毕，方可拆模。且在施工期间悬挑梁不得悬挂或堆放材料。其余构件应待构件的混凝土强度达70%以上方可拆模。悬挑梁悬挑净跨度大（等）于2 m时，悬挑梁下部纵筋锚固长度改为L_{aE}。室外悬挑构件上表面均应采取防水措施，在使用过程中应加强防水层的维护保养，应及时更换

10.1.10 模板起拱：梁、板跨度大于4 m且小于9 m时，模板按跨度的0.2%起拱；当跨度不小于9 m时，按跨度0.3%起拱；当为悬臂梁时，按悬臂长度的0.4%起拱。起拱不得减少累的截面高度，起拱高度不小于20 mm，不大于40 mm，应待砼混凝土强度达75%（100%悬挑构件）以上方可拆模

10.1.11 楼梯平台柱插筋配合楼梯图，嵌入所属梁按梁上柱构造，详见22G101-1图2-12，砼等级同楼层

10.1.12 板、梁上下有构造柱时，应在其上、下预埋钢筋，按附图十一施工。上翻梁钢筋锚固构造详见附图十二

10.1.13 交叉梁（井字梁）体系中，短跨底筋置于长跨底筋之下，顶筋置于长跨梁之上

10.1.14 次梁、框架梁、剪力墙中预埋钢套管按附图十三施工，洞口钢筋补强见22G101-1的2-32页

10.2 框架梁、柱及剪力墙、连梁

10.2.1 框架梁、柱及剪力墙、连梁（LL、lk）：抗震构造措施按说明第三条中相应设防烈度和抗震等级采用，未注明的构造作法均见相应标准图集。剪力墙构造柱及端柱纵向钢筋连接和锚固构造同框架柱。砼墙体水平分布钢筋兼作为连梁的腰筋在连梁范围内拉通连续配置；图中未注明连梁腰筋为10@200

10.2.2 剪力墙洞口配筋构造按图集22G101-1的2-32施工，洞口补强按被切断钢筋50%面积补强，墙体中小于300x300的洞口本图未预标示，施工时应配合有关图纸预留；墙体留槽及洞口加固按附图十四施工

10.2.3 当墙、柱砼强度等级与梁、板砼强度等级相差5 MPa（一级）以上时，按附图十五施工

10.2.4 连梁中预留直径小于150 mm的圆洞应设钢套管及加强筋，见附图十六和22G101-1的2-32页要求

10.2.5 当梁的主筋为两排或两排以上时，下排钢筋与上排钢筋中间用Φ25短钢筋固定

10.2.6 剪力墙中所留置的结构留洞待墙体施工完毕后用砌体封堵，为避免其交界处出现裂缝，可在洞口处挂钢丝网片，每边搭接150 mm

10.2.7 剪力墙的楼层暗梁纵筋与连梁纵筋重合时，可取两者较大者

10.2.8 地下室混凝土外端水平施工缝和后浇带防水处理见建筑图、人防图和附图二十三

10.2.9 除注明外，钢筋的排布按现行图集《混凝土结构施工钢筋排布规则与构造详图G901》施工

10.2.10 剪力墙变厚度处连梁钢筋构造做法见22G101-1的2-2页

11. 砌体填充墙的抗震构造措施

11.1 后砌隔墙高大于4.0m时，中部设水平系梁高180，做法见22G614-1图集24页。墙长大于5.0 m时，墙顶应与梁或板拉结，构造见22G614-1图集18页。后砌墙的门窗过梁除结构梁外，均见附图十七。当洞宽超过过梁表或洞顶与梁底间距小于过梁高时按附图十八施工。对于和柱连接的过梁应在柱内预埋插筋，见22G614-1图集10页。门窗洞口两侧做法详见22G614-1第21、22页。窗下砖砌女儿墙设砼压顶见附图十九。厨房、卫生间、浴室砌体底部防潮坎做法见附图二十七

11.2 楼梯间和人流通道的填充墙应采用制丝网砂浆面层加强

11.3 填充墙中构造柱除图中注明者外，均按如下原则设置：

11.3.1 在建筑物内外墙"L""T"交接处、长度大于2.5 m的独立墙体的端头以及当填充内外墙长度超过5 m或墙长大于2倍层高时，墙体中部应增加设构造柱，间距不大于4 m

11.3.2 支承在悬臂梁和悬臂板上的墙体，墙端应设置钢筋混凝土构造柱。砖砌电梯井道四角应设构造柱

11.3.3 不同墙体材料交接处设置构造柱，与砼构件相连通梁长小于等于100mm时，可用素砼一起浇筑

11.4 本工程除注明者外，构造柱截面为墙宽x200，纵筋4Φ10，箍筋中Φ6@200。在上下楼层梁相应位置预留纵筋与构造柱纵筋连接，具体见12G614-1第10页

12. 后浇带统一做法

12.1 伸缩后浇带：在混凝土施工完成45 d后，用提高一级（+C5）微膨胀混凝土浇捣密实

12.2 沉降后浇带：待主楼封顶、砌体砌筑完成且沉降趋于稳定后（每日≤0.04 mm），经设计单位同意认可，用提高一级（+C5）微膨胀混凝土浇捣密实

12.3 地下部分后浇带构造按附图二十施工，楼面（屋面）板、梁后浇带构造详见附图二十一。施工后浇范围板、墙钢筋应断开，搭接接头面积百分率100%，梁筋不断开，防水做法详见建施图

12.4 后浇带浇灌时，砼的温度应较原有混凝土浇灌时的温度低时应加强养护，浇注前必须将带内浮渣及杂物清理干净并用水冲洗后，再刷纯水泥浆一道，同时后浇带所在柱跨内的支撑在后浇带的强度达到100%后方可拆除。施工单位应将后浇带两侧的构件妥善支撑并应注意由于分缝可能会引起各部分结构的承载能力与稳定问题

13. 超长及大体积混凝土结构措施

13.1 地下室混凝土采用低水化热水泥拌制，级配粗骨料粒径，控制沙石含泥量，确定合理的坍落度和缓凝时间，加强砼养护，避免温度变化时对结构产生的不利影响

图名： 结构设计总说明（三）

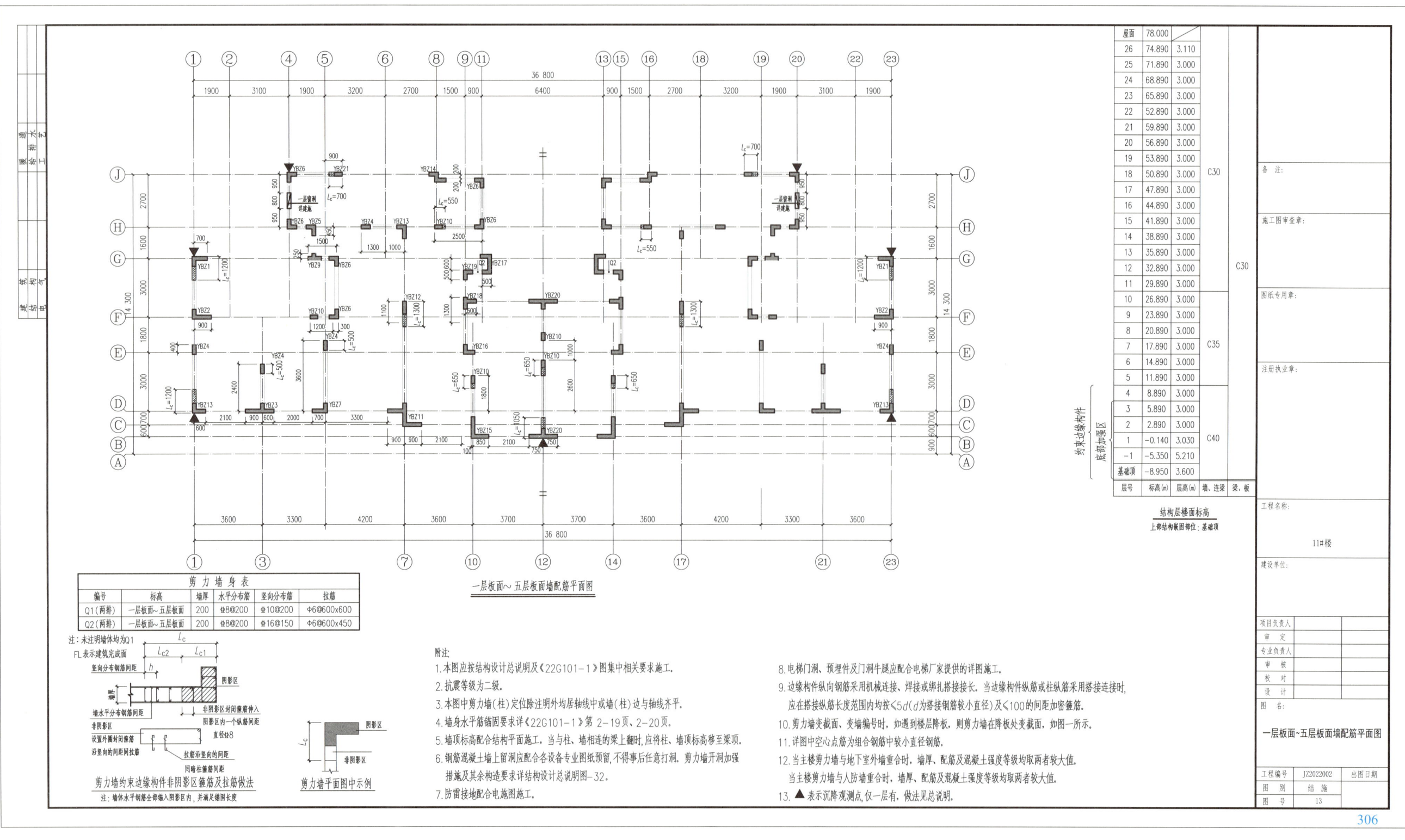

编号	YBZ1	YBZ2	YBZ3	YBZ4	YBZ5	YBZ6	YBZ7	YBZ8
标高	一层板面~五层板面	一层板面~五层板面	一层板面~五层板面	一层板面~五层板面	一层板面~五层板面	一层板面~五层板面	一层板面~五层板面	一层板面~五层板面
纵筋	8⌀16+6⌀12	8⌀16+8⌀14	10⌀16+12⌀14	6⌀16	8⌀16+4⌀12	8⌀16+4⌀12	8⌀16+6⌀14	8⌀16+6⌀14
箍筋/拉筋	⌀10@150	⌀10@150	⌀10@150	⌀10@150	⌀10@150	⌀8@100	⌀10@100	⌀10@100

编号	YBZ9	YBZ10	YBZ11	YBZ12	YBZ13	YBZ14
标高	一层板面~五层板面	一层板面~五层板面	一层板面~五层板面	一层板面~五层板面	一层板面~五层板面	一层板面~五层板面
纵筋	12⌀16	6⌀16	32⌀16	8⌀16	8⌀16+6⌀12	16⌀22
箍筋/拉筋	⌀10@100	⌀8@100	⌀10@100	⌀10@150	⌀10@150	⌀10@150

编号	YBZ15	YBZ16	YBZ17	YBZ18	YBZ19	YBZ20	YBZ21
标高	一层板面~五层板面	一层板面~五层板面	一层板面~五层板面	一层板面~五层板面	一层板面~五层板面	一层板面~五层板面	一层板面~五层板面
纵筋	20⌀16	8⌀16+4⌀12	12⌀16+8⌀14	10⌀16+6⌀12	8⌀16+4⌀12	20⌀16	6⌀20(一层板面~三层板面) 6⌀16(三层板面~五层板面)
箍筋/拉筋	⌀10@100	⌀10@100	⌀10@100	⌀10@150	⌀10@150	⌀10@100	⌀8@100

一层板面~五层板面暗柱配筋详图

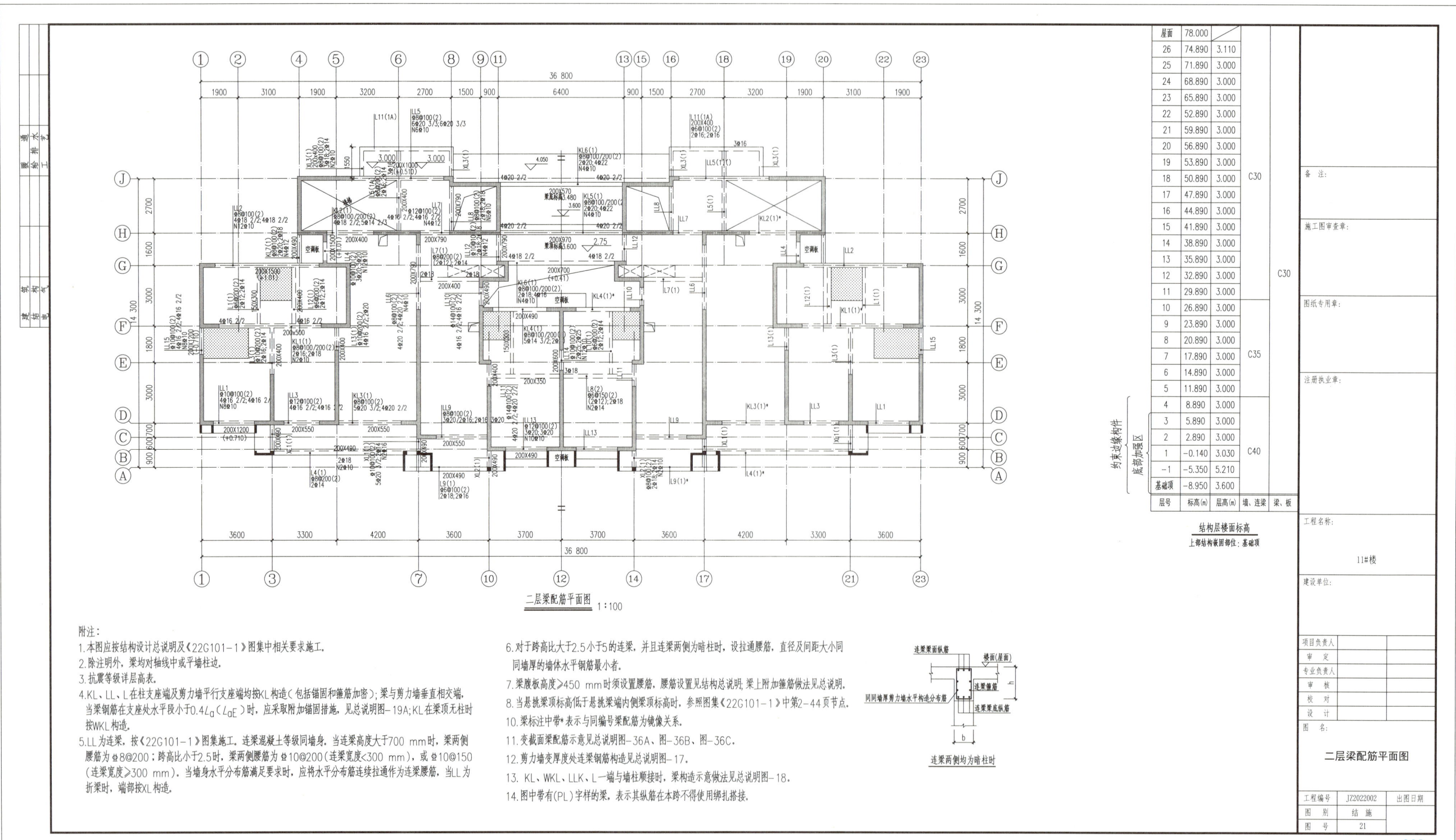

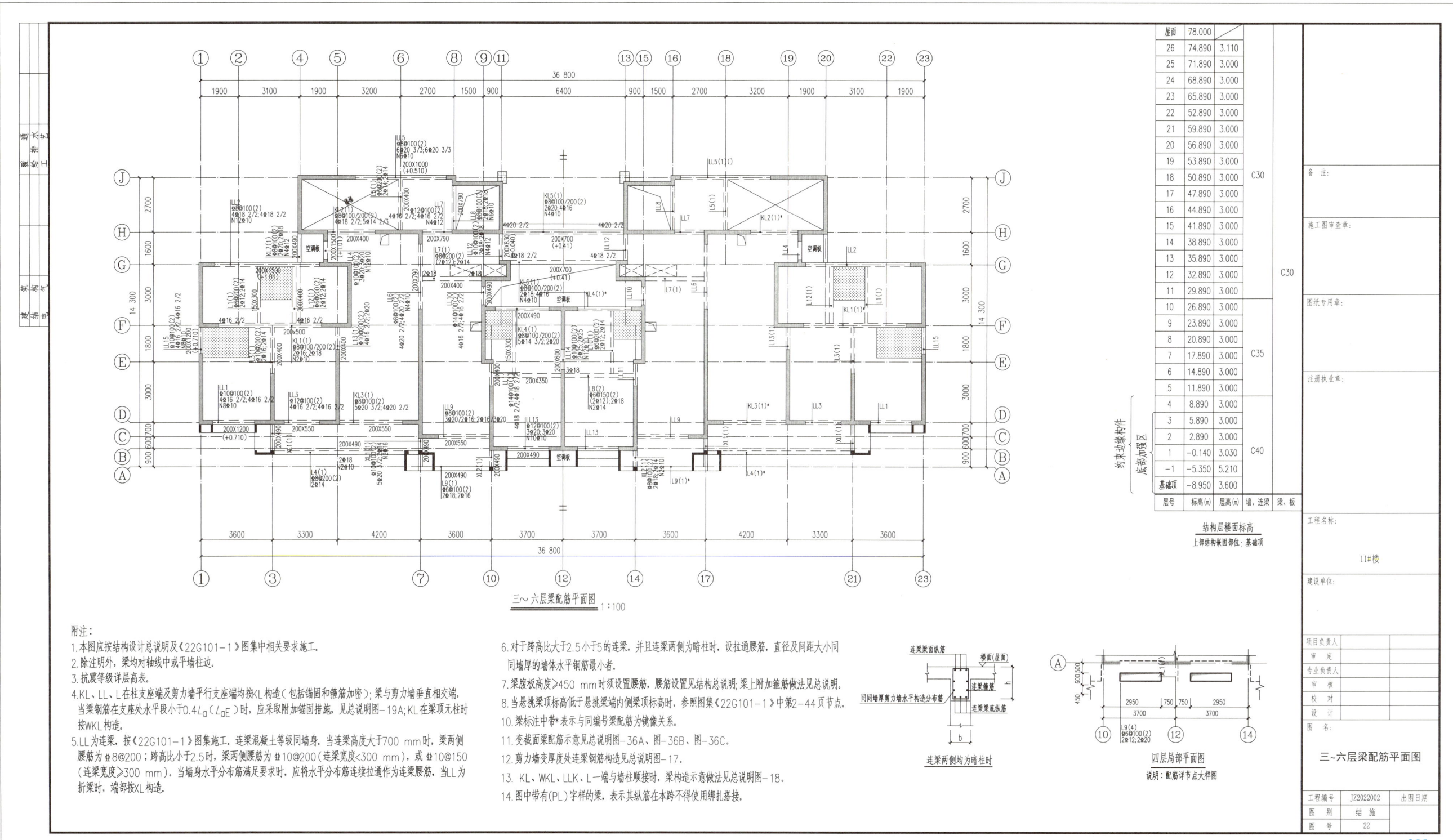

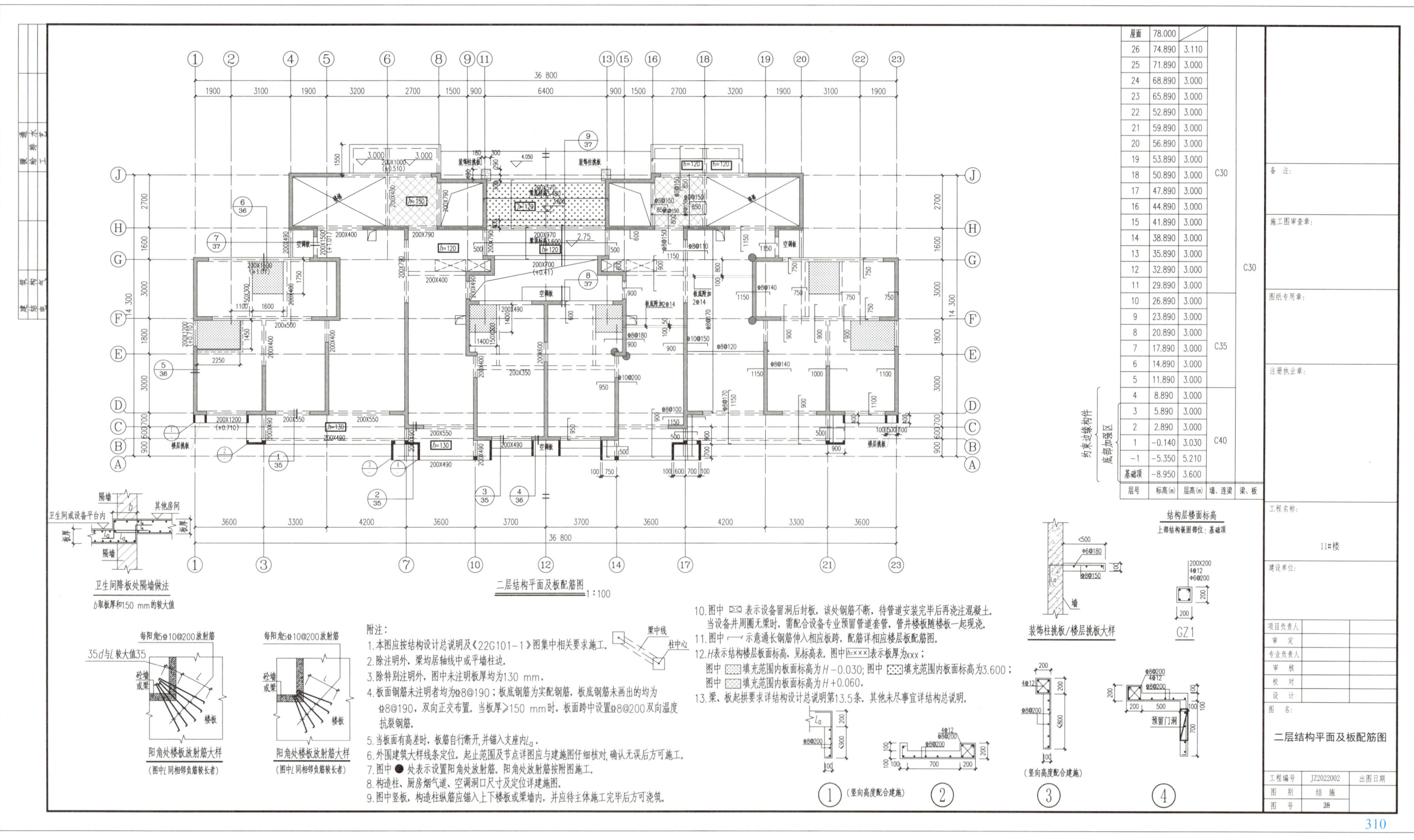

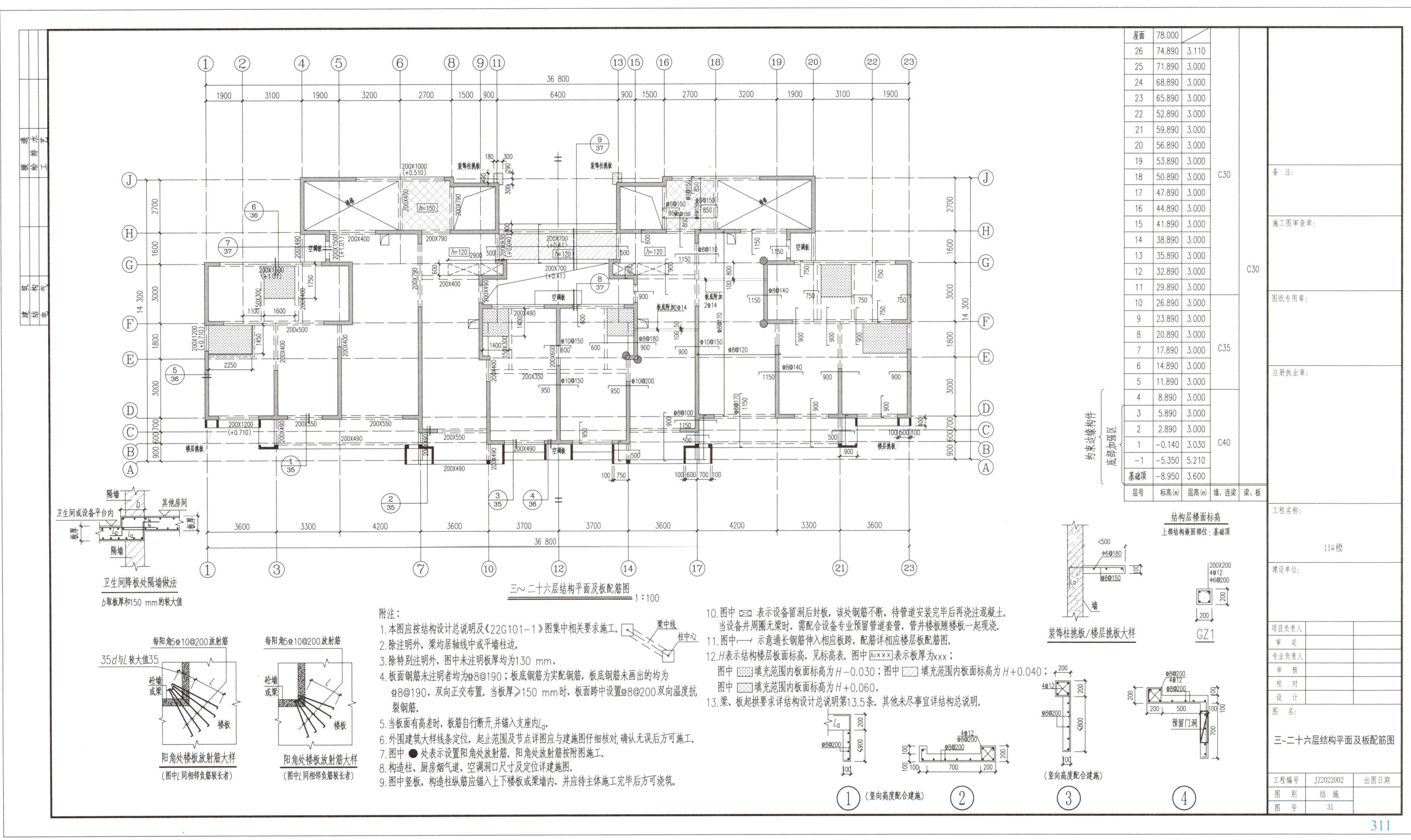